SPIRITWALKER

時空を超えた未来からのメッセージ

スピリットウォーカー

ハンク・ウェスルマン

真野 明裕＝訳

VOICE

新前書　〜復刻にあたって〜

1995年にアメリカで最初にこの本が発売されて以来、すでにはや20年が経とうとしている。自分でも驚いているが、この間、本書『スピリットウォーカー（Spiritwalker）』（原題）は13もの言語に翻訳されて広く世界中で読まれてきた。そして、今回日本で『スピリチュアル・ウォーカー　5000年後からのメッセージ』（早川書房刊）が『スピリットウォーカー』（ヴォイス刊）として復刻されるという決定を受けて、今の時代の観点から作者として改めて一言述べてみたい。

まず、この何とも異端である本は、わたしの人生をまったく違うものに変えてしまったと言えるだろう。わたしがあえて〝異端である〟と表現する理由は、かつての自分が生物学と人類学を修め、アメリカの大学で人類学者として長年教鞭をとりながら、科学者らしい〝まっとう〟なアカデミズムの世界で生きてきた人間だからだ。たとえば、国際調査隊の一員として、1971年より度々、東アフリカの大地溝帯の化石層にある人類の起源の神秘を調査してきたのだが、わたしはこのような最先端の科学の現場にいるのが普通であるようなタイプだったのだ。

ちなみにこの本は、１９７２年に南エチオピアの乾燥地帯で調査隊に参加していた際、ある日突然起きた神秘的な幻視体験をきっかけに始まった自身の体験談を記したものである。最初の頃は、わたしにはこういった現象がいったい何を意味しているのかさっぱりわからなかった。しかし、それらは不意に起きてはわたしの意識までをも大きく変えてしまうような、そんな驚愕の体験だったのだ。

その後、わたしがエチオピアの土地を離れるとそうした現象はいったん止んだものの、10年後にカリフォルニア大学のバークレー校で博士課程を修了する頃から再び始まるようになり、この幻視体験はそれからコンスタントに約20年間も続いた。本書には、その中でも最も摩訶不思議な一連のストーリーを紹介している。『スピリットウォーカー（Spiritwalker）』が出版されて以降、わたしは科学と意識の関係についての講演や、アメリカ国内外の名だたるスピリチュアリティ関連のワークショップなどに招かれるようになった。そして、遂にはワークショップなどで教えることが自分の職業にもなり、今日に至っているというわけだ。

今、わたしが皆さんに伝えていることは、自然の中で先住民的な生き方をしていない人々、いわば現代のライフスタイルで生きる人々に、幻視体験を通して、シャーマンが〝スピリット〟と呼ぶ超意識、つまり自己の内側にある叡智やパワー、癒しと繋がってもらうことを目的としている。実際にわたし自身、20年以上もこの体験を通していろいろと学んできたが、これまでの間に多くの人々が伝統的なシャーマンの技法を用い、その能力に触れることができるようになったのではないかと思う。

本書は、科学者としてのわたしがどのようにシャーマニズムの持つ神秘的、かつマジカルな世界に導かれていったかを描いたノンフィクションである。けれども、あまりにも変わった話であるが故に、ここに書かれていることに疑問を覚えたり、信じることができなかったり、抵抗感を感じる人も多いに違いない。何しろわたしは度重なる神秘体験を通して、遥か遠い未来にいる自分の子孫と思われる、ある一人の男、ナイノアの意識に繋がることになったからだ。それは巷でよく言われるような憑依的な現象というよりは、一人の人間の体と魂を度々訪問する、というような感覚に近いかもしれない。

そして、これらの体験をまとめたものがわたしの三部作となった。まず処女作である『スピリットウォーカー（Spiritwalker）』では、ハワイ島の小さな農場で家族と暮らした5年の間に、思わぬきっかけから始まった伝統的なシャーマンの世界への誘い、さらにそこから始まった信じがたい冒険物語について。次に2作目の『メディスンメーカー（Medicinemaker）』では、アカデミックな世界で教鞭をとり、研究者として生きながらも、同時にメディスンマンとしての道を模索し始めた時期のストーリーを。3作目の『ビジョンシーカー（Visionseeker）』には、わたし自身がシャーマンになるまでの学びの道のり、シャーマニズムを教える指導者、また、スピリチュアルティーチャー、そして、ヒーラーになるまでの話を綴っている。

そして、5000年後の地球で、我が敬愛する子孫、ナイノアがハワイ人として生まれ、様変わりした北アメリカの西海岸のある場所に登場しているのを見てもわかるように、三部作のすべての内容には、一貫してハワイの伝統的な文化や思想が深く関連している。

この3冊の中で、わたしがナイノアを通して体験した未来については、細部まですべて明らかにしたつもりだ。本書に書かれていることは、もしわたしたち人類が今のままの生き方を続けるなら、その通りになってしまうかもしれない。これらのビジョンを神からの啓示や予言と呼ぶ人もいれば、当然起きる未来の地球の姿だと捉える人もいるだろう。何故ならば『スピリットウォーカー（Spiritwalker）』で20年前に異常気象について警告してきたことなどは、予想以上の速さでその通りになってきているからだ。

けれども、わたしが未来の地球で見てきたビジョンは、わたしたちの本来の姿をそのまま反映していると言っても過言ではない。つまりわたしたちが今、未来に向けてどのように命を繋いでいるのか、また、永遠の魂の旅路の中でどのような運命を生きているのかということが、常に未来に影響を与えているということでもあるのだ。

これは、とても重大な問題だと言えるだろう。

ハンク・ウェスルマンPh.D.
2014年4月　ハワイ島ホナウナウにて

訳　西元啓子

スピリットウォーカー

時空を超えた未来からのメッセージ

装幀
藤井由美子

本書は、早川書房から刊行された
『スピリチュアル・ウォーカー　5000年後からのメッセージ』（1996年）を
再編集、改題したものです。

理解ある女性、麗しいジル・カイケンダールに、
深い感謝と大いなる愛情をこめて

まず、1935年に次のようなことを書いたフランソワ・ラブレーの霊に呼びかけるのがふさわしく思われる――

そのような問題を解決してみせようというつもりはない……というのも、それはいささか厄介で、卑俗にならぬように扱うのはまず無理なのだから。だが聞いただけのことはお話ししよう。

『ガルガンチュアとパンタグリュエル』

2000年以上前に次の言葉を遺した老子にも感謝を捧げる――

「碌《ろく》々として玉の如くならんと欲せざれ。落々として石の如くあれ」

『道徳経』

目次

前書

わたしがこれから語ろうとしているのははなはだ特異な物語であり、ハワイ島の活火山の麓に住んでいた頃わたしの身に起こった出来事の記録である。かつてのわたしなら、こんなことを考えること自体一笑に付したところだが、住んでいた場所がその出来事となんらかの関係があると今では信じている。

わたしは科学者であり、人類の起源の謎を解く答えを求めて東部アフリカ大地溝帯の古い侵食地形を調査する国際的な専門家チームの一員たる人類学者である。元来は生態学と進化生物学の教育を受けた人間なので、わたしの研究には、人類最古の祖先たちの石器や化石遺物が発掘された前史遺跡の環境の復元も含まれる。

科学者というものはもっぱら科学的、理知的世界観の範囲内で自らの研究目標に打ちこみがちである。わたしも例外ではない。ことさらそのことを言うのは、わたしがやがて起こることをたやすく受け入れるようには断じて条件づけられていなかったのを明らかにするためである。むしろ実際には、身にしみついた科学的な教育や先入観のしからしむところ、そうした経験をしそうもないように条件づけられていたと思われる。

10年ほど前のある朝まだき、わたしはまぎれもない、自然発生的な意識変容状態（正常な自己意識とは異なる意識状態。眠り、薬物、催眠術、瞑想などによっても起こる）を経験した。このかん、わたしの肉体はほとんど麻痺状態で、それを惹き起こした身体感覚は、かくも快美きわまるものでなかったら、それこそ慄然たるものになりかねなかった。俄然、エクスタシーという言葉がわたしにとってまったく新たな意味合いをおびた。この意識拡大状態の中で、わたしは部族民なら精霊と呼びそうなものとの鮮明な幻覚的出会いを経験した。

この出来事にわたしはかなり動揺したが、理性が勝って、明晰な夢として――決して完全には理解できない、人生に間々ある奇妙なことの一つとして――片づけることにした。それをほとんど忘れかけた頃、またあった――そしてわたしが注意を払っていることを確かめるかのように、さらにもう一度あった。わたしは好奇心をかきたてられ、いくらか残っていた不安はそれに打ち負かされた。この異常な現象をもっとじかに経験したかったが、ことはその時点で中断し、わたしはどう続けたものやら途方に暮れるばかりだった。

数年後、わたしは家族ともどもハワイ島コナの内陸部へ移り、ハワイ大学の地元分校で教鞭をとることになった。同地で、1985年から1989年にかけて、一連のはなはだ顕著な自然発生的変容状態を経験したのである。そのすべてが同じ得も言われぬ麻痺感を伴い、いずれも先触れとして奇妙な幻視――光の斑点や線、ジグザグ、格子、渦巻など――があった。

第一回目に、わたしの意識は別の人間のそれと劇的に接触させられた。わたしはその人間の生身の体の中に入りこんだような心地がした。彼の見ているものがわたしにも見え、彼の聞いている音が聞こえた。彼の思考にでもいうように、「耳を傾ける」ことができ、さらにそれでは足らないと象、思い出、判断の重層的な複合体として情報を受けとることまでできた。まるでわたしは見えざる訪問者として「そこ」にいるかのようだった。これには驚いたと言ったら、とんでもなく控え目な言い方になるだろう。

チャネリングだとか霊界への旅だとかいう話はそれまでにも人から聞かされたことがあって、一度ならず辟易させられたものだった。ところが今や、しかるべき教育を受けた科学者たるこのわたし自身が、「本物」のすさまじい衝撃を経験しているのだった。わたしの綿密に組み立てられた科学的世界観は瓦解しはじめた。

その後4年間にわたって、わたしは12回の変容状態を経験した。それらは自分で意図的に惹き起こすことはできなかったという意味では、おおむね自然発生的だったが、それでもそのつど、わたしの自覚的意識は同一人物のそれと結合した。当初、お互いの生活は時たま絡み合うにすぎないようだったが、次第にどんどん接近し合って、一点に収斂していった。こういう心の旅がありうるという予備知識もなしに、わたしはやりつけていた科学的な現地調査旅行や発掘行とはまったく類を異にする遠征にいつしか首をつっこんでいた。通常の種類の現実をはるかに越えて、人間の精神と魂の内なる領域を探る旅だった。こうした異常な経験を通じて、わたしは心穏やかではいられないと同時に啓発的でもある多くの情報を学びとった。

突飛な話に聞こえるのではなかろうか? 暗い気分のときには、一度ならず、自分は発狂しかけているのではないかと思ったが、それでも、人類学者としてのわたしの一面は変容状態の間、起こっていることを冷静に観察して、心にとどめ、その状態がおさまったときに書きとめておいて、結果的に、自分が経験した事象や感覚を記した日記が生まれた。他者の目を通して自分がなにを、どうやって見ているのかを理解しようとして、わたしはさまざまな研究分野を渉猟した。わたしがほとんど無知に等しかった人類学の一分野、シャーマニズムについて調べてみたのが最も役に立った。

西欧社会では、シャーマンという言葉から、素朴で謎めいた儀式の際に太鼓の音に合わせて、暗がりに燃える火のまわりで踊る仮面をかぶり仮装した人物を連想する人が多い。しかしながら、実際には、シャーマンそれ自身は――仮面や衣装や儀式といった文化的な外容はさておき――非常に本格的な技能を有し、その点で他のもろもろの宗教実践者とは一線を画している。

真正のシャーマンはすべて意識拡大状態、部族民がしばしば霊界と呼ぶものについての幻覚的知覚を獲得できる。かれらは通常、自らの生活共同体の構成員たちを精神的、心理的、肉体的に癒すために、この並外れた能力を用いる。強力な、愛他的な動機に支配されている伝統的なシャーマンは入神状態《トランス》の達人である。

生物人類学者であるわたしは、シャーマンの仮面や衣装、歌、詠誦、まじないなどに――それ自体きわめて美しく、とても力強いものである場合もあるのだが――格別心惹かれてはいなかった。しかしながら、自分の変容状態の経験を理解しようと努めるうちに、意識拡大状態を獲得する、時の試練に耐えた昔からのシャーマンの方法に関心を抱き、薬物によるものでないそうした方法を特に研究した。

そのような経験をした当初、わたしはなにがあろうと自らを信心深い人間と称することはなかったろう。科学者として、宗教的な教義や組織化された宗教全般についてはかなり強い否定的な気持ちを抱いていた。もっとも、かつて禅に惹かれたことがあるのは認めなくてはならない。中部カリフォルニア、ビッグ・サー海岸の後背地の山間にあって禅の修行センターになっていたタサハラという古い温泉保養地を、1970年代に訪れたことがある。そこの手つかずの自然は魅力的だったし、禅の修行者たちがなんなりとなすべきことをなすにあたっての整然たる簡潔さもそうだった。それが科学者としての性《さが》に訴えるところがあり、わたしは禅の思想を勉強しだした。

週に一、二度午後からサンフランシスコの美術学校に通ったのもこの頃だった。博士論文を書くことに没頭していて、なにか別のものを、頭の疲れる研究活動とは異質のものを必要としたのである。すでに長年、美術を勉強していて、油絵やデッサンや彫刻が自分の直感的な一面を惹きつけ、わたしの生活に一種のバランスをもたらしてくれることはわかっていた。この点に言及するのは、わたしの芸術方面の活動がやがて起こったことと直接関わりがあると信じるからである。美術を勉強していたおかげで、自分の創造的想像力が働いているときとそうでないときがきわめて明瞭に判別できることにもなった。

博士論文が完成した頃、妻のジルがわたしたちの最初の子を身ごもった。ついで、あの朝まだき、わたしは最初の、まぎれもない自然発生的な変容状態を経験したのだった。

人は食べつけているものとはまったく異なるものが盛られた皿を出されたとき、どう反応するだろう？　嗜好が保守的な人や心がかたくなな人は調理場にそれを突っ返すかもしれない。しかし、珍しいものや奇妙なものにもともと興味があったわたしは、食べてみることにした――そしてそれがどのようにして作られるかを分析し、さらに二度目、三度目のお代わりを求めて調理場に入ってみようとしたのである。

1989年、わたしはカリフォルニア大学の分校の1つで1年間教壇に立つため、ハワイからもどった。そして任地で「ハワイ日記」を正式に書き上げ、自分の経験の背後にある意味と因果関係のパターンを探求できるように、入神状態《トランス》と心の旅のシャーマン流の実践に関して調べたことまで含めて内容を拡充した。わたしの科学者としての一面は、こうした経験を人に伝えるのにまだ躊躇していて、最初は小説を、つまり自分の学者としての評判を危うくすることなしに自分が知りえたことを後顧の憂いなく明らかにできる虚構の物語を書こうという気持ちに駆られた。そうすれば、大学の同僚たちに仲間の1人が公然と無茶なことをするのを見る気まずさを味わわせずにすむわけだった。

しかしわたしの話はSFでもなければ架空のファンタジーでもない。ことはこの本の中でこれから語るとおりに起こったのである。自分の経験を隠したり、ごまかしたりするわけにはいかない。わたしはこれらの出来事を「明晰な夢」と見なすのをとうにやめているし、尊敬すべき同僚たちはおそらく仰天するだろうが、くだんの現象を自分の学術的評価の上では「実地研究」の段階に格上げしているのである。

以下の内容は自伝的な物語であり、記録である。読者によっては典型的な架空の紀行か、空想的な物語とすでに見なしている向きもあるだろう。まったくのホラ話として一蹴する読者もいるにちがいない。本書で物語ることはすべて、このわたしが実際に経験したことである。それは旅を——肉体的、精神的、霊的な旅を——した2人の人間の物語である。この2人は「霊」の働きによって拡大された現実観を授かり、そして知識を求める中でこれらの霊と対面することになった。これはまた、まったく異常な経験に巻きこまれ、そしておそらくは人間の進化という今も継続中のパズルの一片《ピース》をたまたま見つけた実際的な科学者にして現実主義者の物語でもある。

1　当初の出会い

第一回目の出会い

　1983年8月、わたしはカリフォルニア州バークレーで暮らしていた。妻のジルは初めての妊娠の臨月に近づいていて、どんな姿勢でもそう長くは楽に横になっていられない状態だった。ある日、まだ暗い午前3時に2人とも目をさまし、そこでわたしは妻の辛さを和らげて、眠りにもどれるようにしてやろうと、ベッドに起き上がって、長身の背と腰をそっとマッサージしてやった。そのマッサージが愛の営みへと転じたが、しかしことのあともジルは眠れないまま、とうとう本を読むため明かりをつけた。

　わたしのほうはすっかりいい心持ちになって、いつしかうとうとしかけた——そのとき体内に奇妙な感覚をおぼえた。薄れつつあった注意力が回復して、そちらに向かっていくうちに、その感じが急に強まり、体が痺れて動けなくなった。びっくりして、わたしは目を開けた。天井の暗い広がりを背景にして、つかのま光の斑点が奇妙な縞やジグザグのところどころに散らばるのを見た。それらの光が結合して1つの透明な円弧ができるように見え、そのとたんに寝室は消え去った。

　わたしはほぼ完全な闇に包まれた森の中にいた。あたり一面、高い黒々とした樹幹と夜の闇の中へ広がる枝ばかりだった。暗闇はしんと静まり返り、温かい空気にかすかな芳香が漂っていた。その幻覚は生々しくリアルだったが、しかし異なことに、わたしは自分がベッドでジルの隣に横になっているのがまだ感じられたし、彼女が本のページをめくる音も聞こえた。はっきり目が覚めているという感じがした。

わたしの注意がジルのほうに向くと、森はあたかも少々ピントが外れていくようにいくぶんおぼろげになった。わたしはベッドに静かに横たわったまま、あたり一面の木々を見、ジルがページをめくる音に耳を傾けた。体に充満している感覚にまた注意を集中すると、木々が再びはっきりと見えてきた。連想で脳裡に幼時の思い出が甦った——とても長いロープで吊ったブランコに乗って母に押してもらった記憶が。思い出の中のブランコがめくるめくような弧を描いて勢いよく上がったり下がったりするにつれて、現在のわたしの体が同じその感じで繰り返し揺さぶられた。

「夢」と自分を取り巻く森に注意がもどると、前述の感覚が、感応の奔流が、増大した。この段階で身動きできることがわかって、わたしは木々の間を歩きはじめ、すべてがじつにリアルに見えることに深い感銘をおぼえた。自分がどうやって動き、なんの上を歩いているのか、あまりさだかでなかったが、夢の中のように、どの方向でも、いこうという気になるだけでそちらに運ばれていくようだった。そのくせベッドに横たわった体はまだ例の感覚で金縛りになったままだった。

科学する心が働いて、わたしは木々の細部を頭に刻みこんだ——あたりに漂うかすかな芳香は馴染みがあった。アフリカでの記憶から、これは大きな藤色の花房をつける熱帯種、ジャカランダの木ではないかと思いついた。暗がりなのに、わたしはこの推測を裏づける花咲く一枝を見つけた。

あの感覚が俄然強まり、まるでゆっくりと締めつけて息を止めさせる目に見えない握り拳に丸ごと包みこまれたように、体がふくれてこわばり、ますます痺れてきた。つかのま、わたしはなんらかの発作に襲われているのではないかと思い、強い不安に駆られた。だが、その感覚がきわめて快いものだとはっきりわかったとたん、不安は湧き上がったときと同じように不意に消えてなくなった。圧迫感が強まるたびに、得も言われぬ歓喜と入りまじった陶酔の大波が押し寄せた。

わたしがこの圧倒的な恍惚感にひたっているところへなにかが割りこんできて、わたしを右側の木々のほうへ引き寄せた。そこのおぼろな木々の幹の間に非常に大きな黒い影が見えた。なんとなく人影のようだし、明らかに頭と胴体と思われるものが見分けられるのだが、その胴体が妙に幾何学的で……ドアみたいだ。頭部は丸みがあって小さく、腕や脚はなさそうだ。平べったくて、真っ黒で、のっぺらぼうだった。

わたしは自分の見ているものをこれこれこういうものだと分類しようとして頭をしぼった。その黒い影はわたしよりもかなり背が高く、木々の下に直立している巨大な黒くて細長い鍵穴のように見えなくもなかった。その右の「肩」近くにバスケットボールほどの大きさで、人形《ひとがた》のほうが暗いだけに余計明るく見える球形の光が、ふわりと浮いていた。光は空中に停止していた。

例の感覚はわたしのまわりと体内に流れつづけ、内と外から圧迫感を加えた。わたしは動こうとしたが、今や完全に麻痺していた。ジルがまたページをめくる音が聞こえ、この事態をなんとか彼女に伝えなくてはと思ったが、顎はこわばって動かず、体は棒切れのように硬直していた。手を握り固めることもできなかった。

なにくそという気になって、歯ががっちり噛み合わさったまま、ジルに木立と黒い影のことを話そうとしたが、ひそひそ声しか出なかった。やっとのことで、「木……木」、「影……影」とかろうじて聞きとれる程度に言うことができた。

わたしは黒い影とそれに付き添う光を見つめ、ジルがページを繰る音は聞こえていても自分は夢を見ているのだろうかといぶかった。こりゃどういうことなんだ？黒い影がこの異様な感覚の出どころなのか？　こう思った直後、圧迫感というか、力がかかる感じが急にそれこそ耐えがたいまでに強まった。その感じは恐ろしくもあり、同時に素晴らしいものでもあった。わたしは十分に意識があり、完全に目を覚ましていた――そして自分が知覚し、感じているものの何たるかを分類しようとむなしく努めながら、手を動かそうともしていた。そのとき経験していたもの、十全の「エクスタシー」はいまだかつて味わったことのないものだった。

不意に、影があの感覚をぐんと強めたようで、わたしは体が「離陸」するのを感じた。木々の間をゆっくりと浮上し、ついには空中に立ち、木の葉と花に囲まれて虚空でゆるやかに回転した。恍惚感が体じゅうを駆けめぐって、筋肉はその勢いで震え、わななないた。わたしを包みこんでいる巨大な力に抵抗するのは愚劣な気がした。黒い影は明らかにとてつもなく強く、それでいてわたしを痛めつけてはいなかった。

轟々たる音が聞こえ、わたしは次になにが起こるのかなりゆきを待った。と、はじまったときと同じくらい唐突に、その異常な体験は終了した。わたしはそっと地上に降ろされ、黒い影が変化し、その形を変えて木々の下の暗がりに溶けこんだ。同時に、わたしの体を金縛りにしていた感覚が次第に弱まる波となって体外へ流れ出しはじめた。木々と影と光の玉が次第に薄らいで、明かりの消えた寝室が再び眼前に現れた。麻痺が急におさまって、わたしはようやくベッドで上体をまっすぐ起こすことができた。半ばショック状態で心臓がドキドキし、筋肉がわなわな震えた。ジルのほうを向いてみると、彼女はもう眠っていた。感覚の余韻が薄れてついに消え失せ、一切がまた平常にもどった。空が白んできていた。わたしは頭がくらくらした。

今し方経験したものはなんだったのかといぶかって、しばらくはじっと物思いに耽った。一部始終が夢にしてはあまりにもリアルな感じだった。わたしは完全に目覚めていてはっきり意識があったようだし、ベッドで妻の隣に横になっているのを終始承知していた。その経験をあれこれ思い返すそばから、あの謎めいた黒い影が繰り返し心に浮かんだ。自分の私的な日記がベッドの傍らに置いてあったので、わたしは急いでメモして、思い出せるかぎりのことを記録した。ジルが目を覚ましたとき、わたしはその出会いの全容を話して聞かせた。そのあと、先刻事態を彼女に伝えようと大変な努力をしたことを説明した。

「変ね、わたしが本を読みだしたとき、あなたは寝入って、しばらくしてから、あなたがささやいているのが聞こえたの。あなたは寝言を言ったためしがないから、わたしはなにを言っているのか聞こうとしたのよ。でも、あなた、ぶつぶつ言ってて、なにも聞き取れなかったんで、起こさないでおくことにしたの」と妻は言った。

これを聞いてわたしはなんとなく安心した。やはりほんとうになにかしら起こったのだ。

その後数日間、わたしはあの黒い形を自分が反射的に「影」と決めこんだのは妙だと考えた。カール・ユングは「影」を自我の「暗い」、抑圧された面の複合心象、もしくは投射と考えた。わたしはこの見方をかなりじっくり考察してみた。あの黒い形はわたし自身とはまったく別個のもののように見えたのだが、あれがわたし自身の心の産物だったということはありうるのか？　もし心の投射でないとしたら、なんだったのか？　あれは敵対的とも好意的とも感じられなかったが、わたしを万力のようにがっちりととらえていたとき、あれがわたしのことを知りたがっていたように思われた。

　振り返ってみると、あの出来事には全体に挑発的な要素があり、あたかもなにかがわたしに向かって、「ほら、いいものを見せてやろう――さあ、どうする？」と言っているようだった。だが誰が、あるいは何がそんなふうに挑発したのか？

二度目の出会い

　1週間ほどして、わたしは同じような、ただしもっと短い身体的な経験をした。ジルにはまたしても寝苦しい夜になっていて、わたしたちは3時半に隣家の犬の吠え声で目を覚ました。横になったまま、かれこれ明け方近くまで暗がりで話をしていた。またしても、妻を眠れるようにしてやろうとするわたしの努力が愛の営みへと移行し、そのあとわたしは寝入りかけた。突然、あの「感覚」、背筋が急にぞくぞくする感じと、背中から上へと広がって脳を包みこむ圧倒的な「高揚感《ハイ》」にまたもや気づいた。わたしは即座に、ぱっちり目が覚めた。その感覚がわたしの中へ、背中、頭、手足へと滔々《とうとう》と流れこんでくると、体は完全に麻痺した。前回同様、わたしは変容状態にありながら同時に傍らにジルのいる日常的な現実の中にもいることを意識していた。

　だが今回は、ジャカランダの森もなにも見えなかった――果てしない闇がわたしの視野をおおっているだけだった。わたしはジャカランダの森を思い浮かべようと努めたが、目に浮かんでこなかった。これは実はなんとなく心強かった。つまりはその経験全体がわたしの想像力の所産でないことをそれは暗示していたからだ。今度もわたしはしゃべろうと努め、多大の努力をしてようやく、「影」とだけ低いかすれ声で言いおおせた。

　それによってあの影が呼び出されたり、前回のように経験内容が増強されたりするどころか、そう言ったとたんに、「感覚」がほぼ即座に潮のように引いていった。わたしは気落ちして、変容状態をなんとか取りもどそうとしたが、それはかなわなかった。次第に弱まる何回かの名残の波を感じ、やがてそれも消えた。

　消滅してほどなく、わたしはその経験を日記に記した。

翌朝、食卓で物理療法士であるジルとその出来事を話し合った。妻はわたしなどよりもずっと神経生理学に通じているが、なにがそのような肉体的、精神的な状態を惹き起こしたかとなると、なにも思いつかなかった。ただし、紅茶茶碗から立ちのぼる湯気の向こうから思案げにわたしを見つめ、ほほえんで、「その影にいくつか質問をしてみるべきかもしれないわね。声に出しての質問じゃなく、頭の中で質問を組み立てるの――たとえば、〝あなたは誰なのか、なぜここにいるのか、なにを望んでいるのか?〟といった具合に」と朗らかな調子で持ちかけてきた。

ジルには悪いが、そのときはその提案は科学者たるわたしには馬鹿げたものに思えた。わたしは一切を念頭から追い払うことに決めて、化石の研究にもどった。自分の経験を説明づけることができないという事態を持てあましたのだ。

二度目の出会い

2、3週間のあいだ生活は正常にもどり、やがて9月に娘のエリカが生まれて、かなり変化をきたした。わたしたち夫婦はその後半年間子育てに追われてろくに眠れなかった。それでも、あの影との不思議な出会いを完全には忘れられず、わたしは多少本を読んで、多くの伝統的な部族民が変容状態を獲得するため感覚遮断の方法――意図的な不眠状態もそれに含まれるかもしれない――を用いることを知った。睡眠パターンがめちゃめちゃになったその半年の間、わたしはまた「こと」が誘発されるのではないかとしばしば思った――が、異常なことはなにも起きなかった。

その後1984年2月半ばのある霧深い朝まだき、それがまたしても起こった。

ジルは腹を空かした赤ん坊に授乳するため起き上がっていて、一方わたしのほうは眠っているとも覚めているともつかない浅い仮眠状態を出たり入ったりしていた。ふと気がつくと、ジルがベッドの上の窓から下の裏庭の暗がりをのぞきこんでいた。妻はおびえた様子で、大きな物音が聞こえたのだとささやいた。飼い猫もそれを聞きつけたと見え、窓敷居に乗っかって、なにかをじっと見下ろしていた。

わたしはこそ泥を相手にしなくてはならないのだろう

かと不安に思いながら、眠気を振り払った。「どんな感じの音だった？」ときいてみた。
「ギー、ボキッって音――塀から板をひっぱがすか、木から太い枝をへし折ったみたいな」と妻は緊張気味にささやいた。

我が家のささやかな裏庭には日本式の風呂場があった。それを壊されているのかと心配になって、わたしはベッドから起き出し、大地溝帯の交易所でカンカン照りのある午後に入手したマサイ族のルングを手に取った。その硬木製の棍棒は先っぽにこれ見よがしの大きな瘤がついていたし、ずしりとくる重さを心強く感じながら、わたしはそっと階段を降りて、横の戸口から外の暗がりに出た。

真夜中に自分の領分を調べてまわるというのは、きわめて原初的な行為だ。わたしは棍棒を握りしめ、目が暗闇に馴れてくるまで待ってから、灌木の茂みに絶えず隠れるようにしながら裸足でそっと敷地内を歩きまわり、物陰で立ち止まっては、侵入者がいたらぶちのめそうと自分を奮い立たせたが、なにも異常はなさそうだった。風呂場も塀も別状はない。折られた木もない。庭には誰もいなかった。わたしは2階の寝室にもどったが、そのあとは寝つかれなかった。ジルともどもベッドに横になって、家の裏の森にはなにがいるのやらと思いめぐらした。お互い相手を安心させ元気づけようとしているうちに愛し合う仕儀となり、わたしがまた寝直せるほどゆったりした気分になったのは明け方近くだった。

うとうとしかけたとたん、玄関のベルが鳴り、わたしはたちまちすっかり目が覚めた。室内は夏の早暁らしい温かみのある黄色い光に溢れ、ほんのちょっと前まで真っ暗だっただけに変だという気がした。光は、まともに見ると消えるが視野のへりでとらえることのできるチラチラする波紋のようなものを伴って、ゆらめくようだった。

わたしはこんな時間にいったい誰が訪ねてきたのかといぶかりながら、ベッドから起き出した。部屋を横切る際、体の下にまだベッドの感触があるのをぼんやり意識し、ドアのところで振り向いてみた。ジルは眠っていて、その隣に誰かが長々と横になっていた――わたし自身だ！　そのときはこれを妙だと思わなかったのは、おそらくベルがわたしの中に強い反応をかき立てていたせいだろう。わたしは部屋を出て、階段を降りていき、玄関のドアを開けた。

誰もいなかった。見馴れた近辺の景色が朝焼けに染まっていたが、その郊外風景は陰影がなく、奇妙に平板に見えた。わたしはアプローチに出ていって、注意深くあたりを見まわした。人の姿はなかった。誰かの悪戯か？

いきなり、あの感覚がすさまじい奔流となってわたしの中にどっと流れこんできた。わたしは息を呑み、つかのま不安と驚愕のあまりそれに抗った。だが今度もあの感覚の絶妙な性質が、歓喜に近いとてつもなく浮き立つ気分でわたしを圧倒し、すぐに不安を消し去った。これは伝統的な部族民が神秘的なシャーマン流の幻覚状態で感じるのと同じものだったのだろうか？

わたしの思考力は完全に覚醒していて、種々の分析や仮定をてきぱきと進めていた。こうした心持ちはことによると裏庭で物音を立てたなにかしらの存在もしくはそれとの接近によって惹き起こされたものなのか？　わたしは例の影との出会いと、それが近くにいたことでこうした感覚が非常に増大したことを思い出した。それを思いついたとたん、なにも見えないのに、「他者」が近くにいると明白に感じた。

前庭にいるのを自覚したまま、わたしの意識はベッドでジルの隣に横たわっている自分の肉体を考えに入れるため、かすかに転換した。このわたしは確かにベッドにいた。上掛けが自分をくるみこんでいるのが感じとれた。だがどうしてそんなことがありうるのか？　わたしは口をきこうとしたが、またもや、いかに努力しても、くぐもって不明瞭なささやき声を出すのが精一杯だった。目に見えない握り拳に全身が包みこまれていたので、動くことはほとんど不可能だった。

何カ月か前のジルの提案に従って、頭の中でためしに質問を組み立ててみた。「あなたはなぜここにいるのか？」返答がないので、もう一度やってみた。「なにを望んでいるのか？」またしても返答はなかったが、わたしはどこかへいかなくてはならないとでもいうような切迫感をおぼえた。この感じが強まってきて、わたしは衝動的に、「よし、いこう」と言った。

たちまちわたしは前庭の上の空中に浮き上がり、すごい速度で我が家の上空に舞い上がった。この目のくらむような視点から馴染みのある界隈を見下ろした。自分の車の屋根が汚れていることに気づいた。2階の窓からうちの猫が警戒気味にわたしを見ていた。こちらはぐんぐん上昇して、ついに下の景色の細部は遠くかすみ、わたしは白く輝く雲を突き抜けて飛んでいた。

そのあとのことは一種の別世界紀行とでも言うしかない。わたしはそれまでいったことのない場所、自分の記憶にないところへあちらこちらと連れていかれ、生々しくリアルなものをいろいろ見せられた。場所によっては暗い星空の下に灰色の平原や、生物のいない石ころだけの砂漠が広がる白黒の、月のような光景だった。また、鮮やかな色彩のある、生気に満ちたところもあったが、そういう土地の植物や動物はわたしにはまったく見馴れないものだった。わたしはかつて生物学と古生物学を学んで化石にしろ現生生物にしろ動植物の分類法については十分役に立つ知識を身につけていたが、その旅のあと、こうした生物を紙に正確に描いてみようとしてもあまりうまくいかなかった。総じて自分の見たものや、それがどう見えたかを比較対照すべき既知の準拠枠がこちらにまるでないのだった。この異常な経験の過程では、生き物や風景は一層「異な」ものに見えた。

風景は目に快いものもあったが、ぎょっとするものや、あまりに広大で索莫としたものもあった。少なくとも1カ所の風景では、空に大きさの異なる2つの太陽があって、それらが照らす物体の後ろにはやや色合いのちがうおもしろい二重の影ができていた。一連の場面がわたしの前に繰り広げられ、各シーンは持続時間も内容も限られていたが、それでもなんとなく完結していた。この旅がどのくらいつづいたのかも、自分が何カ所を訪れたのかもわたしにはわからないが、心理的には何時間ものことのように思えたにしろ、通常の時間の尺度では30分以上ではなかったはずである。

この経験の初めから終わりまで、わたしは他者の、なんらかの目に見えない同伴者の、存在を常に感じていた。あの不思議な感覚が絶えずわたしの体じゅうを流れていた。

はじまったときと同様突然に、この経験は下降と着地の感じを伴って終わった。ベッドに横たわっているという心持ちがまた主たるものになった。わたしの中に充満していた力が弱まっていき、見えざる同伴者をちらりとでもかいま見ようとしたとき、最後に一つの驚くべきイメージが見えた。寝室にもどって、サンフランシスコ湾岸地区の典型的な霧深い冬の夜明けの曙光を見るため、わたしはちらりと窓の外に目をやった。窓ガラスのすぐ外で、3階分の高さから女がじっとわたしをのぞきこんでいた。短く切った黒い髪と黒い目のすらりとした女だった。なにか着ていたかもしれないが、女の目がわたしの目をとらえて離さなかったのでそのへんのことはおぼえていない。その視線は昆虫をピンで刺すようにわたしを釘づけにして、ほかのものを一切排除したのだ。女には怒りや敵意の色はなく、さりとて好意的とか、満足そうとか、楽しそうだというのでもなかった。淡々かつ超然として、感情を表さなかった。

大変な努力をしてわたしは女のほうに手を挙げた。ジルが目覚めているかどうかはわからなかったが、窓の外に浮かんでいる女を指さして、かすれ声で、「あそこにいる……あそこにいる」とどうにか言いおおせた。

暗い室内になにか動く気配があり、女の全身が窓とわたしの間に現れ、背後からの光でシルエットになって、その姿は完全に黒々として影のようだったが、それでも確かに人の姿だった。

突然、暗く陰になった顔の中で左目だけがまるでスポットライトに照らされたようにありありと見えてきた。それはオシリス神の目のようにベッドの脇から無感動にじっとわたしを見下ろした。わたしはロンドンの大英博物館でウジャトと呼ばれるいくつかの魔除けの装飾品にこの忘れがたい神秘的な目を見たことがある。それぞれの装飾品から肉体を持たない隻眼が見る者の目を時空を超えて凝視するのだった。

この女の目も同じようにわたしをしっかととらえた。それから瞬時にして女の姿が消えた。同時にわたしの中のあの感覚が完全におさまり、残されたわたしは目覚めた状態でとめどなく身震いし、頭の中は身につけた科学的知識では答えられない疑問で一杯だった。

この不思議な旅でわたしの注意を存分に惹きつけたあと、こういう経験は途絶えた——拍子抜けもいいところだ。三たび味わったあとだけに、わたしはもっとほしかった！　こうした経験がどういう性質のものか理解したかった。この一番新しい出来事は半年前の2件とどんな共通点があったろう？　3件とも朝まだきに起こり、いずれも妻と愛し合ったあとだった。どれも途方もない力による絶妙な体感を伴い、それがつづいている間じゅう体はほぼ完全に麻痺していた。

持続時間はどのくらいだったろう？　時計を見たわけではないからさだかではなかったが、長いほうの2件にしてもおそらく全体で30分かそれ以下だろう。今度からは、あの感覚の到来を感じ次第時計を見ようと心に決めた。

3回の経験の類似点を列挙してみたあと、わたしは我が身に起こったことの肉体的な性質と、起こった理由を特定しようとした。癲癇《てんかん》その他の痙攣障害に襲われたのかと思って、医学診断法を読みあさった。大発作、小発作、ジャクソン型癲癇、その他の精神運動性発作に関する文献を読んでみてもやはりどうも判然としなかった。基本的に脳の一時的な混乱した活動である癲癇発作は、誰にでも起こりうるものだということはわかった。診断が確定した癲癇患者と一般人との違いは、「既知の癲癇患者」のほうが診断未確定の者よりこういう神経障害を起こしやすいというにすぎないらしい。わたしはそれまでいかなる類の発作にも見舞われたことがなかったが、これら3回の経験は発作の医学的説明に確かに合致してはいる。曰く、新皮質の灰白質における急激な放電に付随する脳機能の急変の結果と考えられる、意識の変化に関連した、感覚的、運動的、もしくは精神的性質の突発的で一過性の症状。睡眠中に起こる発作もあれば、不眠、肉体的刺激、あるいは感情の乱れが引き金となると考えられる発作もある。わたしは事前に性行為によって肉体的、感情的に刺激を受けたのは確かだが、このことが変容状態とどんなつながりがあったのだろう？

可能性としては、睡眠発作《ナルコレプシー》（抑えがたい眠気の頻発）にしばしば付随する原因不明の症候群、一般に「睡眠麻痺」と呼ばれる睡眠障害に襲われたというほうが、よりありそうなことだった。睡眠麻痺は覚醒時にも寝入りばなにも起こることがあり、しばしば幻視や幻聴（入眠時幻覚）を伴う。わたしの場合、ナルコレプシーにしろ他のいかなる睡眠障害にしろ一切徴候がなかったが、ナルコレプシーの症例の約5パーセントには睡眠麻痺だけが生じることが知られている。

個々のこれら自然発生的な経験は別として、わたしの中枢神経系は依然として正常に機能しているようだった。わたしには器質性脳障害、脳腫瘍、外傷《トラウマ》、感染症、低血糖症などの徴候はなかった。薬物や、当時はアルコールさえも摂取していなかった。要するに、健康そのものだった。この初期の頃には、わたしは極度の肉体的、精神的感覚にのみ関心があった。後に、一連の「挿間性発症《エピソード》」には潜在的な神経学的要素があるにしても、それらは単なる肉体的経験ではないと判断するようになる。それらにはわたしの個人的な経験と理解を越えた意味があったし、今もあると信じる。ほんとうに必要なのは、意識変容状態に精通している誰かと話し合うことだと、わたしは思い立った。

前年、わたしはたまたま書店で『シャーマンの方法』と題する興味深い本を見つけていた。

それをぱらぱらめくってみて、自分がシャーマンのことをあまり知らないのをつくづく感じた。いつか授業でシャーマンについてなにか気の利いたことを言わなくてはならないかもしれないと予想して、その本を買い、自宅の「必読書」の棚に入れておいた。

1カ月後、妻の友人の1人が近々予定されている催しにわたしが興味を持つかもしれないと考えて、電話で知らせてくれた――マイケル・ハーナーという人類学者を講師とするシャーマニズムに関する週末の講習会だそうだった。その名前になんとなくおぼえがあるような気がして、書斎を見まわしてみると、1カ月前に買った本の著者だとわかった。おそらく偶然の一致だろうが、注意を惹かれた。

この催しに参加することについては多少のためらいがあった。わたしは博士論文の最終的な手直しに熱中している最中だったし、ニュー・エイジ・タイプの人々と数日を過ごすことを考えると必ずしも熱い期待で一杯になるという心境ではなかった。電話を切ったあと、しかし、頭の中にちらっとなにかが浮かんだ――そしてすぐに消えた。科学的な好奇心を刺激され、そのつかみどころのない漠とした考えを探ってみると、何年も前、南部エチオピアの砂漠での発掘調査中に起こったある奇妙なことの記憶として再生した。

孤立と沈黙のその数カ月間、わたしは連日の炎天下、調査と発掘と発見に明け暮れた。真昼には岩はうかつにさわれないほど熱く焼け、棘のある木々の間を塵旋風《ダスト・デビル》が舞った。夜は満天に星が輝き、宇宙は一切の人工照明にぼやかされることなく姿を現した。

そこの乾ききった荒涼たる風景の感覚遮断作用によるのかもしれないし、あるいは暑さのせいかもしれないが、ある真昼時、わたしは完全に目覚めている最中に妙に夢幻的な経験をした。

3カ月間ほとんどわたしは奥地に入っていて、時折、誰かに見られていると不意に感じることがあった。だが、見まわしても、人の姿を見かけたためしはない。それでもその感じは強烈で、こちらは野外に身をさらしているだけに、わたしはそれを感じるたびに用心深くあたりを見まわした。やがて8月のある暑い日、あるものを見た。

時刻は正午頃、気温は摂氏50℃近くもあり、わたしはアウストラロピテクスと呼ばれる初期人類の骨が出土していた遺跡を発掘していた。２人のアフリカ人との共同作業で、午前中の仕事をすませて、一同、昼食をとりにキャンプにもどる仕度をしていたとき、わたしは突然、何かに、あるいは何者かに見られていると感じた。

ゆっくりと体を起こし、わたしは腕や服から埃を払った。ざっと見まわしたところ、べつに異状は見られなかったが、アフリカ人の１人がわたしの左のほうのなにかを見ていた。

わたしが横目でそちらをじっと見てみると、10フィートほど離れたところになにやら大きなものが視野の隅に映った。ところが、直視すると、消えてしまった。今の今までそこにあったのに、次の瞬間には、まるでその「なにか」が空気の織物の裂け目を向こうへ通り抜け、あとをビシッと閉めて、地上6フィートほどのところにつかのまゆらめく弓なりの皺を残し、それがまっすぐのびて消えてしまったようだった。

アフリカ人２人もそれを見たのだろうか？　アチコという名の男のほうが鳥のような鋭敏な目でわたしをじっと見ていた。彼はわれわれ研究者が「在留」するつど、発掘作業に加わる現地人のダセネチ部族民だった。アチコはスワヒリ語を含めて６つの言語を話すが、あいにく英語はそれに含まれていなかった。わたしのスワヒリ語はほんのカタコトで、したがってお互いの間の意思疎通は限られたものでしかなかった。

わたしは左のほうを指さして、アチコに問いかけるような目つきをしてみせた。アチコは無言でわたしの心中を忖度《そんたく》し、それから笑みを浮かべて、まさしく「それ」があった空中の一点を指さした。彼は自分の部族の言葉でなにか言って、それをスワヒリ語で言い直した。もう１人のアフリカ人、ムソカというケニア出身のワカンバ部族民も英語はだめだが、スワヒリ語は話せた。アチコの言葉につづいて２人の長い会話があったが、わたしには一言もわからないままに終わった。数年後に、発掘調査団の地質学者の１人から、アチコが言った言葉、「シャイタニ」というのは「霊」という意味のスワヒリ語だと教わった。当時のわたしは科学信仰一辺倒だったから、その出来事を酷暑によるなんらかの奇妙な幻覚と片づけて、それっきりきれいさっぱり忘れてしまった。

この心騒がす思い出が今になってハーナーのシャーマニズム講習会に心の扉を閉ざすのを妨げた。論文執筆の息抜きも必要で、それに講習会費はとても妥当な金額だったし、将来自分の授業のためにそれをもとに講義の一つも展開できるかもしれなかった。というわけで、ニュー・エイジ風の神秘主義へのかなり強い嫌悪感にもかかわらず、わたしはある高校の講堂の床に車座になった50名ほどの人々にまじって、マイケル・ハーナーの話を興味をもって聞くことになった。

ハーナーは顎髭の偉丈夫で、眼光鋭い黒い目と生き生きしたユーモアのセンスの持ち主だった。話しぶりは、豊かな学識に、陳腐なものから滑稽きわまるものまでどえらい冗談をちりばめた溌溂たるものだった。アマゾン上流域のヒバロ族やコニボ族を対象とする自身のフィールドワークにはあまりふれず、むしろ比較文化的な知識を活用して、世界じゅうの部族のシャーマンが共有する基本的な概念について論じた。変容状態を達成するためにシャーマンが用いる方法はどこでも著しく似通っていることを明らかにした。その状態を経験する能力は、人類の相当部分に伝わる生物学的遺産かもしれないと示唆した。ちょっとした訓練で、われわれ自身のような非部族社会の西洋人でも、彼が「シャーマン的意識状態」と呼ぶ程度の拡大意識を達成できるというのが、彼の見解だった。

そのあとの実習で、ハーナーは典型的なシャーマンの旅、即ち「非日常的な現実」の中でもろもろの「霊」と接触し、これらの隠れた知恵の源泉から知識を獲得する錬磨された方法を講習参加者たちに手ほどきした。その技とは個人的な占いの法、わたしがアフリカ滞在中にしばしば執り行われるのを目にした風習だった。ハーナーの話に耳を傾けるうちに、そもそも占いとはいかなるものか初めて合点がいった。

単調に反復される太鼓の音を入神状態《トランス》になるための助けとしながら、わたしたちはハーナーの指導の下、伝統的なシャーマンがやるように、「補助霊」と接触して、個人的に重要な事柄について情報や指針を得るため、意図的に作り出された意識状態で旅をしようと試みた。

わたしにはすべてがじつに興味津々で、太鼓が打ち鳴らされる間に、もう一つの、精神的な現実を感知することにまずまず成功した。しかし、こうした瞑想状態は、わたしが1年後に経験することになる3回の鮮明な変容状態とは似てもつかなかった。ただ、この講習会は後にわたしが不思議な経験を受容するのに大いに役立ったとは思う。

3回目の変容状態を経験したあと、わたしはハーナーの講習会を受講したことがこうした経験の口火になったか、もしくは「シャーマン的意識状態」にわたしの心を開かせたのかと思いめぐらした。伝統的な部族シャーマンが感知する「非日常的現実」についてもっと知りたくて、シャーマニズムの権威たちが編纂したいくつかの論文集を読んでみた。だがわたしはそうした変容状態について読むよりも実際に体験するほうにずっと関心があった。そのためもあり、また客観的たらんとする科学者の努力に創造的想像力がいかに強く影響を及ぼすかわかっていたこともあって、文献を読むのはやめにした。自分の頭の記憶装置を他人の経験や解釈で一杯にして、自分の経験を「汚染」する危険を冒したくなかったのである。

とはいえ、予備的な研究でいくつかおもしろいことがわかった。たとえば、伝統を受け継ぐ多くの部族は、人間の頭の中に戸口というか、日々経験する日常的現実と、しばしば霊界と呼ばれる「非日常的現実」とを区切る門ないし境界があると信じている。メキシコのインディオのウィチョル族はこの開口部をニエリカと呼んでいる。わたしが読んだところによると、われわれのほとんどがこの門の存在に気づかないのは、それが障壁《バリア》としても働いて、心の準備ができていない者は寄せつけないからだという。一般の人はそれについてまったく知らないままで一生を過ごすことになるかもしれない。ところが、一部の人はその門を自由自在に開けることをおぼえ、したがって特定の任務を果たすため境界を越えて死と幻の領域に旅することができる。伝統的な部族社会では、この奇妙な任務を果たせる人がシャーマンということになる。

わたしの頭の中にそういう門があるとして、それがつかのま開いて、向こう側にあるものをかいま見せてくれたのだろうか？　民話や神話にはそういう経験をした人の話がごまんとあるが、わたしは従来それをもっぱら象徴的なものと考えていた。しかし、わたしの頭の中に実際に門があるとしても、そもそもどうして開いたのだろう？　わたしはその存在に気づいていなかったのだから、自分で開けたということはありえない。だがわたしでないとすると、誰が開けたのか？　あるいは、なにが？　そしてあの圧倒的な感覚はなんだったのだろう？　それはニエリカの開門と関係があったのか？　あの黒い人影はわたし自身の想像の投影だったのか、それともそれ自体の主体性と計画を持ったなにかだったのか？　わたしの旅の終わりに現れた見知らぬ女は誰だったのか？　正確にはなにが、いかなる理由で、このわたしに啓示されたのか？　ひょっとしてあの人影や女は正真正銘の「霊」だったのか？

こうした疑問に対してわたしは科学的であれなんであれいかなる答えも持ち合わせなかった。わたしの科学志向の性分はシャーマンや霊についてのこうした思索でゆるがされたが、一番新しい「経験」のインパクトが時とともに薄れてくると、わたしはまた化石の研究にもどった。戸口は、仮にそういうものがあったとしても、閉ざされたままだった。

敷居をまたいで

3回の変容状態から2年後の1985年8月、わたしたち夫婦はカリフォルニアでの公私両面の関わりを断ってハワイ島のコナ・コーストへ移り、長期休暇を取ることに決めた。農地がまだ手頃な値段だった10年前に、わたしたちはケアラケクア湾を見下ろす小さな農園を友人から買い受けていた。その1エーカーの地所はその後ほったらかしで草木がむやみやたらにはびこっていたし、古い家屋はすぐにも修理の必要に迫られていたが、しばらくハワイに住んで子育てをする絶好の機会とあって逃がすには惜しかった。

地所は世界でも有数の活火山マウナ・ロアの西側斜面、海抜1200フィートのところにある。我が家の広いラナイ、つまりベランダからは、はるか下の岩だらけの海岸まで豊かに生い茂った熱帯の緑を見晴らすことができる。西には渺茫《びょうぼう》たる太平洋が鮮やかな青い水平線まで広がっている。北にはケアラケクア湾が青く弧を描き、対岸にそそりたつ断層崖《だんそうがい》がそれを囲んでいる。真東には海抜1万3000フィート以上にも達するマウナ・ロアの山頂がそびえる。南へ目を転じれば、火山の広大な山腹をなすなだらかな斜面がはるか遠くで海に没している。

子どもの頃、わたしは『宝島』を書いたスティーヴンソンやマーロン・ブランドみたいに南海へ逃げ出すことができたらと願ったものだった。エキゾチックな美人と熱帯の楽園で楽しく暮らし、たくさん子どもをつくるのが夢だった。今こうして大人になって、欧亜混血の目鼻立ちと長い黒髪のためにいかにも地元民のように見えるジルとポリネシア北端の島にきているのだ。わたしたちは朝は浜で泳いだり、もうおっつけ3歳になるエリカと遊んだりして過ごした。午後は家と土地の手入れに追われ、穏やかな熱帯の宵ともなれば、わたしはハワイの神殿遺跡を描く油絵の連作に取り組んだ。幸い、わたしたちは近隣の鷹揚《おうよう》なハワイ人たちと仲がよく、近所の子どもたちがパンの木の実や魚を持ってちょくちょく我が家にやってきた。暮らしはとても快適だった。

1986年3月、雨期がはじまる直前にジルが2人目の子を身ごもった。その頃には、わたしは土地をおおかた開墾して、コーヒーの苗木70本をカーポートに置いて植えるばかりにしてあった。ヘイドゥン・マンゴー7本、4種類のアボカド、3種のバナナ、ピタンガ、テリハバンジロウ、ライチー、ウィ・アップル1本ずつを含めて多くの成木がすでに育っていて、わたしは雨期の直前にすべて肥料をやってあった。

「夢」がはじまったのは3月のある夜だった。新月の頃とあってあたりは真っ暗で、とても静かな夜だった。夜が明けるちょっと前に、わたしはなにかで目が覚めた。眠っている妻の隣で静かに横になったまま、耳を澄ました。私道の先の本道を時たま通る車のヒューというタイヤの音ばかりで、べつに異常な物音は聞こえなかった。起き上がって、ベッドの上の窓から外を見たが、なにも変わったものは見当たらなかった。家のそばのバンヤンの木の堂々たる黒いシルエットをすかして熱帯の夜空の星が遠くのちっぽけな窓のようにきらめいていた。なにも動くものはない……。

わたしはしばらく様子をうかがってから、またベッドにそっと横になり、ゆっくりと向きを変えて妻を抱えこむようにした。息づかいを妻の寝息に合わせ、とろとろと夢路に入りかけたとたん、またしてもなにかが警戒心をかき立てた。わたしは暗がりにじっと横たわったまま、待ち構えた。と、不意にあの感覚が襲ってきた。それはあたかもわたしの外に、ちょうど意識のきわにあるような感じさえした。3回目の変容状態からすでに2年以上たっており、わたしはあの馴染みのある感覚が入りこんできて身の内でふくれ上がる気がしてくると興奮した。そっとジルから離れ、全身が硬直する直前にどうにか仰向けになり、目覚ましの白く光る文字盤をすばやく一瞥することができた。前と同様、麻痺による不快感は、素晴らしいとしか言いようのないあの感覚で十二分に埋め合わされた。

目に見えない手で全身を握られたような圧迫感がくる

と、わたしはなんとか息をしようとあえぎ、体の自由を多少とも保持しようと努めた。今やすっかり眠気が飛んで醒めた頭が、閉じた瞼の暗幕にまたもやちらつく光の奇妙な模様や点や線を記憶にとどめた。今回もどっと沸き立つような騒然たる音が耳の中で響きわたった。体の自由を失うまいと抗いながら、わたしは例の戸口、ニエリカのことを思い出した。そのことを考えたとたん、急に体がふくらんで外側へ広がっていく感じがした。光の線がゆらめき、むしろ蛇のような、スパゲティのようなおかしな形になった。やがてこれも変化し、もっと角ばった山形模様になると同時に1つの妙な円弧が現れた。その弧に重なり合って奇体な長方形の格子模様ができ、それが想像もつかない、無限とも見える彼方へ広がっていきながらつかのまゆらめき、やがて消えた。耳鳴りがぱたりとやんだ。しばしの間こそりともしないまったくの静寂がつづいた。体を包みこんでいた圧迫感が急に弱まり、わたしはこれにはいささかがっかりした。

カチッという妙な物音が一度、つづいてもう一度聞こえた。わたしは驚いて目を開けた——そして自分があちら側にいるのを知った。

2 最初の旅——ナイノアの道中

集落にて

1人の若い男が小屋の窓辺に立って、自分の世界をじっと見ていた。遠くの森が黒い壁のように彼の集落の向こうの段々畑を囲んでいる。乾期特有の色が目立った——黄、橙、茶色の大きな端切《はぎ》れが、それ以外は一面の緑の中に際立った。森のへりに立ち並ぶ巨木の亭々たる樹幹が、板根の間に射しこむ陽光でところどころ途切れている暗闇の前に、黙然とそそり立っている。まるで木々が深い瞑想に沈む長い乾期に備えて自分の殻に閉じこもってでもいるように、森は異様に静かだった。大木の何本かがはらはらと葉を落としているのに気づいて、男は小屋の向こうの中庭の真ん中に1本だけ生えているキワタノキを見上げた。昼下がりのそよともしないいじまの中で、落ち葉の固いカサカサいう音だけが聞こえた。

また1年がその周期を終え、夜は日ましに冷えこんできていた。自然界では季節が移りかわっていたが、今年は集落の暮らしの周期は決定的に違ったものになっていた。倉が余剰農産物で充ち溢れ、燻製小屋に肉がぶら下がる収穫期の満ち足りた気持ちと安心感は消し飛んでいた。恒例の祭と祝宴どころではなく、人々の間には不安と心細さと疑心の雰囲気がみなぎっていた。侵略者の噂は収穫期にはつきものだが、今年はこれまでにないことが起こっていた。男はむなしさと、身内からこみ上げる切迫感をおぼえ、煙で上空が暗くなっているはるか南の地平線の輪郭をじっと眺めやった。切迫感がつのった。

彼の小屋は集落の統領兼地主の堂々たる住居と幾棟かの管理棟がそびえる高台の下の平らな場所にひっそりと建っている。その高台は天然の丘の頂上を平らにならし、へりを直角に削って石垣をめぐらしたものだった。統領の大家族と補佐役たちが住む建物は外へ向かって放射状に連なり、下の集落にとけこんでいる。高台は不規則に広がった集落の真ん中にでんとあって、集落の向こうには開墾した畑が車輪のスポークのように展開している。遠くには四方をぐるりと囲む大森林がある。

この日、入植地はその100年の歴史上初めて人けが絶え、広い高台に建つ大廈《たいか》はいずれもひっそりとしていた。統領兼地主のジョン・フリカナカ・カネオへ大首長は家族や補佐役ともどもすでに出立し、他の者もほぼ全員立ちのいていた。首長は内海の西岸にある一連の集落内で権力を保持している支配階級に属する、上背のある巨漢だった。他の指導者たち同様、彼も土地に対して生産性の維持と管理の責任を負っている。その責任範囲はさまざまな職人、商人、猟師、従者、集落内で暮らすその他の連中を含めて、その土地で生活し耕作する者たちにも及んでいる。

内海沿いの各地区は、住民たちが豊かな海の自然環境を利用する沿岸の集落と、農業と牧畜にもっぱら従事する内陸の共同体との2つに分かれている。カネオへ大首長はこの内陸側の集落を率い、その兄にあたる地区全体の大首長が沿岸部の半分を管理している。各農業共同体は沿岸の姉妹共同体から内陸へ1日分の行程のところにある。

2つの共同体の内部と相互間の交易によってさまざまな産物が流通する。だがもっと大事なのは、各地区はたとえ飢饉のときでもそれぞれ完全に自給自足できるということだ。これは祖先の航海者たちが故郷の島から持ちこんだ古来の様式だった。これがかれらの長い、しばしば波瀾にみちた歴史を通じて絶えることなく生存を保証してきた戦略だった。

名をナイノアというその男がしじまに耳を澄ましている間に、頭の中では子ども時代のくさぐさの思い出が駆けめぐっていた。何一つ、昔と同じものはない。すべてが変わってしまった。10年前に亡くなった養父のキウィニは博学な歴史家としてかなりの名声を得た上級書記官だった。ナイノアは養父から読み書きを習った。勉強したおかげで克己心と抜群の記憶力が養われた。集落の記録はおおむね書記たちが暗記し、必要に応じて思い出してそらんじるべきものだったから、記憶力は大事だった。首長は紙質がもろくなった古書を何冊か持ってはいるが、記録をとるための樹皮布《カパ》製の紙というものは存在しない。

ナイノアの血筋はさだかでなかった。入植したての頃はしばしば飢饉が襲来し、余分の子は養う余裕のある家族に引き渡されたからだった。生みの親を知らずに大人になる者が多く、庶民の子はことにそうだった。ナイノアの場合もそうだが、ただ、きわめて幸運なことに、首長麾下《きか》の上級役人の一家にもらわれて、彼自身その資格で仕えるための教育を受けながら成長したのだった。彼は記録保存と農産物の在庫調べを担当する書記であり、首長の秘書の役も果たしていた。彼はこの仕事にうってつけだった。

しじまに耳を澄ましているうちに、孤独感が襲ってきた。それをやわらげるため、ナイノアは首長と自分とのつながりを考えた。

ナイノアの教育は養父の手で幼時からはじめられた。長ずるに及んで、進境著しいという噂が広まり、自らの才能のおかげで彼はカネオへ首長一族と親密な関係になり、その縁で、内海西岸部の他の権門勢家の多くとも懇意になった。成人した頃には、支配者の威光でナイノアは成長期にいっしょに過ごした従者たちより高い身分になっていた。それも今となってはほとんど無意味なように思われた。

つい今朝がた、彼は集落の公事《くじ》を処理するための大テーブルの向こうに座った首長の前に顔を出した。磨き上げた黒っぽい天板の上にはいつもはある品々が見当たらなかった。そうした置物の多くは金属製だった——古びて緑色になった真鍮の象、さまざまな姿勢の小さな馬が数体、子を抱いた女人像などだ。ガラスや焼物や木製のものもあった。まだ少年の頃、ナイノアはよくこれらの品をきょろきょろ見まわしたものだった。彩色した焼物の古い茶碗や、金属の細々したものがたくさん入ったコア材の大鉢などが特に気に入っていた。素晴らしいガラスの魚や、跳躍した瞬間をとらえた金属製の虎もあった。首長は彼の若者らしい好奇心に気づいて、品々にまつわる話を聞かせてくれた——前任の指導者や書記たちの頭に記録された物語を。品物の多くは、先祖たちが故郷の島からアメリカ西海岸へやってきた130年前の長い航海、いわゆるフアカイ以前から首長の一族に代々伝わるものだった。大方はもうかれこれ5000年前の歴史上の一時代、「グレート・エイジ」の人工遺物だった。

しかし今日はそんな話は一つも出なかった。首長は疲労と不安の色が濃く、落ち着かない視線は心の動揺を物語っていた。ナイノアは先祖の髪の毛で編んだひもで首に掛けている象牙の古めかしい王権の象徴をしげしげ見ながら、首長が口を開くのを待った。その鉤形の象牙細工をおびていても、そのとき首長個人の権威が顕著にあらわれていなかったのは、彼のいつもの沈着さが共同体全員の退去という事態にかき乱されていたためだった。何日も前から人々が立ちのく仕度をしている物音が中庭から騒々しく響きわたっていた。この時は静寂が首長自身の首都への出立が迫っていることを告げていた。

顔にようやく決意の色を見せて、首長は前に立つ若者に向き合った。臣下の書記に彼が抱いている愛情がつかのま燃え上がったが、言葉はぶっきらぼうで、要点を衝いていた。余人を交えていないので、カネオへ首長はくだけた調子でしゃべった。

「ナイノア、知ってのとおり、南のほうのあの政情不穏な隣邦で内乱が勃発した。あそこは前から内政に問題があったんだが、今回はもっと平和的な隣邦、当地の南で境界を接するわれわれの友邦に攻撃を仕掛けてきよった」

首長は自分の言葉の悲痛さを念頭に置いて先をつづけた。「連中はもともと過激だった。あそこでは、ある狂信者が、狂信的な信奉者たちに支持されて、今や指導権を握っている。われわれはほぼ連日のようにへとへとに走り疲れた使者たちから報告を受けていた——殺戮、同胞殺し、軍国主義的な力の誇示といった報告をな。簒奪者とその精鋭の戦士団は次はおそらく我が方へ進撃してくるだろう。連中はもともと戦士道を最も重要視していた。今やかれらは動き出していて、それを阻止できる見込みはほとんどなさそうだ」

首長と書記は大テーブルをはさんで顔を見合わせた。各入植地を久しく安定させていた交易と経済交流の絶妙なシステムがついに完全に破綻したのだ。

「ことはきわめて深刻だ」と首長が言葉を継いだ。「われわれはこの先どうなるかわからん。われわれのなじんできた世界が変化をきたし、しかも良い方へは向かってない」

首長は政務室の窓のほうを振り向いて南の地平線を険しい顔でじっと見やった。「われわれはこの領地でずっと食糧生産にたずさわってきた。戦士中心社会のああいう周期的な復活はまったく悩みの種だ。軍事的過激主義というやつは人命をまるで尊重しない。われわれみんなの生存に必要なバランスを崩すものだ。最上層の指導力の欠如から生まれるんだ」

両人とも窓の向こうにえんえんとつづく取り入れのすんだなにもない畑をじっと眺めた。家畜は1匹残らず、すぐ隣の地区へ避難させるため平民階級の番人たちが北の道路づたいに追い立てていった。余剰農産物は数日前、牛車で運び出した。侵略者たちはここに着いてもほとんど食べ物が見つからない破目になる。2つの領地の支配者一族同士の政略結婚による強い絆によって、双方は共通の南の敵に対して結束することになるだろう。

首長は書記に向き直った。「われわれは新たな出発点に立っているようだ、踏み出す用意があろうとあるまいとな。総首長に嘆願して、全員さしあたり総首長の保護下で生活することになるだろう。彼女はわしの母方の親類でな。あそこなら安全だ、少なくとも当分は」

カネオヘ首長のナイノアへの愛情と思いやりがまた表に出てきた。「記録係として、おまえは我が一族にも、領地全体の福利にもこれまで大いに貢献してきた。長ずるに及んで、おまえの記憶と分析の力量からすぐれた頭脳を持っていることがわかってきた。おまえは明らかに一頭地を抜く資質と可能性を持っておる」

首長はちょっと黙りこみ、ナイノアには自分が養子で生まれがはっきりしないことを考えているなとわかった。1000年以上もの間、支配階級は体格と強さと知力を増強するために繁殖を重ねてきて、首長たちはその下に仕える人々より平均して少なくとも1フィートは背が高い。ナイノア自身の背丈は7フィート近くあり、自分では首長の誰かが百姓娘に手を出して生ませた私生児ではないかとかつてよく思ったものだった。首長の声がナイノアの物思いを邪魔した。

「わしはおまえの才能と誠実さを珍重するようになった。わしらの間に生まれた友情はむろんのことだ」

年上の男はまたしても言葉を切り、賛辞でどぎまぎさせまいという心づかいだとナイノアは察した。ほめそやされて、むやみに自分の功績のことばかり考えるのは、利己的な考えと利己的な行動につながり、ひいては内部の融和と安定を失うことにもなる。首長はまた窓越しにちらりと南のほうを見た。遠くの地平線の上に煙が立ちのぼったばかりだった。

首長はいきなり立ち上がってテーブルをまわりこみ、いっしょに中庭に出ようとナイノアに手招きした。2人が出たあと、テーブルと椅子を外で待機している荷車に運ぶため数人の従者が現れた。首長は亭々たるキワタノキを見上げ、ついで年下の男を見すえた。

「ナイノア、おまえに考えてみてほしい提案がある。一方では、おまえは役人としてわしにとっちゃとても大事だが、家中《かちゆう》に役人は大勢いることでもあるし、おまえならやれそうな、もっと大事とも言えることがあるんだ」首長はそこで間合いをとった。「長い道中に出ることを考えてみてもらいたい」

首長が改まった丁重さでこの要請をしたのは、年下の男にとって大変な光栄だった。ふつうなら、首長が「道中」という言い方をした正式の踏査旅行をするのは、支配者一族の者が率い、大勢の従者が同行する一団に限られていた。これはナイノアにとって自らの権威と地位の上昇を意味することになるだろう。

ハワイ人はもともと海洋民族だった。アメリカ沿岸部の森を切り開くのには難儀をしたし、さらに内陸へ入りこんでみる気になった者はどの入植地にもほとんどいなかった。生い茂る巨木は威圧的だし、森林は比較的短い乾期を除いておおむね踏破不能のところが多かった。したがってアメリカ大陸の内陸部、ことに内海よりも東の地域は、肉、毛皮、羽根、木材、薬草などを求めて進出する猟師や樵たち以外にはほとんど知られていなかった。これらの勇敢な冒険家たちでさえ海岸から2、3日の行程以上にあえて奥へ分け入ることは稀だった。

「おまえの旅の目的は内陸部についてのわれわれの知識を増やすことにある。若年の頃、おまえは猟師のナガイとの縁でよく森へ入っていて、だからこういう道中の成功に必要な知識と技量を持っているのを、わしは知っている。おまえには歴史家の素質もある」

ナイノアはこの褒め言葉に思わず顔を赤らめた。歴史家は重んじられているし、首長の言葉は意味深長だった。首長が話をつづけた。

「おまえほどの能力があれば、途々出くわすすべてを記憶していられるだろう、迷宮のような大森林を引き返してくるのを可能にする無数の細かいことをな。おまえは旅がすんだら、きっとわしらのところにもどってこられるはずだ」

首長は不意に茶目っ気たっぷりにやさしく目を輝かせて、まじまじナイノアの顔を見た。「おまえの名前がおまえに幸運をもたらすだろう。おまえはたどり着けるよ、同名の偉人がかつてそうだったようにな」

航海者ナイノアの名は天下に轟いていた。大洋横断航海の知識はこの先祖からハワイ民族に代々受け継がれていた。歴史上の偉大な航海者たちはみな、遠くさかのぼれば、血筋の上でか、精神的にか、この人物の子孫だった。ナイノアはなぜ自分がこの名をつけられたのかかねがね不審に思っていたのだが、それが予言的なものだったことを今カネオへ首長が示して、彼と彼の旅に強い積極的な意味づけをした。ナイノアは首長の言葉によって自分の中にさらに新たな力が生まれるのを感じた。首長はそれと察して、ほほえんだ。

「東のほうへ旅してもらいたい。内海の向こうの大森林を横断し、その先の高い山脈を越えるんだ。アメリカ人が接触時代にわれわれの島に残した古地図であの山脈のことは前からわかっていたが、その向こうになにがあるのか誰も知らない。われわれはこれまでに航海用カヌーで内海を探険し、そこに注ぐ水系や、沿岸にはるか南北に連なる無数の群島を調べた。だが王族と従者たちが足手まといになる探険隊では雨季になる前に山脈を越えることはできなかった。

しかしおまえほどの知識と技量があれば、身軽に旅することでそれができるかもしれん。山脈の向こうになにがあるか、わしは知りたいのだ。なぜかわかるか?」

ナイノアは未知の大陸の奥地のことはそれまでたびたび考えてみたことがあった。彼はうなずいて、「アメリカ人の子孫と森の果てるところを発見なさりたいのでしょう」と言った。首長がうなずき返したので、ナイノアは先をつづけた。

「たぶんアメリカ人は森の民ではなかったのでしょう。山脈の向こう側の土地はこちらより乾燥していて、木がもっと少ないのかもしれません、たぶんあちらでかれらの子孫が見つかるでしょう。かれらは人口も多かったし、われわれの歴史の記録するところによると、ほうぼうの巨大な集落で金属と石でできた大きな家に住んでいたようです。ところがわれわれの先祖の航海者たちが上陸したとき、人の姿も、かれらの集落もまるで見当たらなかったということです。かれらになにが起こったのかは依然として謎ですし、われわれ自身の歴史がどこまで正確なものか知るよしもありません。かれらの文明の滅亡からもう何千年もたっています。われわれが事実と見なしていることの多くが実は神話なのかもしれません。とはいえ、かれらはこの地にいた。そうとわかるのは、この農民たちがしょっちゅう奇妙な遺物を掘り当てているからです。かれらの大きな道路の、今は草木が生い茂った廃墟がいくつも森を通っていて――」

ここで、ナイノアはカネオへ首長がそわそわしているのに気づいて、話をやめた。

時間が足らなかった。首長はまた指示を与えだした。

「わしの知りたいことはほかにもある。われわれの先祖をこちらへ運んできた航海用の大カヌーは、人のほかに、航海中と上陸後の生存に必要な食料を積めるように作られていた。それ以前にあまたあったアメリカ探険隊はどれもハワイへもどってこなかったし、1隻のカヌーも送り返してよこさなかったから、どれくらい遠いのか誰も知らなかったんだ。昔のそういった航海者たちはみんなふっつり消息が絶えてしまって、死んだものとみなされていた。

それでも、われわれの先祖はやってみようと思い立った。運よく生きながらえはしたが、じつにきわどいところだった。それ以前の先祖たちと同様、かれらも作物の苗や飼っていた家畜を――1種類を除いてすべて――積みこんだ。牛を積むか馬を積むか選ばなくてはならず、牛や豚や山羊は人間にいろんなものを与えてくれるので、ご先祖たちは子牛と子豚と子山羊を積むことにしたんだな。

その決断は、むろん、正しかった。馬はこちらへ着いたら見つかるものと期待したんだ。もともとハワイの馬はアメリカ人が持ちこんだもんだってことは周知の事実だったからな。ところが航海者たちが上陸してみると、アメリカ人も馬も見当たらなかった。

馬は森の動物ではなく、広々した土地で、駆けまわれる草原で見られるもんなんだ。内海ぞいのここいらの人間は誰も平野の大草原を見たことがないが、どこかにあるにちがいない。馬もわれわれは誰一人見たことがないが、しかし山脈の向こうに平野があれば、そこで馬が見つかる可能性はある。馬を再発見したらまさしく大手柄だ、相当な価値があるぞ。できることなら連れてきてほしい。ご先祖たちがしたように馬を繁殖させたいんだ」

首長は話をやめ、書記にほほえみかけた。もうそれ以上言う必要はなかった。ナイノアがびっくり仰天したことに、カネオへ首長は進み寄って彼を抱擁した。それから両手を挙げて古いハワイ語で祝福を与えた。

「エ・ホオマイカイ・ケイア・フアカイ、
エ・ホオマイカイ・ケイア・カネ、

レレ・ワレア・アクア・ラ、
アママ、ウア・ノア」
(この旅に恵みあれ／この男に恵みあれ／霊の助けで滞りなくいくように／しかあれかし)

ナイノアは首長の思いがけない愛情表現にとまどった。彼自身の低い社会的地位がそのような栄誉にそぐわなかった。カネオへ首長はくるりと背を向け、ナイノアについてこいと合図して、中庭を横切った。首長一家の住居の裏手を通り抜け、首長専用聖壇《ヘイアウ》、即ち彼が精霊たちに祈りや供物を捧げる神威の場への石段を登った。

首長は霊力《ハレ・マナ》の家の手前で立ち止まって拝礼し、ハレ・マナに入る許しを求めて、短い祈りを唱えた、それから、門を開け、石畳の壇に上がって、低い扉をくぐった。数日前、彼の先祖の遺骨を含む聖遺物は、ヘイアウの儀礼と中に祠ったものに責任を負う奉侍の祭司、カフに付き添われて新たな保管場所へと運び出されていた。

しばらくしてカネオへ首長が黒い樹皮布にくるまれたかさばった大きな物をつかんで出てきた。包みを持ったまま石段を降り、中庭を横切って、自分を待っている四輪の御料車のところへいった。明らかにその荷物は首長自らに守られて旅をすることになるようだった。首長はちらりと見まわして、自分たちのほかに誰もいないことを確かめた。そこに控えているのは御料車を牽《ひ》く6頭の白牛だけだったから、彼はナイノアを手招きして、包みの布を開いた。

中には、首長自身がその名誉ある捧持者、カフであるこれまでそれを見たことがなく、今かたじけなくも拝見させてもらえるのは大いなる名誉だった。その石は骨張った顔と頭に似ている溶岩だ。天然の造作を際立たせるため最小限の彫りが施されている。石の天然の襞が妙なへの字なりの口を連想させ、目の代わりに斜めの非対称の溝が平べったい顔面を横切っている。鼻はないようだが、全体的な印象は大いなる強さと力を感じさせる。

首長は石のいかめしい顔を恭しく愛情こめて見た。

「このポハクは我が一族に何千年も伝えられてきたものだ。目下のところはわしがこれのお気に入りだ」と語って、彼は自分の言葉の効果を見るため、ナイノアにちらっと目をやった。「これは説明しにくいところだが。この石には霊《アクア》が宿っている。それは一種の意識で、われわれのとはずいぶんちがうが、しかし――」首長はそこでふと口をつぐんで、ふさわしい言葉を探した。「わしはその意識と交渉を持っている。しばしばそれは夢に現れるが、わしは目覚めているときもそれと接触できる。どうやってやるかというとな、一心不乱に思いを凝らすんだ。わしは自ら選んでこれのカフになったんじゃない。この石の中のアクアがわしを選んだんだ。それの要請でこうしておまえに石を見せとるんだよ。霊がなぜそのように求めたのかはわからん。霊にはそれ自身の思惑がある。この石は使い方を心得ている者にとっては大きな力を持つものなんだ。

このポハクはわしの立派なご先祖のカヌーに乗ってハワイからやってきた。ご先祖が島を発つ晩、石の中のアクアが夢に現れて、石を移してもよい、その生地たる大火山から引き離してアメリカの海岸に運んでもよいと告げたんだな。石はかつてのカフと前にも同じ旅をしたことがあるから、たどり着く手助けをしてやろうとも告げたんだ。

ご先祖は祭司や首長たちにこの夢のことを話し、みんな仰天した。むろんそれは航海者全員にとって大いなる吉兆とみなされた。石の前の旅のことは誰も知らなかったが、石がまた航海に出たがっていることは明らかだった。そのことは大昔から伝わる石の名、カポハクキイヘレ——旅する石——にふさわしかったしな」

首長ははるか彼方のなにかに耳を澄ますかのように、また長いこと黙りこんだ。「ことによると石はおまえの中に旅行者魂があるのを感じとっているのかもしれん。よくはわからんが。さっきも言ったように、それにはそれの思惑と意図がある。わしの夢枕に立ってな、おまえに会いたがったんだ」彼は顔をほころばせた。「石に手を置いて、祝福を授かるように願ってよいぞ」

ナイノアは霊石というものを信じたものかどうかよくわからなかったが、そういう名誉を与えられたことにまた圧倒された。この石に触れることを許されているのは首長だけなのだ。ナイノアの頭にはさまざま疑問が浮かんだが、たずねている暇はなかった。ためらったあげく、石のざらざらした表面に両手をのせた。もろもろの思いを念頭から払いのけ、待つほどに、無心の境地になってきた。そこで、恭しく、霊石に自分と自分の旅を祝福されんことをと型どおり祈願した。

ぬくもりが腕に流れこんできているのか？　さだかではなかった。ナイノアは待ったが、それ以上なにも感じなかった。彼があとにさがると、カネオへ首長は石を黒い樹皮布に包み直して、注意深く牛車に積んだ。それからナイノアに向き直った。

「おまえに食糧を渡すように炊事番に言いつけておいた。さあ、いって、自分の所持品から旅に持っていくものを選べ。残りは従者たちが荷車に積んで、おまえがもどるまでちゃんと保管しておいてくれる。わしからもいくつか役に立ちそうなものをおまえの住居のほうに運ばせておいた。

2人でマンタ《ハハルア》をつかまえたことのある北のほうのあの人目につかない入り江に、おまえのために小型の帆走カヌーを置いといてくれるように、わしの兄と話をつけてある。あの場所は霊の住みかだと噂されておるから、侵略者たちももしそのことを知っていれば、近づかんだろう。乾期はまだはじまったばかりだ。たぶんうまくすれば西風の名残に乗って内海を渡れる。鋸歯の長鼻、イフロアメニホに気をつけるようにな。おまえがもどるのを楽しみにしとるぞ」

そう言うと首長はその場を離れ、ナイノアを1人残してたちまち側近たちともども出立した。

旅立ち

ナイノアは物思いを打ち切って、食糧を取りに炊事場へ向かった。今夜もう一晩だけここにとどまることに決めていた。明日は一番最後に出ていくことになるだろう。

首長の炊事場の土のかまどを囲む野天の広い囲いの中に、彼のため携帯食が用意されていた。干魚、豆、トウモロコシ、塊芋《ほどいも》、それに果物。搗《つ》いたパンの実にココナツ・ミルクを混ぜ、薄切りにして天日干しにしてから、携帯用にニオイシュロランの葉でくるんだポイウルの包みもいくつかあった。ほかにタロ・ポイ（焼いたタロ芋を搗き、湿らせ発酵させたハワイの伝統食品）を詰めた立派な木鉢と、塩が入った編んだ小袋が添えられていた。干し豚肉もいくらかほしいところだったが、ナイノアはあえて自分の運をためしたいとは思わなかった——日が暮れてから豚肉をほかへ運ぶのは不吉とされていた。

これらの食糧を食べ尽くしたあとは、森で自ら調達しなくてはなるまい。金物の小鍋、編んだ吊りひもがついた瓢箪の水筒、2本の木製の溝火錐《みぞひきり》、一切合財を入れて運ぶためのいくつかの網袋。これで旅仕度はそろった。

突然、なにか気配を感じた。ナイノアは振り向いて、暗がりにちらりと動きを見てとった。彼はじっとしたまま、注意深く見守ったが、暮れ方の明かりの中に見えてくるものはなにもなかった。ほかに誰もいはしなかった。

ナイノアは子どもの頃世話をしてくれた老婆のことを思い出した。彼女はもうとうに亡くなっていたが、その存在をこのとき強く感じた。鋭くじっと見つめる目の持ち主で、声音はうるおいのないささやき声だったが、それが今、彼の心中で落ち葉の中のトカゲのようにカサカサ音を立てた。老婆は内海の東側の地を、かつてこちらに住んでいて今は消え失せたアメリカ人たちの霊が住む未踏の広大な、天を摩《ま》す森林地帯として語った。それらの霊は怨霊だとも言った。ナイノアの同胞たちはとても迷信深かったが、ナイノア自身は超自然的な観念を信じる気にはならなかった。

それでも、炊事場を見まわして、ナイノアは急に不安な気持ちになった。人けのない静寂の中で、目に見えないものたちが動きだして、彼に警告しているのかもしれない。すぐに集落を出ようと思い立った。食糧を網袋に納め、自分の小屋にもどった。

カネオへ首長が2点の素晴らしい贈り物を用意しておいてくれた。1つは木の鞘に入った鉄製のナイフだった。その重い刀身は真っ直ぐで鋭利で、彼の前腕ほどの長さがあり、鯨の歯でこしらえた柄にはめこんである。美しい品で、首長の私有物の1つなのを彼は知っていた。もう1点は木の葉型の鉄の穂先を頑丈な硬木の長柄にはめて革ひもと銅釘で固定した槍だ。彼の背丈より腕1本分長く、大型の猪を狩るためのものだった。猪が突進してきて自分から突き刺さったとき深く入り過ぎないように穂の付け根に金属の短い横木が取り付けてある。万一運悪く虎に出くわしたら、この槍が自分の唯一の防御手段ということになるかもしれないと、案じられた。

過去の輝かしい時代の遺物である金属のうちでも、鉄は最も硬く、錆びやすい性質のために最も稀少なものでもある。銅、アルミ、金、銀などの柔らかい金属や、その各種の合金はもっと普通に見つかり、職人階級の金属細工師たちがそれで道具や荷車の部品、家庭用品、鍋、装身具などを作る。記録によると、金属はもともと地中から採掘されたものだというのだが、どこでどうやって取り出されたのか、これまで明らかになっていない。ハワイ人たちが所有する金属はすべて元をただせば「グレート・エイジ」の人工遺物で、ほとんどが柔らかいものばかりだった。首長階級の者たちだけが鉄製品を所有し、それらは主として武器で、何千年来首長の家系に秘蔵されてきたものもある。

ナイノアは旅立ちの仕度をしながら、カネオへ首長の贈り物の社会的な意味合いを考え、自身の血統についてまた首をかしげた。2点の贈り物はふつう首長がただの使用人に与えるようなものではなかった。ナイノアは食糧のほかにサンダルを何足かと編んだハンモック、寒い夜のための長いマント、編んだ綱1巻き、それに突き錐、砥石、角《つの》製の穴あけを含む道具一式、鏃《やじり》を作るためのガラス質の石核、丈夫なひも1玉、弓の弦《つる》数本、熱で柔らかくして接着剤にする樹脂のかなり大きな塊などを荷物に加えた。さらに化粧品をいくつかと、発熱や傷のための干した薬草や薬を入れた小袋も持った。最後に、全男性がほぼ四六時中着用している腰布《マロ》として用いる長さ9フィートの綿の細長い布2本。

これらの品々を運搬用の網袋に分けて詰めこみ、それぞれの袋を肩にかけて、重さが偏らず楽に運べるように調節した。腰には1巻きの綱を巻きつけた。ココナッツ油に浸したニオイシュロランの葉を網にくくりつけてこしらえた雨合羽を首にかけ、左肩から垂れ下がるように按配した。最後に、矢筒を右の肩に背負い、使いこんだ土掘り棒と新しいナイフを帯がわりの綱に通して左腰にたばさんだ。

槍と長弓と投げ棒を手にとり、瓢《ひさご》を小脇にぶら下げた。出かける仕度はできた。刻々時が迫っているという切迫感に駆られて、彼はがらんとした自分の部屋をぐるりと一目見納めすると、背を向けて敷居をまたいだ。

ナイノアは総合管理施設と下の一般集落をつなぐ石段を降りるため、庭を大股に横切っていった。低い土台石の上に建ち並ぶ倉を、管理責任者としての習慣で通りしなにのぞいた。いずれも中は空で、板張りの床が磨きたてのように光っていた。本来ならこの時季にはどの倉も満杯のはずなのだが、いつもは到るところにある屋根葺き用の藁束さえも運び去られていた。カネオへ首長が侵略者たちには一物も残すなと人々に指示したのだった。ナイノアは気がせいて、歩調を早めた。

首長の屋敷内への上り坂の前にある、白い樹皮布を丸めて上にかぶせたぶっちがいの柱のところで、彼は通りがかりにふと足を止めた。上の一群の建物には男子棟の屋根が他を圧して高くそびえている。女子棟はそれよりわずかに小さく、首長個人の住居はさらにもう少々小さい。これらの主要な建物は粗削りの木材や竹で骨組を組んだ木造建造物だった。倉、首長の数人の妻と子どもたちの住居、炊事場、それに側近たちの住居を含めて、他の十数棟はすべて藁屋だった。ナイノアはそれらの中にある我が家の屋根を見て、いつかまたそれを見ることがあるだろうかと、つかのま悲痛な思いに駆られた。彼はこれまでの人生をずっとここで暮らしてきたのだ。ここは自分の家郷だった。

ぶっちがいの柱は許可なき者立ち入るべからずという警告を意味する大昔からのシンボルだった。ナイノアは南の地平線に立ちのぼる煙を見やって、戦士を標榜するあの輩が禁忌《カープー》の丸太などを尊重するかどうか疑わしく思った。

北側の道へ向かって足早に集落を通り抜けていった。織工たちの仕事場兼住居がある地区にさしかかったとき、友人の家の前の杭から丈夫なひもが1本垂れさがっているのが見つかった。それをつかむと、そこはかとなく作り手との触れ合いを感じ、ナイノアは槍用の吊りひもをそれで手早くこさえて、また歩きつづけた。

あたりの静寂は心かき乱すものがあり、彼はついちょっと回り道して、時折訪ねたことのある別の、女性の友人の家に寄った。楽しいひとときをかつて何度も過ごしたその家で、これまたうっかり置き忘れていったとおぼしい品を見つけた。一段高い寝床の上の棚に、中の実をえぐりとって磨いたココヤシの殻でできたカップがあったのだ。彼の装備はこれですっかりそろった。

見おぼえのある備品を見つけたことで感じたほのぼのした気分が突然消し飛んだ。心にぽっかりあいていた空洞に前ぶれもなくいきなり強烈に悲しみが充満した。身もよじれるほどの激しいむせび泣きに胸が締めつけられた。袋を投げ出し、地べたにひざまずいて泣き、同胞と自分自身の失ったものを嘆き悲しむ感情の奔流の中に、この2、3週間の緊張と心の葛藤を解き放った。彼は慟《どう》哭《こく》し、それからしばらくして持ち物を拾い集めて、先へ進んだ。心のどこかで事態をやむなしとあきらめて、落ち着きを取りもどしていた。

ナイノアは集落をあとにして、北の道づたいに先を急いだ。路面には立ちのいていった住民たちと家畜の通った跡が残っていた。轍《わだち》と糞《ふん》の山をよけて、なにもない畑の間を通っていきながら、人か動物の気配はないかと気を配った。遠くの森のきわを注意深く観察し、南の戦士たちがすでにそこに隠れている徴候でもないかと警戒した。もしいるとすれば、もう彼に気づいているだろう。だが、畑にはなんの動きもなく、その向こうの森も、まるですべての生き物が地中に呑みこまれてしまったように、異常なほど静まり返ったままだった。ハワイからの航海者たちが巨大な集落に住むアメリカ人に出会うものと予想して上陸したときも、こんなふうだったのだろうか？　餓えと渇きで衰弱したそのハワイ人たちにとって、40日間の苦難の航海のあと、やっとたどり着いて上陸してみたら、果てしなくつづくように見える広大な暗い森ばかりで、人っ子一人見つからなかったのはどんな気持ちだったろう、と彼は考えてみた。

　北の道は段々になった農地のゆるやかに起伏する輪郭線をたどっている。ナイノアは歩きながら、伝説に残るアメリカ人たちとその文明について思いめぐらした。アメリカ人がハワイにやってきた「接触時代」の持続期間に関して歴史家たちの間に定説はないが、２００年ほどつづいたものと大方の人は見ていた。別個の文化集団としてのハワイ人の自覚は、この時代よりも前にさかのぼるが、首長たちの高貴な家系といえども「接触時代」以前までたどることはできない。

　アメリカ人が初めて到来したのは、カラニオプウという大首長の治世中だった。一行はとてつもなく大きく異様な形をした2隻の帆船に乗り、クックという名の偉大な航海者に率いられてやってきた。一部の歴史記録が伝えるところによると、クックとその一行はアメリカではなく、イギリスというまったく別のところからきたのだともいう。だが、その後まもなく、カメハメハという大首長が支配者となり、その治世中にアメリカ人はハワイに地歩を固めて、世界のあちこちからさまざまな民族を移住させたというのは、衆目の一致するところだった。「接触時代」はこれらの渡来人たちがもろもろの驚異的なものを持ちこんだことから、後に「グレート・エイジ」と呼ばれるようになった。巨大な空飛ぶ船《フライング・カヌー》は機械と呼ばれる金属製のものから出るある種の力で非常に高いところを大変な速度で移動できた。さまざまな働きをする大小の機械があった。エンジンと呼ばれる機械を使った荷車は、牛に牽かせなくても動くことができた。こうした荷車の通行のために大きな道路が建設された。何本かのそういう道路の孤立した遺跡が集落のまわりの森の中で発見されているが、すっかり草木が生い茂り、かなり深く土に埋もれている。

　アメリカ人がくるまで、ハワイ諸島には金属も、ガラスや陶製の物も、紙や本や綿織物もなかったし、牛馬や羊、山羊の類もいなかった。だが「グレート・エイジ」の末にアメリカ人は忽然と消えてしまった。かれらがあとに残した金属の機械は動かなくなり、すぐに他の有用な品物に作りかえられてしまった。

「グレート・エイジ」の終わりに「衰亡」が到来したとき、ハワイにはアメリカのほか、イアパナ（日本）、アイナパケ（中国）、アイナピリピノ（フィリピン）、オケクレリア（オーストラリア）といった伝説の地からきた大勢の人々が住んでいたと考えられている。この時期の歴史記録は広範な社会的不和と政治的大変動を伝えている。ハワイ諸島の住民たちの大半は、人口過剰だったために、餓死した。飢饉を生き延びた人々も多くはその後、疫病を伴った「大洪水」によって死滅した。

ナイノアは洪水説のことをちらりと考えた。伝えられるところによると、海洋の水位が劇的に上昇して、ハワイの大方は海面下に消えてしまったという。ナイノアはカネオへ首長の書庫でこの時期に関する記述を読んだことがある。見事な作りの樹皮布紙の本には数千年にわたって学者たちが筆写を重ねた地図が載っていた。その多くはアメリカ人がハワイに残した原図の複製だ。ことに興味深いのはアメリカ西海岸の地図だが、それらは現存の海岸とはほとんど似たところがない。古地図ではこの地域は切れ目なくつづく海岸地帯で、山脈から西へ流れる大水系が大海との合流点で大きな湾を作っている。ところが、過去100年間の広範囲にわたる探険で、沿岸部は何本かの直線的な列をなしてほぼ南北に点々と散らばる、山の多い群島であることが判明している。古地図には東にある広大な内海に似たものも一切描かれていなかった。

ナイノアは道を進みながら、航海者たちのことを思った。かれらは双胴の100人乗り大型カヌー108隻からなる船隊で、作物の苗や家畜を積んでやってきたのだった。かれらが内海の西側の海岸地帯や島々に入植したのは、土壌とその一帯の天然の排水網が農作に適し、同時に豊かな内海への安全で容易な道筋も確保できたからだった。到着後、ハワイ人たちは子作りに励み、よって人口は急速に増大したのだった。

ナイノアの物思いは森から響きわたった赤毛猿の吠え声で破られた。その動物の体の大きさにはまったく不釣り合いな大音声だった。彼はこれにはいつも感じ入る。

自分以外の生き物の声を聞けるのは嬉しかった。その猿と、広大な開拓地の上空高く飛んでいる尾の長い、赤青まだらの鸚鵡1羽のほかには、空漠たる風景の中で動くものといえばナイノアだけだった。

道は尽きたが、ナイノアは綿花をまだ摘んでない一番端の畑をゆっくりと進んだ。入植地の周辺でよく見かける蛇を警戒して、慎重に歩を進めた。森に近づくと、あたりをおおう緑の天蓋の上に突き出た岩尾根をめざした。眺望のきくその上からなら、谷を見下ろせば集落のほうまで見返すことができるだろう。

段々畑と森との間には岩だらけの川床が天然の境界をなしており、水流で磨き上げられ乾期のために露出した丸石の川原にナイノアは身軽に降り立った。楽々と徒渉《かちわた》り、そそりたつキワタノキの木陰に入った。はるか高みの枝に緑色の莢《さや》が点々とぶら下がり、それは熟せば裂開して、それぞれ一握りほどの綿毛を飛ばし、毛に包まれた小さな黒い種が風でばらまかれるという仕掛けだった。一般にキワタノキの堂々たる樹幹は板根の巨大な基部から直立して、森の天蓋の上空高くそびえ、上で自らの樹冠を張り出す。ここの木のてっぺんには蘭や羊歯《しだ》がびっしり生い茂って、さながら樹上の大庭園のようだった。

ハワイ人はこういうプルプルの木に対してはとても迷信深い。雷人、マクアウウィラが天界からキワタノキをつたって地上に降りてくると信じているので、切り倒すのをとても嫌がる。キワタノキは非常な高さに達するので、時として雷に打たれることがあり、それがそういう迷信のもとになっているのだろうとナイノアは思った。

巨木の根方に近づいて、彼は灰色の堂々たる幹を飾る大きく見事な棘に見とれた。外へ広がった2つの板根の間に、誰かが木の葉でくるんだ小さな包みの上に犬の頭蓋骨を載せてお供えしていた。猟師のナガイが供え物をすることで霊界から助けを借りていたことが思い出された。

ナイノアがまだ子どもの頃、ある農夫が薬草医《カフナ・ラパアウ》の薬では効かないしつこい病気と戦うのに力を貸してほしいとナガイに頼んだことがあった。ナガイはいろいろ質問した上で、その病は農夫の家系のある祖霊が惹き起こしていると断定した。ご先祖たちにきちんきちんと供え物をするのを怠っている農夫に腹を立てた霊の仕業だというのだった。

「こういう病の場合、玉子を1つ葉っぱでくるんだくらいじゃすまないな。病のしつこさは原因が霊界にあるというはっきりしたしるしで、そういうわけだから、お供えは大々的なもんでないとだめだ。上首尾を望むなら、犠牲《いけにえ》は気前よくたっぷりでないとな」とナガイは言った。

その男が裕福で、供え物をするゆとりがあるのをナガイは知っていた。そこで、特別の祭壇がしつらえられ、火が焚かれて、供犠は数日間つづいた。多数の豚と山羊がつぶされ、料理され、くるんで供えられ、儀式の最後にアワ（根がカワカワ酒の原料となるコショウ科の木）の苗木が献じられた。ナイノアはナガイの非公式の助手としてそういう場面にたびたび立ち会った。そうやって、正しく、霊にお供えをする重要さを学んだのだった。

そして今、大木の木陰に立って、彼はこうした思い出に応じた内心の変化を感じ、木の注意を惹くため根の1つをコン、コンと叩いた。これからの旅への祝福と助力を求めて、木の霊に短い祈りを捧げた。応答を期待するかのようにしじまに耳を澄ますと、その甲斐あってか、岩に囲まれた水たまりにグアバが1つポチャンと落ちた。

ナイノアは満足して、近くの低木からグアバをいくらか摘みとり、先へ進もうとした。そのとき、カネオへ首長が一族の社《やしろ》に詣でたやり方を思い出し、立ち止まった。念頭から雑念を払い、大木に敬意をこめて型どおり、森へ入る許しを求めた。どうなるかと待ったが、今度はべつにこれといってなにごとも起こらず、そこで彼は向きを変え、人界を離れて森の暗がりへと入っていった。

ナイノアが尾根をよじ登り、息を切らし汗だくになって頂上に着いた頃には、日は沈みかけていた。ひとまず持ち物を降ろした。ナガイ老人と森へ最後の旅をしてからもう何年もたっていた。近頃は書記として座りがちな生活をしているから、明日は筋肉痛に悩まされるだろう。

尾根からは畑の向こうの集落がはっきり見え、高いキワタノキの下のカネオへ首長の屋敷内にある個々の建物を見分けることさえできた。ここからは自分の姿を見られずに見張ることができるので、ナイノアは腰を据えて待つことにしたが、なにを待っているのかは自分でもさだかでなかった。南に目をやると、隣の集落の燃える建物から立ちのぼる煙がくっきりと見えたが、風は北東から吹いているので、煙の匂いはしなかった。日が暮れても、南の空は赤く輝きつづけた。

いつもならナイノアは晩方には男子棟の主室で、中央に火がとろとろ燃える炉端に座って、食事をしながら、朋輩たちとその日の出来事を語り合っているところだった。今夜は火を焚いてぬくぬくするというわけにはいかなかった。干し魚とタロ・ポイとグアバの冷たい夕食をとり、瓢の水で流しこんだ。森のことを教えてくれた亡き友ナガイを偲んだ。

ナガイはほとんど森に入りびたりの平民で、独立独歩、自由、大方の社会的慣習に対する悪気のない無関心といった感じがにじみ出ていて、カネオヘ首長家でのナイノアの格式張った生活とはまったく異質の男だった。少年のナイノアにとりわけ思考において個人的自由という観念を育む余地を与えた師であった。ナガイは意図の大切さを彼に教え、意図こそは頭の中にしか存在しないものを具体化させる第一歩だと喝破した。ナイノアは2人の最初の出会いを思い出した……。

少年の頃、ナイノアは猟師たちが森の収穫物を売ったり交換したりする青空市場の一角に興味をそそられた。低く立ち並んだ吹き通しの藁屋根の下で猟師はめいめい自分の商品を陳列する屋台を出していた。ナイノアは毎日のようにそこをぶらついて、言いつかった雑用のためにやむなく離れるまで珍奇な品々に目を楽しませた。市場には香草や薬用植物を専門とする区域や、鳥獣の肉を売るところ、青果物を扱うところがあった。さらに別のところでは鳥の羽、獣の皮、それらで作った製品――鞄、衣類、容器、お守り、その他呪術に関係したもの――を商っていた。そこで彼は初めて猟師のナガイに出会ったのだった。

柔らかくなめしてあって日の光にきらめくまだら虎の毛皮をめぐって売買の交渉をしている男たちの一団に出くわした。ふさふさした白い顎鬚を生やした胡麻塩頭の年輩の猟師が低い台の上に広げた黄色と黒の毛皮を前にじっと座っており、小首長の息子たち2人があれこれとけちをつけて値切ろうとしているのだった。猟師は相手側の論法に明らかにうんざりしていた。目を上げて、少年がなりゆきを見守っているのに気づくと、猟師はやにわに言葉をかけた。「おまえさんはものの良し悪しがよくわかりそうだ。この立派な虎皮はどれくらいの値打ちがあると思うね？」

首長階級の若い男たちはナイノアを子ども――しかも従者風情――と見るや、黙りこんだ。2人の態度と姿勢は侮りを示していた。ナイノアは臆することなく、毛皮を入念に調べてから、男たちに向き直って、「今はどれほどの値がつくかは知りませんが、元々の持ち主にとってはそれよりだいぶ値打ちがあったんじゃないかと思います」と言った。

老猟師はその返答がよほど嬉しかったと見え、ゲラゲラ大笑いした。若い男2人はばつの悪そうな顔をして、老人と少年を険しい目で一瞥すると、なにも言わずに立ち去った。ナガイは虎皮を巻きおさめ、ナイノアに大森林に入ったことがあるかとたずねた。2人はいっしょに散歩に出かけ、それが友情のはじまりであり、長年にわたる多くの旅の嚆矢《こうし》となった。ナガイから、ナイノアは人間に対して時に厳しく時にやさしい未開地で生きのびるすべを学んだ。

今迫りくる闇の中に座りこんだナイノアは、ナガイのことをしばらく考えたことがなかったとしみじみ実感した。ナガイは8年前に亡くなっていた。この道中にあの老猟師が同行して専門的知識を授けてくれたらどんなにありがたかったことか。

夜気は暖かく、尾根の頂上の岩は貯めこんだ太陽熱を宵のうちずっと発散しつづけた。ナイノアは心地よく休息し、短い周期でまどろみながら、満ちてゆく月の仄明かりで見張りをつづけた。やがてその日の緊張が応えてきて、真夜中頃にはぐっすり寝入ってしまった。

夜明け前に空気が冷えこみ、ナイノアは急になにかでハッと目が覚めた。なんだったのかといぶかりながら、下の谷間を星明かりでしげしげ眺めた。畑に囲まれた集落の黒い塊と自分のたどってきた道がなんとか見てとれた。なにもおかしなところはなさそうだった。

不意に南のほうの森で猿たちが吠えた。ナイノアはまっすぐ上体を起こして、その方角に目を凝らしたが、やはりなにも見当たらなかった。気をゆるめてまたうたた寝しかけたとき、カネオへ首長の私邸の近くでつかのま光が1つともり、たちまち消えた。また光が見え、また消えた。その高台の黒い塊をナイノアは一心不乱に見守ったが、光はもうそれきり見えなかった。あれは信号だったのか？　そうだとしたら、誰へ向けての？　集落の平民であれ貴族であれ、いかなる理由があろうとこんな時刻に首長の住居にあえて近づく者は1人もいないだろう。罰は厳しく、たちどころに報いを受けることになる。

さまざまな可能性を勘案して、ナイノアはおそらく南からの招かれざる客たちが到着したのだろうと考えた。もう一晩あそこにとどまったりしなくて自分はじつに幸運だったと思った。

そんなわけで、夜明け前の一番暗い時刻にナイノアは尾根に静かに座って物思いをし、見守り、翌日の曙光を待った。空が白んでくると、所持品をまたまとめて、そっと暗がりへ入っていき、海岸の入り江に用意されているはずのカヌーめざして北へ進んだ。

歩いているうちに、遠くで雄鶏が時を作る声が聞こえた。

3　シャーマンと考察

ナイノアと私

「夢」は明け方、隣家の雄鶏たちの鳴き声でわたしの意識が転換したとき、終わった。その転換はそれこそテレビのチャンネルを切り換えたように唐突だった。感覚の奔流が徐々に弱まる波となって薄れていくにつれ、目が忙しくまばたきした。体から絶妙なしびれが抜けていって、しまいに消えた。また拳を握ることができるようになった。

　雄鶏の甲高い鳴き声でわたしの変容状態が中断されたのは驚くにはあたらなかったが、ナイノアもそれを聞いたのにはわたしは心をゆさぶられた。

　しばらくじっと横になったまま、夢の中の心象と印象と感情を再検討してみた。一区切りずつ、すばやくおさらいした。ふだんの夢とちがって、一部始終、きわめて詳細に思い出すことができた。あたかも自分がその場に、つまり現実にそこにいたかのようだった。このことがはっきりわかってくると、わたしはあわてだした――現実というものの性質についてのわたしの頭の中の論理構成が崩れかけているのだった。

　感情を抑えようと懸命に努めるうちに、科学的好奇心が役立って、自分が経験したことを冷静、客観的にとらえ直すのを助けてくれた。バークレーでの過去3回の経験からすでに2年以上が経過していた。その間にわたしは意識の上ではそれらをきれいさっぱり括弧でくくることに成功していた。だが今回の経験はそうたやすく棚上げできそうにはないという気がした。
わたしはとうとう起き出して、我が家の広いラナイに出ていき、ケアラケクア湾へとつづく島の緑の斜面を見渡した。まだ明けきらない早朝だったが、湾の対岸のクック船長記念碑の白いオベリスクがくっきり見えた。海は穏やかで、暗い海面には風と潮流の接触面を描き出す太いしわが刻まれていた。わたしは1年近くの間毎日この景観を見てきたが、この朝はそのすべてが違ったものに感じられた。太陽はまだ火山の東の山脚を越えてなくて、風景は、おそらく影がないせいで、平板に、ほとんど二次元的にさえ見えた。

わたしはどうにかほぼ従前どおりの生活をつづけて、朝は浜で、午後は家と土地の手入れをして過ごした。しかし、晩には、あの夢について思い出せるかぎりのことを書きとめた。

あれは自覚夢というやつではなかったか――本人が自分は夢を見ているのだと自覚し、その出演者と演出家を兼ねることができるあの演劇的状態ではないか――と初めは思った。あれ以来数週間のあの経験を繰り返し考え直してみた結果、受けた教育も資質も理科系の人間なのに、わたしはあれは決して夢ではなかったと信じるようになった。

あたかもわたしがナイノアの体内に入りこんで、彼の目で見、彼の耳に聞こえていることを聞いているような実感があったのだ。わたしは彼の頭に浮かぶ思いに耳を傾け、彼の感情をそのまま感じた。彼の記憶を探りさえした――それはわたしの記憶にはなかったことだ。わたしは彼の記憶を通して彼とその世界についていろいろと教えられた。彼の世界を視覚的には彼の目で、認識作用としては彼の知覚と判断と解釈と見解を通して見たのだ。彼の考えや感情はわたしのものとは異質で、馴染みがなく、その点初めはまごつかされたが、これは彼の心の根本的に異なる認識「形態」に起因するものだった。なにぶんその形態は彼自身の文化圏内で、彼固有の現実における誕生以来の本人の経験によっておおむね決定されていたのだ。わたしは彼の心を――わたしのとはまったく違った心を――盗み聴きしているのだと徐々に気がついた。しかし同時に、あたかも昵懇《じっこん》の間柄のように、妙な親近感もおぼえた。人類学者という職業柄、わたしはその共同体のさまざまな具体的な細部、建物の建築様式とかナイノアの衣類や持ち物のデザインなどを観察してもいたのである。
わたしはあたかも完全に目覚め、完全に正気で、自分自身のふだんの日常生活の中で十全に活動しているかのように、それら一切を生々しくリアルなものと認めたのだった。そのくせ、変容状態にあった間、わたしの肉体はつつがなくベッドに横たわり、外見上は妻の隣で眠っていたし、そのことはナイノアと過ごしていた間じゅうおぼろげに意識しつづけていたのだ。

あの男と一体化していた間、まるでわたしは彼のようだったが、それでいてわたしの人格は消えてはいなかったし、彼にしてもそうだった。1つの肉体の中にわれわれ2人が同時に存在したのだ。彼の人格はわたしの人格とははっきり分離したままだったし、彼はわたしが「そこ」にいた間、自分の中のわたしの存在にはまったく気づいていないようだった。

もっとも、わたしはナイノアの体内で初めて目を開けたとき、彼の動きを自分でコントロールしようとした。彼の体は二通りの命令に混乱した反応を示した。わたし自身、混乱し動揺しながらも、完全に受け身でいることが解決策だとなんとか考えついた。ただ「中にじっとして」、観察することに徹した。ささやかな坐禅の経験がこの際非常に役立って、完全に静止していながらそれでいて十分に注意を働かせるように自分を律することができた。それからはわたしがなにかを見たいと望めば、ナイノアはすぐにそちらへ歩み寄って、それを見るようになった。わたしがなにかを知りたいと思うと、それは都合よくわたしの頭に——そして彼の頭に——浮かんできた。

わたしは自分の一面を夢に投射してナイノアを創造したのだろうか？　そうだとしたら、確かに堂々たる理想像を創り出したことになる。ナイノアはおそらく二十代後半で、まさに人生の盛りだった。身の丈7フィートに近く、プロのスポーツ選手のような体格をしていた。体重は少なくとも275ポンドはありそうだったし、体調は上々のようだった。肌は浅黒く、鮮やかな代赭色《たいしゃ》だし、黒々した長髪は1本の太いお下げにして背に垂らしていた。顔は短い顎鬚に縁どられ、高い頬骨、鼻筋の通った大きな鼻、ふっくらと大きめの口といった具合にたくましい顔立ちだった。妙なことに、彼が川をのぞきこんだとき、見ると、そこに映った表情に富む切れ長の目は青かった。

カネオへ首長の目もそうだったと、わたしは思い出した。首長は今は亡いイギリス人俳優ジャック・ホーキンズを色浅黒くしたような風貌だったが、なにしろ巨漢で、その上背は髪型によっていやがうえにも強調されていた。頭の両側の毛を剃るか抜くかしていて、モヒカン刈りのように頭頂に残った白毛混じりの髪は後ろで短いお下げにしていた。ナイノアがハワイの典型的な腰布姿なのに対して、首長は濃い赤で模様を染めた綿織りの長めで幅広の半ズボンをはいていた。鯨の歯に彫り物をしたペンダントは、前に突き出た鉤か舌のような形をしたハワイの首長の地位のあの典型的な古来のシンボル、レイ・ニホ・パラオアに似てないこともなかった。肩にはおった色染め木綿のマントは裾がほとんど素足に届いていた。シャツは着ておらず、右半身に縦に並んだ刺青が露わになっていた。

ナイノアと首長が話していた言語は、英語やハワイ語に由来する言葉もいくらか混じってはいたようだが、全体としてはどちらにも似ていなかった。2人の話していることがいったいどうしてわたしにわかったのだろう? かれらの話し言葉はある種の「混成英語《ピジン》」か方言《パトワ》のようだったが、わたしがカリブ海諸島や西アフリカや現在のハワイで聞いたことのあるいずれとも大違いだった。ナイノアと一体化していた間、話された言葉のほとんどがわたしには意味不明だったが、ナイノアにはわかっていて、そのおかげで、どういうわけか不思議とわたしにもわかった。他の人々との会話を含む彼の回想を「盗聴」したとき、わたしは彼の理解を介して理解した。

わたしは言語学者ではないし、言語学に格別関心があるわけでもないが、発音を思い出すことができたいくつかの語は書きとめた。たとえば、機械《マシン》を意味する語はモキニもしくはムキニだった。キワタノキという用語はナイノアがその思考の中で使った言葉、ラアウ(もしくはラオ)・プルプルをわたしなりに訳したものだ。今日のハワイではそういう名称に出くわしたことはないが、彼が見ていた木はアフリカ、アジア、中南米に産する汎熱帯種で、ハワイ本土の数カ所の生育地にも生えるカポックノキ(学名ケイバ・ペンタンドラ)だった。首長専用の礼拝場所を意味するヘイアウは今日のハワイ諸島で使われている語と基本的に同じだ。石にあたるポハクもそうだが、ただし音素pはbにより近く、kはむしろgのように聞こえて、ボハグに似た語になっていた。ハワイではポハクという語がまだ一般に使われているので、ここではそのように書き記す。同様に、熟達者もしくは祭司にあたるカフナはカフーンもしくはガフーンと聞き取れたが、この語は広く知られているので、以下の記述はカフナと書くことにした。

わたしはナイノアの時間では少なくとも16ないし18時間は「あちら」にいた勘定になるが、しかし夢が終わってみると、わたしの時間では5分足らずしかたっていなかった。そうとわかったのは、例の感覚がやってくるのを感じたとき、わたしは今度こそ忘れずにちらりと時計を見ておいたからだった。科学者としてのわたしはこの時間の食い違いには説明に窮した。

わたしが「到着」した当初、ナイノアは一人ぼっちで、旅仕度に没頭していた。いやそれどころか、「訪問」の間じゅうずっと一人ぼっちで、したがって彼と彼の世界および彼の最近の過去についてわたしが知ったのは、まったく新しい——わたしにとってだが——情報のばらばらの塊としてこちらの頭に浮かんだことだった。わたしはあたかも1枚のフロッピーに移すようにこれらの塊を吸収した。情報は印象、感情、思考、判断、着想、記憶といった形で現れ、わたしの意識に一連の短い場面となって唐突に具体化したのだった。それぞれの場面は次のが浮かんでくる前にわたし自身の思考－感情という背景に次第に「溶けこんで」いった。場面は急速に次々と浮かんできたから、こちらは自分の見ているものを検討したり考えたりする暇がほとんどないうちに、次のシリーズがはじまるといったふうだった。そこで、あとで思い出すつもりで、ナイノアと一体化している間はそれらをせっせと吸収することに努めた。それはテレビを見るのにちょっと似ていたが、しかしこの「番組」は映像と音だけでなくはるかにいろんなものを含んでいた。

そういう次第だから、精神病院入院有資格者のような印象を与えずに、この種の情報を提示するにはどうしたものだろう。わたしは自分が知覚したとおりに表現している。こうした異常な経験を描き出す枠組みを作り上げなくてはならなかったから、この再現にはある程度までわたしの想像が含まれていることはまちがいないが、しかしこの旅は根も葉もない作り話ではない。書いている途中で、わたしは自分の想像で細部を埋めて話をふくらませているのかどうかしばしば検討するのだが、自分の創造的な面が働いているときとそうでないときは自分で区別がつく。わたし自身の世界やわたしの本性《ほんせい》とはまったく異質の世界をあのときはっきりと知覚していたのだ。

ナイノアの生活を冒険譚のように書くことにしたのは、わたしがそれをほぼそんなふうに受けとめたからだ。この物語の中ではわたしの生活ともう1人の男のそれが二重螺旋をなし、わたしのとナイノアのと2本の生活線が両側にあって途中さまざまな間隔で横桟が両方をつないでいるねじれた梯子の形になっている。

この出来事を文字に書き写すのは勝手のちがう難しい仕事だった。ナイノアとの一体化のそもそも言語に絶する性質を伝える方法はないかと手探りしながらだったから、当初の試みはためらいがちで、出来はどうもしっくりしなかった。ナイノアの記憶から情報の大きな塊を一度にいくつも受けとったし、それらをわたしは時間を追って順におぼえていなかったから、わたし自身の記憶から「発掘」するのに何週間もかかった。いちいち思い出して、わかりやすい物語にまとめるのにえらく苦労させられた。ある出来事を叙述し終えたと思うそばから、なにか別のことを、夢が現に展開していたときにはあまり注意を向けなかったなんらかの細部をはたと思い出すといったことが度重なった。わたしの記憶はその時点で自分が気づいていたよりもはるかに多くのことを吸収していたようだ。すべてそこに、わたしの中に埋もれていたが、同時にまだわたしの外にあり、わたしから離れて別個に存在していたのである。

ナイノアの世界はじつにリアルだったので、部族のシャーマンとかれらの不思議な風習について多少の予備知識がなかったら、わたしは自分が発狂しかけていると本気で考えたろう。実際には、意識変容状態にあるシャーマンのように旅をしたのだとさとったが、わたしの場合、行き先は霊界ではなかった。時空を越える旅をして、ほかでもないこの地球上で、普通の現実の中に生きていながら、今ある現実とは大いに違う未来にいる別の人間の意識に溶けこんだのだ。

夢の背景

時がたち、コナにきて何週間かになった。わたしはまた尋常な夢を見るようになったが、もしほんとうに未来へ旅をしたのだとしたら、どこへいったのか突きとめようとして、起きている間多大の時間を費やしてはあの夢を子細に調べた。ナイノアの属する地域共同体は北米西海岸のどこかに位置していた。西には太平洋、東には内海、その向こうには山脈があった。その場所は北部カリフォルニアのどこかだったかもしれない。内海は州中央の盆地が水没したものとも考えられるし、山脈はその向こうのシエラネバダと見ることができる。だが自然環境がわたしのよく知っているカリフォルニア沿岸部とは似てもつかなかった。灌木林《チャパラル》におおわれた丘陵地帯は、アメリカ杉や松は、それに樫の点在する草原はどこへいってしまったのだ？

わたしは見馴れた目標物がないかと夢の中で探したのだが、畑の向こうの黒い壁のような熱帯林にさえぎられて遠見がきかなかったし、空はひどく靄がかかっていた。日射しのやわらかさから見て季節は晩秋のようだったが、しかし気温や全体的な空気の感じがハワイに似ていて、明らかに熱帯的で、湿っぽかった。

ナイノアが森に入るに際して挨拶した板根を張ったキワタノキは、わたしがこれまで見た中ではまちがいなく最大のものだった——巨大な幹が２００フィートをかなり上回る高さにそびえ、てっぺんの堂々たる樹冠はさらに50から75フィートはのび広がっていた。この熱帯雨林の巨木はナイノアの世界が実はメキシコ南部か、もっと南のどこかにあることを暗示していた。畑の上を飛んだ鳥は赤と青の羽毛の金剛インコだったし、赤毛の吠え猿の吠え声は聞いたことのある者なら忘れっこない。

ひょっとして内海はメキシコ本土とバハカリフォルニア半島を分かつカリフォルニア湾かとも考えてみた。ナイノアの脳裡にちらりとかすめたイメージは内海の南側が連山に囲まれていることを示し、コルテス海（カリフォルニア湾の別名）でないことを強く示唆していた。カリフォルニアのサン・ウォーキン河谷の南部が山々に囲まれているのはわたしも知っていた。ナイノアの集落がその西側にあるのだとすると、内海はあの広大な流域盆地に海が侵入したものと考えられる。わたしはナイノアの洪水説を思い出し、そこを水没させるには海水面がどのくらい上昇しなくてはならないのだろうと首をひねった。

海水面は地球温暖化現象によって上昇したのかもしれない。科学のどの分野でもそうだが、いわゆる「温室効果」理論に関しても専門家たちの間に意見の一致は存在せず、現行の論争は多方面の専門科学者たちの確信のなさを反映している。しかしながら、産業活動の結果として炭酸ガス、メタン、亜鉛化窒素、フロンガスなどの大気中の濃度が増大していることは、今や否定できない。これらの増加の最終的な結果は不明だが、「温室効果ガス」の濃度がこのまま上昇しつづければ、世界の気温は少なくとも5℃ないしそれ以上高くなると、多くの科学者は予言している。[新註①②] 1980年代に起こった記録破りの高温の5年間で、世界中の氷河が後退し、南極大陸につながっている広大な氷棚からロード・アイランド州の広さに匹敵するほどの氷塊が分離した。

　わたしがあの夢を見た時点、1986年の春には、こうした不穏な徴候は、産業汚染物質の空気中濃度の増大を防止しようという方向へアメリカの政治家たちを動かすところまではまだいっていなかった。レーガン大統領も議会も環境問題では足踏みしていて、温室効果による温暖化の証拠は決定的でないと言ってみたり、政府の政策担当者たちが科学的に不確実な証拠にもとづいて無分別な措置をとるよう誘導されていると警告を発したりしていた。[新註③] それに反対する側の科学者たちは人口過剰、環境破壊、気候温暖化および海水面の上昇によって地球規模の破局が到来すると予言していた。

　わたしはナイノアから海水面の急上昇が西洋文明の崩壊につながることを教えられた。ざっと1万年前の、最新の氷河時代の終わりには少なくとも摂氏9℃の世界的な気温上昇があって、大陸氷棚の溶解により海水面が約300フィート上昇したことが、科学者たちによって突きとめられている。ノアとその家族が生きのびた大洪水に関する聖書の記述のような形で、ナイノアの属する文化は海面上昇による洪水の記憶を保持したのだろうか？　極地に現在ある氷冠を溶かすのにはどれほどの気温上昇が必要なのか調べてみようとわたしは思い立った。

　あの夢から6週間ほどあとのある晩遅く、わたしが絵を描いていると、夜咲きジャスミンの濃厚な甘い香りが家の中に流れこんできた。真夜中近くで、ジルとエリカは眠っていた。わたしはほかのことに気が散って、カンヴァスに気持ちを集中するのに苦労していた。科学者としての性分で問題を解決することにもともと興味があり、いったいなぜこういう不可解な経験が我が身に起こったのか、どうして時の変換が生じたのか、なぜそれが現在、このコナで起こったのかと思案しつづけていたのである。

　手を止めて、木枠に張ったカンヴァスの濡れた表面に浮かんできているイメージを見つめた。絵筆をシンナーの壺に入れ、書斎とアトリエを兼ねた部屋の中を見まわした。どの壁にも仕上げたばかりの油絵が掛かっていて、画題はいずれも同じ、キリスト教伝来以前のハワイの宗教活動の遺跡、ヘイアウだった。その連作に取りかかったとき、わたしはそれらの遺跡に抗しがたい魅力を感じていた。それは磁石のような吸引力を発揮し、わたしはその力に惹き寄せられるままになったのだった。絵のまわりの床には粗削りの木材をいくつか置いてあり、その上にさまざまな制作段階の一群の溶岩彫刻が載っていた。

　その前の1年間、わたしと家族はケアラケクア湾の温かい海で泳ぐため、ほとんど毎日のように車で山を下ってナポオポオの村まで出かける習慣になっていた。村の三日月形の砂浜の周囲にはヒキアウ・ヘイアウと呼ばれる大石壇を中心としたハワイの考古学遺跡がある。堂々たる神殿の前の柱に取り付けられたブロンズの銘板が観光客に告げるところによれば、１７７０年代の末頃ジェイムズ・クック船長が地元民とのいさかいで殺された不運なイギリス人船員を弔うため、このヘイアウでハワイ諸島では初めてキリスト教の礼拝を行ったという。

　こうしたヘイアウも今日残っているのは黒っぽい石で築いた壇だけで、それも多くは地震や津波によって瓦礫の山と化している。いくつかは昔の旅行者のスケッチを手本にして復元され、中には昔ながらの精霊《アクア》の彫刻や、首長の家系に伝わる聖遺物がかつて安置されていた霊力《ハレ・マナ》の家の原寸大模型を備えているものもある。

　わたしは自作の絵を見まわした。幅広い線状の色面は人間と自然が交わった霊力の家の抽象表現だった。どの画面にもハレ・マナが上にある黒い石壇が描かれている。わたしはカネオへ首長のヘイアウを思い出した――これらの絵とあの夢とは関連があったのだろうか？

　ふと思いついて、わたしはヘイアウという言葉の語源を調べてみた。ヘイは「網」または「罠」、もしくは「網や罠で捕らえる」ことを意味している。アウには「期間」、「年数」、「時代」、「時の経過」など、いくつかの意味がある。ヘイアウとはつまり、人が時をつかまえることのできる力の場ということだ。わたしは超自然力という観念を人類学的な観点から考え直しはじめた。

　１８００年代末葉、エドワード・B・タイラーというイギリスの人類学者が、すべての宗教の基礎は、肉体とは異なる霊的存在とほぼ普遍的に認知されている霊魂という概念にあると提唱した。霊魂という考えは、伝統的な部族民たちの間で、生と死、目覚めている状態と夢を見ている状態との相違に対する好奇心や関心の結果として発達したにちがいないと、タイラーは推測した。人格的、超自然的存在へのこの信仰をタイラーはアニミズムと名づけ、部族民は霊魂が人間のみならず動物や植物、それに石や池や雲といった無生物にもあると信じていると論じた。

やがて1900年代の初め、タイラーの同時代人、R・R・マリットが霊魂という概念は宗教の起源になったにしてはあまりにも精緻すぎると反論した。マリットはアニミズムに先立って彼がアニマチズムと呼んだ別の考え方、つまり非人格的、超自然的な力への信仰があったものと推測した。

アニマチズムの良い例はポリネシアとメラネシアの文化の中に見られる。ポリネシア人やメラネシア人の間では、運不運は、尋常でない能力や出来事と同様、宇宙全体に分散し、無生物や場所にも生物にも強く凝縮して宿ることがある目に見えない超自然力、マナの働きとされている。人間も強度に凝縮したマナの容器になりうると伝統的に信じられていた。そういう人間は意図的に自分の貯蔵量を増やすことができると言われていた。マナは人から人、人から物、さらに物から人にさえも移しかえることができた。マナは接触によって、あるいはただ接近するだけで伝達されると今なお信じられている。ヘイアウはマナが強度に集中している場に築かれたのである。

わたしは自分の絵を見ながら、湾岸の神殿の大石壇に毎日近づいていることが自分になんらかの影響を及ぼしているのだろうかと考えた。わたしの科学的世界観は、こういう考え方にはきわめて懐疑的で、とたんにむずむずした。

わたしは海岸で見つけた黒い溶岩でこしらえた粗彫りの彫刻群にまた注意を向けた。ハワイの海岸にはほぼどこでも溶岩がごろごろしていて、多くは波であちこち転がされてすでに半ば形ができている。わたしはゆったりと椅子にかけて、石探しのときにいつもやる儀式のことを考えてみた。

海岸に着くと、わたしは必ず「場の精霊たち」に石を見つけて持ち出す許しを求める——まぎれもなくアニミズムのやり方だ。わたしは一方では科学者としてこれをおもしろがって、この儀式の発想そのものに苦笑しながらも、いつも欠かしたことがない。そのあと、海岸を少し歩きながら、あたりの石に漫然と目をやっていると、そのうちひときわ目立つものにゆきあたる。たいてい内に秘められた形がすでにある程度露われていて、わたしはそれを芸術作品に活かせる可能性を見てとる。否応なしに目を惹く形を持った石が見つかるまで、探しつづけるのだ。ほとんどの石は重過ぎて動かせず、そのままになったが、中には持ち上げられるのもあった。

禅を学んだ結果、わたしは石もそれなりの瞑想状態で静座しているものと考えている――突飛かもしれないが、納得できる考え方だ。したがって、石を動かす前にいつも個々の石に許しを求める。通常、選んだ石にわたしのアトリエまで同行してくれるように招待し、アトリエでは内なる形を引き出すための最小限の修正しか加えないと約束する。まず必ずといっていいくらい石は同意してくれる。ほんとうに自分が石を選んでいるのかどうか怪しい気がしたこともある。時には吸引力がきわめて強くて、ほんとうは石のほうがわたしを選んでいるように思えることもあるのだ。

運んできた石はたいていしばらくはほうっておく。その間に、形をどう展開するかについての当初の構想が固まってくる。彫るにあたっては、瞑想の行《ぎょう》を行う。無心になって、徐々に石の静けさの中に入っていく。それからしばらくして、とりかかる。

わたしがアトリエの中の石たちと、わたしの旅で石たちが果たしていると思われる役割についてつらつら考えはじめたのは、午前0時をとうに過ぎた頃だった。それぞれの石はそれがあった場所と来歴に由来する「力」を持っていた。わたしの心と筋肉からも、つまりアニマチズム流にその「本質《エッセンス》」を引き出した制作者からも「力」を獲得していた。いずれ観照の対象として、他の人々と接触することで、さらなる「力」を獲得することにもなりそうだった。接触した人々に石がお返しに「力」を与えることもあるのだろうかと、わたしは思った。芸術家でもあり人類学者でもある者としては、この考えはとても魅力的だった。

石やヘイアウの絵からようやく離れて、わたしがアトリエを出たのは2時過ぎだった。ジルはベッドで本を読んでいた。妻は二度目の妊娠の最後の3カ月に近づいていて、素晴らしく元気そうだった。本来はほっそりした長身なのだが、さまざまな有機的な形態の不思議な複合体になっていた。

わたしは寝る前の儀式になっているシャワーと髭剃りと歯磨きをすませて、ベッドにもぐりこんだ。ジルがわたしにやさしくキスして、それから横向きになり、いつしか寝入った。わたしは明かりを消し、妻の体に姿勢を合わせて、抱えこむような形で横になった。妻の体を抱え、その息づかいを感じているうちに、こちらも眠りこんだ。

午前4時に、わたしは目を覚ました。明かりがついていて、ジルがまた眠れぬままに本を読んでいた。なんとかゆったりした気分にさせてやろうと、わたしは妻の背中をさすった。そのタッチが生み出す霊妙な効果が愛の営みに発展し、事後の余韻の中でわたしたちはぴったり抱き合って、また眠ろうとした。

わたしは自分がずるずると眠りに落ちていくのを感じた――ほぼ寝入ったとき、意識のはしっこであの感覚を感じた。夜気に漂う夜咲きジャスミンの強い香りをかぎながら、暗がりに横たわったまま待った。突然、あの感じが轟々たる力の奔流となって押し寄せ、ジーンと耳鳴りがした。とたんに知力がパッと働きだし、すっかり目が覚めた。夢心地の名残も消し飛んだ。なにしろわたしはこれを待っていたのだ。

じわじわと痺れてきて体がこわばり、おまけにひどく息苦しかった。両手は風船のようにふくれた感じで、閉じることができなかった。やがて体を動かすことがまったくできなくなった。目はしっかりと閉じていた。

闇の中でまた何本かの奇妙な光の線が線状に並んだ点と交錯するのが見えた。線がジグザグになり、それから再びまっすぐにのびて蛇のような模様になり、はるか遠くの格子につながった。ゆらめく奇妙な光の弧が現れ、わたしは再びナイノアを「訪れる」ことになるのだろうかと考えた。そう考えたとたん、動きを感じ、それはたちまちあの感覚の新たな高まりに結びついた。自分が押し出され……ふくらみ……外へと広がっていくのを感じた。

感覚はどんどん強まりつづけた。その感覚はまさに絶妙としか言いようがなかった。滔々《とうとう》たる音が急にぴたりとやんで、またしても完全な静寂が訪れた。感覚が弱まりはじめた。

びっくりし、いくぶん落胆もして、目を開けたとたん、ハッとした――寝室がなくなっていた。わたしの腕の後ろ側に――影がぬっと立ちはだかった。わたしの腕の後ろ側に――まぎれもなく褐色で筋肉隆々たる腕だ――大きな水滴が1つ、ぽとりと落ちてきた。わたしは森の中に立っていた。

4 第二の旅――森の中の都市

北へ

ナイノアは北東に向かってたどっていた獣道の分岐点に立ち止まっていた。まだ早朝で、森は靄に包まれていた。なにか花の咲く植物の馴染みのない甘い匂いが湿っぽい空気につかのま漂って、消えた。ナイノアは濡れた緑の木々をぐるっと見渡して花を探したが、見当たらなかった。

肩から腰までをおおって、食糧の入った吊りひも付きの袋を守っている雨合羽に、高みの葉むらから絶え間なくしたたる水がポト、ポトはねかかった。下生えは露で光り、彼の腰から下は濡れずにはすまなかった。森の中はやや暑いくらいで、その場しのぎに広葉でこさえた帽子の下の額には汗が吹き出していた。濡れるのは彼の好むところではなかった。

集落をあとにしてから11日たっていた。彼は今や、同胞の誰も足を踏み入れたことがない奥地へきていた。未知の土地に入りこんだのだ。

早朝から午後遅くまで旅をつづけ、途々、狩猟と採集にいそしんだ。猿、トカゲ、鳥、蛇、大型の齧歯類《げっしるい》などが彼の放つ矢の餌食になった。進んでいく道筋と交差する無数の水流からは魚や、露出した砂州に埋められている乾季ならではの珍味、亀の卵を獲《と》った。日暮れ近くなると、しばしば低い枝をねぐらにする大型の野鶏、モア・ラアウの独特の鳴き声が聞こえないかと耳を澄ました。その声で目星をつけ、暗くなってから見つけて、棒であっさり片づけるのは苦もないことだった。

周囲の濡れた瑞々しい緑の中を通る獣道をしげしげ見やりながら、ナイノアは旅の出だしのあたりを思い出した。


あの最初の日は海辺へ向かって慎重に進み、南の戦士たちを警戒して耳と目を澄ますため何度も森の中で立ち止まった。誰も見かけることなく、夕方近く入り江に着いた。カネオへ首長の約束どおり、カヌーがあった――1人で操れる帆走式の小型のアウトリガーだった。

その夜は、いたるところにいる鰐を恐れて木に吊ったハンモックで寝た。夜明け前に覚め、空が白むのを待ってカヌーを水際まで引きずっていき、持ち物を積みこんだ。森は濃い霧に包まれていたが、幸い彼は入り江や潟が無数にあるその海岸線をよく知っていた。霧の中へと櫂《かい》で漕ぎ出し、記憶を頼りに入り江の外へと舟を進めた。

水上でのその最初の朝は陰々滅々として、霧で空と海の区別もつかず、櫂が水面に触れる手応えだけが頼りだった。見なれた目標物が現れるのを待って静かに櫂を操るうちに、そよ風が吹き出して霧が晴れた。

風は北からで、ナイノアは小舟の柄杓《ひしやく》型の帆を広げて、もっと若い頃に探索した多くの島々や水路を縫って東南へと順調に航行した。日中ずっと帆走しつづけ、その晩は知っている島で野営した。翌朝、また順風が吹き、帆を開いて、内海の渺茫《びようぼう》たる水面へと乗り出した。

東岸は乾季につきものの細かい埃の靄がかかって見えなかった。ナイノアは静かに座って、幅広の水掻きがついた櫂で舵を取りながら、西岸が遠ざかっていくのを見守った。追手にしろ誰にしろ、人影は見えなかった。海上はほかに船影もなく、孤独がほろ苦くひしひしと胸に迫り、彼はすっかり物悲しい気分になった。風が強まり、舟は東南へと快走した。宵の口に東岸の湿地に着き、マングローブの林に囲まれた低い島で野営をした。

風で彼が望んでいたよりも南へ運ばれてしまったので、翌日は、昔ナガイと探険したことのある川を探して、何頭かのイルカをお伴に、櫂で北上した。鰐をわんさと見かけたが、いずれも彼の舟が近づくと水にもぐってしまった。肉や皮をめあてに狩られているので、鰐たちは内海のこちら側でも人間を警戒していた。

その夜は、マングローブの茂る浅瀬で突いた大きな魚に舌鼓を打ったあと、また島で野営した。温かい海水は太った小海老で沸き返るようで、投網を持ってないのが悔やまれた。次の日も北上をつづけ、ようやく昼過ぎに、三角州の湿地に並木にはさまれた沈泥《シルト》だらけの水流が何本か走っているのを見つけた。そちらに舟を向け、櫂で本流をさかのぼりながら、乾季に入って水位が下がっているのを心にとどめた。そこかしこに露出した中州で大きな鰐や亀が日向ぼっこをしていた。

川は驚くほど様変わりしていた。川床が移動して、まったく新しい流れができていた。ナイノアは浅いところでは櫂の代わりに長い棒を使って、あくまで本流にとどまった。水鳥がたくさんいたので、このために作られた二股の鏃《やじり》がついた矢を使って夕飯用に鴨を一つがい射とめた。その晩はかつてナガイと立ち寄った川中島で野営した。

翌朝、引き明けに、小さな鹿を1頭仕留め、肉を細長く切って、焚き火の上に渡した横棒に掛けて干した。午後はまた流れをさかのぼり、その日遅く、小高いところに近づいていくと、これまたナガイと野営したことのある場所で水を飲んでいた象の一群にひょっこり出くわした。巨獣たちは彼を見つめ、不意に大きく甲高い声で鳴いて、露出して間もない中州を立ちのき、その向こうの高く生い茂った森の中へ退散した。

ナイノアは中州に上陸し、他の動物、ことに大型肉食獣の足跡がないかと砂地を見まわした。そそり立つ壁のような向こうの森は、薄れてゆく日射しの中で小暗く不気味に見えた。赤毛猿に吠え立てられながら彼はカヌーを小高いところに引っぱり上げ、野営の仕度をして、大木に吊ったハンモックで安眠した。

翌日、カヌーを最高水位線よりも上の隠し場所まで苦労しいしい引きずっていった。棒を何本も切り出し、立木にくくりつけて、カヌーを完全に地面から離して支える船台を作り、目隠しと日よけ雨よけのためにおおまかな覆いをこしらえた。これでカヌーは白蟻や、東の山脈からしばしば襲来する季節外れの洪水から守られて、彼がもどってくるまでそこにあるだろう。

次の朝、カヌーを点検したあと、本格的に徒歩行を開始した。入植地の平坦な地面を歩きつけているため、足下をよく見ていなくてはいけないときにいつも上を見ているような按配だった。つまずいたり、爪先をなにかにぶつけたり、滑って転んだりといったふうだし、肩に吊った袋をたびたび枝や藪にひっかける始末だった。案の定、馴れない運動で筋肉が痛くなった。

ナイノアは目の前の獣道の二叉を右せんか左せんかと見比べながら、こうしたことを思い出して微笑した。体は途切れることのない難儀なトレッキングという新たな鍛練法に馴れつつあった。比較的よく踏みなさられたほうのルートを選び、立木にナイフで刻みを入れて方向の目印とし、帰りにそれとわかるようにした。

日が高くなるにつれて靄は晴れ、ナイノアははるか頭上で樹冠が日射しに輝く大木の間を縫って割に楽々と進んでいった。木洩れ日の射す森という広大なホールの中で鳥のさえずりが鈴のような余韻をおびて聞こえてきた。彼は森の大型齧歯類が通りかかるのを待ち伏せている、落ち葉とほとんど見分けのつかない恐ろしい蛇を警戒して、獣道を抜かりなく見渡しながら歩いた。乾季に入って葉の落ちた木が多く、地面まで届く光の量が増えて、光と影のまだら模様の中では蛇を識別するのがかえって難しくなっていた。

午前中に、森猪の一群と危うくぶつかりそうになった。この見馴れない動物は物をつかめる短い鼻を持った、豚と象の合いの子のように見えた。成獣は大きく、濃い鼠色の毛をしていた。仔は茶色で、もっと薄い色の斑点と縞模様がある。ハワイ人は先祖が海を渡ってアメリカに上陸するまで、こういう猪は見たことがなかった。

カネオへ首長の書庫にあるハワイ人の記録文書は、ハワイにいたかれらの先祖がアメリカ西海岸に上陸して、蛇、虎、鰐、猿、象などを発見するまで、アメリカの森の動物の多くを神話上の生き物と考えていたことを示していた。ハワイ諸島から持ってきた最古の歴史文献の写本によれば、アメリカ人はおそらく威光を示すため、また自然を支配する自分たちの力の象徴として、集落でこうした生き物を檻に閉じこめて展覧していたとされているが、実見するまでは誰も信じなかったのだ。

史書には、木々がハワイで見られるものより高さも太さも上回るこの大森林を発見したときの航海者たちの驚嘆ぶりも記録されていた。沿岸部の群島のような自然景観と、内海の発見は混乱も生んで、カリフォルニアと呼ばれるアメリカ本土の一部に上陸したのだとする航海長たちの主張に疑問を投げかけた。というのもそこは古地図に示されたものとは似てもつかなかったからである。航海長たちは、大洪水でひどく様変わりした古地図に見られる大きな湾の近くに上陸したのだと言い張ることでは、みな一致していた。

ナイノアの属する文化圏では航海長たちは大いに尊重

され、畏敬されている。双胴の長大なカヌーにはそれぞれ船内の全般的な活動と安寧を監督する長《おさ》、ハクが乗り込んでいるものの、全員が、それこそ大首長まで、航海長の指揮と知恵を頼りにする。

　ナイノアは家臣としての自分の生活のことを歩きながら考えた。ごく稀に、臣下が並外れた功績によって首長の位に昇進することがあり、その場合はたいてい高位の一族に婿入りすることになる。上への階層移動は可能ではあるが難しい。彼がこの旅を乗り切って、アメリカ内陸部を旅した情報を持ち帰れば、そういう栄誉が与えられるかもしれない。ナイノアは否定的な考えは捨てて、自分の属する社会の階級制をとくと考えてみた。体を動かしていると孤独感はやわらいだ。

　首長階級にもいろいろ地位の高下があって、おおむね血縁関係によって決まる。統領はそれぞれの地区内で最高位の首長で、ザ・ボードと呼ばれる統治評議会の一員である。ボードというのは古来の名称で、その言葉が正確にはなにを意味するのか誰にもさだかではなかった。この用語はアメリカ人の祖語、古英語に由来する。

　ボードは、最高位の首長でボードの議長を意味するアリイ・ホオマルボルディという称号を持つ総首長、アリイ・ヌイに直属する。現在の総首長はルース・カハロプナで、彼女の一門はハワイの古い王族の家柄から出ている。政治と行政管理の両面に卓越した能力を持つ傑出した統治者である彼女は、もっぱらというほどではないが主として自らの拡大家族の面々からなる優秀なスタッフにも恵まれている。

　宰相のシモダ大首長は内海沿いの全入植地の政務処理に関して彼女に助言する。彼の称号はアリイ・ガラアイナで、これはすべての地区全体を監督することを意味する。税の徴収、余剰物資の再配分、土地所有権、漁業権その他を責任範囲とする。入植地での目下の危機に対処するのはシモダ大首長のつとめだろう。彼はどういう命令を発するだろう、とナイノアは思いめぐらした。戦争ということになりそうだ。シモダ大首長は総首長麾下《きか》の軍勢、アミの司令官であり、南の簒奪者に十中八九、兵を差し向けるだろう。

　大きな青い蝶の大群が一条の光の中に舞い上がった。蝶たちはナイノアが通りかかって邪魔をするまでぬかるんだ川岸で水を飲んでいたのだった。ナイノアは長いナイフを抜いて、太い蔓を1本断ち切った。切り口から真水が溢れ出し、彼はありがたく存分に飲んでから、水筒に補充した。どの蔓が水を含み、どれが有毒かナガイ老人から教わっていた。ナイノアは考えごとをつづける前に、猟師の霊に情のこもった挨拶を送った。

統領たちは一まとめにカフナスと呼ばれる祭司たちの諮問会議に大なり小なり指導を受ける。祭司たち自身、首長階級に属するが、構成は一様ではない。大半はカフナ・プレといい、儀式と祈りに精通し、ヘイアウを守る典礼尊重主義者たちだ。この祭司たちは政治的に影響力を持ち、首長たちと密接に協力し合っている。かれらは戦争を是とするだろう。

ほかにカフナ・ラパアウという治療師たちもおり、その中には霊能者も含まれる。霊に精通した者、カフナ・クプアと呼ばれる霊能者たちは人間と超自然界を結ぶ仲介者をつとめ、その独特の能力によって大いに尊敬されている。霊能者は祭司たちのような専従の宗教家ではない――実のところ、組織化された宗教とはほとんど関わりを持たない。霊能者の力と知恵は精霊《アクア》たちと、それぞれに先祖代々受け継がれた霊的なレベルの自我、アウマクアからじかに獲得したものと言われている。祭司とちがって、霊能者は社会のあらゆる階層にいて、その多くは大きな力を持っている。老ナガイは自らそう称したことはないが、その種のカフナだったことをナイノアは後にさとった。

世界は1つの共通の現実の、異なる2つの面として合わせて呈示される、目に見えるものと秘められたものからなっていることを、彼はナガイから学んだ。老猟師ナガイからすれば、精霊はいたるところ、万物に存在し、日常生活を過ごす中でナガイは折にふれて霊に敬意を払い、挨拶した。これが少年時代のナイノアに強い影響を及ぼした。霊能者たるカフナへの彼の関心はその頃に芽生えた。

ナイノアの行く手に、枯れた若木の細い幹のまわりに作られた茶色いでこぼこした形の白蟻の巣が見えてきた。彼がそれに近づくと、一風変わった姿のちっぽけな猿の大群が警戒して騒いだ。群れには異なる2種類の猿がいるようだった。突然、一瞬の間に、1羽の鷹が目にもとまらぬ動きで森の中からその開豁地《かいかつ》をかすめ飛び、小型の猿を1匹鉤爪でつかんで小暗い緑の中へ舞い上がった。命拾いした猿たちは警戒音を発しながら葉むらをかきわけて退却した。

ナイノアはまた南の戦士たちのことを考えた。かれらにはあの鷹に似てなくもない特性がある。かれら戦士中心社会の欠陥は指導層にあるというカネオへ首長の言葉が思い出された。かれらには戦士集団を統制できる強い統領、高度の倫理感を持った統領が必要なのだ。

白蟻の幼虫が美味で栄養豊富なことはナガイから教わっていた。ナイノアは白蟻の巣を壊し、幼虫を拾い集めて食べた。それからまた歩き出しながら、故人を懐しみ、切実に恋しがった。

廃墟の町

午後遅く、周囲の様子が急に変わって、ナイノアは足を止めた。気持ちが昂った。森の中は異様に静まり返っていたが、人や動物の気配はなく、足跡や臭跡、折れた枝や押し曲げられた葉むらもなく、暗がりにとぐろを巻く蛇とか、飛びかかろうと身をかがめた虎だのがいるでもなかった。気持ちの昂りが鎮まりかけたとき、ナイノアは自分の足を止めさせたものに気がついた。

著しく平坦な地面が左のほうで、至るところにはびこる木々に覆われた一連の小山に取ってかわられていた。木々の間に、配置が規則的でなかったら樹幹と見まがいそうな、植物に覆われた「直立石」が数多く立っていた。

ナイノアはかつてナガイと似たような場所を探険したことがあった。森林化した小山が規則的な格子状に並んでいて、2人は倒木の根の間からいくつかの遺物——ガラスのかけら、陶器の破片、縒《よ》った銅線数本——を見つけたものだった。こうした証拠から判断するに、小山の集まりはアメリカ人の古代集落の遺跡だった。

ナガイの話では、猟師仲間はこういう場所をほかにも知っているが、そういうところは餓えた亡霊が出没すると言い張って近づかないということだった。こういう妙な小山のあるところで野営して、行方不明になったり、発狂して二度と正気にもどらなかったりした男たちの噂は絶えない。ナイノアはそういう話がどの程度信憑性があるのか知るよしもないが、自分が見つけたものを一層しげしげと見るうちに興奮が高まってきた。もう一度あの集落遺跡にいって踏査してみようというつもりは前々からあったのだが、カネオへ首長家での多忙な生活の中ではついぞその機会に恵まれなかった。

突然ナイノアはしゅんとなって、滅入った気分に襲われた。この唐突な気分の変化はこの場所の近くにいるせいなのか？　ことによると浮かばれない霊たちがほんとうにここに住みついているのかもしれない。彼の頭に思いがけなく古英語のシティという語がひょいと浮かんだ。それはアメリカ人の集落をさす言葉だった。

獣道は廃墟と化したシティのへりにそってつづいていた。ナイノアはゆっくり歩きながら観察した。そこかしこの地面からほかにも植物に覆われた巨石が整然と列をなして突き出していた。彼は土掘り棒で石の表面の一部を掻き落として調べてみた。それは茶色の奇妙な焼き物の塊をモルタルで接合した煙突の残骸だった。

1本の大木が隣り合った何本かにもたれかかっているのを見て、ナイノアはもっとよく見渡そうと林冠の高さまでよじ登った。羊歯《しだ》の生い茂った煙突が点々とある、木に覆われた小山が、乾季特有の埃の靄の中へとさらにつづいていた。遠くにバンヤンの巨木がてっぺんに生えている丘が見えた。その木は一夜を過ごすに格好の場所と判断して、ナイノアは方角を見定めてから、地上に降りた。

猟師たちの話をちらっと思い浮かべ、すぐに念頭から追い払って、見捨てられたシティへと入っていった。アメリカ文明の終焉《しゅうえん》についてなにごとかを物語る痕跡が見つかるかもしれない。

草木がびっしりと生い茂った場所を進んでいくので、はかがいかなかった。木々を注意深く見て、栽培種を――バナナ、パパイア、アボカド、マンゴー、パンノキ、マカデミア・ナッツ、グアバ、ウィ・アップルなどを――探したが、見当たらなかった。この場所は見捨てられてすでに久しいのだ。バンヤンの木からほど遠くないところで、ナイノアは自分の道筋と交差している獣道にうっかり入りこんだ。獣道は目路のかぎり棒のようにまっすぐのびていた。それをたどっていくと、ほどなく1本の大木が倒れているところにゆきあたった。2つの小山の間に横たわる樹幹は腐って、羊歯と茸《きのこ》におおわれた畝《うね》のようになっていた。木が根こぎになった跡の広く丸い穴は今は浅い水たまりになっていた。好奇心から彼が水たまりに近づくと、蛙が何匹か驚いて水に飛びこみ、静寂を破った。

水たまりをのぞきこんでみたが、魚は小魚すらも見つからなかった。落葉が積もった暗い水底にはさまざまな昆虫の幼虫やオタマジャクシがうようよいた。水たまりのまわりに若木や灌木が生え、張り出した枝に大きな雨蛙が何匹かうまく溶けこんでいた。ナイノアは、はるか高みの蔓から嘴の大きなオオハシが思案げに自分を観察しているのを、一瞬の動きで見てとった。遠くで何頭か大型の尾無し猿（チンパンジー）の鳴き声がした。

ナイノアはゆっくりとまわりを見まわし、数歩分左のほうの木の根方に蛇がじっととぐろを巻いているのをひょっこり見つけた。それは猟師たちが非常に恐れ、森の主《ぬし》、カハク・ラアウと呼んでいる毒蛇だった。彼の腕ほどの太さがあり、長さは彼の背丈の倍はあろうかというその蛇は淡いクリームがかった茶色で、背に何列か黒い鱗が並んでいる。横腹に不揃いな白い斑点と黒っぽいおぼろげなV字模様があって、落葉が降り積もったところではほとんど姿が見えない仕掛けになっている。頭は彼の手ぐらいの大きさで、彼の匂いを嗅ぎとろうと赤黒い舌をちらちらさせて冷ややかに彼を見守っている。きらめく漆黒の目から後方へ長く黒い縞がのびている。

ナイノアは不安な思いで蛇を見つめながら、ゆっくりとあとじさりした。蛇をうっかり踏みつけなくて幸いだった。おもむろに弓に弦《つる》を張り、矢をつがえた——その蛇からはたくさんの肉がとれるだろうし、仕留めるのはさして手間はかかるまい。今にも矢を放とうとしたとき、妙な考えが浮かんで思いとどまった。この場所にはただならぬ雰囲気があった。ここの動植物も尋常のものではないかもしれない。ここで殺生をすると、それこそ、彼としては断じて願い下げの大変な不運が降りかかってくるかもしれない。おそらくその蛇はこのシティの守護者なのだろう。そう思うと、射殺そうという気は跡形もなく消えた。ナイノアはそろりと腰を下ろして、森の主を興味深く見守った。

蛇は眠りを誘うような一定した動きで彼の方へ舌をちらつかせつづけるだけで、身動きをしなかった。ナガイから聞いた話によると、森の主と呼ばれるこの種の蛇はあまり動きまわらず、1カ所にじっとして、獲物のほうから近づいてくるのを待つ習性があるということだった。この蛇も十中八九、まさにそうして、大型の齧歯類が水を飲みに暗い中をやってくるのを見張っているのだろう。

「それで、命を助けてやる代わりにどんな礼をしてくれる？」とナイノアは蛇に言った。集落を出て以来、人間の話し声を聞いていなかったので、自分の声が異なものに聞こえた。蛇は動かず、ナイノアの頭に返答が浮かんでくるということもなかった。日の光が薄れてくるまで彼は見守りつづけた。やがてそっと立ち上がり、ほかにもいそうな蛇に用心しいしい、水たまりの向こう側へと回った。立ち去ろうとしたとき、水たまりの中のなにかが目に留まった。

暗い水中をのぞきこむと、ちっぽけな人の手が見えた。興奮が大波のように全身を駆けめぐった。水たまり越しにあの蛇を恐る恐る見やってから、灌木のしなやかな細枝を1本切り取り、彼の指ほどの長さのちっぽけな陶製の腕を慎重に引っぱり出した。それをためつすがめつし、中空になっている内側から泥を洗い流した。指が1本欠けていた。

また棒を使って、水底の落葉や樹皮の破片を注意深くめくり返し、その甲斐あって、もう片方の腕、両脚、それに短い首がついた中空の小さな頭が見つかった。それらの陶片はずいぶんと汚れており、長いこと地中に埋もれていたものと察せられた。きれいに洗ってみると、元は白色だったことがわかった。目と髪の部分にはいくらか顔料が残っていた。目の色はナイノア自身と同じく青だった。

ナイノアは陶片を手の上で何度もひっくり返して調べた。それらは過去の遺物で、おそらくは祭具か、子を産みたい女が用いたおまじないの品と思われた。ことによると子どもの玩具のかけらか。青い目は遠い過去のアメリカ人首長のものだったことを意味するのかもしれない。首長たちの収蔵品には何千年も前のアメリカの品物が今も多少は残っている。陶磁器やガラス器の製造は今は滅びた技術だった。それらの原料はハワイ諸島では発見されたためしがないし、このアメリカ本土でもその産地は見つかっていない。

水たまりの中をなおも探してみたが、それ以上遺物は見つからず、そこで陶片を小袋に入れ、網袋の中にしっかりしまいこんだ。蛇に恭々しく別れを告げ、例の丘へと進んだ。麓を一周してみると、斜面はでこぼこで、急勾配で、一面にびっしり草木が生い茂っているのがわかった。てっぺんを覆いつくすばかりのバンヤンの巨木はくねくねと根を張って、木質の触手で丘の地表を覆っていた。幹のうろには小さな木々が生きのびようと苦闘していた。降り積もった落葉の中をトカゲが這いまわって、カサカサ音を立てた。巨木の大枝からは何本もの気根が地面にのび、それが時をへて副幹となっており、したがって丘は1本の大木ではなく木立に覆われているように見えた。

じっと見上げているうちに、ナイノアの頭にまた妙な考えが浮かんだ。自然界のあらゆるものは、生物も無生物も、それぞれ固有の意識を持っていると、ナガイから教わっていた。ナイノアは頭上のバンヤンの巨木は自分の存在に気づいているだろうかと思ったのだ。乾季の休眠のために葉を落としてしまっている他の多くの木々とちがって、この木は大きな緑の雲のような群葉を保持し、しっかり目覚めている様子だった。

ナイノアは雑念を払って心を落ち着けた。それから、改まって、丘に登る許しを木の霊に求めた。しばらく待ったが、なにも変わったことは起こらなかった。からみ合った根っ子を梯子代わりにし、サソリやムカデを警戒して抜かりなく目を配りながら、丘を登った。斜面に1本の小さな木が倒れていた。その根が表土をはぎとり、地中が露出して、壊れた石造物の大きな塊とガラスのかけらがのぞいていた。

ナイノアは興奮して、どうやら自分は巨大な建物の崩れた廃墟の上に立っているらしいと見当をつけた。だが日が沈みかけていて、それ以上の調査は朝まで待つほかなさそうだった。蟻の集団が丘を横切っているので、木の上で寝なくてはなるまいが、それはどのみちほぼ毎晩のようにやっていることだった。網のハンモックはそれに適しているし、大型の夜行性肉食獣に対しても安心していられた。

2本の太い幹の間をそろそろとよじ登っていき、ハンモックにちょうどいいくらい狭まったところにゆき着いた。2本の大枝の間にロープでハンモックを吊り、網袋と武器を手の届くところにぶら下げた。肉食獣からは安全だし、ほとんど蚊に煩わされることもなく空中に宙吊り状態で寝るのにもう馴れっこになっていた。

案の定と言おうか、彼が通ってきた方向から虎の遠吠えが聞こえてきた。虎は彼の匂いを嗅ぎつけて、あとを追ってきているのだろうか？　ナイノアは80フィート下の丘をじっと見下ろした。虎が彼を狙ってよじ登ってくるということもありうるだろうか？　持ち物を配置し直しながら、彼は何種類かのネコ科大型獣と、度合いの異なるそれぞれの脅威について考えた。最も恐れられているのはオレンジと黒い縞模様の最大の種類だった。これは概して人を避けると猟師たちは言っているものの、時として、森のへり近くで働いている平民を餌食にすることもある。そういうときは猟師と王族が大勢一団となって虎を追いつめるか、罠にかけるかしなくてはならない——さらに犠牲者が出ることもある危険な仕事だ。

もう少し小型のやつもほぼ同じくらい恐れられている。これは黄色の地に環状をなす黒い斑点を散らした姿をしている。地上生活をするより大型の虎とちがって、このまだら模様の虎は木に登るのがきわめて巧みで、樹上で眠っている猿や鳥をしばしば捕食する。より大型の親類と同様、これも人間を避ける傾向があり、森猪や鹿を追いかけて殺すのを好む。ナガイはまだらの虎には少なくとも2種類、がっしりした力強い体型の種と、もっと脚が長く、ほっそりした体型のがいると考えていた。ほかの猟師たちがこの点を確認できないでいたのは、この猛獣たちが群居せず、森の奥に潜んでいて、集落の近くではめったに見かけないせいだった。

森には黒い虎も住んでいる。ハワイ人たちはこの大型のネコは実は悪い魔法使いで、餌食を追いつめて殺すために動物の姿に化けたのだと主張している。ナガイはそんなのはたわごとで、まだらの虎の黒い変種にすぎないとナイノアに言っていた。ナガイはかつて1頭の黒い虎が鰐を襲い、殺して食うのを見たことがあった——この種類が持つ相当の体力と強さのあかしだ。

もう1種類、胴体に縞も斑点もないのがいる。背は茶色で、白い鼻面に黒い筋があり、腹毛は白く尾が長い。この種はわりによく見られ、独特の鋭い鳴き声が夜間、集落の周辺でしばしば聞かれる。虎の吠え声がまた聞こえ、ナイノアはハンモックにゆったり体を休めた。歴史にどう記録されていようと、アメリカ人たちが虎を檻で飼ったとか、人間の命令に従うように仕込んだとかいうことを彼は信じなかった。

持ち物を点検し直してから、下を見下ろし、そして周囲を見渡した。美しい眺めだった。黄昏深まる中、眼下の林冠は四方の地平線まで広がっていた。そこかしこでキワタノキがまわりから抜きん出てそびえていた。倒木でできた林冠の隙間から森の主の水たまりがくっきりと見えた。夕日が赤々と靄の中に沈みかけていた。

東には山脈の屈曲した青い稜線が浮かび上がっていた。その手前に低い丘が連なっている。ナイノアは景観をじっくり眺めながら、食料を惜しみ惜しみ食べた。山脈は見渡す限り長い切れ目なしの壁となって南北にのびている。

頭上の枝に樹上性のグリーン・イグアナが何匹かいた。尾が長く、背に棘々のあるこの大トガゲをかつてナガイが何匹か矢で射とめたことがあったが、そのときナイノア自身、やってはみたもののとても上首尾とは言えず、老猟師の忍び笑いに耐えたのだった。その後ナイノアは練習を積んで、自分でも正確にまっすぐ上へ矢を射ることができるようになった。今、緑色の大トカゲたちは脚と縞模様の長い尻尾を枝の下にだらりと垂らして、無表情な目でじっと彼を観察していた。かれらは夜の涼気で動きが鈍り不活発になる前に太陽熱を少しでも吸収しておくため、体を並べているのだった。

ナイノアは、下に目をやって、シティの廃墟の絶景を堪能した。いくつもの小山が格子状にきちんと配置されている感じで、長くまっすぐに並走するいくつもの「谷」がその一帯で直角に交差している。そこかしこで、地面に降り積もった落葉から苔と羊歯に覆われた煙突が突き出ている。

緑色の鸚鵡の一群が急降下してきて、旋回し、ナイノアの頭上の枝にとまって、騒々しく言い争った。大きなフルーツコウモリが次々と空に姿を現した。日が薄れるにつれて、蛙や昆虫がためらいがちに鳴きだして、森のしじまを破った。紺色の空に宵の星々が輝きはじめ、それにつれてナイノアはいい心持ちになった。

ナガイの霊界との不断の関係を思い出し、ナイノアの耳に彼をさとす老友の声が甦った。「すると精霊たちを見たいってかい、ええ？　そうさなあ、おまえさんにその心構えができていると精霊たちが思ってくれるまで待たなきゃなるまいな。時には横目でちらっとかいま見るくらいはできるんだが、そこでまともに見たりするとな……パッと消えちまう」

ナイノアは空に乾季の月が出た宵の内は眠れなかった。蛙と虫がほとんど耳を聾するばかりのやかましさで鳴きつづけていた。フルーツコウモリたちがかれらだけしか知らないどこか遠くの木をめざして、ひきも切らず月をかすめて飛んだ。

またしても虎が吠え、森はつかのま静まり返った。まるで答えるように、赤毛猿が耳ざわりな太い声で長く吠えた。そのあとのしじまの中で、はるか北の、ほとんど聞こえないくらい遠くで、別の虎が吠えた。ナイノアには陶製の遺物を見つけた水たまりが月明かりで見えた。そこの蛙のコーラスがつかのまやんだとき、彼は廃墟の守護者が餌を手に入れたかなと考えた。

黒い影

しばらくして、葉むらの隙間から射しこむ月の光に顔を照らされながら寝入ったが、眠りは途切れがちだった――東からのそよ風に大木が揺れるせいだった。真夜中頃、心穏やかでない夢からさめ、ハンモックに横たわった体から汗が吹き出した。揺れ動く枝を洩れ入る月の光が閉じた瞼にちらついた。

眠気がさめてしまったので、ナイノアは目を開けた。自分がそんなにも空中高くぶら下がっているのを見るとやはりぎくりとした。はるか山脈のほうまで、単色の月光が風景を照らしていた。どこにも人が焚く火の明かりは見えなかった。森は前よりも静かになっていた――蛙も虫も精力を使い果たしたと見える。ナイノアはそのあとずっと自分の孤独を悲しいまでの切実さとむなしさで感じつづけ、うとうとしてはハッと目を覚ますことを繰り返した。

夜明けの直前、ようやく気分がほぐれて、ずるずると眠りに落ちかけたとき、背筋が急にぞくぞくし、異様な気持ちの昂りを感じた。驚いて静かに横たわっているうちに、その感じが不意に強まった。意識がそのほうへ向き、感覚の激しい奔流が体内に押し寄せてきて、たちまち全身を呑みこんだ。

体が麻痺し、四肢はぴんとのびて硬直し、ハンモックに突っぱった。両手がばかでかく感じられ、閉じることができないとわかった。驚愕は、全身を駆けめぐる歓喜に近い浮き浮きした気分でほぼ即座に相殺された。ナイノアにとって、今なにが起こっているにせよ、それはかつて経験したことのないものだった。彼は体の自由を取りもどそうとして、もがいた。不思議な閃光が闇に模様を描いた。そこで彼は目を開けた……。

つかのままごついたが、自分が80フィート下の丘の上に立っているのだとわかって愕然とした。思考力は今や完全に目覚めて、はっきり意識があった。圧迫感としびれが体内と周囲を駆けめぐった。大変な努力を払って、無理矢理木の上を見上げると、ハンモックは人の体を包みこんだ形のままだった。自分の体のまわりにまだハンモックが感じとれるとわかってくると、驚きがますます強くこみ上げてきた。木の高みにぶらさがっている人の輪郭は彼のものにちがいない。だがそんなことがどうしてありうるのか?

見回すためにこうべをめぐらすと、ジーンと耳鳴りがした。バンヤンの巨木の何本もの幹が月明かりの下で、濃淡のある闇と境を接する光と影の列柱としてまわりにそそり立っていた。モノクロームの風景は奇妙な平板さを表しているようだった。驚嘆しながらも、彼の頭脳は観察し、分析し、推理して、自分がハンモックの中と下の地面の両方にいることを受け入れつつあった。体を金縛りにしている力と格闘しながら、ナイノアは自分ははっきり目覚めているし、これは夢ではないと自覚していた。

バンヤンの幹の間を抜けて丘を横断した。どう通り抜けたのか自分でもさだかではなかった——いこうと思うだけで意図したほうへ体が運ばれるようでもあった。不安は感じず、むしろ気力と自信が全身をめぐって、指先から流れ出る感じだった。今は両手とも閉じることができた。

突然、なにかいると気がついた。

ナイノアは立ち止まり、ゆっくりと左へ目をやって、丘の斜面から森へと見渡した。彼が気配を感じたのがなんだったにせよ、そちらにはいなかった。ほかの小山が整然と遠くまで連なり、日中にはない奇妙な明るさ、微妙なゆらぎ、そしておそらくかすかな透明感を宿していた。木々にも一抹の緊迫感があった。

不意に圧迫感が増大して、彼を締めつけ、息が詰まりそうになった。体が棒切れのようにこわばった。ペニスが勃起した。このまま死ぬかもしれないと考えて、ナイノアは性的興奮のさなかに死ぬかと思うと少々滑稽な気がした。轟々と耳鳴りがした。体内と周辺に流れているとおぼしい力に彼はとてつもない努力をして打ち克ち、どうにか右を向くことができた。

そこに、巨木の幹と根に囲まれた、月の光が幾筋か洩れ入る暗がりに、長身の、のっぺらぼうの黒い影が立っていた。おぼろげに人の形をしており、ナイノアはそれを見つめながら、ほんとうにそこにあるのか、それとも自分の心が人の形に見立てた暗がり自体の濃淡模様にすぎないのかといぶかった。その胴体は細長く、丈長で、頭部は小さいようだった。四肢や足はない。ナイノアの脳裡に古い神話に出てくる名称がひょいと浮かんだ——ケアカ、影。

体に衝撃が走った。昔話では、霊的存在アクアは時として丈長の黒い影として人の前に現れることになっているが、ナイノアは常々そういう話をただの作り話と考えていた。現実のなんたるかをしっかりとらえ直すため、視線を落として地面を見たが、なにが現実なのか急にひどくあやふやな気がしてきた。彼は影のような姿のほうへ目をもどした。それはまだそこにいた。彼の視線がその形をゆっくりと上へたどっていくにつれ、それは広がり、どんどん大きくなっていく感じで、ついには彼の背丈の倍以上の高さにそびえ立った。輪郭がゆらぎ、彼の中にうねっているのと同じ脈打つリズムで揺れ動くようだった。その黒さは夜空のように暗かったが、星はなかった。

アクアにちがいない――ナイノアは実際にアクアの前にいるのだ！

彼は身中に感覚のざわめきを感じた。ひょっとしてこのアクアがその発生源なのか？　そうだとでも言うように、感覚が一層力強く脈打った。彼は恍惚としてあえいだ。アクアの力は彼を金縛りにしていたが、敵対的な感じはしなかった。両腕を挙げようとして、精一杯力むと、その努力で心臓がドキドキしたが、アクアの力は絶対的だった。身動きできなかった。そこで彼は腕を動かすため体内を駆けめぐっているエネルギーと1つに溶け合おうとした――今度は成功だった。腕が挙がった――一度に1インチほどずつ。

黒い影から、おもしろがっているような気配も生じ、とたんにナイノアの両腕はまたもや万力で締めつけたようにがっちり固定されてしまった――その力がゆっくりした、ほとんど気だるいくらいのペースで両腕を引き上げつづけ、頭上に高々とかかげさせて、ついには全身が宙吊りになって爪先だけがかろうじて地面に触れていた。ついでその力は彼をゆるやかに回転させ、足がむなしく地面に引きずられた。こういう強大な力に抵抗するのは馬鹿らしく思えたので、ナイノアはそれを虚心に受け入れ、正体を見せてくれるようにと誘った。

たちどころに反応があった。彼がこれまでに経験したどんなものをもはるかに上回る膨大なエネルギーの流れが体内を駆けめぐり、頭の中は光に満ちあふれるようだった。目から光線が走って、夜空のはるか彼方に達した。頭皮、指先、肩から幾筋もの稲妻が迸《ほとばし》り、闇の中でパチパチ、ジージー音を立てた。感覚が耐えがたいまでに強まり、彼は夢中で――歓喜のあまり――何度も何度も金切り声をあげた。精神が昂揚し、彼は舞い上がっていた。エネルギーを喜んで受け入れ、それと溶け合い、残らず自分の中に取りこみ、おぼろげにおぼえているなにかがもどってきたように歓迎した。

突然、それが潮のように引きはじめた。体を包みこんでいる恐るべき圧力がやわらぎ、影は彼をそっと地上に降ろした。彼は気づくとまた木の下の暗がりに立っていて、陶然とする感覚が薄れていく中で、影をまじまじと見つめた。

影の幾可学的な形の斜め上のほうに、目も眩むほど明るくほとんど透明な、小さな丸い物体が浮かんだ。その表面は多面体で、無数のごく小さな面がありとあらゆる色を放っている。力が彼の体からすっかり引いてしまうと同時に、影は変化して木の下のありふれた光と闇の集まりになった。立ち並んだ樹幹が揺らめき、消え失せていきそうになり、彼は球体を見上げた。つかのま上昇感があり、そのとたん、ハッと気がつくと彼はまたハンモックに横たわって、西に沈んでいく月の表面をじっと見つめているのだった。曙光が東の山脈の上空を照らしていた。

ナイノアはアクアがまだそばにいるかどうか見きわめようと首を激しく前後に振った。頭がくらくらした。涙が頬をつたい、筋肉はあの恐るべき力との格闘の余波でわななないていた。彼は心には落ち着け、肉体には楽にしろと命じた。息づかいと胸の高鳴りを鎮めた。次第に弱まっていくエネルギーの残りのかすかなうねりはまだ感じられた。あの影を心に思い浮かべると、最後のかすかな波動が体に感じられ、やがて霊気は消えた。

森の中に朝一番の鳥のさえずりが流れた。ナイノアは白んでくる東天の暁光を見つめ、遠くで雄鶏たちが時をつくる声が聞こえたような気がした。すっかり目が覚めていた。

5　岩石芸術

影について

わたしも近所の雄鶏たちの伴奏入りで明け方の夢幻状態から抜け出した。自分がまたしてもナイノアの中に入りこみ、しかも今回は影との遭遇に立ち会ったとあって、茫然とした。

そのあとの数日間に、わたしの現実観全体が、奇妙な砲弾ショックというか、より正確にはカルチャー・ショックを伴って、変化をきたした。日課の多くを夢遊病的にこなしている感じで、それまでは当然視していた日常的な事物をまじまじと見つめ、それらをまったく新たな角度から見直したり考え直したりしていた。その間ずっと心中の動揺と闘い、自分の周囲の現実とは大きく異なる別の現実にすっかり気を取られていた。

この新たな夢をきちんと整理してみようと努めるうちに、2つの出来事の間に、ナイノアのほうの時間ではほんの2、3日しかたっていないのに、わたしのほうでは6週間も経過していたことがわかった。この時差がなにを意味するのか、そもそも意味があるのかどうかさえ見当もつかなかったが、ともあれ、わたしは自分自身とナイノアのあらゆるレベルの経験にアクセスできる意識拡大状態に再度入っていたことは事実だ。前回同様、ナイノアの感覚器官と心を通して観察し、探求し、印象を感受するためには、こちらは完全にじっと静かにしていなくてはならなかった。

集落を出たあとナイノアになにがあったか知りたいと

わたしは思い、するとその願望が引き金になって彼から詳細な記憶が続々と湧き出てきたのだった。だが頭の中は疑問で一杯なのに、わたしはなにがこういう状態を抑制したり始動させたりするのか依然として見当がつかなかった。2回とも夜明けの直前に起こり、後のほうは、バークレーでのときと同様、愛の営みにつづいてのことだった。この2点の共通点は別として、変容状態の経験はまったく自然発生的なように思われた。

この2回目の出会いのあとまもなく、わたしと家族は2、3カ月サンフランシスコ湾岸地区にもどり、その間の1986年12月に次女のアンナが生まれた。新生児が家庭にもたらすてんやわんやの中で、わたしはあの夢に対する科学者としての懐疑と直感との相克に悶々としていた。

このカリフォルニア滞在中にはさらなる変容状態を経験することはなかったが、わたしはナイノアの謎めいた存在との遭遇を頭の中で繰り返しおさらいしていた。わたしが以前に見た雲つくように大きな人間に似た姿はほぼ長方形の胴体をしていたが、ナイノアの見た影は細長く、「先端」を下に向けた逆三角形だった。わたしはこの点を、ナイノアがわたしとは別個の独立した存在であって、こちらの夢や心の内面が投影した、単なるわたしの想像の産物などではないという証拠と解釈することにした。

わたしがナイノアとの接触を失う前のあの最後のひとき、彼の頭は自分の民族の神話にまつわるあるちょっとした情報を吐き出した。ケアカという名称には、あの黒い姿がなんらかの守護者——境界の守護者——を表しているというはっきりした印象が連想として結びついていた。境界守護者とはなにか？ この用語をわたしはそれ以前に読んだことも聞いたこともないという十分な確信があった。

少し神話学を勉強してみようと思い立った。数年前、サンフランシスコの近代美術館で、尊敬される神話学者のジョーゼフ・キャンベルの講演を聞いたことがあったので、彼をとっかかりにすることにした。世界の神話の中心概念や頻出するイメージを検討した著書、『千の顔を持つヒーロー』の最新版を手に入れ、腰を据えて読んだ。最初の100ページに、典型的な神話上のヒーローの旅における重要な一要素、境界の守護者との出会いを検討しているくだりがあった。2カ所がことに印象深かった。

> 彼を導き、助ける彼自身の運命の化身とともに、ヒーローは冒険に遭遇し、やがてエネルギー増大域への入り口で「境界の守護者」に出くわす。こういう番人が世界を四方で——上下でも——固めていて、ヒーローの現活動範囲というか、生活圏の限界を象徴している。その境の向こうには闇と、未知のものと、危険がある……。
>
> 普通の人間は示された境界内にとどまることに甘んじるどころか、それを誇りにさえし、そして未踏の領域に一歩踏みこむことすら恐れる十分な理由を民間信仰が与えるのである。
>
> 冒険とはいついかなる場合にも既知から未知への仕切りを通過することである。境界で見張っている勢力は危険であり、それに立ち向かうのは険呑ではある。しかし誰であれ能力と勇気を持った者にとっては、その危険も色あせる。

　その章では、多くの文化圏の神話から守護者のさまざまな例が挙げられていたが、あの影に出会ったわたし自身の経験にぴったり照応するものは見出せなかった。

　これを読んでまもないある日のこと、わたしはナショナル・ジオグラフィック誌の古い号に目を通していて、まさに衝撃を受けた。岩石芸術に関する記事に、何百年、ことによると何千年も前のアメリカ先住民の祖先たちがアメリカ南西部の峡谷の岩壁に描いた丈長の、幾何学的な人間に似た姿の写真が数点添えられていて、ずばりそこにあったのだ——わたしが変容状態の中で見たのと同じ黒いシルエットが。

　この古代芸術の最も有名な例は、3万5000年から1万年前のヨーロッパ先史時代の狩猟採集民のそれである。われわれ自身と同様の現生人類ホモ・サピエンスであるかれらは、「氷河期ヨーロッパの純粋芸術」を創作し、その遺作はフランスのラスコーやスペインのアルタミラなどのような数多くの深い洞窟に保存されている。先史時代の岩石芸術は世界中で見られ、この謎の多いテーマに関しては恐ろしくおびただしい文献があり、そのほとんどは描いた絵文字《ピクトグラフ》——細長く黒い人体に似た形のものも含めて——や、彫りつけた岩石線画《ペトログリフ》の特徴説明と解説と模写を載せている。

　この洞窟芸術には、動物や人間だと判別できるものだけでなく、抽象的な模様もしばしば見られ、先史学者たちはこれに頭をひねりつづけてきた。並んだ線、点の集まり、妙なジグザグや格子、渦巻や正方形や長方形、曲線などが、いたるところの岩陰や洞窟の岩の壁やら天井に刻んだり描きつけたりしてある。上部旧石器時代（旧石器時代後期を意味する用語）の人々や、中石器時代と新石器時代の農耕民に関連づけられるお馴染みの「女神」の像にも、表面にこの謎めいた模様が見られるものが多い。

そうした抽象的な幾何学模様は、わたしが変容状態の第一段階で瞼を閉じて暗くなった視野に見た奇妙な光の線や点とも似ていた。仮説としての「女神像」に関連づけて一部の専門家たちが記号「言語」と呼んでいるジグザグや山形模様は、「無音域」を通ってわたしがナイノアの世界に移行する直前、格子状にまとまった蛇行模様とまったく同じだった。

「女神」信仰にまつわるそれぞれ独自の神話論を創り出し提起しているさまざまな専門家やアマチュアたちよりも広い視野を持ち、変容状態について多少とも知っていそうなシャーマニズムの権威に当たってみることにした。その1年ほど前、アフリカの先史学の碩学《せきがく》、J・デズモンド・クラーク教授を記念して催された学会で論文を発表するためバークレーにもどった際、わたしは南アフリカ共和国、ヨハネスブルクのウィートワーテルスラント大学の人類学教授デイヴィッド・ルイス＝ウィリアムズによるシャーマニズムと岩石芸術に関する研究発表を聞いていた。クラーク教授は親切にもルイス＝ウィリアムズの著書『人間の図形――南アフリカの岩石芸術』のほかに、彼の論文の抜き刷り数篇も貸してくれた。その岩石絵画の模写には、わたし自身が見たのと同じ線やジグザグ、点や格子などが含まれていた。

世界各地の先史岩石芸術遺跡のほとんどは現代の芸術的伝統や文化集団とはなんらつながりがないし、何百年、何千年来つながりがなかった。ところが、南アフリカのあちこちで見つかっている遺跡は、今日カラハリ砂漠に住むサン・ブッシュマンの祖先と明らかに直接つながっている。この直接の文化的なつながりはきわめて重要である。先史芸術の意味するところを読み取ろうとしてきた大方の権威者たちの場合とちがって、ルイス＝ウィリアムズ教授は、岩石芸術がまだ作られていた19世紀から20世紀初頭にかけてサン族を訪ねた民族学者たちによる実地踏査記録を研究資料にすることができた――その記録のおかげで、教授はサン族の芸術のなんたるかについ

図1　ユタ州ホースシュー峡谷のピクトグラフ。

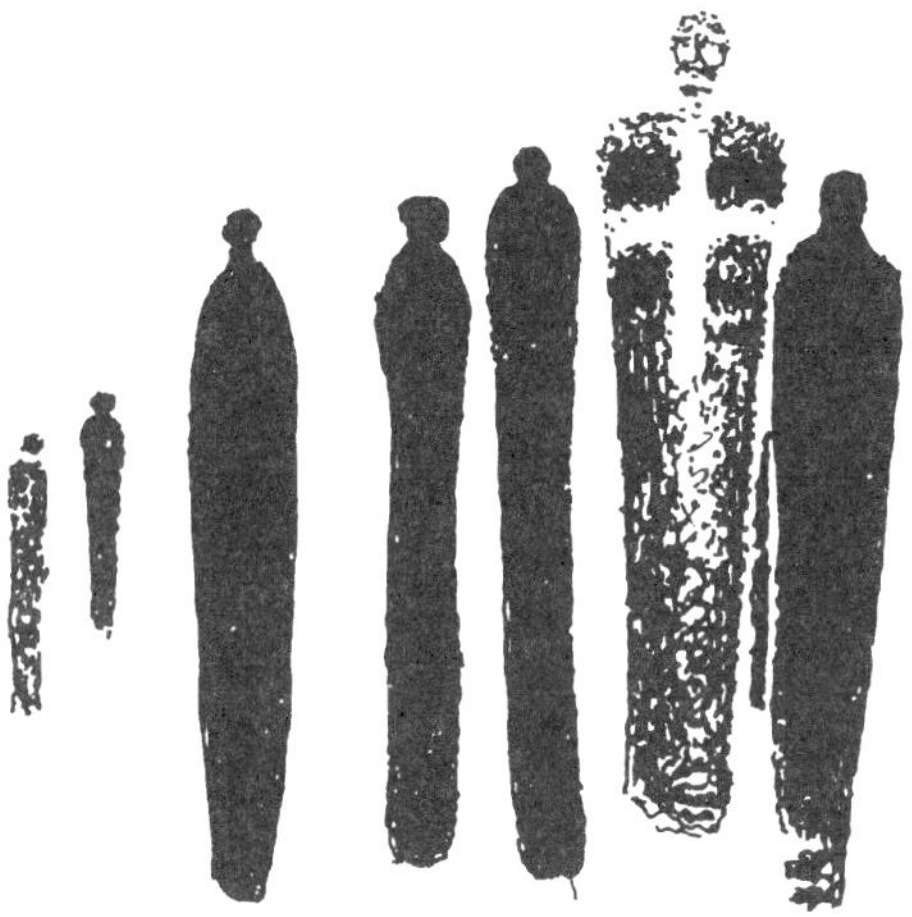

図2　同上。「聖霊とその家族」と呼ばれる一群。

ての西洋流の見解からでなく、作り手たちの視点からサン芸術に内在する複雑な隠喩の意味を解明することができた。

ルイス＝ウィリアムズの研究が示すところによれば、サン族の岩石芸術の多くはシャーマンが入神状態《トランス》のさまざまな段階で知覚した夢幻的なイメージと関わりがある。他の部族社会のシャーマンたちと同様、サンのシャーマンも意識拡大状態に入って、その中で病人を癒したり、狩りの獲物の動きを制御したり、雨を降らせたりすることができた。カラハリに残存するサンのシャーマンたちは今日もなおこれらの役目を果たしている。

変容状態を達成するために、伝統的にサン族はまじない踊り《メディシン・ダンス》を催し、その踊りでは女たちが火のまわりに寄り合って車座になり、ヌムと呼ばれる超自然的な威力をはらむとされるまじない歌をうたい、手拍子をとる。ポリネシア人がマナと呼ぶものに似たこの霊力は、歌と踊りによって活性化され、ついにはシャーマンの頭の中で「沸騰」ないし「爆発《トランス》」すると、シャーマンは霊界をじかに知覚する入神状態に入るのである。欧米の認知科学者たちの大半はこういう視覚現象を「幻覚」と呼んでいる。

入神状態《トランス》の心理学的研究によって、入神状態《トランス》が深まるにつれ、一般に人は種々の視覚現象を知覚する3つの異なる段階を通過することが明らかになっている。幻覚の初期段階は概して「眼内閃光《ホスフィーン》」と呼ばれる光る幾何学模様、通常は線、光の点、ジグザグ、格子、渦巻などの視覚的知覚を伴う。こういう眼内閃光は神経系への刺激によって生じると考えられており、目を開けていても閉じていても見ることができる。強力な幻覚剤アヤワスカを吸引するアマゾン流域のシャーマンたちは自分の住居や祭器にそれときわめてよく似た図案を描き、それらを「他界」へ渡る際に経験する夢幻的入神状態《トランス》の中で自分たちが見る形象と認めている。

サン族の岩石芸術では、眼閃模様は必ずしも人や動物の姿と組み合わされず、しばしば単独で登場する。昔の人類学者たちはそれを誤って柵囲いとか狩猟用の罠とか小屋と見なした。人間の形の上に重ね合わされた眼閃模様は時にはボディ・ペイントと説明された――これも誤りだと思う。これらの線が同様の頻度で動物の姿の上にも記されていることがおおむね無視されてきたのは、ルイス＝ウィリアムズが指摘しているとおり、それがなにを意味するかを理解するための準拠枠を大方の西洋人が

図3　ヨーロッパと南アフリカの岩石芸術に共通して見られる形象が暗示する入神状態《トランス》経験の諸段階。

まったく持ち合わせていないからである。

入神状態《トランス》のより深い段階に入ると、一般にシャーマンは動物、人間、怪物——それにルイス＝ウィリアムズが「半人半獣《シアリアンスロープ》」と呼ぶ人間と動物の形の結合体——の「幻覚」を見る。ルイス＝ウィリアムズの論文に出てくる動物の頭を持った人体から、わたしは子どもの頃に経験した素晴らしい幻想の世界、ほとんど動物と動物人間ばかりの想像上の友だちたちの住む世界を思い出した。バークレーでのマイケル・ハーナーによる講習会のドラミング実習で、後に強力なシャーマンになったサンドラ・インガマンという若い女性がわたしの補助霊を見つけるため、わたしに代わって非日常的現実の中へ旅したことがあった。なんとも驚いたことに、彼女は入神状態《トランス》から抜け出すと、わたしが「豹男」と呼んでいたかつての想像上の友だちの1人と出会ったことを語った。この異形のものはわたしが6つくらいの頃のある日、ニューヨークのセントラル・パーク動物園でわたしに合流し、以後数年間、「相棒」になった。この存在をサンドラが発見したことはわたしの科学的世界観にまたまた衝撃を与え、同時にわたしはその昔なつかしい存在が再びわたしの生活に登場してくるのを感じた——内緒の友だちとして。

ルイス＝ウィリアムズの論文の1つに出てくる半人半獣の多くは、奇妙な舟形、「三日月形」、虹形のものと組み合わさり、その三日月形のものの上にはしばしば眼閃模様が記されているようだ。そうしたU字形のものは無数の点の群れを上に重ね合わせた一組の入れ子式の曲線のようなものである場合もある。個々のアーチはしばしば「獣人」を横断していて、そのため半人半獣はそこから現れているか、もしくはそこを通過する際に変身して、片側では人間の足、反対側では動物の頭という具合になっているように見える。時には三日月形のものが不可視領域を生み出すように表現され、その中に半人半獣が「消えて」いっている場合もある。

ある岩石絵画では、無数の点が一面に記された丸い広が《マス》りのへりから一連の羚羊の脚が突き出ていて、あたかも脚の持ち主たちがその広がりの中にいるように見える。実際、湾曲したへりから半ばはみ出した動物の体もいくつか描かれており、さらに1本の長い赤い線がへりから外へのびている。その赤い線にそって人間の姿に似た奇妙なものが3体歩いており、うち1体は明らかに半人半獣である。

これらのいわゆる幻覚なるものは、心理学で認められ

図４　弧は不可視領域、人間が動物に変身する場、ニエリカかもしれない。左下にひざまずいているのはおそらくこの幻視を出現させている変容状態のシャーマンであろう。（1971年グラーツ市、大学印刷出版局刊、H・ペイジャー著『ンデデマ』より転載）

ているように、ほんとうに人間の心が生み出すものなのか、あるいはことによると自我とは別個に存在し、意識が拡大された段階でのみ知覚できる独立した現象なのではないか、とわたしは異端的な考えをめぐらした。

一面では、半人半獣や眼閃模様が世界中の岩石芸術に見られるという事実は、一部の人類学者や社会学者が公言してきたように、人間の心が一種の「精神的均一性」を示しているのではないかということを示唆するものだ。反面、世界のあらゆるところの人間がハーナーの言うシャーマン的意識状態を達成し、非日常的現実の中の同じような場所に近づいて、同じようなことを経験したり知覚したりする能力を持っているということもありうるかもしれない。

ルイス＝ウィリアムズの研究に触発されて思いついたもう1つの興味深い点は、半人半獣がそこから出没するように見えるU字形の曲線に関することだった。この形はことによるとサン流に描いたニエリカ、つまりわれわれの心の中の戸口、日常と非日常との境界なのではないか？　わたしは自身の幻視体験について考えてみて、この際一つ良いシャーマンに力を貸してもらえるとありがたいなとつくづく感じて、我ながらちょっとおかしかった。

ビーチにて

わたしは１９８７年初頭に、生まれてまもないアンナを連れて家族ともどもコナにもどり、そちらに着いてほどなくさらなる幻視体験に出くわした。

その日は3歳のエリカをお伴に一泳ぎすべくナポオポオの浜までの早朝ドライブからはじまった。妻は赤ん坊と留守番だった。道はケアラケクア湾を見下ろす巨大な断層地塊のへりをたどっていて、南のホナウナウ峡谷の素晴らしい眺望を楽しむことができた。峡谷にしばしばたれこめる雲がその日もすでに山腹にむくむく湧き出していて、午後は雨になりそうだった。海岸線は南へのび、その先でマウナ・ロアの巨大な山脚が海面下に没している。わたしは自分がその上で暮らしている活火山の雄大さにいつもながら感じ入った。

その山は、「生きて」いるからには——ナイノアならそう信じるだろう——固有の地質的な類《たぐ》いの意識を持っているだろうか、とわたしは考えた。もし意識があるなら、その地表にいる生き物たちに気づいているだろうか？　ハワイ人たちはこの意識を強く感じとっていて、それをペレと名づけている。かれらはこの火山の霊といくぶん不安ながらも敬意をもって付き合い、時には若い美女として、また時には執念深い老婆として思い描く。

道が海へと下るにつれ、ケアラケクア湾のコバルト・ブルーの広がりの向こうにキャプテン・クック記念碑の白い石柱が見えてきた。ナポオポオに着くと、わたしは一車線の道路をうまく通り抜けて北へ転じ、ヘイアウのそばに枝を広げている1本のアメリカネムの木陰に駐車した。エリカが浮き輪を持って車から飛び出し、わたしはタオルやおやつを詰めこんだビーチ・バッグを肩にひっかけた。娘と手をつないで歩き、霊域の下の花輪《レイ》の屋台店に通りがかりに立ち寄って、ハワイ人の女と挨拶を交わし、世間話をした。彼女は週末は観光客相手に手染めの腰布《パウ》を売り、平日はホノルルの刑務所で看守として働いているということだった。雑談していても、なかなかの貫録が感じられ、彼女が仕事で相手にする人々にきっと強い鎮静効果を及ぼしているものと察せられた。

コナは乾季に入っていて、ケアラケクア湾の北側を囲む巨大な断崖の上の草木はやわらかな黄土色だった。海は穏やかだった。防波堤から灰色の砂浜へと降りていく途中、エリカが岩の間をちょこちょこ走る黒い蟹たちを興奮気味に指さした。時刻はまだ早かったが、すでに知り合いがいくらかきていた――大半は母子《おやこ》連れだった。浜は嵐や津波で運ばれてきた海蝕著しい丸みをおびた黒い火山岩でおおかた埋めつくされている。昔なら、首長が一声かければ、平民たちが総出で浜から岩石を片づけたろう。

エリカは幼い友だちたちに合流し、わたしは自分が浜でお父さん役をつとめるお遊び集団の中心にいて、穴を掘ったり、砂の塔を築いたり、母親たちとおしゃべりしたり、温かな水晶のように澄きとおった海水で泳いだりして楽しい朝を過ごした。日射しが一段と暑くなってくると、幼児たちの一団を率いて、浜の後方の池に遊びにいくため、木立の中を自然散歩としゃれた。クック船長の来島時にさかのぼる古地図が示すところによると、この池はワイロコアリイと呼ばれ、かつては今よりかなり大きかったらしい。地元の人の話では、津波で一部埋まってしまい、土砂を掘り出すために業者を雇っても工事のトラクターがいつも泥にはまって立ち往生してしまうのだという。それで相変わらず浅くて、塩気があって、荒れ果てたまま、木や草や鳥たちの――そして子どもらの――天下になっていた。

池の後ろの木立の奥には昔のハワイ人の村の石垣と家の基礎の残骸がある。草ぼうぼうの廃址は今やココヤシ、キアウェやオピウマの木、それに丈の高い多年草オオガマが幅をきかせている。わたしはナイノアと豹男のことを思い浮かべ、どちらかなりと姿が見えないかと半ば期待してあたりを見まわした。

子どもたちは誰かが池に放したグッピーにパン屑を投げ与え、わたしはこの池にはトラクターを嫌う水の精、モオが住んでいるのではないかと思った。林で鳴く鳩の声に誘われて、わたしは水面に美しいオレンジ色の花を落としているコウの木立を縫ってまた池のまわりを歩いた。ちょっと足を止め、そこでふと思い出して、霊に許可を求めた。応答らしきものはなにも感じられないまま、わたしは今や森林化した村の涼しい日陰に足を踏み入れた。石垣をめぐらした中はしんと静まり返っていて、しじまに耳を澄ましているうちに、わたしの目は遺物を探し求めて無意識に地面を見まわしていた――身にしみついたフィールド・ワークの訓練がものを言ったのだ。

石に腰かけ、タマリンドの大木の幹にもたれて、魚に餌をやっている子らを見守り、鳥のさえずりに聞き入った。池の向こうへ目をやり、見通しのいい草地を越えて浜の手前の葉の赤いカマニの木々を、さらに青い水平線を見渡した。その場の平穏が心にしみ入ってくるのを感じ、禅の修行をする人々が到達しようと努める「無心の境地」なるもののことを考えた。あたりを見まわし、その努力目標はあるいはイズムと呼んだほうがいいのではないかと思った（「無心の境地」はむしろあらゆるイズムを超越するものだが、著者は単なる「無」ではないと解釈し、欧米の読者にも理解しやすいよう、あえてこの語をもちいている）。わたしはイズムの達人たち――岩、木、草、水――すべて無心のものに囲まれていた。人間はイズムに向かっていくら努力しても決して十全には達成しえないのだが、わたしも岩を見習って無心になろうとして、念頭から雑念を払った。

しばらくすると、ブーンという音がしじまに広がり、瞑想の邪魔をした。木の枝に蜂の巣でもあるのか？ そよ風がエメラルド色の葉むらをゆすり、光と影を交錯させた。緑色と黄色が異様なほど強烈に感じられた。ブーンという音が急に強まった――そのあといきなり、あの感覚が押し寄せてきた。体がこわばり、わたしはあえいだ。木々の緑が砕け散ってガラスの破片のように光り、もう見馴れた眼内閃光へとまとまっていくのを見た。ゆらめく、いくぶん湾曲した1本の輝線が現れ、わたしは膨張感を味わった。お馴染みの麻痺が進行し、目を閉じたが、眼内閃光は残り、縞模様をなして躍った。

ブーンという音がぱたりとやんで、まったくの深い静寂がひとしきりつづいたあと、わたしは目を開けた。転移が起こったことをさとって、一瞬ドキリとした。

6　第三の旅――補助霊

旅の道連れ

　時刻は正午近くで、ナイノアは今は干上がって菅や草がまばらに生えている大きな開けた湿地を横切っていた。大股で数歩分前方に、木立に覆われた小さな島のような隆起があった。木立のへりの日陰に1頭の大きな灰茶色の犬が座っていた。岩か影かと見紛うばかりだった。ナイノアは犬に気づくや、立ち止まって、肩からそろりと槍を下ろした。

　犬は悠然とした様子で、ナイノアをじっと見守った。ほかに仲間はいないらしい。ナイノアは犬の琥珀色の目を見つめ、それからさりげなく視線をそらした。犬が動かないので、彼はまたちらりと見やった。目が合うと、犬は礼儀をわきまえたように目をそらした。

　ナイノアが森の中のシティの廃墟をあとにしてから6日たっていた。人がいた形跡はそれまでまったく目にしていなかったが、こんなところに犬がいるのは近くに村か仮の野営地でもあるのかと彼は思いめぐらした。人間の存在を物語るものはなにも見かけていなかった――切り倒した木も、遠くの煙も、乾いた泥に残る足跡も。ナイノアは地面を調べて、動物の痕跡は――鹿、猪、鳥、森の齧歯類《げっしるい》たちの足跡が――たくさんあるのに気づいた。近くに野生の七面鳥の円錐形の艶々した糞《ふん》も落ちていた。犬は狩りに都合のいい場所を選んだことになる。また目が合い、両者とも視線をそらした。

　ナイノアは木立のへりの日陰にそろりと入って、次の動きを考えるためおもむろに腰を下ろした。犬は見た目は痩せていたが、体調はよさそうだった。人を見て逃げなかったのは妙だった。野生の犬が集落の飼い犬と交雑した結果生まれる例の混血の交配種の子孫だろうか？　こんな奥地でなにをしているのか？　どの程度野生なのだろう？　良かれ悪しかれ人間とどんな接触があったのか？　どんな人間と？

互いに座って観察し合いながら、ナイノアはこの数日間のなりゆきを振り返った。

シティの廃墟をあとにしてまもなく彼は山麓の丘陵地帯にたどり着いた。使いこまれた獣道はここで二叉に分かれ、一方は南へ、もう一方は北へ通じていた。一帯の地形を調べるため木に登ってみて、そのわけははっきりした。

東には、丘陵地帯とその向こうの高い山脈との間に巨大な断崖が南北にのびて、高さ何百フィートもの切れ目なしの壁になっていた。彼はその荒涼とした岩肌を注意深くじっくり眺めた。絶壁に裂け目を入れる谷は大小を問わず1つも見当たらなかった。それは大地の広大な一部分が地下からの想像を絶する力で押し上げられたような光景だった。彼は心まかせに左の枝道を取ることに決め、崖を登る道はないかと目を配りながら数日間北へ向かって旅をしたが、障壁《バリア》はいけどもいけども途切れなかった。

前夜、乾季でところどころ浅い水たまりが残るだけになった川床から矢が届くほどのところに野営していて、ナイノアは大きな深い貯水槽に注水しているような音で目を覚ました。水たまりで水を飲んでいる象の群れが薄明かりで見えた。象たちは長い鼻に水を吸いこみ、鼻を口に入れて、水を胃に流しこんでいるのだった。彼はハンモックでじっとしたまま、群れの頭数《あたまかず》を子象5頭を含めて20頭と数えた。

首長の真鍮製の象を思い出し、馬が見つからなかったら首長は象を家畜化することを検討する気になるだろうかと、彼は思案した。ああいう巨獣の上に乗っかって森林を旅するのは歩くより断然楽だろう。自分たちは象を飼い馴らせるだろうか？

この朝ナイノアは絶壁に向かってまっすぐ東へ通じるかなりの水流に平行する使いこまれた獣道を発見した。まさに彼が探していたとおりのものだった。立木にナイフで目印の刻み目を入れてから、獣道づたいに木の生い茂った2つの丘の間の狭い谷を登り、谷を横断する急斜面のところまできた。それを横にたどっていくと、植生がひとところ大きく剝ぎとられ、とうの昔に錆びて朽ちた鉄の茶色いしみが残る石積みがむき出しになっているのが見つかった。人工物だった。この斜面は巨大な壁だとわかって、胸が高鳴った。近くの森の中にまたシティが隠されているのだろうか?

壁の大きさに驚嘆しながら、ナイノアは北側の丘の斜面を急な獣道づたいに登り、壁が谷を完全に塞いでいるのに思わず見とれた。壁の向こうには湿地が広がっていたが、シティの痕跡はどこにもなかった。おそらくもっと東のほうに前に見たような小山がまたいくつかあるのではないか。彼は湿地を横切って突きとめてみることにしたのだった。

ナイノアは今は座って、犬を見守りながらこうしたことを思い返していた。背負った網袋の1つをそっと前に回して干魚のぶつ切りを1つ取り出し、おもむろにナイフで何片か削りとり、口に放りこんで、嚙めるようになるまで唾で湿した。そよ風に乗って魚の匂いが犬のところまで漂った。犬はよだれを垂らした。ナイノアはなんとか犬と仲よしになろうと思い立った。

魚をもう何片かほおばり、持ち物をまとめ直して立ち上がると、ゆっくり後じさりしてまた湿地に出た。唾で湿った一片を地面に吐き出し、それから背を向けて歩き出した。少し離れてから立ち止まり、菅の茂みに放尿し、さらにもう一片吐き出しておいて、また歩いた。少しいってからちらりと振り返ってみると、犬が最初の一片に鼻を寄せて嗅いでいた。その犬は思ったより四肢が長く、いかにも野生らしく見えた。魚のかけらを食らい、菅のところに近づくと、長々調べたあげく同じ場所に小便をして、自分の臭跡を残した。牡犬だった。2切れの魚を口にして、あとについてきた。ナイノアはまた一片を吐き出した。このぶんなら道連れができるかもしれない。

ナイノアは隆起部を回りこんでから、恐るべき断崖に向かって、湿地をさらに東へ進んだ。岩壁に細谷らしきものの陰が今や靄をすかして見えていた。犬はつかず離れずついてきた。森の手前で、ナイノアは草がびっしり生い茂った遷移地域にそって歩き、流れが湿地に注ぎこんでいる場所をめざした。小山は見当たらなかった。

ナイノアが日陰に入ると、尾のない大型齧歯類(カピバラ）の小さな群れが不意を食らって、逃げようと水に飛びこんだ。彼は弓に弦《つる》を張って、うまく1匹射止めた。大きな木の下に早々と野営し、枯木を見つけて、肉を下ごしらえし、薄く細長く切り分けて火を通した。

肉をゆっくりと焙って乾かすうちに、午後はのろのろと過ぎていった。犬はナイノアのまわりに自分で作っている目に見えない輪の外にとどまって、見守っていた。夕暮れ近く、ナイノアがはらわたと皮と骨を湿地に持ち出して置いておいてやると、犬は贈り物を頂戴し、食べ残しを木立の中の自分なりの保管場所へ運んだ。暗くなってからもどってきて、焚き火の明かりにきらめく目でまた彼を見守った。用心が肝腎だった――ナイノアは木にハンモックを吊る際、取り置き用の肉を持って上がった。

朝一番の鳥のさえずりで目が覚めた。ナイノアは自分のいた集落とカネオへ首長の郭内《くるわうち》を夢に見て、知り尽くした場所の異様な光景を目にした。山犬たちの朧《おぼ》ろな姿が通りを駆けまわって、彼の視界の外に、知っている範囲のすぐ外側にひらり、ひらりと飛び出した。

徐々に眠りから覚めて、下を見ると、夜の間に犬がもう1頭合流していて驚かされた。2頭は今しも見るからにいとおしげに体を舐め合っていた。新顔は牝らしく、肢と鼻面が牡より長く、毛も長くてむくむくしている。2頭とも集落近辺で見かける山犬より大きい。

ナイノアが持ち物と昨夜の食べ残しを持って木を降りていくと、犬たちはじゃれ合いをやめて、用心深く彼を見守った。牝犬は目が灰色だった。どちらも逃げ出す様子がないので、ナイノアは自分も食べながら肉のちょっとした塊をいくつか放ってやった。犬たちは貪り食らい、彼が出発すると、あとについてきた。

流れの脇の獣道は絶壁へとまっすぐ東へ通じていて、午前の中頃には彼は崖下に着いていた。頭上ははるかにそそり立つ縞模様のある石の荒々しい切り立った岩壁をナイノアは凝然と見上げた。崖下は急斜面のがれ場になっていて、小さな木々や蔓がつかまるところを見つけようと苦闘していた。高みでは、三日月形に翼を広げた小鳥の群れが泥でこさえた巣を守ってくれる突き出た岩《オーバーハング》のまわりで空《くう》を切って飛んでいた。さらに上では、黒っぽい地衣類や苔で覆われた別のオーバーハングの下に赤いしみのように1本の灌木が花を咲かせていた。そしてそれよりはるか高みで、崖っぷちの木々の輪郭が逆光を受けて、靄のかかった空の青に細い光の線を生み出していた。

ナイノアはその恐ろしい岩壁をどうしたら登れるか見きわめようと努め、おそらく不可能だとしぶしぶ認めた。とはいえ眼前には、川が注ぎ出ている暗い、両側が切り立った峡谷が横たわっていた。木々が立ちふさがり、竹藪がびっしり生い茂った谷口は、高原の奥へと東へ切れこんでいるようだった。そこはいかにも大型の肉食獣が潜んでいそうな場所なので、ナイノアは踏みこむのをためらった。頭にケアカのイメージがつかのまちらついた。あの中にはなにかいる――彼にはそれが感じでわかったが、しかし十中八九、これこそ崖の上へのルートだった。

道連れの犬たちが木立の中で小走りに彼を追い抜いた。それを目で追ううちに、ナイノアは少年が森の中で狼に立ち向かうことで度胸をつけたという子どもの頃に聞いた民話を思い出した。犬たちは峡谷の入り口で立ち止まって彼を振り返り、また向き直って、流れで丸くなめらかになった巨石だらけの川床へひょいと降りていき、姿を消した。ふんぎりがつき、ナイノアは不安を払いのけて、あとにつづいた。

蛇を用心しながら、谷口の竹を押し分けて進んだ。網袋が枝にからまり、破らないように慎重に外さなくてはならなかった。ちらりと下を見ると、石がごろごろした川床が細い谷から分かれているあたりで犬たちが彼を注視していた。自分が見落としたルートを教えてくれているのだとさとって、ナイノアは口惜しがった。

大きく平らな一枚岩の上に飛び降り、前より楽に上流へとさかのぼった。あたりはしんと静まり返り、空気がじめじめと鬱陶しく感じられた。谷底は狭く、石を思いきり投げれば届くぐらいの幅で、両側が険しく切り立っている。水位は低いが、雨季に流水が崖をどの高さまで洗ったかは木々の枝の折れ具合で見てとれ、これが乾季しか使えないルートだとわかった。ナイノアは自分が谷間にいる間にたまたま嵐で峡谷が水で一杯になったりしないよう切に祈った。

上り匂配の川底をたどっていった。石の多くは磨り減ってきれいな形をしており、彼は流れで丸くなめらかになったとてつもなく大きな石をたびたびよじ登ることになった。はるか頭上には木生羊歯《しだ》や竹が層をなして生え、射しこむ光は緑がかって朧ろだった。上の淵から下の淵へと流れ落ちる水の低い瀬音は別として、あたりは真昼の暑さに包まれて静まり返っていた。どこか上流から魚を獲《と》る鳥の威勢のいいさえずりが聞こえてきた。ナイノアは淵のへりの石にとぐろを巻いている小さな茶色の水蛇を通りすがりに見つけた。緑色の鸚鵡が何羽かバタバタとそばを飛んで、消え去った。彼は注意深くあたりを見まわした。その場所には霊気が漂っていた。

　そんなにも深く大地の懐に包みこまれたのは初めての経験で、ナイノアはたびたび峡谷の縁と青空を見上げた。昼過ぎに野豚の小さな群れが彼のそばを下流へと突っ走っていった。上流にはなにが待ちかまえていることかとまたしても思いやられた。ナイノアは周囲の様子をうかがうため再三立ち止まっては用心しいしい進んだ。

　午後遅く、谷底が広がって、片側が浅くなっている細長い淵に出くわした。彼は注意深く観察しながら近づいた。片側は狭い砂浜になっていて、何日か前の虎の幅広の足跡を含めて、いろんな動物の足跡が残っていた。浅場で大きな魚がゆらゆら泳いでいた。

　弦を張ってない弓を使って、ナイノアは1匹の魚を追いつめて突き刺し、砂浜に放り上げた。魚は必死でばたばた跳ねた。犬たちが見守っているのに気づいて、彼はくれてやるためもう1匹追いつめた。午後の日が絶壁にはさまれた浜を照らした。美しい場所だった。彼は地面に穴を掘って乾いた川原石を敷きつめ、小さなかまどをこしらえて、盛大に火を焚いた。身に着けていた綿織物の細長い布を洗い、日で干すため熱い砂の上に広げた。そのあと淵で水浴びをし、赤トンボを眺めたり、ひんやりした水の心地よさを満喫したりしながら、火が燃え尽きるのを待った。その場の自然美の効能はあらたかで先刻までの不安は次第に消え去った。火勢が衰えて熾《おき》になると、魚を濡れた葉で包んで、熱した石の上の灰で蒸し焼きにした。魚が焼けると、たらふく食べ、犬にも分けてやった。犬たちががつがつ貪り食らうのを眺めながら、この犬たちは峡谷の道案内をしてくれようというのかとナイノアは首をひねった。

　上流のほうで猿たちが警戒音を発した。ナイノアがすかさず見上げると、峡谷の切り立った壁づたいに1羽の鷲が木々の梢を哨戒飛行していた。鷲が彼をもっと間近に見ようと舞い降りてくると、1ダースほどのイグアナが樹上の休息所から淵の深いほうへと飛びこんで、大きな水音を立てた。

　日が薄れてくるにつれて不安がぶり返し、まもなくナイノアは谷底の上の斜面に扇状に広がるがれ場から、一夜のねぐらになりそうな多くの幹のある1本の大木が生えているのを見つけた。木に登りながら、彼はなにかの気配が感じられるような気がして、また大型肉食獣に思いをはせた。この場には確かにただならぬ緊張感があった。彼は地面よりかなり高いところにねぐらをこしらえた。

谷間には急速に夕闇がたれこめ、蛙や虫たちが交尾の相手を求めて精力的に鳴き立てた。ナイノアは暗さを増す岩壁にはさまれた細長い青空を見上げ、集落での暮らしを思い返しながら、くつろいでうつらうつらした。最後の物思いには望郷の念と淋しさが満ちあふれた。つかのま犬たちのことを思い、そのあとすぐ寝入った。

ナイノアの遭遇

夜の間になにかで目が覚めた。ナイノアはハッと気を引き締めてハンモックに横たわったまま待ち構えた。ねぐらから下を見下ろしたが、真っ暗闇でなにも見えなかった。はるか頭上では、夜ふけの月に岩壁の上のほうだけがほのかに照らされ、その向こうに帯状に星空が見えた。

虎の足跡と先刻感じた気配を思い出し、ナイノアは槍がそばにあるのを確かめるためそろそろと片手をのばした。革を巻き、釘で留めた柄に触れて心強く感じた。眠りを覚ます元になったと思われる音はなにも聞こえないので、緊張をゆるめるように意識的に努め、ゆるゆるとのびをして手足を網のハンモックに突っ張らせた。体がほぐれ、彼はまた眠りに落ちるばかりになった——と、シティで影との出会いに先立ってあったのと同じ感覚がうねり出すのを感じた。彼が気づくのを待ってでもいたように、体内でその感覚が急速に増大し、彼はすっかり目が覚めた。その瞬間、妙な音が聞こえた。

トン！

木製の鈴かドラムを軽く叩いたような、低い、くぐもった打音だった。感覚がますます強まってきて、彼は体がこわばり、麻痺していくのを感じた。つかのま抵抗したが、じきに、信じがたい、うっとりするような圧迫感にまたしても全身をがっちりと締めつけられた。轟々たる音が聞こえ、はるか頭上の岩壁の木々を夜風が吹き抜けているのかと思われた。

チカチカする異様な光がいくつも彼のまわりの闇の中で躍りだした。それを見ているうちにも耳に響く轟音が刻々と大きくなってきた。今や滔々《とうとう》と流れる水の音のように聞こえた。上流の高地で季節外れの雨が降って峡谷に鉄砲水をもたらしたのだろうか？　ナイノアはしっかり目をつむって、自分をとらえている力に抗い、気力でそれを消し去ろうとした――と、不可解にも音がやんだ。あたりにまた完全な静寂がもどり、圧迫感がいくぶん弱まった。びっくりして、彼は目を開けた。

谷底は早朝のやわらかな金色の光に溢れていた。日の燦《さん》々たる輝きをとらえて反射し、強烈な光度を生み出すそこそこの霧があった。それにしても風景がどことなくちがっていた。岩壁の木々があまりに整然として、まっすぐで、幾何学的すぎるように見えた。彼の気分もちがっていて、自信と体力を吹きこまれた感じだった。おそらく長い徒歩行のおかげだろう――彼は数年来なかったほど体調がいいのに気づいて、気をよくした。きっとまたいつの間にか眠りこんで、明け方に再び目を覚ましたということなのだろう。

だがそのとき、例の奇妙な感覚がまたしてもどっと高まるのを感じ、彼は荷物をまとめて谷底へ降りることにした。そう意図したとたん、気がつくと木の根元に降り立っていた。地面が妙に弾力がある感じだ……。

トン！

またしても、あのくぐもった木質の音が谷間にこだました。ナイノアは音のしたほうへ視線を走らせ、左手のほうになにかの動きをとらえた。不安な気持ちで虎の足跡を思い浮かべたが、目に映ったのは木々と岩だらけの斜面だけだった。見上げると、ハンモックと自分の体のはっきりとした輪郭が見えた。槍は手の届くところにあり、我が身はハンモックの網に包まれていて、安全だとあらためて実感した……安全だ……。

ナイノアはまた木立を見た。葉が、大半はオレンジ色に染まっているのに、一部、青くきらめくように見えるものがあった。彼はそんな色の葉をそれまで見たことがなかった。湿気を含んだ空気に金色の光が反射しての効果だろうか。影がどこにもない。

トン！

その音は彼を呼びつけているようだった。誰が、あるいは何が呼んでいるのだろう？　あとのしじまにじっと耳を澄ましながら、ナイノアは周囲をうかがった。視覚が四方八方に同時に働いた。上流へ、谷の左の壁にそって木立の中へ進んでみようと思い立ち、彼は金色の朝日の中を――それとも午後なのか――歩きだした。意識が切り換わり、今は夜明けだ、可能性と冒険に満ちみちた素晴らしい夜明けだと確信した。そう思うと、体の中のエネルギー感覚が強まった。

トン！

左手の木立の中を確かになにかが動いていた。ナイノアがそれを直視せずに横目で見ると、今度は消え失せなかった。それは大きく、彼と同じくらいの丈があり、彼の進行を追って足並みをそろえ、木立の中を優美に流れるように動いていた。彼が立ち止まると、それも止まり、彼が歩くと、そちらも歩いた。

トン！

ナイノアはその動きから目をそらし、想像もつかない高みから光が射しこんでいる森の中を見た。体内でエネルギーが波打ち、頭の中でまたブーンという音がしだしていた。倒木をまたぎ、羽のような羊歯をかき分けて彼が歩くと、左のほうで背の高い物の怪《け》も同行しつづけた。発光性の茸《きのこ》が暗いところで光っていた。ナイノアはどうしたものかと迷った……。

トン！

大股の2、3歩分前方に、木が倒れてできたらしい開けた場所があった。彼はそこに踏みこんで、立ち止まった。金色の光に照らされたこの円の中こそ自分がくることになっていた場所だと、なんとなく彼にはわかった。物の怪はまだ左手の木立のへりにいた。ナイノアは待った。相手が動かないので、ゆっくりと向きを変えて、まともにそれを見た。

トン！

彼は弓の弦のようにぴんと気が張りつめた。開けた場所のへりに、異形のものが朧ろげに立っていた。ちらりと目をそらすと、それは光と闇のまだら模様の中にかき消えた。彼が急いで視線をもどすと、そこにいた。また目をそらすと、やはり、姿が薄れていくようだった。遠くから鳥のさえずりが聞こえてきた。彼はゆっくりと目をもどした。それは虎だった。

ナイノアは身も心も恐怖でいっぱいになった——だが自分が見つめている顔は人面だとわかると、戸惑い半分の安心感がにわかに恐怖にとってかわった。それにしても、人間そのものではない……彼の知覚はがくんと一気に拡大した。

ナイノア同様二本脚で立っている背の高い黄褐色の存在は大きな斑点のまだら模様に全身おおわれていた。木で一部分隠れている下半身はなんとなく上半身とは分離しているように見えた。下肢と足は虎のようで、大きな鉤爪があった。太い尾が、彼にまじまじ見られているせいか、ネコ科の動物特有のぴりぴりした活力をみなぎらせてピクピク動いた。木の幹にもたせかけている太い片腕は、先端が手とは言えない――少なくとも人間の手ではない――やたら大きな「手」で終わっていた。あの短く太いのは指なのか？　さだかではないが、その先には大きく見事な鉤爪が並んでいて、彼の目がそこへいくと奥へひっこんだ――彼を安心させようとしての意志表示かもしれない。頭部と首はがっしりした力強い胴体に比べてほっそりと華奢に見えた。小さめの顔は基本的に人間の目鼻立ちをしていた。

　虎らしさと人間らしさのエッセンスがなんとなく混じり合って、到底ありえないような、そのくせきわめて明確な複合体になっているように思われた。「虎男」とナイノアは考えた――その発想が浮かぶと同時に、目の前の存在がまだらな光と影の中でかすかに変貌した。

　微笑したのだ。

　それは人間の表情だったが、同時に、まったく人間そのものという感じでもない。それでもその微笑は次第に落ち着いてきたナイノアの気分を一層鎮静させた。ナイノアは口を開いて質問をしようとしたが、できなかった。虎男の目をのぞきこむと、シティの廃墟であの夜、影と向き合ったときとそっくりに、いきなりまた感覚のものすごい高まりを感じた。体がこわばり、耳鳴りがした。彼は目を伏せ、同時に遠い昔のなにかをぼんやり思い出したが、それがなんなのかしっかりつかむことはできなかった……。

　ナイノアはまた目を上げて虎男をまじまじ見やり、妙な親近感をおぼえた。その瞬間、虎男が木の陰から進み出て、歩み寄ってきた。相手が近づくにつれて、ナイノアの感覚は強まった。獣人は大股で1歩以内のところまできて、まっすぐ彼の目をのぞきこんだ。ナイノアが木の葉のような緑色の目を見つめると、眼前の顔が消えて他のイメージが現れた。

　木々に囲まれ、暗い水面にオレンジ色の花を浮かべた池が見える。笑い声が聞こえ、彼が目を上げると、子どもたちの小さな一団が水中になにかを投げこんでいるのが見える。子どもたちの向こうに葉の赤い木々があり、さらにその向こうに青い大海原がある。目に見えない境界が次第に消えていく。木立の中にいる彼のまわりには黒ずんだ石垣と家の基礎の残骸がある。これはどういうことなのか？　ちらりと見上げると、木々の梢の上に巨大な断崖が見えたが、それは彼のいた峡谷のそれとはちがう。岩肌が黒ずんでいる――黒々としている……。

エネルギー感覚が薄れ、イメージが急に消えてなくなった。深い疲労感が襲ってきた。上昇感につづいて、体が場所に納まり沈みこむ感じがあった。体を包みこむハンモックの感触がもどった。ナイノアは虎男の姿を今度は心の目で見た。

うつらうつらしながら、その微笑を、見るというよりは感じた……。

7　ナポオポオ

ビーチに戻って

変容状態から突然抜け出し、わたしはタマリンドの木の下でハッと居ずまいを正した。子どもらはとすばやくあたりを見まわした。かれらはそのちょっと前までと同じようにまだ池のほとりにいた。わたしはナイノアの時間では少なくとも36時間は向こうへいっていたのだが、しかしこちらでは1、2分しかたっていないようだった。わたしの中のエネルギーは波打ちながら弱まっていき、興奮で血が音を立てて血管を流れていた。どこか奥のほうで、わたしは動揺をきたしてもいた。深刻な動揺を……。

境界の守護者に関するジョーゼフ・キャンベルからの引用文の語句が頭に浮かんだ――「エネルギー増大域」。わたしも「あちら側」との往復の途中、事実、そういう区域のようなところを通過したようだが、しかし番人はもう姿を見せなかった。ひょっとすると、わたしはバークレーでのあの変容状態の初体験中になんらかのテストに合格して、今では立ち入りを許されているということか？　行き先は通常の現実の中の別の場所だが、そこへいくのに時間を越える旅、マイケル・ハーナーなら「中間世界」への拡大旅行とでも呼びそうなものを、わたしはしているようだった。

よろよろと立ち上がったわたしは、ほんとうにこちらにもどったことを確かめようとするかのように周囲の木立を何度かのぞきこみながら、池のほとりのお遊びグループにまた合流した。ナイノアの前に豹男が現れたのだが、ただ、それはわたしのかつての想像上の友だちとはなんとなくちがっていた。子どもの頃のわたしはこの存在を豹の輪形の花びら模様と優美なすらりとした体形を持った、豹に似たものといつも見なしていた。それがナイノアの前ではちがった外形を取ったのだが、しかしまた内面的な意味ではなんらちがってはいなかった。斑点の模様とがっしりした体つきはまぎれもなくジャガーのようだった。それがほんとうの姿なのか、それともナイノアにとって意味のある形を取ったままでなのか？　ナイノアの記憶の中には豹とかジャガーという用語はなく、したがって彼はそれを近似値の虎男とみなした。わたしは森林化した村の跡を振り返り、子どもの頃の想像上の冒険では、豹男はいつもなるたけ茂みから離れないようにしていたのを思い出した。

9歳のとき、友だちやさまざまな大人たちから、想像上の友だちは現実にはいはしないのだと繰り返し言い聞かされた。わたしはかれらの不信の弁を頭からはねつけた。もちろん現実にいるさ！　なにしろこちらはありありと実感していた。豹男は心の中で組み立てた複合心象でもなければ自分の想像の産物でもなく、独自の人格とそれ自身の行動計画を持った独立した存在だというのがわたしの考えだった。

伝統的な精神医学者や心理学者は豹男のようなものをわたしの想像力に根源がある複合心象としてあっさり片づけるきらいがあるようだ。ユング派か、超個心理学《トランスパーソナル・サイコロジー》の学者なら元型と呼ぶかもしれない――つまり、人間の集団的無意識の深層からわたしの心に自然に生じたもの、というわけだ。一方、伝統的なシャーマンはそれをわたしの補助霊になろうと決めた独立した霊的存在と認めるだろう。

世界中のシャーマンに関する民族誌的情報が示すところによれば、補助霊は自分が関わりを持つ人間にとって意味のある形を取る傾向がある。それがしばしばパワー・アニマルと呼ばれるのは、通例、動物、もしくは動物と人間の結合体――獣人とか半人半獣――として知覚されるからである。こうした補助霊は、通説では、シャーマンに加勢し守ってくれるし、大変な力と知恵の源だとされている。

およそすべての人類文化は動物霊、妖精、守護霊、もろもろの神、悪霊、天使、霊的な導師といった非日常的存在と人間との出会いにまつわる独自の民話を生み出すものらしい。われわれの文化圏で一部の人が見たと報告する「E・T」とか「宇宙人」などもこの類に入るのかもしれない。

わたしがこんなことを考えていたとき、娘のエリカは池の魚に餌をやっていた。エリカは想像上の友だちが大勢住んでいるよく発達した内面世界をすでに持っていて、ジャングルのような山中のうちの地所でそういう友だちたちとしゃべったり交流したりしながら長い時間過ごしていた。熊やらなにやらの動物の縫いぐるみは、やりとりしている最中はエリカにとって現実そのもののそういう友だちたちの有形のシンボルにすぎなかった。わたしは文化一般がその総意を娘に押しつけて、娘のもう1つの世界を閉ざすことに成功するのはいつ頃だろうと思いめぐらした。

霊とつきあうのは、なにしろこちらの狙いと心構え次第で慈悲深くもなれば悪魔的にもなる相手だけに、危険を伴うと、神話は伝えている。ジョーゼフ・キャンベルは霊を一方では「未知の領域への境界を見張る勢力」、もう一方では「成長を増進することもあれば災いをもたらすこともある変換の原動力」と呼んだ。導師兼守護者として力と知恵を授けてくれるかもしれないが、悪霊もしくは境界の番人としては、戸口の向こうにあるものに立ち向かうことがまだできない探求者を追い返すのも仕事の一部なのである。わたしはジョーゼフ・キャンベルが数年前にサンフランシスコで言った別のことをはたと思い出した。

「こうした霊たちを〝神々〟と解することができない者は、それらを〝悪魔〟と見てとるきらいがある。〝用意ができていない〟人々はエネルギー増大域を越えて非日常的な霊の領域に入ることはできない……こうした無資格者たちに対しては、戸口は閉ざされたままなのだ」

わたしがこの見解を考察していたとき、文字通りの意味でも比喩的にも風向きが変わった。豹男の究極の本質はどうあれ、この不可思議な存在はわたし自身の経験ずみの現実の明確な一部なのだとわかった。そして今やナイノアのそれの一部でもあった。

わたしは物思いにふけって、散策の次の行程は子どもたちに先導役をまかせて、あとからついていった。今度の3回目の出来事は前回から丸5カ月後の日中に起こったわけである。今回はナイノアがつかのまのこちらへわたしを訪問し、わたしが彼の世界と接触したのとちょうど同じように、わたしの自覚的な意識を通してわたしの世界を知覚した。あのプロセスはほんとうに双方向に働くこともありうるのか？　むろんそうだろう。豹男が世話人、案内人、促進役を——あるいは補助霊の役を——演じたのか？

　われわれ一行は子どもたちがよく知っている海を見下ろす岩場の一角にゆき着いた。わたしはカマニの木陰の平たい大岩の上に腰を下ろし、一方、子どもたちは世界の辺境の狩猟採集民の子たちと同じように、思い思いに木の実を探し、石で殻を割って食べていた。

　浜のほうを見ると、妻が赤ん坊のアンナを連れてやってきて、ヘイアウの基壇の近くの木陰に陣取るところだった。エリカもそれに気づき、お遊びグループはわたしをお伴に従えて木立の中をもどっていった。みんなして温かいきらめく海で一泳ぎし、その合間にわたしはちょっと前に経験したことをジルに語って聞かせた。自分がもし妻からそんな話を聞かされたら、頭がどうかしていると思ったかもしれないと痛切に感じた。

　そこで、一歩引いて、自分は事実頭がおかしくなりかけているんだろうかと考えてみた。

　妻はわたしがひどい心理的葛藤に陥っているのを見抜き、エリカがお昼を食べに帰りたいと言い出すと、子どもたちの世話は引き受けるからしばらく一人になったらと言ってくれた。そうさせてもらうことにしたが、妻が去ってあとに残されたわたしは途方に暮れるばかりだった。村のほうにもどって、先刻と同じタマリンドの木陰の石に腰を下ろした。

　目を閉じ、なんとか心の扉を開けて、ナイノアと意識をつなぎ直そうとした。なにも起こらなかった。木立の中をのぞきこみ、近くの森に豹男の姿があると思い描いてみた。彼に助けを請うた。木が折れる音で精神集中を破られたが、あたりを見まわしても、なにも変わったものは見当たらなかった。わたしのほかに誰もいない。また同じ音が聞こえ、すばやく見まわしたが、やはりなにも見当たらなかった。おそらくわたしからは見えないところで誰かが薪《たきぎ》を集めていたのだろう。

　わたしは瞑想を再開し、変容状態を惹き起こそうと努めた。目をつむり、心中から一切の雑念と感情を払いのけて、一点集中を行った。ついで体から緊張を取り除くためにリラックスをした。

　いくらかうまくいきかけたところで蚊が襲ってきたので、森から退散して、海を見下ろすカマニの木陰のあの平らな岩のところに引き返した。平たい黒い岩の上に仰向けに寝て、カマニの葉むらを見上げ、海からの微風にそよぐそのリズミカルな動きに見入った。波が砕ける音に耳を澄ました。

10分ほどたったろうか。うとうとしかけたとき、転移の先ぶれとしてまず例の感覚が起こった。同時に木が折れる大きな音がした。わたしは胸をときめかせて待った。

感覚が一段と強まった。砕ける波の音に聞き入っているうちに、突然その感覚が背筋を駆け上がり、脳の中に迸《ほとばし》った。恍惚感に引きこまれて、体がこわばり、両手がふくれあがった。めまいがしたかと思うと、体が浮き上がった——というより、逆に岩の中へ、闇の中へと落ちていき、同時にいろんな形のきらめく光が現れ、何本かの線に収斂して想像もつかないはるか彼方へとのびた。いつもながらの眼閃模様が現れ、一方、砕ける波の音は消えてまったく静まり返った。ついで目の前が真っ暗闇になった。

最初に感じたのは寒さだった——体がとても冷たく感じられた。今は手を閉じることができ、なにかを握っているような感じがした。木のような手ざわりだった。耳馴れない鳥の声が聞こえた。わたしはぶるっと身震いして、目を開けた。あちら側にいた。

8　第四の旅——知恵の蛇

大蛇との出会い

すでに夜が明け、高地から峡谷に冷たい風が吹き下ろしていた。ナイノアはマントと雨合羽を着ているのに身震いしながら、枯れ枝をもう1本折って、細長い淵のほとりに掘ったかまどの火にくべた。こんな寒い思いをしたのは初めてだった。

犬たちはつかず離れずの位置に座って、彼が投げてよこす魚をありがたく頂戴した。それを眺めながら、ナイノアはこの犬たちは自分を待っていたのか、下界の森と、障壁《バリア》を越えた向こうにあるなにかとの間を受け持つ案内役なのか、それともかれら自身も霊なのかと、また思いめぐらした。犬たちは10歩以内には決して近づかず、ナイノアもかれらに手を触れようとはしなかった。

夜明けと同時に木から降りてきたとき、ナイノアは地面を入念に調べたが、自分と犬たち以外の足跡は見つからなかった。彼の気持ちの中には虎男のことをひどく気に病んでいる部分があった。1週間前、シティで影のような存在と出会って以来、彼は自分がよくわからない勢力との関係に引きこまれつつあると感じていた。

霊たちを相手にしているのは確かだった。人間に似た形のあの黒いものは尋常の森の生き物ではなかった。あれは並外れた恐るべきエネルギーの存在を彼に知らしめたのだった。あれは霊の領域への戸口の番人だったのだろうかと彼は思いめぐらした。ケアカが彼がどう反応するか見るため、なんらかの形で彼をためしたように思われた。虎男はあの影に劣らず恐怖をかき立てたが、影よりはなんとなく感じがよかった。その出現はひょっとして彼がテストに合格して、今後は未知の領域にさらに深く踏みこむのを許されるという印だろうか？　村の炊事場の老婆の言ったことは正しかったのかもしれない——こういう森林地帯には霊が取り憑いているのかも。

ナイノアは立ち上がって持ち物をまとめた。こういう冒険的な生き方に体がしっくり適応して力がみなぎっている感じだった。書記兼秘書としての暮らしはこれとは比べものにならない。いろいろ不安はあっても、素晴らしい気分だった。火の精にわびて焚き火に水をかけ、犬たちともども沢登りに出発した。

午後遅くまで沢登りをつづけ、やがて高い断層崖《だんそうがい》に出くわして、そこを苦労しいしいよじ登った。そのあと、谷は広くなり、長く平坦なところをたどっていくと、流れが深くなって木々に囲まれた細長い暗い淵になってい た。鰐はいそうもないと見て、ナイノアは晩飯用に魚を捕まえるため淵に近づこうとしたが、犬たちが水辺のだいぶ手前で立ち止まり、木の上をじっと見上げているのにふと気がついた。2頭ともちらりと彼を見たあと、水面を大きく迂回するため、これ見よがしに川床を離れた。谷の壁際のまた別の断層崖をよじ登って、向こうに姿を消した。

背負っていた槍を降ろし、ナイノアは犬たちが立ち止まって見上げた場所へそろそろと近づいたが、それでももうちょっとで見落とすところだった。すぐ頭の上、淵に半ば突き出た大木にとてつもない大蛇がいた。

ナイノアはギョッとして息を呑んだ。大蛇は動かず、木の一部のように見えた。まだらに木洩れ日の射す薄暗い谷あいでは、黒い大きな斑点とやや小さな黄色の点々がある濃い緑褐色の巨体はほとんど目につかなかった。その胴は彼の胴と同じくらいの太さであり、鹿1頭丸ごとか、鼻面の長い森猪さえ——あるいは人間も——呑みこんでしまいそうなほど大きく見えた。少なからず淵に隠れているので、蛇の長さはわからなかったが、50フィート以上はあるものと察せられた。頭は彼の前腕くらいの直径があり、意外に小さな金色の目の後ろ側に黒ずんだ長い斜めの縞が見えた。そのうわばみは彼が集落で皮を見たことのあるどの蛇よりも長く太かった。

そいつはおそらく獲物が淵に水を飲みに現れたり、ナイノアが危うくしそうになったようにその木の下を通りかかったりするのを待ち構えているものと見られた。彼は不安な思いで見まわした――まだほかにもいるのでは？　彼は妙に神経を高ぶらせて、そのとてつもない生き物を見守るためそろそろとしゃがみこんだ。

このナヘカは蛇の中でも断然首長級だった。おそらくは蛇の王か女王そのものだろう。ぎっちりと重なり合った鱗に光がきらりと反射した瞬間、ナイノアは不意にこれはこの世のものだろうかと怪しんだ。超自然的な存在、この谷の「主《ぬし》」、伝説や神話に出てくる霊獣かもしれない。この場所には非現実的な雰囲気があった。ことによると彼は動物たちの霊が住むという神話上の冥界への戸口にうっかり踏みこんだのか。彼の民族の神話では、蛇は知恵の象徴とされていた。これほど大きなのともなればさだめし長生きをしていて、したがってずいぶんいろんなことを知っているにちがいない。ナガイから聞いた話では、こういう巨大な生き物は長い一生を通じてやむことなく成長しつづけるのだという。

ナガイはエデンと呼ばれる神話上の場所でキワタノキに住んでいた大蛇にまつわる昔話も聞かせてくれた。一部の学者はエデンは動物たちの霊が住む冥界、ミルにあると見なしていた。神々、英雄、霊的な導師たちの住む天上界、ラニケハにあると考える人たちもいる。その話にはバリエーションがあり、一説によると、中間地帯もあり、これらの神話上の区分は1本の木でつながれ、その根は冥界に、樹冠は天上界に、そして幹は中間の何層もの夢の世界を貫いているとされている。

祭司《カフナ》たちは日常世界のあらゆるものは「こちら」に日常的な相を、霊の領域に非日常的な相を持っていると信じていると、ナガイは説明していた。夜ごと、人が眠ると、その意識は夢を見ている間にこの非日常的な側へ越境するという。中間の夢の世界は人が死ぬとその霊魂が渡って、新しい状態になじみ、祖霊、アウマクアが住む領域へ昇る前にいくつかのことを成しとげるためしばらく滞在する場所とも考えられる。

知恵の蛇はこれら3つの区分を貫く大樹を登り降りしているという話だった。それゆえ現実の諸相――上、中、下、日常も非日常も――すべてに精通しているというわけだ。ナイノアは大蛇を不安げに観察しながら、これは木を登るところなのか、降りるところなのかと考えた。餌を食うため一時的にどこかの戸口からするりと抜け出したのか？

ある神話によると、蛇は最初の女エヴァに知恵を授けた。エヴァはそれを最初の男、愛するマウイに与えた。いや、実はマウイが策略を用いて蛇から知恵を盗みとったのだという説もある。マウイは神話や伝説の中では常に不埒なことばかりしており、おそらくこういう所業をやってのけられる唯一の人物だった。幸い、大蛇はマウイの悪戯をおもしろがって、大目に見てやり、いっときは彼の霊的な導師をつとめた。蛇の指導よろしきを得、マウイはついには脱皮し（蛇のように）十分に目覚め、すっかり成熟し、自身の本性《ほんせい》を十分わきまえた人になることができた。かくしてマウイは、久しい間無頼な冒険者だったのに、晩年には名だたる祭司になった。

もっとほかの神話では、蛇は一名「ホワイト・マスター」とも呼ばれるイエスという名の偉大な霊的な導師と関連づけられている。イエスはもとは木工職人で、蛇の知恵を授かるに及んで、偉大な信仰治療師になった。一説によると、蛇はイエスを天上界の園に連れていき、両者はそこで蛇のかつての弟子の1人、コータマと出会った。聖哲コータマは大いなる門または入り口という意味のカプカヌイという尊称でしばしば呼ばれる。

マウイ同様、コータマももとは生身の人間で、西方の大海の彼方の伝説の地に数千年前に住んでいた王子だった。存命中に彼は一切の世俗の楽しみを断って霊的な知恵と力を追い求め、それはある日、キワタノキの下に趺坐《ふざ》して瞑想中に蛇から授けられた。コータマはやがて偉大な霊的な導師となり、死後、天上界の園に居を定めて、永遠に深い瞑想に耽っている。

イエスと蛇が園に着くと、コータマは蛇に懇《ねんご》ろに挨拶し、イエスの師となって、内観と自覚を成就するのに必要な静修の法を伝授した。長い年月の後、イエスは慈悲と思いやりを教えるため地上にもどった。イエスの霊力《マナ》は絶大だったので、水の上を歩いたり、鳥のように空を飛んだりすることができた。ナガイに言わせると、イエスは死んだばかりの人の魂を肉体にもどして、死者を生き返らせることさえできたという。

別の仮説では、大蛇は生命そのものを生み出した造物主的存在の役を果たしている。造物主として、虹蛇カナヘカアヌエヌエになった。これはふだんは見えないが、太陽エネルギーが雨や霧として天上界から降る生命の水と交わるときだけ、太陽と反対方向に見ることができる。ゆえに虹蛇は光と水を結合して生きとし生けるもののよりどころにすると見なされる……。

短い吠え声がナイノアの意識を現在と毛むくじゃらの連れたちにもどした。あの野生の犬たちが声を立てるのを聞いたのはそれが初めてだった。時がたって影が長くなってきていた。眼前の蛇は実際、超自然的な存在かもしれないが、ナイノアは日が暮れないうちにそれとしっかり距離を置きたかった。

ゆるゆると立ち上がって、しびれた脚をのばし、ついでナイノアは犬たちにならって大蛇から十分離れて迂回するため右へ方向を転じた。用心深く目を離さずに進んだが、蛇はまったく動かなかった。向こうの川床に着くと、彼は振り返って、蛇が脱皮したばかりなのに気がついた。その蛇と同様、自分もわかり切った退屈な以前の生活を脱して存在の次なる段階へ移りつつあるのだと、彼はつくづく思った。これを最後と大蛇を見て、心を澄まし、恭しく別れを告げた。蛇との交感のあと前より心が落ち着いたような気がしたが、その出会いがなにを意味するかは不明のままだった。

谷底は大きく何段かに分かれて急勾配にそそり立ち、羽毛を散らしたような乾季の滝がちょろちょろと流れ落ちていた。ナイノアは慎重に登った。犬たちは絶えず一番楽なルートを見つけ、彼は同行させてもらえるのをありがたく思った。じきに峡谷はゆきどまりになった。川床は崖縁までどうにか矢が届くくらいのところまで迫り上がって、いきなり彼の前に切り立った岩壁が立ちはだかり、見たところ登攀《とうはん》ルートはなさそうだった。4日分の旅程をふいにして引き返すことを思うと、ひどく気落ちした。あの蛇のせいで、彼ははなはだ無防備な気がした。断崖絶壁の峡谷は完璧な陥穽《かんせい》になった。

獣道を探して、岩壁の裾まで川床をたどった。あちこちの割れ目からナイフのような葉を持った植物がとげとげとかたまって生えていた。崖下の大きな落石の間をトカゲが何匹か、さっと動いた。岩壁を流れ落ちてくる水が岩肌をしみのように幅広く濡らしていた。

このとき、犬たちが彼を追い抜き、谷蔭の平板な光のせいで彼が見落としていた角《かど》の向こうへ消えた。彼は犬たちのあとについて急勾配の岩壁を登り、自分1人だったら見過ごしていそうな出っぱりのあるところへゆき着いた。そこに落ちている乾いた糞《ふん》のおびただしさは、鹿や猪がそのルートを常用している証拠だった。

履物を脱ぎ、持ち物をまとめ直してから、ナイノアは素足のふんばりを十分活かして狭い岩棚に注意深くよじ登った。滑り落ちないように平らな岩肌にもたれ、しがみつきながら、じわじわと慎重に進んだ。ちらっと目を上にやると、犬たちが見下ろして彼の進み具合を見守っていた。濡れたところを横切るのは危なっかしく、二度転落しかけた。

ゆっくりと注意深く進んで、ついに岩壁のてっぺんにたどり着き、棘だらけの灌木の茂みを押し分けて平坦な場所へ出た。彼は開けた景観を見渡した――断崖を登りきったのだ！

意気揚々として、ナイノアは網袋を放り出し、岩棚に腰を下ろして、あたりを見回した。地面は岩だらけで、表土は薄く、木々は低地のものよりかなり小さい。岩の露頭と灌木が点々とある開けた平坦な草地があり、その向こうで大地は再び高い山並みへと隆起していた。記録にない新天地が眼前に横たわっていた。しじまの中で知らない鳥がさえずった。

休憩場所から谷を見下ろすと、はるか下に犬たちが遠ざかっていくのが見えた。2頭が立ち止まって見上げたとき、ナイノアはかれらが大蛇と見せかけの行き止まりを通り越す「道中安全の守護者」だったことを感謝をこめて思い起こした。おそらくかれらは次の旅人を待ち受けるため下界へもどっていくのだろう。岩だらけの川床を優雅な流れるような身のこなしで下って、犬たちは消えた。

日射しが薄れてきていたので、ナイノアは腰を上げ、荷物をまとめて、灌木やそれに似た低い木々の間を縫って慎重に進み、谷のへりから遠ざかった。右手に椰子が立ち並び、崖の上の川筋を示していた。左手には頂きに木が1本生えた小さな丘が見えた。彼はそこで野営することにした。

まず、水浴びと飲料水の補充をしたかった。椰子の木々をめざして進むと、並木にはさまれた流れは川幅を増してかなりの淵となっており、片側に細い砂州があった。沐浴し、砂に産みつけられた亀の卵を見つけ出して、1ダースほど生で食べた。水筒を満たし、残りの卵を持って丘へ向かった。

頂きから西を見ると、高原の向こうに低地の広大な黒々とした森が見えた。霧がいくぶん晴れて、はるか遠くで内海が幕状の光を反射していた。内海の向こうに長い尾根がかろうじて見分けられた。そのどこかに彼の故郷があるのだ。この18日間でナイノアは天っ晴れなほどの距離を踏破していた。南には、休火山のおぼろな輪郭がうっすらと見えた。カヌーを降りたあとずいぶん北へ旅をしたのだが、東の連峰ははるか下のシティから初めて見たときと少しも変わらないくらい遠く離れて見えた。

ハンモックと持ち物を木にぶら下げておいて、ナイノアは晩飯の食料探しに丘を下った。ほどなく朽ちかけた倒木の下に太い蛇を見つけた。丘のてっぺんにもどって、ねぐらにする木の下に穴を掘り石で縁どりして、火をおこした。鍋で湯を沸かしておいて、蛇の皮をはぎ、はらわたを抜いて、ぶつ切りにし、一つまみの塩といっしょにゆでた。峡谷で大蛇と遭遇したあとのこの夕餉の皮肉さに彼は苦笑した。両方の蛇に短い感謝の祈りを捧げた。パンの実やタロ芋を食べたいという思いに胃が未練がましく鳴った。蛇の肉と亀の卵で足れりとしなくてはならない。

夕闇迫る中で食事していると、あの山犬たちが恋しくなった。夕映えの空に山並みが昼間よりも間近に、より高く見えた。日が暮れるのは早かった。今し方まで黄昏深まる中でものがはっきり見えていたのに、たちまち真っ暗になった。寝ようとしてハンモックでくつろいでいると、1頭の牡が10頭の牝を連れた鹿の群れが隠れ場から現れ、川筋を示すこんもりした並木を目ざすのが見えた。そよ風が密集した上枝の間を吹き抜け、木をやさしく揺すってくれて、寝心地は上々だった。風の音は不気味だった。

ナイノアは虎男と、幻に見た海辺の林の中の見知らぬ池のことを思い浮かべた。あれはどこにあり、なにを意味するものなのかと首をかしげた。

突然、カネオヘ首長の霊石、カポハクキイヘレの力強い相貌が心の目に浮かんだ。石《ポハク》という言葉は、彼が自分の体験の意味を理解する助けとなる語源を含んでいる。ポは霊の領域、神々や英雄、霊的な導師、動物たちの霊《アクア》などがいる夢の世界を指している。ハクは主や支配者を意味する。したがってポハクという語は、石がある意味で霊界の主、ポの支配者であることを暗示する。おそらくカポハクキイヘレとの「出会い」がいわばナイノアを幻視へと導いているのだろう。カネオヘ首長も石の霊が自分の夢に現れることがあると言っていたし……。

ナイノアはようやく切れ切れの眠りに落ち、夢の中でまた沢登りをし、蛇に出くわした。深い眠りに入ることができず、再三目が覚めた。夜明け前の暗いうちに北西方向からいくらか雲が出て、季節外れの小雨が降りだした。雨合羽を体にかけたとたんに雨はやんだ。もう一度うとうとしかけたとき、またしてもほんのぱらぱらと降りだし、合羽の油を塗ったニオイシュロランの葉を鳴らした。

空腹感がもどり、豆を唐辛子と玉ネギと塩をまぜて煮た上に甘い揚げバナナをのせた好物料理の1つを思い浮かべると、腹がグーグー鳴った。胃のぼやきですっかり目が覚めてしまった。気をまぎらすために、またポハクと池の幻のことを考え、あの子どもたちのどこがそんなに風変わりだったのかはっきりさせようとした。意識の中に霊石のイメージを呼びおこし、ざらざらした石の表面を手に感じとった。

こちらの世界へ

ようやく明け方近くに眠って、豆がぐつぐつ煮える匂いをかぐことができた――その匂いは夢に強烈に入りこんできた。玉ネギをいためるような音、顔や手足に冷たい点を打っている小雨の音と彼が最初は思ったジュージューともジジジともつかない音が、思いがけなく例のエネルギー感覚に変わった。おなじみの麻痺が体に広がるにつれ、闇の中に光が閃いた。ナイノアは虎男のことを思い浮かべ、また会うことになるのだろうかと考えた。感覚は深くゆき渡って、彼をさらった……光が閃く中をひっさらっていった。まったき静寂の永遠にも似た瞬間があった――そのあと人の声が聞こえてきた。

誰かがなにか言っていた。自分自身の声以外では、出発以来初めて聞く人間の声だった。びっくりして目を開けると、ナイノアは立派な造りのテーブルの前に座っていた。テーブルには湯気の立つ黒豆の鉢が彼の前に置いてある。

なんてものすごく鮮明な夢なんだろう、と彼ははっきり意識して考えた。それから、ゆっくりとまわりを見まわすうちに、すっかり目が覚めた。テーブルには女と子どもが1人ずつ同席している。彼はそのほかの存在を感じとった――だが、ほかの何なのか、あるいは誰なのかはさだかではなかった。女は胸元から脚のところまでを第二の皮膚のようにぴったり覆っている幅広の布1枚しか身に着けていない。緑と青の大胆な模様が入った鮮やかな色の布だ。女はとてもほっそりとした体つきで、胸は小さく高く盛り上がり、腕や脚はすらりと長い。黒髪を長くのばし、手と指は小さくて形がいい。左手の薬指には細い金の指輪を2本はめている。

女の黒い目がちらりとナイノアを見た。体のほかの部分と同じように細長くきれいな目だ。頬骨が高く大きく張っているため、顔が角張って見える。そのとき、彼女の類稀《たぐいまれ》な点に気がついてナイノアはショックを受けた。彼女は肌がとても白いのだ。それほど色白の人間に彼はそれまでお目にかかったことがなかった。

ナイノアは子どもに目をやった。その女の娘だとなんとなくわかった。とても母親似で、目も色白の肌も同じだが、髪は茶色だ。女に視線をもどし、彼女に対して性的な欲望が突き上げるのを感じて、彼はぎくりとした。

女が顔を上げ、物問いたげに切れ長の目で上目づかいにナイノアを見たので、彼は自分が相手をまじまじ見ているのに気づいた。で、目を伏せると、テーブルの食べ物の鉢のそばに見事な造りの金属製スプーンが置いてあるのが目に入った。思わず知らず彼はスプーンを手に取って、食べはじめた。豆は薬味がきいていて、うまかった。スプーンは銀製のように見えた。

このとき彼は自分の手に目を留め、新たなショックが全身を駆けめぐった。手はとても色が白く、右手の中指には金の指輪が2本はまっている。自分の手ではない。

彼の中に湧き上がった動揺は、女と子どもが彼といっしょのテーブルで食べているという事実によって一層つのった。彼の集落では儀式や祭礼のとき以外、男女がいっしょに食事をすることはない。男は男子棟で、女子どもは女子棟で食べるきまりだ。

ナイノアが自分の置かれた状況を噛みしめている間に、女が娘のほうを向いて、なにごとか言った。なにを言っているのかわからなかったが、彼は注意深く耳を澄ました。二、三の言葉が聞きとれ、女は大昔の歴史記述に使われている言語、古英語でしゃべっているのだと思い当たった。発音ははなはだ奇妙だが、女の言っていることの骨子はつかむことができた。

女が席を立って、ぴかぴかに磨かれた大きな金属製の箱戸棚のほうへ歩いていった。小さな突起に手を触れると、箱戸棚の上面に青い炎が立ちのぼった。女は妙な、首の長い金属製の壺を火にかけた。箱戸棚のようなものは炊事道具にちがいない。

ナイノアはすばやく室内を見まわした。壁には棚が並び、焼き物らしい皿や鉢、大きさも形も揃いのものが多い透明なガラスの美しい形をした杯が積み重ねてある。グレート・エイジの遺物のこれほど大量のコレクションを1カ所で目にするのは初めてだった。それに精緻な造りの木鉢のいくつかは見なれたものだったが、大半はなんに使うものかも彼にはわからなかった。ナイノアは手をのばして木鉢の1つを取り、木の薄さを感じとり、均整のとれた形に驚嘆した。ひっくり返してみると、裏側の中央部に字が彫ってあった。「ダン・デルーツ」という銘があり、その下に「コア材」と刻まれている。脈が早くなった。この木材はハワイ産だ。首長階級の家では先祖がハワイ諸島からの大航海に持参したコア材の大鉢を家宝にしている。

ナイノアは鉢を棚にもどし、長く薄い透明な板ガラス越しに外へ目をやった。窓の向こうに木の生い茂った山の斜面がある。午後の遅い時刻のようで、低く垂れこめた灰色の雨雲が山の頂きを覆い隠している。近景にはココ椰子、マンゴー、その他彼の知らない何種類かの木々の間に点々と屋根が見えた。

その風景は見なれないものだったが、それでいてなんとなくとても馴染み深く感じられた。ナイノアはまた自分の手や腕を見た。夢でも見ているのだろうか？　両手で顔をつるりと撫でた——顎鬚はどこへいってしまったんだ？　不思議な、夢みたいな体験にまつわる昔話や伝説では、人は知らぬまに他人の体に入りこんでいることがあるという。ナイノアはそういうのは象徴的な意味合いのものか、もしくは願望にもとづくお話だと常々決めてかかっていた。

努めて心を落ち着け、ナイノアは史官としての物の見方で細部を見てとりながら観察をはじめた。女と子どもが不意に立って、隣の部屋に入っていった。彼はそうしようと決めたわけでもないのに立ち上がって、あとにつづいた。彼の体はぴったり体に合った風変わりな衣類で包まれていた。上下に分かれた服のようで、どちらも濃紺に染めた細かな織りの綿布でできていた。下半身を覆っているのがズボンだとわかって、彼はびっくりした。それまでズボンをはいたことはなかった。ズボンをはくのは首長階級に属する人々に限られる。

上衣は袖が短く、襟の形が単純で、胸のところには印がついているらしい。彼はそれをしげしげ見て、椰子の木と円——おそらくは太陽——をあしらった意匠を見分けた。文字も入っている。上からだと字が逆さに見えるので、彼は首をのばし、読みとれるまでシャツを引っぱった。上に「アロハ・シアター」とあり、下にもっと小さな字で「カイナリウ、ハワイ」と書いてある。彼は仰天した。そんなことがありうるだろうか？

女が前面に四角い灰色の部分がある大きな箱を置いてある棚に歩み寄った。彼女が箱にさわると、灰色の四角に光がみなぎり、鮮やかな青になった。動き、変化する画像が浮かんだ。箱から話し声がした。ナイノアは驚愕のあまり頭がくらくらした。

青い発光体をのぞきこみ、小さな人々を眺めた。かれらはなにごとか話し合っていたが、あまりに早口なのでナイノアには言っていることがわからなかった。いずれも風変わりななりをしている。じっくり見る暇もなく、画像が変化し、見つめる彼の目に鮮やかな塗装を施した荷車が映った。それは幅の広い黒々としたとても平坦な道をすごい速度で動いている。荷車を牽《ひ》く牛の姿はない――エンジンで動いているとしか考えられない。動く画像の中に色とりどりの乗り物がもっと現れ、彼の興奮はつのった。女と子どもは黙って画面を見ている。

ナイノアはしいて目を離し、室内を見まわした。周囲の壁はきっちり張り合わせた板でできている。何段もの棚におびただしい本が詰まっている。それらに収められている知識の量を思って、彼は唖然とした。一方の壁に掛かっている大きな絵はヘイアウを描いたものらしい。彼は窓の外に目をやり、これまたマンゴーの木々とココ椰子が幅をきかせている青々とした緑の景色を見た。遠くのほうに、赤黒い実が鈴なりのライチーの大木が1本そびえている。

ナイノアは出口のほうへいって戸を調べてみた。戸は細長い金属の薄板と、向こうが透けて見える細かい金網でできている。掛け金の構造は奇妙きてれつだった。彼は戸を押し開けて外へ出た。

すぐ左手に、今し方発光する箱の中で道路を走っているのを見たのと同種の乗り物が2台置いてある。一方は大きく、一方は小さい。彼はゆっくりとその周囲を回って、ためつすがめつし、驚嘆した。指先で表面を撫でた。妙な匂いがした。

その乗り物はほぼ全体が着色した金属でできていて、透明なガラスの窓があり、なにやら堅くてしかも弾力のある物質でできた4つの黒い車輪の上にのっかっている。中には座席がある。乗り物は固着剤に砂利を埋めこんだ平らな黒い道に並べてある。目でたどると、道は上り勾配でカーヴして、アボカドと木生羊歯《しだ》の林の中に消えている。道の向こう側からウィ・アップルの大木が乗り物の上にそびえている。

ナイノアは周囲の様子をつらつら眺めた。家のまわりの地所はいくぶん草がはびこった小さな農園のようだった。何種類かのバナナがあり、家の反対側はコーヒーの木に囲まれている。
2、3歩後ろへさがって見ると、屋根は薄い木の板で葺いてあるところもあるが、一部はなんらかの金属の波板が使われている。ナイノアはこれほど大量に金属を見たのは初めてだった。戸口の近くに妙な形の黒い石を集めた小さな石庭があり、石の間に観賞用の草花が育っている。
家にそって地面より一段高い通路がのびていて、その通路づたいに小さなバンヤンの木のそばを通り過ぎると、彼は広い木製の露台に出た。家のこちら側の壁はほぼ全面が何枚かの巨大な板ガラスでできているようで、家の内部が外から見えた。中には木の骨組みでできた高い台の上にのった大きな寝床がでんと据えてある寝室がある。壁にはヘイアウの絵がさらに何枚か飾られている。長いテーブルには本が山積みになっている。

ガラスの壁から後ろへさがると、自分の姿が映っているのにナイノアは不意に気づいた——鬚のない長身痩躯のとても色の白い男で、短く刈った髪は茶色、目は焦茶だ。彼は逸《はや》る心でその黒みがかった目を見つめ、夢の鮮明さに驚嘆した。だがこれは夢なのか？ 全体に夢にしてはあまりにも生々しい。といって夢でなければどうしてこんなことがありうるのか？ ナイノアはガラスに映った姿をためつすがめつしたが、そこに自分が感じている驚きとショックの表情は見られなかった。それは彼の顔ではないのだ。

不意に体のまわりにハンモックの網目を感じ、彼は頭の一部で自分が依然として断崖の上の樹上に安全におさまり返っているのを意識した。「するとこれは誰なんだ？」ガラスに映った姿をしげしげ見ながら彼は思った。そちらの目がつぼまるのが見え、そして思いがけなく脳裡に言葉が、おそらくは名前が浮かんだ——「ハンク……か、ヘンク」

「で、ここで彼の体に入りこんで自分はなにをしているんだ？」とナイノアは思った。

空から雷鳴のような異様な音がして、彼の思案は中断された。見上げると、雲のすぐ下の木が生い茂った尾根を越えて空飛ぶ機械が現れた。色は白と青で、形は鳥か魚のようだ。妙な赤と緑の光を点滅させ、おそらくはエンジンから大きな轟音を立てている。家のはるか上空にぐんぐん進んできて、それから方向を転じ、夕日のほうへと西へ向かった。そのとき初めてナイノアは水平線へと広がる大海原に気づいた。海面が夕映えに赤く輝いている。

と、ガラスの壁の一部が横へ滑って、彼の娘が出てきた。

彼の娘?

女の子は露台にたまった雨水に滑って転んだ。その子が泣きだすと、ナイノアは思わず駆け寄って抱き上げ、なだめすかした。転んだはずみに噛んだ唇から血が出ている。彼は女の子を家の中に運び入れた。

屋内を歩くと、床に足が埋まる感じだ。とても柔らかく目の詰んだ青い毛織物の継ぎ目なしのマットが敷いてある。まるでこれまでにも何度となくしたように、彼は台所にもどって、壁にはめこんだ高い白い箱戸棚の一番上の扉を引き開けた。冷気が足に吹きつけ、そして彼の手はこれまたえらく冷たい平らな青い箱を取り出した。箱は格子状に小さく仕切られ、それぞれに不透明な冷たい物質が入っている。あれこれ考えずに、手が箱をひねり、パキッという鋭い音とともにガラス状の物質のかけらが精巧に作られた銀色の鉢に次々と転げ出た。女の子は鉢に手を突っこんで、かけらを1つ口に放りこんだ。同時に泣きやんだ。

また手を突っこんで、女の子がかけらを1つ彼に差し出した。彼の腕に冷たい水が滴った。冷たさにびくっとしながら、彼はかけらを口に入れ、とたんに息を呑んだ。おそろしく冷たい。頭のどこか別の部分に言葉が浮かんだ――アイス。その言葉はどこから湧いて出たのだろう?

このときナイノアはまたあのエネルギー感覚を意識した。おそらくは彼の高まる興奮に反応してそれは増大し、胸に圧迫感がみなぎった。

さっきの女が現れ、彼になにごとか言いながら子どもを抱き上げてなだめた。ある考えが浮かんだ――この人たちはアメリカ人だ、と。かれらはアメリカ人なのだ! 白い肌、見なれない顔立ち、古英語、あの乗り物――この人たちはその文明の滅亡以前にハワイに住んでいたアメリカ人なのだと、彼は卒然とさとった。彼は祖先の故郷ハワイで滅亡前の時代の誰かの体に入りこんだのだ!

女はもう一方の部屋にもどって、別の大きな箱に指を押しつけた。ほぼ即座に、箱の前面にちっちゃな明かりがいくつかともり、音楽が響きわたった。ナイノアはそんなのをそれまで聞いたことがなかった。それを奏でるためにどんな楽器が使われているのか、いや、楽器がどこにあるのかさえ見当がつかなかった。音楽が鳴る箱。これまた機械仕掛けだ！

ナイノアは音楽に耳を傾けながらまた外へ出て、驚きの目で熱帯の風景を見た。「ここはハワイだ。ご先祖たちの故郷なんだ」と思った。

上空の厚い雲からぱらぱらぱらと小降りの雨が降ってきた。滴を肌に感じると、ナイノアは自分が断崖の上の樹上のハンモックに寝ていることを思い出した。そのとたん、体内でエネルギー感覚がとてつもなく増大し、眼前の景色がぼやけて、彼は一時的に気を失った。音楽が遠ざかり、静寂が訪れた。つかのま再び閃光が現れ、それから突然彼は完全に丘の上にもどって、雨の滴を感じ、それが雨合羽を鳴らすのを聞いた。白みはじめた空に木々の黒いシルエットが浮かび上がった。

木の上にもどって、胸をドキドキさせながら、ナイノアは草深い森林地帯をじっと見渡した。季節外れの小糠雨の中、1羽のキツツキがさっと舞い上がって彼のそばの大枝に止まった。濡れた草のむんむんする匂いが五感に染み渡り、そして最初の日射しが霧の中から見えてきたとき、1匹の蠅が彼の手の甲に止まった。

ナイノアは現実のなんたるかについての感覚を取りもどそうとして、それを仔細に観察した。褐色の手に止まっているのは普通の蠅だった。その手は彼の手だ。

9　ケアラケクア湾

2人の接触

ケアラケクア湾のほとりの黒い板状の溶岩に仰向けになったわたしの肉体にも意識がもどった。雨の滴がむき出しの肌をちくちくと刺し、目を開けると、空が暗くなっていた。マウナ・ロアの西の山腹にむくむく湧き上がった雲はすでに海岸に達し、軽い小糠雨が降っていた。考えをまとめようとしているうちに、雨は本降りになって、頭上の木々の葉を鳴らした。わたしは気にも留めず、石の上で起き直って、海を見つめた。

しばらくその場にじっとして雨に打たれながら、今し方見たものを再検討した。例によって、わたしの反応は分裂していた。理性は動揺をきたしていたが、表に出てきているわたしの神秘主義的な性向は、また出会いがあり、しかもその中で新たな事態が起こったことでわくわくしていた。あの「プロセス」がどんなものであるにせよ、それがなぜか逆転して、ナイノアの意識はしばし時を越えてこちらの世界でわたしの体を訪れたのだ。しかもこれはわたしの自覚的意識が彼のそれとまだ結合している間に起こったので、わたしは彼がわたしの目を通してこちらの世界を見ているのを観察することになった。おまけにそれは同じ日の日中に二度までも起こった。2回とも、ナイノアとわたしはそれぞれが意識変容状態にある間に交差を経験した。

ナイノアが「訪問」したのは1987年2月のその時現在ではなく、わたしの過去、アンナが生まれる前のいつかだった。うちの地所のライチーの木に実がなっているのにナイノアは目を留めたのだから、それは1986年5月か6月にちがいない——「あちら」側での彼との接触の1回目と2回目の間だ。ナイノアの意識は実際に「こちら」へきたのだろうか、それとも彼はわたしが「あちら」で彼と結合している間にわたしの記憶から掘り起こされたわたしの生活の一端を見たということなのか？

次々と疑問が湧いた。ナイノアとわたしの精神状態は伝統的なシャーマンの意識拡大に相当するものだったのか？ こんな驚くべきことが可能になったのは、わたしたちがお互いにふさわしい接触相手だったからこそだろうか？ どういう点でふさわしかったのか——先入観や目的を持たず、経験のための経験を求めて、探求し、知ろうとするわたしたちの意図においてだろうか？ だが部族シャーマンは病人の治癒を助けたり、知恵と力を獲得したりしようとする目的と意図をもって旅を誘発するのであって、単に経験のためではない。それにまた、わたしたちの相互への旅は自然発生的に、相手の知らない間に起こるようでもある。ナイノアは時間旅行などというものがありうることさえ知らなかったが、それでもそれを果たした。わたしとても同様で、そのことは意図があるだけでは十分ではないのを暗示していた。なにかが、あるいはほかの誰かが、旅を可能にすることに関わっていたのだろうか？ ことによると豹男が鍵だったのか？

わたしは数次にわたる経験とそれがかき立てる答えの出ない疑問に悶々としながら、雨があばた模様を描く海面をカマニの木の下の平らな岩の上から見守った。すると、思いがけなく、気分が高揚してきた。こういうことがなぜ、どのようにして自分に起こるのか、わたしは一面ではもはや気にしなかった。それを経験するだけで十分、そういうことがありうるとわかっただけで十分だった。

しいて説明づけようとする欲求を捨てたあと、わたしはあることに思いいたった。ナイノアは史官として西洋文明の崩壊にこだわっていた。わたしは科学者として、近い将来の人類の運命と、それに全世界的に進行中の環境悪化に深い懸念を抱いていた。ひょっとしてこれが2人を結びつけた因果関係の一部だったのか？

幼い子どもたちの父親になったことで、わたしはずいぶん変わった。それまでのわたしはまったくと言っていいほど自己中心的な人間で、ジルと結婚したあとも自分の仕事やその他の関心事に熱中していた。そのわたしが今や人後に落ちない熱心な親になっていた。自分本位の欲求を他の者のために、連日連夜、四六時中、棚上げにすることを余儀なくされるのは一大異変で、かなりのストレスになる代わりにそれに見合う喜びもあった。当初の変容状態があったのはこういう優先事項の転換期で、結果的にわたしの意識と信念のあり方に深甚な変動をもたらした。この混乱の時期が、わたしの精神世界をも揺るがすために「霊たち」に利用されたのだろうか？

　自分の子どもたちは劣悪化しつつある世界で成長することになるだろうと、わたしは強く意識していた。人類が抱える社会、政治、経済、宗教、環境上の諸問題はその根底に1つの共通の原因があると、わたしにはわかっていた。この地球上には人間が多過ぎるのだ――あまりに多過ぎる。人類最大の問題は、人口が爆発的に増えていることにある。世界の他のすべての問題はこの複雑な根幹の問題から発している。

　環境・進化生物学を学んだ下地があるのでわたしには一定の見通しがついている。われわれが人口過剰の問題に取り組んで、その傾向を逆転させなければ、抑制と《チェック・アンド》均衡《バランス》という太古からの地球の仕組みがわれわれに代わってそれをするだろうと、恐いほどはっきりわたしにはわかる。その証拠は化石記録や現在の生態系の個体群動態の中に存在する――否定できない証拠が。個体数過剰は、一定の種《しゅ》の各個体がその生殖能力を最大限に発揮するときに起こる。破局的な個体数過剰に陥った種は通常、「激減《クラッシュ》」する。絶滅も現実的な可能性としてである。個体が最大限に生殖するのを妨げる固有の特別な進化のメカニズムはないようだから、したがって進化の過程には絶滅を防ぐ固有のメカニズムはないことになる。

　雨の中に座りこんで、わたしは急速に迫りつつある人類の運命をつくづく考えた。問題の性格と広がりは20年以上も前から歴然としているのに、ほとんどの人は聞く耳を持たず、いわんやそれにもとづいて行動しようとはしない。ナイノアが強く好奇心をそそられている西洋文明は、今や貪欲によって動かされ、事実に目をつぶることで勢いづいている。

　地球的な均衡回復作用はすでにはじまっているとも考えられる。エイズを惹き起こすＨＩＶウイルスが全人口のうち性的に活動的な部分を無差別に殺しはじめている。わたしが変容状態を経験した当時、１９８０年代後半に、この病気はアフリカの広い地域で、その性質と感染形態を地元民に啓発しようとする保健担当官たちの努力にもかかわらず、人口を減少させていた。これを書いている今現在、末期エイズ患者は１９９２年の２５０万人から１９９３年の４００万人へと1年間に60パーセントも増加し、新たな患者が日に1万人の割合で急増しつつある。(新註④)HIVウイルスは今や世界じゅうの同性愛者および異性愛者人口にしっかりと根を下ろしている。たとえばアジアでは、エイズ患者は１９９２年の３万人から１９９３年の25万人へと1年間で8倍にもなり、そしてタイでは病床の50パーセントが目下エイズ患者で占められている。この事実は恐るべき意味を含んでいる。

　世界の宗教指導者の多くに見られる人口過剰問題に対する独善的な無知が、信徒たちの心を圧制的な古めかしい教義に縛りつけている。産児制限、家族計画センター、それに女性を保護し、望まれない妊娠の安全な中絶を許すことを旨とする法律などへの宗教的教条主義者たちによる絶えざる攻撃は、アメリカの政治指導者たちがこの最重要問題に断固たる態度を取れないでいることを反映している。

「最上層部の指導力欠如……」というカネオヘ首長の言葉がわたしの脳裡にこだました。最終的な責任は権力と権威を持った立場にある政界および宗教界の指導者たちにありそうだった。かれらにとって、それはとてつもなく大きな「業苦《ごうく》」を意味するものだった。

　人口過剰についてのわたしの懸念に加えて、１９８７年のその当時、「温室」効果が物議をかもしていた。ヨーロッパ諸国は地球温暖化を食い止める方向で合意に達しようとする自分たちの努力をアメリカが無にしていると非難していた。これら諸国は温室効果を阻止するため人口過密な工業化社会からのガス排出を制限する抜本的な措置を提案したのだが、レーガン大統領とその顧問たちは、その措置がアメリカ流の生活様式と国の産業構造に大きな変化を強いることになると言って、尻ごみしていた。合衆国は日本やヨーロッパのどの国よりも格段に大きいし、こと輸送に関しては鉄道よりも乗用車やトラックに頼っているので、アメリカ政府はより安易な道を選び、情報に疎い大統領に追随して、増す一方の科学的な根拠を否定し、それを不確定と決めつけたのである。自己中心的と言うか、身勝手というか、政府は必要な処置を取らなかった。

「これで決まりだろう。前兆が現れているのに、最上層部の指導力の欠如のためになんの手も打たれない。結局、それが西洋文明を滅ぼすことになりかねない――それと、われわれの貪欲がだ」とわたしは思った。

雨の中に座って鬱々と海を見つめながら、わたしは地球温暖化のありそうな筋書を思い描こうとした。海面がどのくらいの高さまで、どのくらいの速さで上昇するのか誰にもわからないが、それはもはやもしそうなったらという問題ではなく、いつ、どの程度という段階だと、科学界の大部分の人々は信じている。

1980年代末頃、国連環境計画《ユネップ》がナイロビにあるUNEP本部での理事会の年次例会に出席した100カ国以上の政府高官に向けて研究発表をしたことがある。その報告書は地球温暖化現象を食い止めるのはもはや手遅れだと結論づけている。太陽熱を大気中に閉じこめている産業排ガスと二酸化炭素の蓄積の結果としての、海面上昇、温室効果による農作物の被害、気温と海水温の上昇に世界のすべての国が備えはじめるべきだと、報告書は勧告した。温暖化する海洋は今後60年間に少なくとも3フィートは海面が上昇して、10億人以上が居住している沿岸地帯を水浸しにするものと、その研究では見積もられている。〔新註⑤〕

「しかもその統計数値がもしもはなはだしい過小評価だったらどうなるだろう?」とわたしは思いめぐらした。ナイノアがわたしと結合したのは、ひょっとすると西洋文明の滅亡時にわたしが存命していたからかもしれない。わたしは自分の子どもたちのことを考えて、温かい熱帯性の豪雨の中で身震いした。

雨があがり、わたしは立って伸びをし、否定的な考えを振り払うため体をゆすった。黒い溶岩が積もった広い台地は曇天の平板な光の中ではちがって見え、わたしは前にこれらの石を調べて目新しいものはなにも見当たらなかったのに、彫刻の素材になりそうなものはないかと無意識にあたりを見まわした。もっとも、この時は干潮時だったので、渚より下の新たに露出した石を吟味してみることにした。濡れた丸石が積み重なった隆起部から降りて、砂浜と接するあたりの足首までの深さの温かい水に足を踏み入れた。心を澄まして、霊に許しを求めた。ほぼ即座に、左のほうへ注意を惹かれ、それはあたかも物理的にそちらへ引っぱられたかのようだった。

浜の溶岩を片づけた区域のほうへとバシャバシャ水をはねかしてもどりながら、汀線より下の砂地に半ば埋もれて水中にある打ち寄せられた石を眺めわたした。突然、意識内部の警報が鳴り出して、わたしは足を止めた。東アフリカ地溝帯の侵食堆積物の中で化石や人工遺物の調査をしていたときにも、同様の経験をしたことがある。なにかに注意を喚起されて、立ち止まり、そのへんのものとはちがう石や、ヒトのものでないとも限らない骨を求めて地面をしげしげ見たものだった。ここでもその癖が出て、なにかないかと目を汀線《ていせん》にそって走らせた。

　危うく見落としそうになった……と、そのとき――あった。

　砂に半ば埋もれた1個の丸石にどことなく見覚えがあった。わたしは発見の瞬間をじっくり楽しんで、しばらくはそれが波に洗われるのを見つめるばかりだった。この海岸は州有地で、州法によれば、何一つ持ち出してはならないことになっていた。だがその石は汀線よりも下にあり、わたしが手を出さなければ、上げ潮でまた砂に埋もれるか、湾のもっと深いほうへ運び去られるのがおちだった。

　わたしは例の儀式――石に動かす許しを求めるというあれ――を守ることにし、すると、じつに驚いたことに、愛情に似てなくもない強い感情が石から脈々と放出されるのを感じた。その感情があまりに強烈だったので、わたしは一瞬たじろいた。

　気を取り直して、もう一度許しを求めると、またしても熱烈な同意が印象づけられた。わたしは打ち寄せた波が引くのを待って、かがみこみ、石の尖った端をつかんだ。全力をふりしぼって、濡れた砂の締めつけから丸石を解き放ち、ひっくり返した――すると腹にパンチを食らったような気がした。

　それは玄武岩質溶岩の自然のままの塊で、波に転がされ、まわりの石とこすれ合い、水と砂で浸食されて、結果的におぼろげながら顔に似たものになっていた――かなり人間離れした顔ではあるにしても。目の代わりに、斜めの溝が偏平な顔面を横切り、口はその石のおかしな層の具合でそれと連想されるだけだった。まちがいない――かれこれ1年ほど前の幻視で見たカネオへ首長の霊石だった。同じものだが、違った感じもあり、やがてそのわけがわかった。波と砂の自然の作用で顔のほとんどはすでに形づくられていたが、口が彫ってないのだ。

　わたしは再び許しを求め、今度も返答が心に浮かぶのを感じた。このわたしが彫り手になる、そしてその石の最初の守り役カフになるということのようだった。

10　第五の旅——生命の木

教え

かれこれ3週間後、わたしが朝まだきに目を覚まし、雨音に聞き入っていたとき、またしても体内にあの感覚が生じた。それまでと同様、それは強まって体を締めつけるような圧迫感となり、そのうちいきなり劇的にエネルギー感に変わった。恍惚感が高まりだすと、わたしは息をしようと懸命になった。瞼をぎゅっと閉じた暗い視野に何列も赤い点々が現れた——そのあと体が持ち上がり、ぐんぐん速度を増していく感じがした。眼閃模様が溶け合って光の線になり、目玉があちらこちらと動くにつれてそれがゆらめいた。つかのま格子模様が現れ、地平線へと広がった。わたしは静寂の場を通過し、そして転移が起こった。

流れる水の音が聞こえ、なにかを料理している匂いがした。わたしは目を開けた。ナイノアがかなり大きな流れのほとりで体を休め、鮮やかな色の小さな蛙を観察していた。ささやかな焚き火の真ん中の熱した石で大きな魚をじかに料理していた。午後の遅い時間のようだし、流れは草木が鬱蒼と生い茂った丘の斜面に両側を囲まれている。この森林は低地のそれとははっきりと趣を異にしている。木々はより小さく、より密にかたまって生えている。

ナイノアと再結合したことにまず驚きと喜びを感じたあとで、わたしは彼の最近の経験を記憶に呼びもどしたいという欲求を投射した。思考の流れが動きだし、わたしは魅了されて「見守っ」た……。

　魚が焼けるのを待つ間に、ナイノアはハワイを幻視した翌朝山脈へ向かって出発し、歩きながらあの異常な体験をめぐる印象を整理したのを思い出した。影の存在や虎男との出会いと同様、今度のも意識が研ぎ澄まされた感じと肉体的なエネルギー感を伴っていたのだった。だがそれまでとちがい、今回は自分がいつの間にか他人の体に入りこみ、その目で見、その耳で聞き、その舌で食べ物を味わうという新たな驚異を経験した——別の世界、別の時代へ飛んだのだ。

　彼の民族の文献や言い伝えには、こういう数奇な体験をした人たちの話が残っている——前例があるのだ！　何人かの伝説的な英雄たちは祖霊と幻覚的に接触し、忘れ去られていた知識を伝授された。ナイノアは常々こういう話を神話と見なしていたのだが、もしほんとうのことだとしたら？　夢の世界を介して自分の祖先と接触することがもしほんとうに可能だとしたら？　あのアメリカ人はハワイに住んでいたのだから、敬われるべき先輩という広い意味では祖先だが、ひょっとして実際にナイノアの祖先の１人ということもありうるだろうか？　彼は５００年以上も前の祖先となんとか接触を果たしたことになるのだろうか？

　ナイノアは１０００年以上前に実在したカラセラという女の話を思い出した。故郷のハワイ諸島に危機があり、最も有力な２つの首長家の間で内戦が勃発したのだった。祭司《カフナ》のカラセラは戦さに敗れて皆殺しになったほうの一族と濃い血縁関係があった。カラセラだけがその噂に高い霊力に免じて命は助けられたものの、同じ領内の生存者たちの中で唯一の貴人でありながら、ほかの者たちともども奴隷にされてしまった。

　苦難の歳月が流れ、多くの奴隷が死んだ。ある夜カラセラは過去にいた別の女の体にいつのまにか入りこんでいる幻を見た。この女はカラセラの祖先で、カラセラは彼女から治癒術の知識をいろいろ手に入れた。やがては諸島じゅうに知られる呪医になった。その頃、たまたま、支配者のクローディア・アカヒアクレアナ大首長が消耗性疾患をわずらった。カラセラは彼女を治し、そのあと支配者に嘆願して、首尾よく旧領地の大首長になり、同胞たちを奴隷の境遇から解放した。

　自分もまた同胞のためのそうした類稀《たぐいまれ》な他界への旅人なのだろうか？　ナイノアは自分が見聞したことをなん

とか逐一思い出すように努め、頭に焼きついたと納得がいくまでおさらいした。そのあと魚がもう食べられるようになったかどうか調べてみた。

　山を登りはじめて2、3日の間は、高所のほうが歩きやすかったので、もっぱら尾根や南斜面をたどり、暮れ方にだけ水と魚を求めて川に降りた。山歩きの途中しばしば虎男の姿が頭に浮かび、それがあるときはまったく人間のように、またあるときは完全に虎のように見えた。そうした折々にはナイノアはもうそれほど一人ぼっちという気はせず、想像上の道連れとして自分に同行してくれるようにとあの精霊をいざなって、まるで虎と連れ立って森を闊歩しているような気分だった。一面、彼には懐疑的なところもあって、こうした白日夢をおもしろがり、森に長くいすぎたかと怪しんだ。

　この日の午後、ナイノアは尾根から見下ろして、昔の道路を発見していた。林冠の輪郭線がそれを浮かび上がらせていたのだ。目でたどると、道は隣の丘に通じ、丘の頂きをばっさり切り取る形でそこをまっすぐ突っ切っていた。道を通すのに都合がいいように丘を大きく削り取っていて、その工事にはさだめし膨大な労力を必要としただろうと、驚嘆させられた。調べてみるため急いで斜面を下っていくと、まもなく侵蝕崖《がい》の縁に出た。崖っ縁に蛇のように這っている締め《ストラン》殺し《グラー》イチジクの太い根を梯子代わりにして、慎重に伝い降りた。

　道路跡は現場で間近に見ると、それほど歴然たるものではなかった。何千年も使われていないので、その上に木が生えている。丘の斜面を流れ下ってくる水で路盤がえぐられてぱっくり裂け目ができており、今では赤土、岩屑、根っ子、その他有機堆積物が何フィートも積もっている下に、昔の路面がかいま見えた。

　ナイノアはそれを近くでよく観察するため、侵蝕による裂け目に降りた。それは彼がハワイの幻視で家の近くに見かけた黒く硬い路面と似ていた。裂け目にそって進みながら、両側を注意深く見ていくと、曇った黄色いガラスをはめこんである腐食した金属製の奇妙な平たい物が見つかった。開かない小さな偏平な箱みたいなそれを網袋の1つにしまいこんで、裂け目の調査をつづけたが、あとはもうなにも見つからなかった。彼は丘の輪郭にそったその道をたどってみることにした。またシティの遺跡が見つかるかもしれない。

　さらにいくつも決壊筒所にゆき当たり、そのつど調べて遺物を探した。何カ所かにガラスがびっしり散らばっていた。鹿角の目打ちを使って鏃《やじり》を作るため分厚い破片をいくつか拾った。決壊箇所の多くは硬い路面の下がえぐられて、大きな洞穴ができていた。それらを探索すると、コウモリの大群が驚いて、黒いつむじ風のように漏斗状に空に舞い上がった。下をえぐりとられた何カ所かでは、すでに道路が陥没し、ずたずたに切断された硬い路面が草木の間から部分的にのぞいていた。黄色い塗料の痕跡があるものもあった。その道は明らかに荷車や家畜だけを通すためのものではなかった。ナイノアは幻視の中で見た乗り物を思い出した。

道づたいに東へ歩きつづけて、夕方近く、水浴びと魚とりのために下の流れに降りたのだった……。うまそうな匂いで彼は物思いから引きもどされた。魚が焼けていたので、派手な色の小さな蛙のいる前で食べた。それから手早く体を洗い、水筒の水を詰め替え、道が見えるところまで登って、また木の上に野営した。

後刻、彼は暗がりで目を覚ました。夜咲く花の香りが森にみなぎっていた。どういう種類の植物か、ナガイならわかったかもしれない。それどころか、ナガイなら彼の不思議な幻視体験の意味をきっと看破しただろう。

ナガイはナイノアが神秘的な力を持つ人々に関心を抱くのを奨励したが、ただ、ナイノアが熟達霊能者《カフナクプア》のもとで勉強してその知識と並外れた能力を習得することに関心を示すと、おもしろがって笑った。カフナの知識を持ちたいと望む者は誰でも、まず精霊たちにそれにふさわしいと見なされなくてはならない、なにしろそういう知識をほんとうに教えられるのは精霊たちだけなのだから、とナガイは言った。

暗い山林の中でハンモックに横たわったナイノアの心に老猟師の太いガラガラ声が甦った……。

「霊知がほしいってかい？　そいつは本を読んだり他人の体験談を聞いたりすることで身につくというもんじゃない、それはそれでおまえさんを正しい方向に向け、準備をさせる役には立つがね。精霊というものが現にいることを知り、精霊たちから知識を手に入れたいと望むのは、カフナになる手始めとしちゃ悪くないが、精霊たちが自分に目を留め、関心を持ってくれることを願うしかないんだ。そうならないと、いくら努力したって、精霊たちについて直接の知識は得られない。けど精霊たちはおまえさんがそれにふさわしいと判断すれば、じきじきに教えてくれる。

精霊たちはな、おまえさんの前に姿を現して、おまえさんが霊力《マナ》と知識を獲得するのを許す前に、おまえさんがどういう人間か確かめるためにおまえさんを見守るだろうね。おまえさんをためすだろうし、その試練は常に厳しいもんだよ。人生そのものと、それをどう生きるかが試練に含まれる。精霊たちはおまえさんの意図を吟味するな。というのも自分になにを招き寄せ、なにを経験するかは本人の志と目標に大いに左右されるからさ。意図はごく、ごく大切なんだ。なにが起こるかはそれで決まってくる。

教える潮時がきたと判断すれば、精霊たちは本人の用意はいいかどうか見るため、それなりのやり方で近づいてくる。自分になにが起こるか気をつけていることだな。それまでは待たなきゃいかん」

ナガイは大昔ハワイに住んでいたカネアカマという首長の話をナイノアに語って聞かせた。カネアカマは長年わがままな生き方をしてきた。習い性となって、傲慢不遜で、賭け事好きときていた。

「ある日カネアカマは外出した」ナガイが熱っぽく目を輝かせて話しだした。「そしてマウナ・ロアという大きな山の中腹の遊び場に首長たちが集まっているところへゆきあわせた」ナガイは声を落とし、秘密めかしたひそひそ声で打ち明けた。「精霊たちはカネアカマに対してかねてもくろんでいたことがあり、時機到来と判断したんだよ。カネアカマはそこでのゲームに加わり、競争相手たちをかもにして大勝ちしてやろうと腹を決めた」ナガイは心得顔ににんまり笑ってつづけた。「ゲームは三日三晩つづいたが、一番また一番とカネアカマは負けに負けて、とうとう身上ありったけすってしまった——土地も、持ち物も、家畜もだ。妻の持ち物や土地まで失った。残るは自分の体だけだった。生まれて初めて、カネアカマは恐怖を感じた。彼は敵と向かい合った。自分の体を賭けて負ければ、殺されることになる。

ここでカネアカマは元気を取りもどすため水を飲みにいき、なにぶん疲れ切っていたので、木陰で眠りこんでしまった。夢に、その木の精が現れて、〝そうか、とうとう打ち負かされたんだな、ン?〟と言い、カネアカマは〝ああ、そうだ〟と答えた。精霊はそこでカネアカマに、霊《アクア》たちには彼について考えていることがあり、彼は同胞たちの間で大事なことをするように定められていると告げた。精霊はカネアカマを強くいさめ、今後は生き方を改めなくてはならないと言い聞かせたんだ。首長は、自分の性格の欠陥を突きつけられ、深く改心した。精霊はそれを見て、おまえは私財のすべて、持ち物も土地も取りもどし、競争相手は破れるだろうとカネアカマに告げた。

〝だがわしには自分の体しか賭けるものがなく、もし負ければ――〟と不運に見舞われたカネアカマは言いかけた。

〝恐れるな。それを賭けて、どうなるか見るがいい〟と木の精は言った。

カネアカマは夢から覚め、敵に取られた一切合財との引き換えに自分の命を賭けた。そして勝った。かれらは一番また一番とゲームをやり、そのつど、カネアカマが競争相手を破ったんだ」ナガイは愉快そうにしめくくった。「その夜、勝った首長が眠っているとな、木の精がまた現れて、彼の教育にとりかかった。やがて、カネアカマは誉れ高い熟達霊能者になり、以来死ぬまで木の精たちと特別な関係を持ちつづけたということだ」

森の精霊

ナイノアは微笑し、自分がねぐらにしている木の皮を両手で撫でた。あたりは真っ暗闇でなにも見えないが、闇に漂う刺激的な香りは狂おしくなるほどに強まった。突然、エネルギー感覚が湧きあがり、やがて沸き立ち、奔流のようにぐんぐん力を増して全身にゆきわたった。すさまじい、そのくせ素晴らしい体感が彼をとらえ、例のとおり、ゆっくりと締めつけた。彼はあえぎ、息をしよう、目を開けようと努めるうちに体がこわばってきた。

頭のどこかにあくまで冷静な部分があって、足から脳天に昇ってまた下っていくエネルギーの進み具合と、殺到する急速な感覚の波、時とともに次第に弱まる轟音をも跡づけていた。例によって、不思議な光が闇で閃き、躍りながら通り過ぎた。そのうち彼は墜落感に――ぐるぐる回る暗い渦の中を急速に落ちていく感じに――襲われた。落下速度はすぐに弱まり、なんとか目を開けることができた。森の地面に降り立っていた。影を作らない馴染みのある金色の光の靄がまわりで輝いていた。わくわくしてあたりを見まわし、木々の間に虎男の姿を探したが、精霊はそこにはいなかった。

右手の木立に異様な音が流れた――深い、殷々《いんいん》たる響き。聞いたことのないような音で、ナイノアは音のするほうを振り向いた。周囲の森の中に動きが、視野のへりでしかとらえられないゆらめく霊気が感じとれた。突如、彼は木々を意識あるものと、森をそれ自体の意識を持った1つの巨大な複合体と――その中にいるすべての生き物の意識総体からなる警戒心と――感じた。

そう認識すると同時に、今この瞬間森は彼に気づいているという確信が生まれた。

あの深みのある音がまた響いた。どちらもごく低い、2つの別個の音調が互いに反響し合っているように感じられた。ナイノアがすぐ前方の、巨大なキワタノキの木立を見ると、またあの音を体で感じた。音はその木立から響いてくるようだった。

彼の前の地面に異様な姿が浮かび上がった。影の存在ケアカとよく似た丈の高い直立した形のものだが、ただ緑色だった。一斉に細かく揺れている木の葉の集まりのように見え、ナイノアよりかなり丈の高い、葉の密生した灌木という印象を与えた。

ナイノアがぶらりと近づくと、その緑の柱はかすかに姿を変え、葉むらの間から顔が現れた。この世のものでない、人間離れした顔だ――全体に葉っぱでできた緑色の顔。それが鋭敏な知力を示して彼を観察した。ぎょっとして、ナイノアは猟師たちが時々見かけるという森の精、マクアナヘレにまつわる話を唐突に思い出した。

ナイノアが驚嘆の目で見つめるうちに、緑の顔はまるでそよ風にゆらぐように変わって、笑顔に近いものになり、かえって一層人間離れした感じになった。森の意識を彼に伝えるため、おぼろげながら人の形を取って現前した森の一部というふうに見えた。その姿はゆらめいては形を変えた――葉むらのように見えていたかと思うと、次の瞬間には、まるで光を通す緑色のガラスの不揃いな破片の集まりのように、より幾何学的に見えた。

またしても木立からあの異様な音が響き、緑の葉からなる顔がまたほほえんだ――今度はもっと笑顔らしくなった。精霊は風に吹かれたようによじれる葉っぱの腕らしき円筒で上のほうを差し示した。

その仕草を目で追って、ナイノアは光を見上げた。するとあの感覚がほとんど耐えがたいまでに強まった。空を飛べそうな気がした――と、突然、体が地面から浮き上がるのを感じた。彼は飛んでいた――実際に飛んでいるのだ！

深い振動音に、キワタノキの歌に乗って、緑と金色の光が交錯する中、灰色の太い樹幹の間を上へ上へと舞い上がっていきながら、ナイノアは深く烈しい歓喜にとりつかれた。木々の意識が自分に集中しているのを感じつつ、上昇をつづけた。やがて上空に出た——林冠の高さよりもはるか上に。あたり一面、木々の太い腕が上へのび、手を広げて何千という指に分かれ、それぞれの先に無数の葉をつけている。

ナイノアを森へ初めての長い冒険に連れ出したとき、ナガイは木の根、幹、枝、葉とそれぞれの仕組みについて長々と説明してくれた。話がすんだところで、ナイノアが、「目はどこにあるの？」とたずねた。ナガイ老人は愉快そうにたっぷりと大笑いしてから、思案げに目をつぼめた。それはいつか見られるよ、と彼は少年に言ったものだ。

今、あたり一面の葉の緑のモザイクをナイノアが夢中で見まわすと、太陽をじっと見上げる何百万もの緑の目が見えた。

1羽の鷲が鋭く鳴いた。はるか遠くに、林冠から抜きん出て、1木の巨大な円柱が天空へ向かってそびえている。ナイノアは信じられない思いで息を呑みながら、それが木だと——とてつもない大木だと——さとった。林冠の高さよりずっと上で巨大な板根が驚異的な幹につながり、そして日の光に包みこまれた樹冠は、目も眩むばかりに輝く雲となって、空飛ぶものたちに囲まれている。

自分の見ているものの信じがたい美しさに反応して、ナイノアの頰に涙が流れた。その壮大な柱は現実の諸段階をつなぐ大いなる生命の木以外のものではありえない。世界樹は実在する。現実のものなのだ。

ナイノアは深い憧憬の念で胸が一杯になり、意識が森のそれに溶け合った。存在の深いところで、多くのことがわかってきた。彼を乗せて運んでいた殷々たる響きは細分化して、彼の頭の中と周囲でさやぎ、こだまする一連の不思議な音と言葉を生み出した。聞こえているのは古人たちの名前だろうか？　その中に1つ、ハワイ風の名前が聞きとれた——キリウィア。その言葉が浮かぶと、幻視が徐々に薄れはじめた。彼は自分がますます深く全体に溶けこみ、その一部になっていくのを感じた——そして「全体」は緑また緑だった。

あらゆるものが彼の一部となり、彼自身が全体の一部になった。緑の楽園にいるような大いなる至福感が全身にみなぎった。どこからともなく、歌が聞こえてきた――あまたの声からなる力強いコーラスの中に、木々の深く響きわたる歌声が聞きとれた。だが森自体は消え、緑の色そのものになっていた。輝く光と漆黒の闇が交錯する色のあるイメージが現れた――そして絶えずあの音が、あの深い森のさやぎが彼を運びつづけた。彼はそれに乗って浮遊し、心はもはや疑問を生まず、それに没入していた――「それ」がなんであるにせよ。

突然、緑色の光がひときわくっきりとした輪郭を持ち、やがていくつかの線状の形にまとまり、それがどんどん細まって、ついには膨大な一面の線となり、闇の彼方へと四方八方に広がっていった。1本1本の糸は線が交錯する蜘蛛の巣のきらめくフィラメントで、それにそって光の結節点が輝いた。遠近感が変化し、識別された結節点は星々になった――不思議な光の糸で結ばれた宇宙のすべての星に。

ナイノアはフィラメントの1本にそって、輝く球体の1つへと意識を拡大させた。不意に、気がつくと見馴れない荒涼とした夜景の中に立っていた。広い、無限とも見える広野が四方の地平線へと広がっている。地表は灰か灰色の埃で覆われているように見える。空は黒々として、満天に星が出ている。左手のほうに、ほぼ円形の窪地が見え、埃で輪郭が曖昧になっている。遠くに、星明かりできらめく幾何学的な形の山並みが見える。

ナイノアは星を見上げ、空のあちらこちらへ視線を移した。星座はただの一つも見分けられなかった。どれもまったく馴染みのないものばかりだった。山並みに目をもどした――峰々は磨き上げられた反射する金属でできているように見えた。

足下の灰の中に、穴だらけで肌の粗い角ばった石の大きな塊があった。ひどく苦労してナイノアは手を下にのばし、その石をつかんだ。手ざわりがえらく冷たかった。まるで水中の動作のように彼はそれをゆっくりと持ち上げ、それから手を放して、石がゆうゆうと落下して、下層土へと沈み、表層の埃に衝撃で波紋を残すのを見守った。波紋は八方へと広がった。地面がひび割れはじめ、彼の周囲一面の埃が地下の見えない洞穴へとゆっくり流れこんでいった。彼もその底無し穴へと滑り落ちていきはじめ、パニックにとりつかれた。逃れようにも足をかけるところがなさそうだ。逃げ道は上しかない――で、舞い上がった。

上昇するにつれ、眼前の景色は次第に薄れ、気がつくと彼は虚空に宙ぶらりんになっていた。どこもかしこも果てしない闇だ。彼は一片の埃にも及ばない無に等しい存在で、そう意識すると、ひどい虚しさ、淋しさ、心も萎える悲哀感が襲ってきた。みじめな気持ちが耐えがたいものになったとたん、遠くにごく小さな、ほんのり明るいところが見えた。彼がそれに向かって進むと、明るさは増したが、あくまでも遠く、到達不能だった。彼は強い憧憬の念と歓喜の芽生えを感じた。憧れが彼の中にきらめく小さな光を生んだ……その光は増大し、それにつれて歓喜も大きくなった。

ナイノアは虚空の闇の彼方の光を見つめ、自分の中の光と歓喜を強めた——どのくらいの間そうしていたのか、本人にはわからなかった。残念ながら、ついに自分が後退しはじめるのを感じ、そして眼下にどこまでも無限に輝く不思議な光の結節点を持った広大無辺な網がまた見えた。突然、彼は自分と自分の内なる光はそれら輝く球体の1つだと感じた。あまたのきらめくフィラメントが彼から闇の中へとのびた。彼は眼前に繰り広げられた広大なパターンの一部だ。あらゆるものと——あらゆるところと——永遠に、密接につながり合っている。

自分が生きてあることと、万物の存在に歓喜して、彼は森と森の精を思い浮かべた。またしても木々の深い、ささやくような歌が聞こえた。と、網が目の眩む一瞬の閃光とともにかき消えた。

再び現れた木々の幹は透明で、遠くが透けて見えた。眩《まばゆ》い光で失われた視力が回復するにつれて木々の幹は徐々に固体化した。ナイノアは体のまわりに再びハンモックを感じ、目を閉じた。沸き立つ感じが弱まり、遠のいていき、また目を開けると、あの金色の光がだんだんと薄れていくのが見えた。

下を見ると、森のアクアが地面から見上げていた。ナイノアは挨拶とお礼のしるしに多大の努力をして片手を挙げた。緑色の柱はゆらめき、波打ち、「腕」を挙げて応えた。ついで、その葉むらに形と生命力を与えていたなにかが消え失せて、柱は崩れ、葉むらだけが残った——緑の竜巻が温かいそよ風で渦巻いて金色の光の中へ舞い上がった。

ナイノアはもう一度目を閉じ、自分の体から流れ出ていく感覚を味わった——再び目を開けたとき、あたりは暗く、夜は常態に復していた。彼の顔は涙で濡れ、体は緊張の名残でわななき、心は驚嘆のあまり茫然としていた。

夜明けを前に空気が一段と冷えこんできたので、ナイノアは涙を拭って、マントと雨合羽にくるまり、心をからっぽにして眠った。

ナイノアが再び目覚めたとき、山林は霧が立ちこめ、頭上から絶え間なく水が滴り落ちてきた。彼は荷物をまとめ、ハンモックを外して、なんの形跡もない地上に降りた――落ち葉がかき乱された跡も、本人以外の足跡もなかった。水滴を防ぐため合羽をはおり直し、その木の板根に囲まれて静かに佇み、思案した。

ナイノアの属する民族の英雄たちの神話的な冒険の中でよくあるように、森の中を歩く彼の旅も夜の幻視体験が節目になっていた。彼は心を鎮めようと努めた。過去のあれこれの不可思議な話とつながるこれらの幻視の創出もしくは受容に彼自身の心が一役買っているのだろうか?

古典ハワイ語では心の創造的な働き、即ち想像はマナオウルワレという。ナイノアはその隠れた意味を知る手がかりを求めてその言葉を分解してみた。マナオは「考え」とか「思いつき」を意味するが、「心」や「意図」の意味にもなる。その中には「超自然的な力」であるマナという語が含まれている。ウルは「成長」とか「増大」のことだが、「霊感」もしくは「憑依《ひょうい》」の意味をもつ。ワレには多くの意味がある。この場合は「単独に」とか「もっぱら」という意味になりうる。

したがって、想像という概念は「霊の領域に唯一の源を持つ情報、考え、思いつき」を意味する。ナイノアは滴がしたたる木々の下にじっと立って、一見自然発生的な自分の体験を「霊から発した考えや思いつき」――「霊による刺激に反応した心の増大」――つまり「霊感」と考えた。

ナイノアは森の中の道路跡とアメリカ人の滅んだ文明、そしてかれらの機械類のことを考えた。かれら古代人たちにまつわる多くの言い伝えでは、かれらは並外れた力を持った神のような人々として描かれている。そういう物語では、事実と虚構を切り離すのは難しい――そしてナイノア自身の幻視においては、現実のことと想像上のことを区別するのは。

朝日が霧を突き抜け、ナイノアは自分の影が地面にのびるのを見つめた。その影は彼自身の一面だが、彼の背丈よりもかなり長い。それは現実のものであって、しかも現実ではない。彼はそれを取り外すことも、拾い上げることもできない。彼自身と別個には存在せず、そのくせ現にそこにある。

ナイノアは同じく歴史に携わる者たちから異端と見なされそうな形で自分が出会っている霊たちのことを考えはじめていた。「霊の世界」が実は現実世界のもう1つの面――「影の存在」を感知できる心のある部分を通してのみ近づける現実の隠された層――にすぎないとしたら？　ナイノアは自分がちっぽけに思えるほど壮大なスケールを持った暗緑色の世界を見つめながら、森の精マクアナヘレとの出会いのことを考えた。霊がもしも日常的な物体や物理的行為の気づかれない一面でしかないとしたら？　霊たちとその世界がこの物質界に存在するものの見えない影か反射だとしたら？　彼はこうした非日常的な思考の含み持つ意味を考えて心が揺れた。

ハワイ人にとってアクアとは非日常的な領域に存在する超自然的なものだ。アクアは人間よりも強いマナを、力を持ち、したがって超自然界と自然界の両方をより強く支配している。もっとも人によっては、ことに自分の周囲のあらゆるもの、あらゆる人々と調和して生きている高徳の人は、精霊たちが持っている力を利用できる。こういう人たちはアクアからじかにマナを得て、同胞を助けるのにそれを用いることができる。マナは生き物の中に高度に集中しており、やり方を知っているものはそれを蓄積することができる。すべての熟達霊能者の努力の成否は、その者の中にあるマナの多寡に左右される。

幻視体験の間にナイノアをとらえた「感覚《ホオマナ》」はおそらくマナだったろう。ことによると彼は力を授かりつつあるのか？　秘法《ホオクム》を伝授されつつあるのか？　ナイノアの民族の文学には人間と動物との間の神秘的な誓約という話が多い。ハワイ人たちがアメリカに渡ってきた大航海にまつわるある物語を思い出して、ナイノアは鳥肌立った。

大航海の終わりの頃、海面は波立ち、空はどんより曇って嵐になりそうな雲ゆきだったし、航海者たちは水をかい出すのに疲労困憊し、おまけに餓死寸前だった。突如、大きな鮫が現れた。カヌー船団の間を泳ぎまわり、体を横倒しにして旅人たちを見た。初め、人々はてっきり自分たちを殺しにきたものと思って、恐れをなした。そのとき、大いなるマナを持ったヘレナ・クアマングという熟達霊能者が入神状態《トランス》に入り、鮫に話しかけた。それでわかったのだが、鮫は霊石カポハクキイヘレの要請でやってきて、船団を陸地まで案内しようというのだった。餓えていたにもかかわらず、人々は豚を1頭いけにえにして鮫に食わせ、とたんに鮫が向きを変え、船団はそのあとに従った。夜は鮫の姿が見えるように松明をともし、ついに3日後に陸にたどり着いた。

大地そのものがナイノアの幻視体験の源なのだろうか？　あのアメリカ人との接触は地霊のなせるわざだったのか？　森の精は日常的な現実世界の陰にある神秘の一端を――この世界のありとあらゆる存在の相互のつながりと、それぞれの世界同士の相互のつながりを――かいま見せてくれたのだ。

ナガイの霊はナイノアの思い出の中では、つまり心の目で見れば、ナイノアの一部になっていた。ナイノアは今この内なるナガイに助言を求めて、虎男のことをたずねた。頭の中に老友の姿が浮かんでくると、その存在が身近に感じられ、声がいかにもはっきりと聞こえた。老猟師の返答はまったく予想外のものだった。ナガイは古いハワイ語と平民のしゃべる通用語《オレロ》を混じえてナイノアにじかに話しかけた。

「カナカタイガ？　虎男だって？　ああ、そうか。アウウェ・ノホイ・エ！　誰のことを言っているのかわかるさ。で、彼のことを知りたいってかい？　そうさね、虎の皮をめぐってわしらが市場で初めて出会った日のことをおぼえているかい？　うん？　ところで、精霊たちはいつでもそこらにいるんだが、あの虎の霊は自分の見事な毛皮についてのおまえさんの意見を小耳にはさんだんだな。おまえさんの正直さと真心に感じ入って、おまえさんが好きになったんだ。

あの虎の霊を介して、まだら虎全体の主霊アウマクア・カポエ・タイガがおまえさんに関心を持つようになった。いわば、おまえさんを保護下に入れたわけさ。おまえさん、じつに強力な味方を得たもんだな、まったくの話。虎の霊は強大な威力を持っていて、その勇気と技と力は語り草になっているほどだ。だがここがおもしろいとこでな。虎の霊は主としてクであり、ウニヒピリであり、肉体意識が主なんだ。もっとロノを、ウハネを、より高度な、思考する意識を持ちたがっている。バランスを求めるんだな。

このため、虎の霊は学者と交わるのを好み、それがまたおまえさんを気に入ってる理由の1つでもある。文殊《マンジュ》菩薩《シュリ》は名だたるお気に入りの1人だった。彼は虎の霊が仏陀と呼んでいる偉大な魂の師、コタマ・カプカヌイの1つの相であり、知恵の現れだった」

ナイノアはこの思いがけない返答に仰天した。ナガイのしれっとした含み笑いがあまりに生々しかったので、ぎょっとした。突然、なにかが、あるいは誰か別の者が自分の注意を惹きたがっているとナイノアは感じた。なんにせよ、それに心を開いた。霧を突き抜けて日が射した。木々からはもうほとんど滴はたれなかった。彼は待った——と、また身近に存在を感じた。興奮に胸が躍った。今度のは今までにないことだ。白昼に接触が起ころうとしている。

例の笑顔に近い、異様な人間離れした表情を浮かべた虎男のイメージが脳裡に浮かんだ。虎男の慈愛は感じられるが、この接触には緊迫と警告の雰囲気があった。虎男の姿は暗く、ほぼ黒に近くなった。ナガイの声が聞こえた。「虎は森に独持の緊張をもたらす。音を立てず、辛抱強い動きをする。人も狩りするときばかりじゃなく、深い森の中にただいるというだけのときも虎のようでなくちゃいかん」

新たな静寂が森に広がった。ナイノアはねぐらにしていた木の根方の奥まった隠れ場所にごくゆるゆると引っこんで、肩からおもむろに槍を下ろした。このレベルの現実においては虎はまぎれもなく最高のハンターだ。近くに1頭いる——ナイノアは気配を感じた。じっとしたまま、堂々たる樹幹にからまり生い茂った蔓の隙間からのぞいているうちに長い時がたった。ようやく、視野のへりにちらっと動きがあって、虎とわかった。虎のほうも水を飲みに川に降りてくる前に、古い道路の隆起部からじっと森をうかがっていたのだ。それが今、下生えの中を音もなく歩き、斑紋のある体が光と影のまだら模様の中にじつにうまくまぎれていて、見え隠れに流れるように斜面を下ってきて、その薄緑の目がナイノアから見えるくらい近くを通った。牡の虎で、力強く、自信に満ちた足取りだった。

虎はナイノアの匂いを嗅ぎつけると、即座に動きを止めた。虎がじっくりとその縄張りを見まわしている間に、また長い時がたった。ナイノアは虎が隠れ場所に近づいてくるのをドキドキしながら待ち構えた。やがて、そよ風が木々の間をさやさやと吹き抜け、彼は風下に位置することになった。虎は匂いの手がかりを失って、そのまま彼のそばを通り過ぎ、時折立ち止まって耳をそばだてたが、結局彼を見つけずじまいで丘の斜面の向こうに消えた。

ナイノアは徐々に緊張をゆるめながら、虎がこちらの物音の聞こえないところに去ったと確信が持てるまで待った。それからすばやく静かに上の道にもどって、山脈へと東へ進んだ。歩いていくうちに森は活気づき、彼は虎男が木の間隠れに同行して――しかも今度はそれだけでなく、保護と予見を与えて――くれていると想像した。

しばらく進んでからナイノアは立ち止まって、心を澄まし、礼儀正しくそのアクアに助力の礼を言った。山脈の踏査行に同道してくれるようにといざなった。あの半人半獣の異形が彼の「想像」の中に浮かび、彼は虎男が同意するのを感じた――そして霊がまたしても鮮やかに色を帯びるのに気づいた。

11　ホオマナ

宇宙意識

わたしはナイノアが自分の子孫である可能性などそれまで思ってもみなかった。何千年も先に子孫が生き残っているという考えは、正直言って、魅力的だ。それはわたしの人生を進化の過程での成功談にし、遺伝子と霊魂の不滅を暗示するものだった。先祖と子孫という関係は、そもそもわたしたちの間に結びつきが生まれた理由を説明することにもなるかもしれない。この新たな位置づけによって、わたしの体験はそれまでとは別の一面をおびた。

ナイノアもわたしもある種のシャーマン的なというか霊的な手ほどき《イニシエーション》を受けていたのだろうか？　2人で共に経験しなければならない類のものを？　ひょっとしてわたしのはナイノアを――わたし自身の子孫を――媒体として起こっていたのだろうか？　これもまたわたしたちの結びつきの理由の1つということはありうるだろうか？

わたしは以前マイケル・ハーナーにシャーマンの伝統に即した霊的な導師としての彼の役割の性質をどうとらえているか、同じ人類学者同士としてたずねてみたことがある。彼は自分の任務は手助けすること、初心者たちがそれぞれの霊的な道筋へ踏みこむのを助けること――探求者各自が直接体験を通じて霊的なイニシエーションを成就できるように、伝統的な部族民が用いる歳月の試練に耐えた方法を経験させること――だと、躊躇なく答えた。それが果たされると、入門者は独り立ちして、日常的現実における教師としてのハーナーの任務は基本的に終了する。本物の霊的な知識と力は、ナガイがナイノアに打ち明けたとおり、精霊たちしか授けることができないのだ。

おもしろいことに、幻視者がキリスト教徒でもイスラム教徒でも、グノーシス派でも道教信者でも、ヒンズー教徒でも仏教徒でも、はたまたユダヤ人でもエジプト人でも、アフリカ人でもアメリカ・インディアンでもハワイ人でもべつに問題はないらしい。かれらの他界体験はいずれも意識変容状態で「旅」をして、日常的現実の境界外にあるものを知覚する昔ながらのシャーマンの流儀を踏襲している。幻視者が他界で知覚するものは、各自の特定の文化のレンズと世界観によって決定される傾きがある。換言すれば、人は親や教師や友人たちに教えられた見方で現実を見るのである。現実とは人がこうだと思うもののことである――そして人がどう考え、どう知覚するかは、その人が生活する共同体の文化によって大きく左右される。

大体において、主流派の心理学者やその他の認知科学者たちは、幻視はすべて「心の中」のことと考えている。幻視体験における「他界」は経験的知識にもとづく性質のもので、幻視者本人の心の内部に源がある想像の投影だと、かれらは断言する。たとえば、北米のラコタ・スー族はその精神的、象徴的世界観と一致する霊界や精霊たちを知覚するし、シベリアのトゥングース族やナイジェリアのヨルバ族その他も同じだ。夢、入神状態《トランス》、芸術、法悦状態、想像など一切の非現実的世界はそれぞれに固有の、文化的に決定された規範と構造、および個人の意識とその文化との相互作用の仕方に密接に結びついているとする。

ナイノアを介してわたしが見た不思議な植物的存在は、ヨーロッパ各地の古い教会の壁や天井からにらみつけている「グリーン・マン」の葉っぱでできた顔を連想させた。その自然霊をこのわたしがナイノアの幻視に投射したのか、それともそれは自発的に現れたのだろうか？　そして伝統的なシャーマンの宇宙観の上中下三界をつなぐと考えられている神話上の世界樹、典型的なアクシス・ムンディのように見えたあの巨木はどうなのか？

認知科学者たちのかなり自己中心主義的な（もしくは認知中心的な）幻想の解釈にわたしは同意するに吝《やぶさ》かではないが、幻視現象を検討する場合、ほかの諸問題を考えることも大事だ。たとえば、心はいったいどこにあるのか？　心身医学や心理学の研究者たちは、それが単に脳の中にあるのではなく、身体からの物理的情報伝達によっても意識は形成されるという考え方で一致している。わたし自身の記憶総体《メモリー・バンク》から出たものでないことは明らかなイメージや情報の出所はどこだったのだろう？　それはわたしの創造的想像力によって生み出されたのだと、心理学者は言うだろう。シャーマンならわたしの幻視体験が心によって生み出されるというより心に現れることを内なる戸口、現実の他のレベルへの入り口が可能にしているのだと考えるだろう。

　認知科学者は、わたしの心の中の戸口はわたしがあると信じればこそあるのだと、十中八九主張するだろう。メキシコの伝統的なウィチョル族のシャーマンなら、わたしがその存在を信じようと信じまいと、ニエリカはそこにあるとむしろ言いたがるかもしれない。カリフォルニアでの当初の変容状態体験以前には、わたしはこれら一切のことをなにも理解していなかった。ハーナーの講習会に参加したことはあったが、そこでの瞑想では、非日常的なレベルの現実への通路は、動物的霊力に満ちた神話的な冥界へのトンネルに通じる、地下への入り口という観念的イメージとして提示されていた。わたしのその後の幻視にはトンネルなどなかった。黒っぽい幾何学的な、人間に似た形のものとの最初の出会いや、その後の他界への「旅」は典型的なシャーマン的経験のそれととてもよく似ていたが、わたしがこうした類似点を知ったのはすでにそういうことを経験した後でしかなかった。そもそもこの一件全体を惹き起こすもとになったような暗示をそれ以前に受けたことはないという十分な確信がある。すべての人々の心の中に事実戸口があり、そしてわれわれの個人的な信念や文化や精神《サイキ》とは別個により大きな霊的現実が存在するのかもしれないとわたしは考えるようになってきていた。

　幻想の領域とそこに住む精霊たちは実在し、それらを知覚する人間からは完全に独立した存在様式と行動計画を持っていると、わたしは、伝統的な部族シャーマン同様、信じるようになりつつあった。ユング心理学者や超個心理学者は、シャーマンが訪れる幻視の世界はあらゆる人間の無意識の心の中に――理論上は誰もが近づける一種の「集団的無意識」の中に――存在する夢の世界のようなものだとの立場を取るかもしれない。これらの場所は人間の心が生み出したもので、発見したものではないと、認知科学者は言うだろう。しかしながら、伝統的なシャーマンにとっては、精霊やその幻視的世界は現実のもので、個人の発明品ではない。シャーマンは人に知恵や力や助力を与える。発達段階も意識の度合もさまざまな霊的存在が住む独立した、だが隠された宇宙として、変容状態の非日常的現実を経験するのである。

何年か前の講習会である人がマイケル・ハーナーにこの点について質問した。ハーナーは表情豊かな目を輝かせてこう答えた。「その宇宙には人間の心の中に存在する以上のものがあると、わたしは信じたい気がする」

おそらくナイノアとわたしの前回の幻視の旅は非日常的世界の実見と、神秘論者たちが「宇宙の意識」と呼んできたものとの直接的な出会いをもたらしてくれたのではなかろうか。

ポハク

その後ナイノアと接触がないまま半年たった。だがこの間に、わたしはついに例の石に鑿《のみ》を入れた。

波に洗われているあのポハクを見つけた日、わたしはそれをハワイ人の村の跡に運んで、池のすぐ向こうのタマリンドの木の下に置いた。数カ月間そのままにして、わたしは毎日子どもたちを連れての自然散策のたびにそこを訪れ、石との関わりを徐々に築いていった。どうしてそんなふうにしたのか自分でもわからない。とにかくそうしたのだ。

ある日、機が熟したように思われ、そこでわたしは石を動かす際の例の儀式で石の霊を呼び出し、それを海岸から自宅へ移す許しを求めた。よしというはっきりした手応えがあった。遺跡から石を持ち去るところを人に見られたくなかったので、わたしは翌朝早く誰もこないうちに海岸へ出向いて、石を車に運んだ。帰宅すると、玄関脇の石庭にほかの浜の石と並べて置いた。それはしばらく手つかずのままそこにあった。とはいえ、それはすでに自然の中の元の場所からわたしのフォルクスワーゲンのバンで人間世界へ最初の旅をしたのだった。

石とわたしとの奇妙な絆は発展しつづけた。絆は自分が魅力を感じる物を所有しているというわたしの興奮にとどまるものではなかった。そのつながりにはわたしと石との間のある作用が含まれていた。当初ためらいがちだったわたしの対話の試みは必然的に試験的なものだったが、わたしは刻一刻絶えず霊の存在を意識していた。初めは瞑想的に石に目を注ぎ、その間、それに関わる想念や感情が心中を去来した。想念と感情が繰り返し同じパターンを取るようになると、石に対するわたし自身の意識は深まった。

ある夜、石がわたしの夢に現れ、目覚めると、石が完成された形で心の目にありありと映った。この形はカネオへ首長の手中にあった石の姿の記憶から出たものかどうか、あるいはまた少々違っているのかどうか、はっきりわからない。わたしは起き出して、石のところへいき、彫る許しを求めた。強い肯定的な反応を感じたので、その日の午後、彫刻台として使っている切り株のところへ石を運んだ。石工槌《びしゃん》で、ほんのちょっぴり「顎」を削った。鏨《たがね》によるわずかな細工で「口」が際立ち、それで仕事はすんだ。石の大部分は、わたしが見つけたときのまま、手つかずだった。

そのあとポハクを石庭のお伴の彫刻たちのそばにもどし、それが生まれた火山の頂きを見つめるように東へ向けた。心のうちで、カネオへ首長の呼び方カポハクキイヘレ——旅する石——にならってそれに呼びかけた。その石の最初の守り役——選ばれたカフ——として、わたしも日常的および非日常的な旅をし、ふだんの現実の中であれこれ発見をしそうだった。

石に彫りこみをしてまもなく、１９８７年の末頃、わたしはカイルア・コナ近くの海岸にあるケアウホウ・ビーチ・ホテルで催された会に出席した。これはハワイ人たちがポリネシア系の祖先の知識と功績を称えるために開いた内輪の催しだった。部外者のわたしが招待してもらえたのは運がよかった——招待に与《あずか》れたのはコナ歴史協会博物館に学芸員兼カメラマンとして勤めるさる友人の尽力のおかげだった。会には大半がポリネシア系の多彩な顔ぶれの面々が大勢参加した。

ハワイ大学のルーベライト・カウェナ・ジョンスン教授がヘイアウとハワイの神々および儀礼をテーマに講演した。ハワイ人の長老２人、パパ・カラ・ナリイエルアとデイヴィッド・マウナ・ロイが伝統的なハワイ人の世界観、それにハワイ文化と土地との密接なつながりについて話した。ハワイ人の自然に対する敬意、自分たちを養ってくれるように土地との調和をはかりつつ土地を大事にしてきたポリネシア民族のやり方を２人はこもごも説明した。祖霊《アウマクア》との霊的融合というハワイ人の観念や、自然界のありとあらゆるものから生命とマナが生じるという考え方が語られた。

今や有名になった双胴の航海用カヌー、ホクレア号の乗組員4人も講演をした。ハワイの伝統的な外洋帆船を復元した全長60フィートのこのカヌーは、ニュージーランドへいってもどってくる長い航海のほかに、ハワイータヒチ間の往復旅行をたびたびやりとげていた。カヌーの長《ハク》、ショーティ・バーテルマン船長と、当直指揮官のタヴァ・タウプが出てきていた。サム・カアイが伝統的なハワイ人社会における帆走カヌーの役割について熱心に語り、「覆水を盆に返す」ため昔ながらのカヌー結社を再編しようとしていることを発表した。

そのあとの出来事にわたしはまったく意表をつかれた。引き締まった体格の眉目秀麗なハワイ人の青年が次に紹介されたのである。名をナイノア・トンプスンといい、大型の帆走カヌーの舵取りをして近代的な計器なしでポリネシアの広大な海洋を渡るというハワイ人としては600有余年ぶりの偉業をなしとげた人物だ。人々がこの人物に寄せる畏敬の念は大変なものだ。カヌーの航海長として、彼は乗組員の要であり、航海の成功と一行全員の生命がその手に委ねられている。つまり先導役だ。わたしはそれまで彼のことは耳にしたことがなかった。

伝統航法を受け継ぐマウ・ピアイルグという名のミクロネシア人の航海者にいくらかは手ほどきを受けて、ナイノア・トンプスンは星、月、雲、風、波のうねり、海流などを利用する古来のポリネシア式航法を再発見した。西暦300年頃にはじまって数波にわたりハワイへ集団移住してきた彼の祖先たちが用いた進路探知法を再現したのである。

ナイノア・トンプスンはこれまでの航海と自分の祖先と調和ということをめぐってものやわらかな声で語った。誠実で、力強く、謙虚な話しぶりだった——決して自分のことは持ち出さなかった。航海の間じゅうこれらすべてが1つになり、釣り合い、一体化する、というのだった。この統合こそが旅の目的であり成果だろう——各人がほかのみんなに劣らず大切だという到達点ではないか——と彼は示唆した。

聴衆の中のハワイ人たちは彼を誇りとし、彼を通して自分たち自身を誇らしく思う気持ちで目を潤ませた。かれらの集団的情動から生まれたマナが室内にありありと感じられた。

彼の話がすんだあと、わたしは機を見て彼に話しかけた。握手し、まずは儀礼的な言葉を交わした。わたしが巻きこまれている不思議な出来事を話題にのぼすことはとてもできない相談だったが、彼に出会ったこと自体にわたしは深く心を動かされていた。彼こそは航海者ナイノアとして末長く人々に記憶され、崇められることになる人物なのだろうか、と思った。双胴のカヌーを導いて大海原を越えるとき、彼の心には、そして夢には、どんなことがよぎるのか。彼といっしょに航海に出たらどんなだろう。そういう状況下ではわたし自身の夢にはなにが現れるだろう。未来のナイノアがわたしの中に「訪れ」て、同名の航海者と船旅をするようになんとか仕向けられないものだろうか、そんなことをわたしは思った。

その会の最後の講演を行ったのはモルナ・ナラマク・シメオナという名のカフナ・ラパアウ、つまりハワイの呪医で、彼女はハワイの伝統的な葛藤解決法ホオポノポノの知識と技を披露した。

彼女は生活の統一性とバランスという話をし、生活上のあらゆることは考え意図することからはじまると語った。伝統的なハワイの霊的な知識の中で言い表されている存在の3つの——肉体的、精神的、霊的な——レベルについて論じた。これら3つの相が人間にどのように現れるか、即ち、霊的な面は超意識、アウマクア、精神的な面は意識的な心、ウハネ、肉体的な面は物質的な形の肉体と、非物質的な形の潜在意識、ウニヒピリとして表されると語った。

こうした概念はハワイ文化に固有のものではなく、西洋の心理学でもおなじみのものだが、モルナ・シメオナの話を聞いていると、わたしはハワイのシャーマニズムとホオマナと呼ばれる知識体系についてもっと知りたくなった。

講演のあと、わたしは治療について彼女が述べたある論点をはっきり説明してくれるように丁重に頼んだ。彼女は探るような目でこちらを見て、それから両手をのばしてわたしの手を取ると、目を閉じた。しばらくしてから、にこやかにまたわたしを見て、鋭い眼差しでまじまじとわたしの目をのぞきこみながら、アロハというのはほんとうはどういう意味か知っていますかとたずねた。

「〝神のそばにいる〟ということです。アロは〝のそばにいる〟ということ、ハは〝聖なる息吹き〟ということでしてね——アローハー」彼女は自分の言葉の効果を見届けようとでもするようにそこで間合いを取った。

「問題は常に心から、精神的な面から発するんです」と彼女は話をつづけた。「肉体的、心理的な問題は否定的な考え方に原因があるんでしてね。病はそういうゆがんだ考えの結果なんですよ。意識に好ましくない考えが浮かび、それが潜在意識にとどまり、そこから肉体に伝わることがあるんです。そのため、ほんとうの治療は常に霊的なレベルではじめる必要があります。

神に助けを求めなくてはなりません。すると神は自我のアウマクアのレベルを通じてそのハを送ってよこします。患者の霊的な面から、ハは肉体の潜在意識のレベルへ進入していきます。すると心のこの深層は抱えこんでいる否定的な考え方や感情、怒りとか不安といったものを消し去って、代わりに光明で満たすことができます。こうして病気の原因が処理され、ほんとうの治療がすっかり完了するわけです」

彼女はまたほほえんで、わたしの手を放した。誰か他の者が質問を投げかけたが、彼女は長いことじっとわたしの目を見つめたまま、こちらの心の中をのぞきこんでいた。そこになにを見たのか知らないが、かすかにうなずき、横を向く前に親しみをこめてにっこりわたしにほほえみかけた。

わたしはその場に根が生えたようにじっと佇み、人波が岩をまわりこむ水のようにそばを通り過ぎていった。体内になにかを感じていた——短いやりとりの間に彼女からわたしに流れこんだなにかを。例のエネルギー感覚だとわかった。彼女から、手の接触を通じて、マナを受けとったのだとわたしはさとった。わたしの奥深いところにあるなにかがそれに応じて開くのが感じられた。その感覚は、それから一日じゅう、そこに、表面のすぐ下にとどまっていた。

ハワイ神秘主義

この経験がきっかけでわたしのホオマナ研究がはじまった。この言葉は動詞としては、「権威ある地位に据える」とか「権限を与える」と訳される。名詞としては今は「宗教」とか「宗派」を意味するようになっている。時には別の言い方、フナも用いられ、これは「秘められた知識」「神秘」そして「隠されたなにかを知る鍵」という意味の語である。

ホオマナは伝統的なハワイの熟達霊能者《カフナ・ミスティク》が発展させ、

利用していた。カフナという語それ自体は本来、なにかの熟達者を意味するにすぎない。カフナ・キロラニは星占いの達人、カフナ・プレは儀式の精通者、カフナ・クプアはシャーマンもしくは霊の精通者という具合である。カフナという語を語源的に分解すると、カは定冠詞の「ザ」に当たり、フは「こみ上げるもの」とか「沸騰」とか「浮上」という意味で、ナは「平穏な」とか「集中した」とか「安定した」という意味を持つ。したがってカフナという語は道教に由来する古来の陰陽のシンボルに似てなくもない興味深い二元性を含み持っている。

わたしはハワイ人の神秘主義を研究する手始めに、マックス・フリーダム・ロング、L・R・マクブライド、デイヴィッド・カオノヒオカラ・ブレイ、マーサ・ベクウィス、サージ・カヒリ・キングらの著作を読みあさった。ホオマナの実践者にも、ラナキラ・ブラーントとサージ・キングを含めて数人に会った。この御両所は実地指導講習会を開いており、わたしは1988年初頭にそれらに何度か出席して、シャーマニズムに関してかなり視野を広げることができた。

昔のハワイの熟達霊能者が現実をどう把握したかという点でわたしの解釈と意見を異にする向きもあろうかと思う。いかなる形而上学的な観念も、2人の人間が解釈を下そうとすれば、それぞれ異なる結論に達することがありうる。中国の偉大な神秘思想家、老子は2500年前に、「存在は言葉の定義する力を越えている。言辞を用いることはできても、どれも絶対的なものではない」という趣旨のことを言っている。それでも、わたしが定義不能なことを定義しようとするのをお許しいただきたい。

西洋は現実を定義しようとする態度が本質的に客観的である。西洋人は目に見えるものを信じる。ホオマナは現実を一方では客観的経験のレベルとして、他方では主観的意識のレベルとして理解する。科学では唯一の「現実的」な現実と見なされる物理的、客観的なレベルのふだんの日常的な現実は、ハワイのカフナにとっては、経験と意識のいくつかのあり得るレベルの最初のものにすぎない。この物理的なレベルでは、あらゆるものはそれ以外のすべてのものから切り離されたものとして知覚される。わたしは「ここで」この本を書いており、読者は「どこかよそで」それを読んでいる、という具合に。

サージ・キングは主観的なレベルの思考と情動を第二のレベルの現実と呼ぶ。これはテレパシー、千里眼、念動といった心霊現象が経験されるレベルでもある。普通の物理的な現実と同様、これもまた運動のレベルだが、しかし第二のレベルではあらゆるものは、ハワイ語でアカと呼ぶ「エネルギー的ないしエーテル的物質」の糸を介して他のすべてのものと接触している。

ホオマナにおいては、宇宙のあらゆるものは第二のレベルでこのアカの糸で織られた広大な網もしくは蜘蛛の巣状のもので他の一切とつながっている。こうした結びつきは思考と意図の両方によって生み出すことができる――注意の集中によって「活性化」されるのである。瞑想の際に実践されるような集中の持続は、理論上は接触の強さや量を増大させる。

新石器時代の壺や小像、洞窟遺跡や岩陰に描かれたあの不思議な幾何学的な格子模様や線はもとより、巨大な格子が空間へ広がっていくナイノアの幻視も、わたしが変容状態の冒頭に見た眼内閃光のもっとささやかな格子やジグザグや線も、すべてアカの場を視覚的に知覚したものなのかもしれない。格子模様は現実の「他のレベル」で人がどこでも望むところへいくのにたどるべき心霊的な地図なのではないか。

暗い「影」の姿をナイノアはケアカと呼んだ。ハワイ語辞典を見ると、アカという語は「イメージ、映像または影」と訳されており、わたし自身の自発的な命名と符合していた。おそらく、物理的、物質的な肉体を持たない「精霊たち」はアカ物質からなり、したがって変容状態においてのみ――ナイノアの言い方を借りれば、「影を知覚できる者」のみが――知覚できるのではないか。

ナイノアとの出会いの間にわたしが経験した「時間拡大現象」は、ホオマナの別の概念によって解き明かされた。現実の第二のレベルでは時間は同時発生的なのである――つまり、過去に起こったあらゆることも未来に起こるあらゆることも、アカの場を通じて相互に連結し、同時に進行することがありうる。このため、キングが指摘しているように、現実の（あるいは意識の）第二のレベルでは始まりも終わりもない――循環と転移があるのみだ。輪廻転生の概念に当てはめれば、この見方は、人の過去世と未来世の生は、理論上は、現実の第二のレベルでアカの場を通じて相互に連結し、２つ同時に進行することがありうるのを示唆している。

電話が鳴りそうで、かけてくるのは誰それだとわたしにはしばしばわかったり、妻とわたしが同時に同じことを考えているのにちょくちょく気づいたりしたのは、おそらくアカの場で説明がつくのではなかろうか。要するに、お互いを結びつけているアカの糸を通して相手の第二レベルの思考パターンを盗聴していたということではないのか。

このレベルの現実では時間は同時発生的なので、アカによる結びつきは空間ばかりか時間をも越えて広がる可能性がある。人によってはその過去世の生の断片を思い出せるのは、おそらくこれが経路になっているのだろう。ナイノアとの結びつきを認識する手だてをわたしに提供したのもおそらくそれだろう。

わたしはナイノアがわたし自身の一面、つまりわたし自身の心の中に源がある下位人格ではないかという推測をまだ完全に捨ててはいなかった。しかし、ナイノアが実は5000年先の未来世の生を生きているわたしの生まれ変わりの1人なのかもしれないと考えはじめてもいた。真の祖先と子孫の関係とはひょっとしてそういうものなのだろうか？　転生というものはひょっとして遺伝子の系統から離れて、超時的に異なる血統間をゆきあたりばったりに移動するのだろうか？　それにもしわたしが祖先－子孫関係を経験していたのだとすると、そもそもこの結びつきはどのようにして成立したのか？　わたしが44歳のときにどうして突然活性化したのか？　こうしたことを妻と話し合った際、妻はバークレー滞在中の最初の変容状態は彼女が長女を身ごもっていたときの出来事だし、ナイノアの中への一連の参入は2人目の子を妊娠するまでは起きなかったと指摘した。未来の世界と結びつくにはその前に生殖する——子孫を生み出す——必要があったのだろうか？

もし機会が到来したら、ナイノアの文化における考え方を探り出すため彼の記憶をのぞいてみようとわたしは心に決めた。

ホオマナにおいては、第三のレベルの現実（あるいは意識）は「霊界」である。ハワイ語でポと呼ばれるそれは非日常的な現実で、伝統的な部族シャーマンは意識変容状態にある間に精霊たちと会うためにそこへ旅をする。これは精神的、夢幻的な旅のレベルで、キングはすべてが象徴的に知覚されるレベルと呼んでいる。カフナ・シャーマンがイケ・パパコル、即ち「第三レベルの意識」と呼ぶものは、マイケル・ハーナーが「シャーマン的意識状態」と呼ぶものや、オーストラリア原住民が「夢幻時」と呼ぶものと同じかもしれない。

ハワイ文化の考え方では、霊の領域は、あらゆるところの部族シャーマンの伝統にほぼ則して、上、中、下の三界に分けられる。下界はミルと呼ばれ、シャーマンが補助霊を自分のものにしたり、一般に動物、植物、物体、精霊などの象徴的な形をとる力と出会うために入神状態《トランス》で旅する「地下の」領域である。中界はカヒキで、ふだんの日常的現実である物質界の非日常的な面である。これは夢の世界である——夜ごと睡眠中か、もしくはシャーマンが目覚めたままするように、体系的、目的志向的な意味で、夢を見ているときにいく場所だ。こちらの日常的な現実の中に存在するすべてのものは、そちらに夢幻的な、もしくは鏡像のような対応物を持っているように感じられる。そこは人の霊魂が死の直後にいく場所、チベット仏教のバルドスやキリスト教神秘主義者たちの言うカマロカのようにも思われる。上界はラニケハと呼ばれる。ここは神々や女神たち、神話上の英雄や女傑たちのいる原型的なレベルである。ここでは賢人たち、偉大な霊的な導師たち、祖霊のアウマクア、それに守護霊などとも出会う。

ホオマナの考え方では、現実のさらにもう1つのレベル、第四レベル、イケ・パパカウナがある。キングはこれを宇宙と万物の根本的な単一性についての純粋に主観的な神秘的意識状態と呼んでいる。あらゆるものが他のすべてと同じものとして経験される全体論的・霊的な次元である。

キングはこれを変身と同一化のレベルと呼んだ——この意識レベルでは熟達したシャーマンなら水中の魚群や山中の鹿たちと接触して溶けこみ、漁民の網や猟師の弓へといざなうことができる——普通の漁法や狩猟法とは決定的に異なる。これは聖なる場、つまり道教信者が道と呼び、仏教徒が仏心《ぶっしん》と呼び、アメリカ・インディアンが守護神《グレート・スピリット》と呼び、イスラム教徒がアラーと、キリスト教徒が神と、ユダヤ教徒がヤーウェと、そして宇宙の意識と呼ぶ人々もいる、潜在力が充満したあの広大な空虚と人が接触できるレベルでもある。第四のレベルではあらゆるものが「一《いつ》なるもの」の一部として、「一なるもの」があらゆるものの一部として知覚される。

それこそが14世紀のドイツ神秘主義神学者ヨハネス・エックハルトの言った、「わたしが神を知覚する目は神がわたしを知覚する目と同じものにほかならない」という言葉の意味するものである。

ナイノアとの接触をさらに続行しようとわたしは絶え

ず意図していたのに、最後の出会いからかれこれ半年近くたっていた。毎晩、あれが起こるだろうかと思いながら眠りについたが、いっこうに起こらなかった。わたしの志向性だけでは不充分なようだった。おそらくわたしにまだ十分な力がないか、十分な制御能力がなかったのだろう。手助けが必要だったのかもしれない。

1988年初頭のある日、わたしは書斎に座って前記のような考えを書きとめていた。立って家の外へ出て、例の石が置いてある石庭のほうへ回った。頭上の椰子が微風にカサカサそよぐ中、わたしは心中で、第二レベルの意識で、石の力強い顔に挨拶した。ナイノアが旅立ちに際して同じこの石と対面したときのカネオへ首長の指示を思い出した。わたしは念のためあたりを見まわした。妻と子どもたちは夕飯の買物に出かけていて、わたしのほかに誰もいなかった。

わたしは石の前にしゃがみ、それに両手をのせて、ざらざらした石の肌に触れた。それを見つけたときのことを思い出し、それがあった自然の中のあの場所と自分との強い結びつきを感じた。目を閉じ、心中の雑念を払って、長いこと待ったが、なにも変わったことは感じられなかった。おそらく石の中の意識はわたしがなにかするのを待っていたのだろう——だが、なにをしたらいい？　わたしはもう一度挨拶してから、ナイノアとの接触を再開したいという願望を心に浮かべた。謙虚さと決意をこめて頼んだつもりだし、誠意をもってした。

なにも反応が感じられなかったが、といって、なにを期待すべきなのかほんとうのところわかっていなかった。石の中の霊と話をするというのは未知の経験だったし、ナイノア同様、わたしも霊石というものを信じるとはまだそれほどはっきり言い切れなかった。立ち上がって、さらにしばらくポハクを眺めまわしてから、食事をしに中へ入った。

おそらく偶然の一致だろうが、その夜の朝まだきに、また——いつものような具合に——接触が起こった。

12　第六の旅――心霊飛行

山歩き

ナイノアは山頂のすぐ下のでこぼこした岩の長い高い尾根に立っていた。登りつめたばかりで、息づかいが荒かった。四方八方、見渡すかぎり、山また山だった。禿鷲、鷹、それになにやら大きな黒い鳥たちが風に乗って飛びかい、彼を見つけると目がキラリと光った。北東方向から寒風が吹いていた。マントにくるまったナイノアは風にさらされる度合を少なくするため腰を下ろした。

はるか下の、絶壁に囲まれた谷間に藍色の湖がきらめいていた。緑なす湖畔には点々と動物の姿があった。その東側から川が流れ出ているようで、このあたりが分水界をなす山脈の最高部であることを暗示している。水流は北へ弧を描いたあと、森の中へ消えている。北東にもう1つ、高い峰々に囲まれた大きな湖があるが、その向こうになにがあるかはこちらからは見きわめられない。

ナイノアは大きな道路の跡を東へたどってきて、その道筋ぞいにまたシティの遺跡が見つかるかと期待していたのだが、盛り上げた広い路盤がところどころ残っているだけで、この地のかつての住人たちの痕跡は森と土に覆われて、すっかりかき消されていた。この朝彼は頭上何千フィートもの高さにそびえる裸岩の長大な露頭群を見上げ、あたりの景観を一望して前途になにがあるか多少とも見当をつけるため、一番手近の露頭のてっぺんまで登ってみることにしたのだった。峰々は針を並べたような下の森へと、一木もない長い斜面をなして広がる草におおわれたなだらかな肩を持っていた。森には肌の荒い樹皮と針のような葉、鱗片状の奇妙な木質の実を持つ木々が生えていた。ナイノアの知るかぎり、どこの集落の猟師も探険家もこれまでこういう木を見たことを言葉に残していなかった。

ナイノアが登りはじめたのは午前の中頃で、木々の間を抜ける一番楽な進路を見つけようと努めながら、次第に険しくなる斜面を休み休みジグザグに登っていった。曲りくねった大きな角のある羊をたくさん見かけたし、藪から変わった種類の野鶏がバタバタと騒々しく飛び立ったりした。昼には、樹木限界線より上の広々とした草地にたどり着いていた。眺めは刻一刻、雄大さを増した。空気は冷たいのに日射しは暑く、一息入れるためにたびたび足を止めなくてはならなかった。ナイノアは馬を見たいと熱望していたが、下の木立のへり近くには鹿、上には羊しかいなかった。動物たちは彼がそばを通っても恐れる様子はなかった——たぶんそれまで人間を見たことがないのだろう。斜面はますます勾配がきつくなり、ナイノアは息を整えるため一層頻繁に立ち止まった。

下の谷で1頭の大型動物が木立の中から現れ、水を飲みにか、湖畔の広い草地を横切った。鹿たちはその通り道をよけていき、ナイノアには鹿を目安にその動物の大きさがほぼ見当がついた。突然、熊だとわかって、いささかびっくりした。だがそれは彼が見馴れている低地の森に住む黒い熊とは似てもつかない。黄褐色の毛をしたばかでかいやつで、あんなのにまともに出くわさなくて幸いだったと彼は胸を撫で下ろした。

斜面が急勾配になるにつれて、草に代わってぐずぐずのとがった石のかけらだらけになり、ナイノアは上へ進むのと大差ないくらいずるずる後ろへ滑った。一度に10歩まで数えては立ち止まり、杖がわりの槍にもたれて深呼吸した。それからまた10歩数える間、石の隙間から生えている足がかりになる小さな草むらを探し探し、危なっかしい斜面を慎重に登っていった。ようやく吹きさらしの尾根にたどり着き、荷物を放り出した。槍にもたれて、眼前に展開する山岳重畳とした地形に驚嘆した。

ここまでくるのにこつこつとたゆみない山歩きをつづけて1カ月近くかかっていた。乾季は3、4カ月しかつづかないはずで、そのあとはまた雨になり、低地の森の広い範囲が水浸しになって、そういう地域を旅するのは不可能になる。ということは、あと半月足らず歩いたら、帰途につかなくてはならないわけだった。帰る道筋はわかるつもりだったが、いったん雨季がもどったら……。

その思いを彼は念頭から追い払った。3、4日旅すれば東の連峰にたどり着くだろう。古地図で見た山脈の果てはそちらにありそうだ。せめてその地点まで歩きつづけようと決め、彼は無理な登攀《とうはん》をしたせいで筋肉がひきつっている脚をのばすため立ち上がった。湖まで下るのは長い道のりだし、もう日も傾きかけていた。下の谷にはあの熊もいることとて、ここで野営することにした。

持ち物をまとめ、さらに数百フィートほど上にそそり立つ黒い岩の大きな露頭からなる頂上まで尾根づたいに歩いた。よじ登るうちに幅の広い岩棚を見つけ出した。そこには風の当たらない南向きの暖かい平らなところがあった。大きな枝を組み合わせた鳥の古巣がだいぶ場所を取っていて、猿、山羊、鹿、トカゲ、齧歯《げっし》類《るい》の骨が散乱して、巣の元の主の食生活を暗黙のうちに物語っていた。巣そのものは薪《たきぎ》にするに十分な量があり、ナイノアはその岩棚で一夜を過ごすことに決めた。

巣をばらして積み上げ、寝場所をしつらえ、手馴れた動作で野営の仕度をした。そのあと日で暖まった岩に仰向けになってぞくぞくする寒けを追い払い、きつい登りの疲れを癒した。雲をじっくり眺め、時がたって、落日が山々を黒くくっきりと浮かび上がらせるにつれ、景色が変化するのを見守った。風で吹きたまった近くの柔らかな埃のような土の層に半ば埋もれた、小さなガラス質の破片に突然日の光が反射した。ナイノアはそれを手に取ってみたとたん、脈がまた早くなった。

黒曜石でできた鏃《やじり》だった。彼は網袋の中をひっかきまわして、集落から持ってきた石核をひっぱり出し、鏃と比べてみた。素材は同じだが、鏃の形が独特だった。ハワイ人が作ったものではない。まるでつい昨日作ったもののように見えた。広い岩棚を入念に探したが、黒曜石の剥片はもう出てこなかった――十中八九、鏃はうんと長いことここにあったのだろう。おそらく遠い昔、どこかの狩人がここへ登ってきて、巣を作った鳥に矢を放ったのではなかろうか。

日が沈むと風はやみ、ナイノアは石でまわりを囲って小さな焚き火をたいた。その朝獲《と》って皮を剥ぎ、はらわたを抜いておいた齧歯類を何匹か鍋に放りこみ、水と塩をいくらか入れて、じっくりことこと煮た。悪くなかった。肉は香ばしく樹脂に似た味がした。それでも、炭火で焼いたパンの実が恋しかった。

食後、鍋に残った湯をすすりながら、うつろいゆく夕焼けを見守った。火に薪をくべ、この炎が誰かの目に留まらないものかと思った。月《マヒナ》を見つめていると、古いハワイ語で綴られた昔の詩の断片が頭に浮かんだ。それには「月光」を意味する古風な表現、マラマラマ・オ・カ・マヒナが使われている。彼はマラマラマという語について考えてみた。それだけで「明智」という含みがあるが、「霊的な悟り」をも意味する。彼は霊能者の道、ケアラクプアをたどっていて、悟りへと向かっているのかもしれない。

闇に包まれていく眼下の大地と月明かりで皓々《こうこう》としてくる天空が、この場所の著しく霊的な感じをさらに強めた。ここは聖壇《ヘイアウ》には絶好の場になりそうだった。

ナイノアは自民族の宗教的な慣習について思いめぐらしはじめた。宗教上の象徴使用に関して知られていることをおさらいする中で、アメリカ人たちがその奇妙な宗教の一環としてハワイに持ちこんだ十字架のことを考えた。文明崩壊後まもなく書かれた、ハワイ人の手にある最古の書物によれば、アメリカ人たちは万物の源である宇宙空間の広大な、非人格的虚無、イオを崇拝していた。かれらはイオを至高の、一種父性的な造物主と考え、「天にまします我らの父よ、みしるしは聖なるかな……」という文句ではじまる広く用いられた祈祷文でそれに呼びかけた。

多くのハワイ人学者がこのくだりについて論述していて、「我らの父」とは空《くう》を意味するのではなく、神としての太陽、生命の水カワイオラと結合して一切の生命を可能ならしめる生命の力、マナの源を実は指しているのだと考える向きが多い。もう1つの説は、自然界の万物は存在の異なる３つの――肉体的、精神的、霊的――状態で存在し、各レベルは外的な面と内的な面の両方を表出するという解釈が中心になっている熟達霊能者《カフナ・ミスティク》の考え方に通じるところがより大きいようだった。たとえば、人間の場合、外的な肉体面は物質的な肉体キノで、その内的な対応物はエネルギー体キノアカで、これは個体を活気づける生命力を持つ一種の目に見えない、対《つい》の肉体である。

存在の心のレベルでは、内的な心は古典ハワイ語でウニヒピリ、普通にはク、ないし「肉体意識」と呼ばれる意識レベルで物的肉体と強く結びつく。クは外界を経験し、記憶を蓄積し、情動や感情の源になる。クを通じて、人は非日常的なレベルの現実について情報を受け取りもする。それは幻視体験が起こる心のレベルなのだ。

心の外的な面は主として外界に焦点を合わせている。これは人間の自我の精神的、知的なレベルで、ウハネ、普通にはロノと呼ばれる。意識のこの面は思索者で、分析者で、意思決定者であり、クを通じて外界と内界について情報を受け取る。人の行動や態度を統制する指揮官、ケアラカイであって、その決定は物的肉体と直接組んで働く内なるクによって行動に移される。

アウマクア

ナイノアは思考の道筋でちょっと立ち止まった。かつてないほど簡潔に情報が心から湧き出ていた。火にまた薪をくべ、注意深くあたりを見まわした。気配が感じられるような気がしたが、ほかに誰もいなかった。ナガイの霊か、それとも誰か別人か、はたまたこの山頂に宿る精霊だろうか？　彼のクを通して次々と流れるように想念やイメージや記憶が意識に浮かび上がった。

自我の霊的なレベルは古いハワイ語でカネワヒネと呼ばれ、これは男性でも女性でもある個人の霊を意味する用語だ。より普遍的な用語、アウマクアは普通この面を指すために使われ、そして各人が、生物と無生物とを問わず自然界に顕在化したすべてのものが、それを1つずつ持つと考えられている。顕在化した個々のもののアウマクアは霊界、アオ・アウマクアに住み、自我の肉体的、精神的な面とちがい、この霊的な面は死ぬことがない。

神秘思想では、存在の形而下的段階における生物や無生物はその内なるアウマクアの外的な面とされる。人間も植物も動物も川も石もそれぞれそのアウマクアを源とする思考形態として発生する。自然界のあらゆるものは霊界にいるそれのアウマクアによって物理的現実の日常世界に意図的に顕在化されている。こうして、あらゆるものは要するにその非日常的な霊的な面による夢で存在化する。

自我の3つの面——肉体と心と霊魂——のおのおのが存在のそれぞれのレベルで起こる経験に応じて増強し、成長し、変化し、進化することがありうるとも、神秘家たちは信じている。かくして、それぞれの面はある程度まで他の2つの面を相互に生み出すもとになっている。人が形而下的な段階でその人生を生きるとき、彼の経験はその内なるクを通じて彼の自我のアウマクアのレベルに投射される。この面はしたがってそれに反応して増強し、変化し、現世の生だけでなく、ある程度、過去世の生にも由来するその者の人生体験の貯蔵庫のようなものとして存在する。そういうものとして、人のアウマクアは個人的に蓄積したすべての経験と知識の霊的な記憶を包含する。

おまけに、各人のアウマクアはココアカと呼ばれる力ないしエネルギーの相互連絡的な巨大な母体を介して他のすべてのアウマクアと結びついている。ゆえに世界じゅうのすべての人間のあらゆる個人的なアウマクアは、カポエアウマクア、人類霊と呼ばれる集合的総体をなす。この大いなる多面的な合成体は全人類の集合的知識を包含する。この知恵は理屈の上ではすべての個人が求めさえすれば手に入れられる。自身のアウマクアとの直接的な接触の仕方を知ることが秘訣で、なんとなればこういう情報は自我のその面を通してのみ近づき、入手できるものだからである。

神秘家たちが明かすところによれば、各個人の霊的な面との接触はクを通じて起こり、人のアウマクアからの情報は通常、夢、思いつき、衝動、想念、霊感といった形をとる。したがってアウマクアは霊感と直感の源である。こうして、人の霊は折にふれて個人的な師もしくは案内役として働くことがある。

ナイノアは自分の幻視体験と、おそらくある程度まで、日常的な経験にも、自身のアウマクアが関わっている可能性を示唆するこの考えに鼓舞される思いがした。

彼はまた物思いを中断した。あたかも誰かが彼の思考をやんわり誘導してでもいるような、しかとは識別できない声が彼と、いや彼の中で、話してでもいるような、そんな感じが確かにした。それはひょっとしてナガイの霊か、それとも彼自身のアウマクアなのか？　じっと耳を澄ますと、その声が明瞭になり、それが時間は霊界では形而下的な段階でのようには存在せず、「あちらでは、時間はみんないっしょだ」と言うのが聞こえた。

ナイノアはこのお告げについてよく考えてみた。霊界では彼は自分のアウマクアを通じて過去からでも未来からでも知識に近づけることをそれは暗示していた。おそらく文明崩壊前の時代について知りたいという自身の願望に助けられて彼は大昔のハワイにもどる旅をし、そして彼のアウマクアがあるアメリカ人との結びつきをもたらしたのだろう。ナイノアはアメリカ人たちの祈祷文をそっくりそのまま思い出した。

天にましますアウマクアよ、
みしるしは聖なるかな。
御知恵と御旨を霊界にあるごとく
この地にも顕《あらわ》しめたまえ。
日ごとの糧《かて》を我に給い、我を助けて情け深くあらしめ給え。
正しい行いをなしうるよう力を貸し、悪より我を救い給え。
汝は我が力と生命の源なればなり。
とこしえに……。
アママ。

アメリカ人たちは自我の3つのレベルを知っていたにちがいない。おそらくかれらは父なる太陽の神や宇宙に呼びかけていたのではあるまい。自分の個人的な、内なる霊的な面、アウマクアとつながりをつけようとしていたのではあるまいか。

ナイノアは「みしるしは聖なるかな」という文句を考えてみた。心の内的および外的なレベル、クとロノはしばしばヘイアウの石壇に彫られたアクアのイメージで象徴される。ところが、アウマクアはたいてい彫りこみのない直立した石か、直立した感じを強めるため最小限に削って整えた石によって表される。大きな公的なヘイアウや、アウマクアに献じられたもっと小さな個人的な社《やしろ》は通常、直立した一枚岩を展示し、これは見る者すべてにその人の大切な内なる霊的な自我や、当人と祖霊との結びつきを思い出させる役目を果たす。その人個人の先祖の霊的な自我と接触するため、意識を転換するのに役立つ。

アウマクアは知識、想念、お告げなどを携えて天界から舞い降りてくる霊鳥マヌで象徴されることもある。多くの史家たちは十字架がその鳥を象徴し、よって個々人のアウマクアというアメリカ人の観念を表している可能性があると想定してきた。

一方、十字架は四方――東西南北――を表す形而下的、実用的シンボルであり、かつ四方向それぞれの霊的特質が釣り合ったときに生まれる調和を意味する強力な霊的シンボルでもあった可能性を指摘した史家も多い。また、十字架は横の棒が日常的なこの世の現実からなる「中界」を表し、縦の棒が下界と上界を表す複合的なシンボルだったのかもしれないと想定した向きもある。これだと十字架は現実の3つのレベルすべてを示す単一のイメージということになる。

十字架の縦の部分はアウマクアの一枚岩と見なすこともできる、とナイノアは思った。岩の基部は日常的な現実の地平を下界へと突き抜け、先端は天に向かってそそり立っているのだ。

ナガイは十字架を上中下三界をつなぎ、白い肌の救い主イエスの十字架と結びつく大いなる世界樹を抽象化したものだとも評した。イエスが死んだとき、その霊は世界樹をつたって天界に昇ったと言われている。もっとも、十字架は死にかけた肉体的な面から霊が抜け出して天界に舞いもどるときに、イエスが再び帯びた鳥の形、つまりは彼のアウマクアの姿を象徴しているというほうがはるかにありそうなことだと考えるカフナたちもいる。

それは十字架こそ人のアウマクアとしての自我が霊界、アオ・アウマクアにいるときの実際の姿だと示唆しているので、ナイノアはこの見方も気に入っている。

ナイノアの属する民族には超自然的な力を制御したり操作したり、あるいはまた個人の意識を日常的な次元からより深い領域へ転じたりするのにシンボルを用いるさまざまな儀式がある。子どもの誕生、思春期のはじまり、結婚、葬いなど、いずれも祭司が司り、監督する行事を記念する儀式も多い。

ヘイアウの祭司たちは年間を通じてかなり厳密な祭儀日程を守っている。月の満ち欠けに応じて儀式を挙行し、それには常に長々とした祈り、供物、いけにえ、古い神話の語り直し、詠唱、鼓楽、そしてフラ・ダンスが付きものだ――フラは人のクを感動させることを意図した肉体的活動で、意識の転換に必要な補助物である。こうした行事は共同体を結束させることにもなるし、連帯感を強め、張り合う二家族間の反目といった負の感情を一掃するのに役立つ。結局のところ、儀式は首長や祭司たちが享受している政治権力や高い地位を強化することになる。

霊的な慣習には暗い一面もある。魔術は集落では悪しきものと見なされているが、それでもあるにはある。時として魔術師が霊力《マナ》をためこみ害意を持ってマナを呪法により人に向けることがある。突然不運に見舞われた人は、自分の不幸を願っている人物を探して回るらしい。見つかると、自身の対抗魔術か、専門家のそれを使って負の心波をその出どころに送り返すかもしれない。

ナイノアが集落にもどったら、祭司たちは祭司階級に属さない彼の幻視体験に十中八九疑いをかけようとするだろう。祭司たちがナイノアにいかなる宗教上の地位も許すことはまずないだろう。かれらは集落内で宗教を厳格に取り仕切っていて、神聖な儀式を執り行えるのはかれらだけと決まっている。共同体と超自然界の仲介者をつとめることを公式に許されているのはかれらだけだが、しかし熟達霊能者たちは関心を持つだろう。霊能者たちは出身があらゆる階層にまたがり、祭司たちの政治的妨害のために低姿勢を取りがちだった。

夢の中へ

ナイノアは小さめの枯れ枝を長細く積み直して、その上にハンモックを敷いた。マントと雨合羽にくるまって、くつろぎ、焚き火に見入った。物思いの間じゅう、例の石の鏃を手に持っていたのだが、今度はその作り手について想像をめぐらした。彼がこうして体を休めている場所におそらくその狩人も腰を下ろしたのだろう。狩人もまたこの力の場に引き寄せられたのかもしれない。

ナイノアはうとうとし、すぐに夢を見た。夢でまた山を登った。現実の中でのように、ぐずぐずの石のかけらで足が後ろへ滑り、転落しかけたとたん、筋肉がビクッと痙攣して目がさめた。再びうとうとしたが、結局またしても体がこわばって目をさました。いらつきながら火に薪をくべ、それから努めて気を楽にし、眠ろうと心がけた――ほどなく眠りに落ちた。

夜のうちに風が強まり、ごつごつした岩山のまわりでうめくような、また時にささやくような音を立てた。岩が冷えてくるにつれて気温が下がり、明け方近くには、ナイノアは体が冷えきっていた。目をさまして火を掻きおこした。体を起こし、マントと合羽にくるまって震えながら、この吹きさらしの場所を野営地に選んだのを悔やんだ。天を見上げ、柄杓《ひしゃく》型に並ぶナ・ヒクを見つけ出した。柄杓の柄をたどっていくと、父祖の地ハワイの真上を通ると言われている星、ホクレアが見つかった。今は中天高くプレアデス星団、ナ・フイフイ・ア・マカリイが見えた。その群れなす小さな目が日没時に現れると収穫期の始まりを告げるものとされていた。昔話では、世界樹は上へ上へとのびて、この7つの星がまわりを囲む穴を通り抜けるのだった。あの巨木と、葉でできた不思議な緑の人が現れた幻視を思いおこしながら、ナイノアはようやくまたうつらうつらし、たちまちなにか大きな鳥の金切り声で眠りを破られた。肝をつぶし、巣の主がもどってきて、だいぶ燃やしてしまったのを見つかったかと、彼はあわててあたりを見まわした。だが暗くてなにも見えず、きっと風の音だったのだと決めこんだ。ひたすら気を楽にして、ちょうどとろとろしかけたとたん、はじまった……。

まず、無重力で体が宙に浮いているような、軽やかな感じがした。今ではお馴染みのあのエネルギー感覚がどっと体内に流れこんできて、即座に彼の思考力は完全に覚醒した。

ナイノアはじっとしたまま目を閉じ、浮遊感というか、岩棚の上に浮かんでいる感じを楽しんだ。ものすごい金切り声をあげた鳥の姿を想像しようと努めると、巨大なイオ、きらめく金色の目をした白い鷹が脳裡に浮かんだ。広げた翼と尾がとても長いようで、彼のロノ次元の心が冷静に観察したところでは、その鳥はまさしく十字架に似ていた[原註1]。

彼はパッチリ目を開けたが、鳥の姿はなく、星々が無数の光の点となって暗い空にひしめいているばかりだった。また目を閉じても、きらめく点々は瞼に残った。それに浮揚感も。イオのように飛べたら、この山頂から空に舞い上がることができたら、どんなに素晴らしいだろうと、彼は思った。

そう思ったとたん、そうなっていた。

ナイノアは感覚の奔流に溶けこみ、両腕をのばし、手を一杯に広げて苦もなく風に乗った。目を開けると、眼下に山頂と、誰かが体を縮こめて寝ている岩棚が見えた。それは眠って夢を見ている自分だとわかった——身は安全だった。

エネルギー感覚はぐんぐんふくれ上がり、彼はわくわくするような愉快な気持ちで一杯になった。吹きすさぶ風が耳もとで轟々鳴った。と、突然、彼は岩に向かってまっさかさまに落ちていった。だが恐怖は一瞬にして高揚感に変わった。彼は翼を——翼《バンク》!?——広げて、方向を転じ、ごつごつした岩の急斜面をかすめるように驚異的なスピードで急降下した。体を横傾斜させて上昇に転じ、風に乗ってゆるやかに大きな円を描きながら、山のはるか上空に達するまで上へ上へと昇っていった。気分も舞い上がっていた。歓喜ではち切れんばかりになって、彼は絶叫した——するとイオの鋭く甲高い声がまわりの峰々に繰り返し谺《こだま》した。

はるか下に、山林が細部までくっきりと見えていた。湖畔の草地の中の1つ1つの花、岩の間を逃げまどう縞模様の小さな齧歯類たち、水中の魚の背の斑紋まで見えた。目を転じると、谷や山々が視界に入った。それなのに、また下を見ると、やはりとてつもなく細かいところまで見てとれた。

ナイノアは半ばは恐れに近いもので身震いし、また半面では嬉しさと興奮の極に達しながら、山々の上を滑空した。またもや鷹の金切り声が彼の奥底から突き上げてきて、宇宙への供物として二度、三度と繰り返された——歓喜——歓喜——歓喜。山頂に目をもどすと、小さな人影が岩棚でマントにくるまってまだ寝ていた。焚き火がまた消えてしまっているのが見えた。白みかけた東天のほうへ目を転じると、心中にある意図が生まれた。遠い峰々の向こうにあるものを見ずにはおかないという思いが。

道路跡よりずっと下に、ところどころ木立に隠れた細い切れ切れの線があった。線はあまり残ってなくて、多くの箇所で大きな地滑りに埋もれていたし、1カ所では湖の中に消えていた。湖の東側から流れ出ている川が、岩が一番邪魔にならないところを見つけて独自の進路を開きながら山を下り、先々の谷間に湖を作っている。

ナイノアは北へ、山頂から見た巨大な湖のほうへ方向を転じた。高い山々に囲まれて、その湖は深く鮮やかな青色にきらめいた。ナイノアのいるそんな高みからでも、日陰にいるおびただしい魚が見えた。水面下の湖底深く打ちこまれた杭が平行に長い2本の列をなして岸からのび、魚群に囲まれている。それはウアポス——桟橋——の残骸のように見えた。かろうじて見分けられる道路の跡が岸辺にそってのび、それから上り坂になって東へ山の間を通り抜けている。そのとき、彼は風で吹き上げられ、岩肌がごつごつした最後の連峰を飛び越えると、アッと息を呑んだ。

山々の東側の山腹は数千フィートの落差で急角度に落ちこみ、南北に見渡すかぎりつづく巨大な壁をなしていた。その向こうに別世界が横たわっていた。ナイノアはすでに森林のへりに達していたのだ。

広漠とした草の海が東の地平線まで干上がったように灰色に広がっていた。曙光が世界の果てから射しそめると、茫々たる広野は美しいやわらかな黄土色に変わり、それに応えてまた鷹が甲高く鳴いた——そしてもう一声。大山脈の東にもっと小さな連山が姿を現し、まばらに木の生えたのもあるが、多くはまったくの禿山だった。大地は一面の草原だが、木々の回廊が乾燥した広野を這う黒い蛇のように水流を示していた。南のほうにまた別の細長い湖の一部が横たわっていた。

彼の目が望遠レンズのように拡大してとらえた木々の多くは、乾季を迎えて落葉していた。そこかしこに、棘だらけの緑がかった幹が大きくふくれあがった見馴れないグロテスクな木々があり、葉の落ちた短く太い枝には莢《さや》状の緑色の実がたわわになっている。

ついで彼は動物の姿に気づいた。最初は、はるか上空からの遠望だけに、広い空間に点在する木かと思っていたのだ。だが今や、広野が黒くなるほど到るところに無数の動物がいるのがわかった。野牛や、曲がった大きな角を持つ一風変わった羊が群れをなしている。長い顔に瘤があり、湾曲した長い牙を持つ珍しい猪たちが鹿や、螺旋形にねじ曲がった筋のある角を持った山羊みたいな大きな黒い動物の周囲で動きまわっている。それに象がいくつもの群れをなしている。

丘の麓の森林地帯のへりにそって低く飛ぶうちに、頭と肩のまわりに黒っぽい立派なたてがみのある牡に率いられた、枯れ草色の虎の小さな群れを見つけた。ナガイから「神話上の」動物にちなんで命名されたナ・レオという星座について教わった記憶が甦り、獅子は実在するのだとさとって胸が躍った。

ナイノアが上昇して連丘の上を飛ぶと、はるか北東方向にまた1つ、光を反射している水面があった。西のほうでは山並みが小暗い樹林の壁をなし、下の乾燥した平原を圧するようにそびえている。木の茂った丘の斜面には頭と肩のまわりにマント状に首毛が生えた、鼻面の長い、犬に似た大型の猿の群れがいて、棘だらけの低い木々の間で餌をあさり、豆のような小さな莢を食べている[原註2]。

ナイノアはいくぶん鹿に似たこれまた見馴れない動物の群れが草を食《は》んでいるほうへと草地の上を飛んだ。山犬の一群が北からその群れに接近し、するとその匂いを嗅ぎつけて、群れ全体がどっと走り出した。ナイノアは胸が高鳴った。これは馬にちがいない！ 首長の机上にあった金属製の馬の置物や書庫の絵が思い出された。彼はその動物たちの流れるような美しい動きと力強い姿を畏敬をこめて見守った。ついに馬を見つけたのだ！ 捕食者たちから逃げていく馬の群れを追いかけながら、彼は馬たちの力に見惚れ、かれらの不屈とも見える強さに驚嘆した。長いこと骨折って探したあとだけに、別れがたかった。

ついに、なおも意気揚々たる気分で、ナイノアはさらなる高みへと舞い上がり、連なる丘と鉢型の広い盆地を横切った。盆地の西側は連山の壁と、東斜面が崩落したと見えて大きな白い断崖ができている巨峰に縁どられている。盆地の中央の浅い湖は動物がうようよいる広い草地に囲まれている。湖を半ば飛び越えたところで、風景になにか彼の目を惹くものがあった。

ナイノアはより高みへと旋回し、木の生えていない湖の東側をちらりと振り返ったとたん、驚きで心の底まで揺さぶられた。水際からかなりひっこんだところに村があった。

木の枝で作られているとおぼしい一群の小さなドーム型の建物が石で囲った炉の近くに立ち並んでいる。ナイノアは興奮で胸を躍らせ、住居群に人けがないとわかって落胆した。

住人たちはどこへいったのだろう？　ナイノアは焦燥感に駆られ、風に乗って高度を上げた。はるか遠くまで見渡して、人影を探した。見当たらなかった。

居住地にもどってみて、そういう脆《もろ》い建物では1年ともつまいから、きっと最近のものにちがいないとわかった。放置されれば、それらは風と白蟻にすぐにやられてしまうだろう。

ナイノアはすっかり困惑した。ほかにもおかしな点がある。耕地も段々畑も、灌漑用の水路もないのだ。これはいったいどういうことなのだろう？

さらに高く舞い上がって、ナイノアは山に囲まれた細長い湖と、南西の、自分のいた山頂をもう一度見た。焦燥感は突然、もどりたいという願望に、切なる欲求に変わった。彼の心は肉体に引きもどされつつあった。大変な速度で飛んでいるだけに、風がうなりをあげて彼の羽の間を吹き抜けた――さらに、まるで体が中空の管になったように、風は彼の中をびゅんびゅん突き抜けた。

このがらんどうの管というイメージにとりつかれ、呑みこまれ、彼は不安に駆られて、それにまっさかさまに落ちこんでいった。妙な光の点と波状の線がまとまって、輝く一条のひもになり、がらんどうのトンネル内で彼を先へ先へと導いた。降下がだんだんとゆるやかになり、やがて忽然とあの山頂と岩棚が彼の前に現れた。

眠っているナイノアの体のそばで、虎男が猫のように体を丸くしていた。ナイノアが近づいてくるのを見上げて、アクアの姿が流動化し変化して、より人間らしく見えるようになった。ナイノアは着地したのを感じ、そのとたんもう岩棚にいて、寒さと興奮に震えながら、あえぎあえぎ深く息を吸っていた。その努力で体が緊張してわなないた。片方の腕が痺れていて、感覚がもどってくるにつれてじんじん疼いた。

　体内を駆けめぐっていたエネルギーがじわじわと引いていった。それがすっかり消えてしまうまで、ナイノアは静かに横たわって、寒さに歯をガチガチ鳴らしていた。虎男のほうをちらりと見ると、目と斑紋だけが残って、淵のように渦巻いていたが、それもやがて消えた。

　ナイノアは立ち上がって足踏みをし、寒さしのぎに体を抱えこんだ。風はすでにやみ、東の空が薄紅に染まっていた。自分が空を飛んだのを思い出して頭がくらくらし、彼は体が空洞でないことを再確認するかのように、一層しっかりとマントに身を包んだ。はっきりと現在に立ちもどるため、小さな火を焚いた。巣の残りの木切れをくべ、水にいくらか薬草を入れて沸かした。いい香りがしてくると、それを啜《すす》りながら、景色を眺めた。自分のいくべき方向が今ははっきりわかっていた。鷹の誘うような鳴き声が遠くからまた聞こえてきた。

原註1　ナイノアは「イオ」という語を宇宙の虚無の意味にも、鷹の意味にも用いている。理由はわからない。

原註2　ナイノアの時代の動物相は旧世界と新世界の熱帯種の混在を示している。わたしはこの奇妙な動物相の組み合わせについていろいろ考えた結果、これらは文明崩壊時に動物園やサーカスなどから放された動物の子孫ではないかという結論に達した。

13 黙想

感知《アウェアネス》

ナイノアといっしょに鷹のように飛んだ直後の2、3日、わたしはそれについて思い出せるかぎりのことを書き留めた。この頃、ケアラケクアにあるハワイ大学西ハワイ分校で人類学の夜間授業を受け持つようになった。この講座はわたしが知性に立脚するのに役立ち、わたしの関心をふだんの日常的な現実に集中させてくれた。受講生たちは人種的にはさまざまで、ハワイ社会の断面図のようだった。かれらとの隔週の交流を通じて、わたしは農夫暮らしで中断していた自分の専門の仕事にもどり、また人類学者として働けるのが嬉しかった。

一学期の終わり頃、わたしは人類学的見地から宗教について講義していて、ハワイの伝統的な神秘主義の諸相を論じることを思い立った。それをするにあたって多少ためらいを感じたのは、クラスに何人かポリネシア系のハワイ人がおり、かつてはシャーマン役のカフナの専有物と見なされていた知識を俎上《そじょう》にのぼすのを、かれらが自分たちの文化への侵害と考えるかもしれないと危惧したからだった。地元民にとってわたしは依然としてよそ者だった――どれだけ長く島に住んでいようと、本土の白人《ハオレ》はあくまで本土のハオレでしかない。

この講義を予定していた日、わたしは自宅で家族と早目に夕食をすませてから、講義の草稿をかき集めた。玄関を出て車に向かう途中で、あたりに妙な緊張感が漂っているのを感じた。石庭の例の石の向こうに地平線に近い夕日が浮かんで、黄色い光がうちの地所に射しこみ、濃い影で際立った熱帯の鮮やかな緑のモザイク模様を生み出していた。木も花も草も午後の雨に濡れてきらめき、そこらじゅうから無数のちっちゃな太陽がわたしに向かって光を反射した。動きのあるキラキラした光のおびただしい点は変容状態のときの眼閃模様を思い出させ、この強く連想をかき立てる視覚効果にこちらの意識下のクが反応するにつれて、わたしは自分の中に転換が起こるのを感じた。幻視体験に似てはいるが、それほど全面的でも強烈でもない、軽い入神状態《トランス》に入っていた。感覚はきわめて低い周波数で振動し、したがってわたしの体はあらゆる点で正常に機能しつづけることができたが、周囲のあらゆるものについての知覚は著しく変化し、ふくれあがって水平方向に広がり、そのためわたしは周囲の環境とある程度「同化」した。自分の所有するささやかな農地を見まわすと、その景観を感じとることができた。家の傍らのバンヤンの樹皮の灰緑色の肌や、その幼い板根に惚れぼれし、風が出てこんもり茂った青々とした葉をそよがせるのを感じた。幼根がぼろぼろした溶岩の下層土を押し分けていくのが聞こえ、根から水を吸い上げ、葉で日光を吸収している木の温和で淡々とした、朧《おぼ》ろな意識が感じとれた。

この不思議な寸刻の間に、わたしは石庭の例の石のほうへ向き直った。カフナの知識を他の人々と論じ合う許しを求めなくてはと、気がついた。石のそばに寄り、書類鞄を下に置いて、濡れた石の表面に両手をのせた。念頭から雑念を払って、石の中の霊に挨拶し、日常的な現実と非日常的な現実の双方で我が師たちから習得した知識を人に分け与える許可を正式に求めた。わたしがうまく、真実に即して、納得のいくように話せるように、この試みに祝福を、霊力《マナ》を与えたまえと石に頼んだ。

自分の住む美しい楽園の島に心からの感謝を捧げ、周囲の生きとし生けるものの生命力を認知し、そして石の導きを求めて、要するにわたしは祈っていた。自分の最も根本的な本性《ほんせい》や、ほかのあらゆる存在のそれとつながりを持とうと努めていたのだ。その瞬間、なにやら鮮烈なものが意識に流れこんできた。石を通して、わたしは突然自分と他のすべての被造物との強いつながりを感じた。山や海、風、海岸、大地や木々と——そしてナイノアと——一体になった心地がした。

いきなり、髪の毛が逆立ち、鳥肌が立った。石の中の不思議な意識がわたしの心にふれた。石がただそこにあるという以上のなにかをわたしは感じた——ある精神形態、まったく異質な意識、人間の心とは大違いだが、にもかかわらずやはり一種の意識を感じた。感知《アウェアネス》という言葉が一番当たっているかもしれない。その短い間、この感知作用がわたしに集中しているのがまざまざと感じられた。ざらざらした濡れた丸石が急に温かくなり、その熱が急速にわたしの手から腕を伝って胸と胃に浸みこんできた。びっくりして、わたしは石を放した。両手がじんじんした。エネルギー感覚が一段階飛躍して、ぐんと強まっていた。あたかもわたしがその石と自然界のあらゆるものを代弁できるように活力を授けてくれたかのようだった。

わたしは自信をつけ、奮い立ちさえして、書類鞄を手に取り車に乗りこんだ。

クラスでの出来事

その夕刻、まったく奇態なことが起こった。諸文化の信仰と宗教イデオロギーについて私見をはさまない学問的な解説を30分ほどしたあと、わたしが神秘的な力という主題を持ち出したとたん、南のほうから雷鳴が聞こえてきた。ハワイ諸島では、雷雨が稀なのは周囲の海洋の緩和作用のおかげだと、わたしは余談で受講生たちに話した。

本題にもどると、また中断された……次第にやかましくなる雷鳴でそのあとも何度となく。雷は近づいてきていた……雷雨が火山を下ってきているのだった。わたしは講義をつづけ、また雷がバリバリッとはじけて、今度は稲妻が走った。もう日は沈んで、夕闇が濃くなってきていたから、その効果は劇的だった。

わたしは用意した草稿から脱線して、南アフリカではジョンダー、オーストラリア原住民の一部ではナマルクンと呼ばれている神話的な雷人のことを話しはじめた。この超自然的な存在の岩石画は、両者が地理的には遠く離れているのに、著しく類似している。雷人は細長くひょろりとした体で頭から角のような突起が出ており、ジグザグに曲がった長い手足を持ち、両肘と両膝にくくりつけた石斧を打ち合わせて雷をおこす恐ろしい存在として描かれていることを、わたしは説明した。オーストラリアのナマルクンには大きな馬蹄型の眼内閃光のように内向きに曲がった稲妻の長い弧が描き添えられている。

わたしは北欧神話の魔法の槌を持った雷神《トール》、古代ギリシャの雷電をふるうゼウス、西アフリカに住むヨルバ族の両刃の斧を持ったシャンゴなどについて話した。ハワイの雷神、カネケヒリは学者たちが70もの名前をリスト・アップしたハワイの大いなる神々の中の主神カネの一側面であることにも言及した。またまた稲妻が走り、つづいて雷鳴が轟いた。ナイノアは雷人をマクアウウィラと呼んでいた。わたしはハワイ人の受講生たちにその呼び名を知っているかたずねてみたが、誰も知らなかった。将来使われるようになる呼び名なのだろうと察せられた。

　雷雨は今やほぼ真上にきていた。騒音の壁がぐんぐん迫ってきて、大粒の雨が駐車場に並んだ車を連打していた。雨足は強まる一方で、熱帯性の降雨は耳を聾《ろう》するばかりだった。講義をつづけていられるかどうか怪しくなった。ハワイ諸島で生涯を暮らしてきた六十代の女性受講者がコナではこれまでこんな嵐は見たことがないと、騒音に負けじと発言した。

　きらめく閃光が教室を照らし、間髪を入れず雷鳴が耳をつんざいた。一同の緊張をやわらげるため、なんとかユーモアをかもし出そうとして、わたしはアフリカ人に言わせると雷人のジョンダーはいつも力をひけらかしているんだそうだと話した。1人の学生がいくぶん調子に乗って、「ジョンダーにすぐそばまでくるようにけしかけて、なにをしでかすか見てみよう」と言った。

　その場にいた30名全員の注意が挙げてこの思いつきに集中したとたん、校舎のすぐ外の駐車場に落雷した。同時にすさまじい雷鳴が響きわたった。電灯がちらついて消え、教室内は暗くなって、わたしの記憶にあるかぎりでは最も長い5秒間、外の地べた一面をシューシュー、パチパチ音を立てて蛇のように這いまわる稲妻のぎらぎらした輝きだけがあたりを照らした。電灯がゆっくりとまたともったときには、オゾンの匂いがあたりに充満していた。

　我にもなく肝をつぶしてわたしはこう言った。「やれやれ、今のはずいぶん近かったな――それに、こんなに雷鳴と稲光がしてたんじゃ講義どころじゃないね」多少とも落ち着きを取りもどそうと、わたしは夜空のほうを向いて声を張り上げ、窓越しに伝えた。「わたしが授業をつづけられるように、雷人がこのマナをすっかり山の上に持ち帰ってくれたら大いに感謝するんだがねえ」

　わたしは自身を含めてみんなが驚いたことに、嵐は鎮まった。5分としないうちに最後のゴロゴロが遠くへ——マウナ・ロアの山頂へ、元いたところへ！——退いていった。雨もやんで、すっかり静かな夜になった。わたしは講義をしめくくり、みんないくぶん茫然とした様子で帰っていった。

雨に濡れた暗い田舎道を車で帰る途々、わたしはほとんど自分と嵐との間になんらかのつながりがありでもしたように感じていた。後刻、わたしの科学者としての性《さが》はそんな思い入れを馬鹿げたものと即座にしりぞけたが、ベッドに横になって寝つこうとしたとき、その問題がしきりにわたしを悩ませた。自分はほとんどなんの知識もない方面のことに取り組んでいるのだと、心の底ではわかっていた。わたしは軽率だったのだろうか？　わたしは自身やわたしの論題とあの稲妻との間にはなんらかの関連があったのか？　ひょっとして実際に精霊たちが関わっていたのだろうか？　もしそうだったら、精霊たちはわたしの軽率さによって誰かが傷つくのをほうっておいただろうか？

わたしはこうした揣摩《しま》臆測をやめてナイノアの信仰についての考察に方向を転じた。ナイノアは仏陀のことを知っていたし、ナザレのイエスについても「白い肌の救い主《ホワイト・マスター》」イエス・キリストとして知っていた。この呼称が彼にとってなにを意味するのかわたしにはまだはっきりしたことはわからなかったが、とにかく彼の時代のハワイ人集落には仏教もキリスト教も組織立った宗教としては存在していない。これらの宗教は西洋文明の崩壊を乗り越えられなかったのだ——少なくとも、ハワイにおいては。

文明の終焉《しゅうえん》についてのナイノアの知識はハワイ諸島で起こったことに限定されていた——崩壊過程が完了したあと生存者たちの子孫が何代にもわたって記録したらしい出来事に限られる。いつ、どんなことが起こったのか、彼は具体的には知らない。それでも、3つの重大な情報を持ってはいた。海面が上昇したこと。ハワイ諸島が突然ほかから孤立したこと。そして諸島の住民人口の大半がおそらくは社会的混乱と飢餓の相乗効果で死滅したこと。

未来のシナリオ

わたしは暗がりでじっと横になったまま、ハワイ諸島が外界からいきなり完全に孤立したらどういうことになるか想像してみようとした。ハワイは世界じゅうの群島のうちで最も隔絶している――ホノルルとハワイ諸島以外のどこかとの間には距離にして2500マイルをかなり上回る外洋が横たわっている。わたしは次のようなシナリオを想定した――。

西洋文明の崩壊によって食糧と燃料の輸入がいきなり途絶える。両方の備蓄は数日のうちに減少し、乗用車やトラックから船舶、航空機にいたるまでガソリンに依存するすべてのエンジン付き輸送手段は無用の長物と化す。公益事業――電気、水道――は破綻し、一切の医療や医薬品、電気に頼るすべての通信システムも同様だ。なにより重大なのは、住民が交通の便を奪われる全地域社会で食糧と水が加速度的に不足してくることだろう。

食糧と水を入手する手段が生存を可能にする決定的な要因になる。買いだめは、避けられない運命をあとに延ばすことにしかなるまい。命の糧《かて》をすべて土地と海から得ることがまだできる人々だけが生き残るだろう。伝統的なポリネシアの生存術を知っている者たちだけは――一部の牧場主や農民、それにおそらく漁民は――生きのびるだろうが、それもすばやく適応できる人間だけだ。

人間社会のその他の職業――政治家、ビジネスマン、銀行家、法律家、不動産業者、商人といったものは――たちまち意味も値打ちもなくなるだろう。食糧だけが、そしてそれを生み出す知識と技術と能力を備えた者たちが、価値を持つようになる。機械やガソリンを燃料とする船に頼らず、伝統的な方法で生活の糧を得られる人々だけが生き残ることになる――思うだに身がひきしまる。

わたしは懸念を深めながらこのシナリオを検討した。土地を自給自足できる範囲の区画に分割するアフプアアと呼ばれるハワイの伝統的な制度にただちに復帰しなくてはならないようになるだろう。これは各区画が山から海までまたがっていて、海岸の漁業共同体と内陸部の農業共同体を含みこむものだった。歴史上、それらの境界は耕作適地とカヌー用の適当な船着き場の存在、それに汚染されていない真水が利用できることを基準にして決められた。この生活機能的な昔のやり方への復帰はその際ただちに遂行されなくてはならず、さもなければ全員死滅するだろう――全員だ。

島の現在の住民たちの大半が土地と水の保全にほとんど関心を持っていないことは、わかっていた。開発業者たちは政治家や銀行に後押しされて隙間なく地取りした住宅団地を建設しつづけている。その過程でかつての農地は地価の高い分譲地に転換され、そこに住む人々は食糧生産の方法などまるで知らない。その結果、ハワイ諸島で買われ、消費されるあらゆるものの不釣り合いに大きな部分が外から運びこまれている。ハワイはおおむね西洋の一部と言ってよく、その住民たちは世界の市場経済に完全に依存している。地元の漁民たちですらガソリン・エンジンの船を使っている。

　ハワイには深刻な環境問題もある。殺虫剤、除草剤、肥料などの化学残留物が今や各島の地下のきわめて重要な真水の帯水層から見つかっている。農業や環境に有害なものが無知、無責任に島に持ちこまれ、輸出用作物のほか固有の動植物にも惨憺たる結果をもたらしている。昔のポリネシアの生存術に立ちもどることがたとえ必要になっても、果たしてそれは可能だろうか？

　しかしナイノアの民族はそれをやってのけたのだ。一部が文明の崩壊を乗り越えて、また島々に住みつき、その子孫たちはついに5000年後にははるばるカリフォルニア海岸まで船旅をして、失われたアメリカ大陸を再発見するにいたった。

　文明の崩壊後、どうやら高度の科学技術は残らず失われることになるらしい。あらゆる機械は——自動車やコンピューターからジャンボ・ジェットやCTスキャンにいたるまで——動力なしではガラクタと化すだろう。金属部分は利用価値のあるものに——釣り針、銛、ナイフ、釘、荷車や舟の部品などに——作り変えられるだろうが、機械そのものは、食糧生産と生存に直接寄与しないどんなものもそうであるように、たちまち捨て去られるだろう。現在の人口のうちどのくらいが生き残るだろう？　10パーセント？　1パーセント？　0・1パーセント？

　いざとなったら、人類は再び自然淘汰の冷たい判定にさらされるだろう。自然の法則は容赦なく、遺伝子の隘《あい》路《ろ》はきわめて厳しいだろうが、ハワイの人種的な多様性は有利に働くだろう。あちこちの島に残る人口はわずかなものだろうが、生き残りに必要な遺伝変異性を持っているだろう。そのうち、ハワイの現存の民族、文化集団がすべてその一要素となる新たなハワイ人種が生まれることになるだろう。

　ナイノアが友人や「同僚」として付き合いのあった人々はいずれも一様に浅黒い肌で、非常にはっきりした目鼻立ちをしていた。鼻の形はいくぶんばらつきがあるが、大方の者が広い頬骨、唇のふっくらした大きな口、それに「切れ長」の目をしている。純粋にヨーロッパ系、アフリカ系、アジア系と言えるような人種的にはっきりした者は1人もいなかった。髪の色は多少の違いはあっても、金髪は皆無だった。ただ、青い目はたまに現れることもあるようだ。

島に現存するさまざまな宗教や宗派は聖職者や信者が死んでしまえば、おそらくほとんど一夜にしてすたれてしまうだろう。生存者たちが生活の拠りどころとして再び海と大地に重点を置くとなると、宗教は一番大事なもの――自然界とその超自然的な側面――に目を向け直すことになろう。自然と共生し、自然を理解する昔ながらのシャーマン的な方法は、にわかに妥当性をおび、役立つものになるから、生き残る、というか再発見されるだろう。

こうした終末観的な未来像に心を揺さぶられて、わたしはベッドから起き出し、大きなマグにダージリン茶を淹れ、ラナイへ出て星空の下に腰を下ろした。静かな夜で、欠けていく月が陰影の濃い風景に朧ろな光を投げかけ、熱帯性の暖かい空気は穏やかだった。わたしはナイノアがナ・ヒクと呼んだ北斗七星を探し出し、柄のカーブを南のほうへたどって、ハワイ人がホクレア、喜びの星と呼んで、あの有名な航海用カヌーの名前にもなっている大角星を見つけた。

鷹の姿をとったナイノアの夢幻的な心霊飛行は、民族誌学上の文献に多く見られる霊力のある動物との一体化という経験に似ている。霊鳥との飛行は普遍的な経験で、世界じゅうのシャーマンに共通のものである。ナイノアが上空を飛んだ大きな山の湖はタホー湖の可能性があり、シエラネバダ山脈の東側断層崖《だんそうがい》の空からの眺めはとても見馴れた感じがしたが、しかしその向こうの大盆地に現在ある高地砂漠はがらりと一変して、今のアフリカのそれに似てなくもない草原とサバンナ性の森林地になるらしい。これほどの環境変化は全世界が劇的な気候の変化をこうむったことを暗示する。樹木の茂る草原地帯は降雨量も気温も上昇したことを反映している。動植物相から判断すると、世界は地球進化の歴史の上で多くそうだったように再び大部分が熱帯性の温かさになるようだ。

わたしは西洋文明の黄金時代の末期に生きているのだろうか？　環境破壊による破局が迫っていると予言する人々は正しいということか？　破局はわたしが生きている間に起こるのだろうか？

わたしの物思いは、自我の霊的側面のシンボルとしての立石というナイノアの発想に立ちもどった。一本石《モノリス》は世界の到るところで見られ、どこでも謎として推測の対象になっている。それについてはこれまでいろいろなことが書かれているが、その本来の目的は、太古――紀元前3000年もの昔――それを建立した人々の消滅とともに忘れ去られ、依然として不明なままだ。

おそらく最もよく知られている立石は有史前のヨーロッパ巨石時代の人々が環状に並べたものだろう。イングランドとアイルランドだけで900以上もの環状列石が見られ、中でも有名なのがエイヴベリとストーンヘンジのそれである。こうした環状列石の一部はきわめて精緻に並べられているので、栽培期が短くて植え付けと収穫の時機を的確に選ぶことが決定的に重要だった巨石農耕文化社会で太陽時計として使われたのかもしれない。北フランスのカルナックにある数列に長く並べたものなど、他の立石群は目的がもっと不明瞭だ。霊的な自我のシンボルだったかもしれないという説はわたしはどんな本でも見たことがないが、これはわたしの専門分野ではないから、見落としているかもしれない。

しかし、昔のハワイでは、立石は神であるカネと結びついたシンボルだった。カネはその外的な側面では造物主アクアブ、ハワイの神々のうち四柱の大神の1つに数えられる。内的な面でのカネは二重の性質を持つ神-自我、もしくは各人の高次の自我、カネワヒネないしアウマクアを代表するものと多くの人に受けとられていた。

眼下の海岸ぞいの暗がりの中に、部分的に修復されたハワイの考古学遺跡、プウホヌア・オ・ホナウナウと呼ばれるホナウナウ地区の昔の聖域（プレイス・オブ・レフュジー）の所在を示す光の小さな群れが見えた。伝統的に、そこは治癒力が強力に集中した重要な宗教センターで、聖所の祭司たちが法を侵した者の罪を浄めた場所である。今は国立歴史公園になっていて、毎日バス何台分もの観光客が訪れる。

堂々たる石壁で仕切られた内陣にはいくつかの聖壇《ヘイアウ》の名残がある。その1つの前に、巨大な一本石が横倒しになっている。公園管理人のジェリー・シモダから教わったところによると、その巨石はどこかよそからプウホヌアに運ばれたものだが、誰が、なんのためにかはわかっていないらしい。伝説では、その石はケオウアという地元の大首長のお気に入りだったと伝えられており、そこからケオウア石と名づけられている。わたしは自分とうちの玄関脇の例の石との間に生まれている奇妙な関係に思いをいたし、ひょっとするとそれは逆で、ケオウア大首長が巨石のお気に入りだったのではないかと考えた。

ハワイ諸島全体を通じて、他のそれぞれに名高い石は霊が宿ると言われていたり、超自然的な力の容器として知られていたりする。オアフ島のワヒアワにある石は治癒力があると言われている。高位の首長夫人たちが将来の首長《アリイ》を産んだ場所には産石《うぶいし》、ポハク・ハナウが立っている。最小限に彫刻を施した石の面がいくつか、現在はホノルルのビショップ博物館に置かれているが、他の石は元々あったところに今もある。伝統的に、ほとんどすべてのポハクは名前がつけられ、いずれも大いに崇められていた。

一本石は世界中のさまざまな場所に見られることからすると、かつてはあまねく知られていたシャーマンの知識に由来するシンボルで、世界の諸文化に共通して精神的シンボルのある発展段階で繰り返し再発見された1つの古い観念を表すものだったかもしれない。水晶も小さなモノリスというか、意識下のクが認知して惹き寄せられる携帯用のシンボルに相当すると推測するのは心をそそった。

注目すべきことに、ナイノアは洞察力豊かな思想家カール・ユングが誰よりも明確に表現した「集団的無意識」の概念を理解していた。ナイノアの信仰体系では、個々の人間は人類の集団的な知恵を包含するより大きな複合的人類霊の物質的に顕在化した一部とされる。理論上は、各人がその霊的な側面を通じてこの知識を利用できることになる。もしこれがほんとうなら、どうして我々人類はこの集団的な知恵によってエイズの治療法を発見したり〔新註⑥〕、核融合の方法を発明したりすることができないのか〔新註⑦〕、とわたしは思いめぐらした。ストーンヘンジの巨石遺構の建設者たちはなぜＤＮＡ分子を思いつかなかったのか？　しかるべき問いかけをしかるべきやり方で発するための土台として、人間社会がある程度の知識と意識を獲得していなくてはならないということは考えられる。たとえば、ＤＮＡ分子という概念は巨石文化という文化的背景の中ではほとんど意味を持たなかったろうし、したがって問いを発するいわれもなかったろう。

進化という見方からすると、ホオマナの神秘的な諸概念も理解できる。現世的な存在の形而下的な面は活動のレベル、霊的な領域は情報のレベルと見なされるから、知識はそれが「こちら」で生まれるまでは「あちら」では具体化しないのかもしれない。この枠組みの中では、霊的な次元とその住人たちは、存在の形而下的な面で起こることに応じて生まれてくるのであって、その逆ではない。成長、変化、多様化は「あちら」の非日常的現実ではなく「こちら」の日常的現実の中で起こる。こういう考え方は、我々が我々自身の霊的な「神ー自我」の創始者であり、我々は自分の個人的なアウマクアの面と、それを通じて、集団的な人類霊とを創造するのだということを暗示するものだ。

自然界のあらゆるものが霊的な面を有するとすれば(大方のシャーマンはそう考えるのだが)、客観的世界の森羅万象に前述のプロセスが当てはまることになる。顕在化したあらゆるものはこちらの活動面でまず現れ、ついで変化し、多様化し、一方それぞれの非物質的なアウマクアの面はそれに応じて変身するということになるだろう。それは霊的なレベルの現実に「鏡を通して」(L・キャロルの『鏡の国のアリス』の原題で、「あべこべに」の意になる)投射された映像として存在することになるだろう。

この神秘的な関係には循環的な面があり、輪廻の概念がそれにうまく当てはまる。生きとし生けるものはすべていずれは死ぬ。すると個は死から次の再生までの間もっぱらアウマクアとして存在する。各々の霊的な面はしたがって、現世的な存在の形而下的レベルにおける次回の生に再導入される個の貯蔵庫および源としての役目を果たす。この見方からすると、我々人間はまさに「神の像《かたち》に似せて造られ」ている——ただしその「神」はユダヤ教ーキリスト教ーイスラム教の伝統にそった、怒り狂ったり恵みを垂れたりする造化の神ではない。それは各個人の神的自我、アウマクアであって、それを介してより大きな人類霊に近づけるものなのだ。

ゆえにアウマクアは新たに生まれ変わる自我を創造し、かつ形而下的な面でのその自我の活動、思考、感情、業績に応じて進化する。創造は一方的なものではなく、むしろ原子や分子から星や銀河まで、現存する諸形相の現象界内のいたるところでとてつもない長い時間にわたってつづいてきた二重性のある相互創造の過程なのである。

シャーマン的意識とは

わたしは夜空をじっと見上げた。非日常的現実の中にある情報母体に自分はどうすれば近づけるのか？　ハワイの霊能者たちは知力によってではなく、ニエリカがある心のより深い意識下のレベル、クによって近づけるのだと信じている。この問題に関してどれだけ本を読んでいようと、また本人の意図がどんなに純粋であろうと、その人のクがその試みの協力者として働かなくてはならないというのだ。だがわたしのような「左脳型」人間はどうやったら自分のクに協力してもらえるのか？ おそらくその鍵はマイケル・ハーナーがシャーマン的意識状態と呼ぶ例のあの変容状態を達成することにあるだろう。

ハーナーはこの状態を、毎秒4ないし7サイクルのシータ脳波周波数内での太鼓の打音（あるいはアメリカ先住民のガラガラの音）によって作動し、維持される高度の知覚法、オーストラリア原住民が「強い目」と呼ぶもので巫術の実践者が「見る」、そういう意識拡大の1つと説明している。ハーナーは入神状態《トランス》という言葉を避けるきらいがあり、それは西洋の文化観では入神状態《トランス》はしばしば非意識的状態を意味するからである。シャーマン的意識状態にある間、実践者は通例日常的および非日常的現実の両方を同時に認識しているし、幻視の領域で見たり聞いたりしたことをあとから十分思い出すことができるのだ。

カリフォルニア大学デービス校の心理学教授チャールズ・タートは、変容状態が誘発される態様を説明し、その過程を3つの段階に分ける概括的な理論を発表している。第一段階では、日常の意識状態が攪乱的な力——たとえば太鼓やガラガラの音、音楽、詠唱、踊りなどによる強烈な感覚的刺激、あるいは不眠状態、餓え、アメリカ先住民の禊《みそぎ》用の蒸し風呂、幻覚剤などによる生理的・心理的攪乱作用——で動揺させられる。第二段階で、本人の意図、期待、心理的、生理的条件、環境によって、特定の意識変容状態——最終目標——が形成される。第三段階では、意識がその新しい状態内で再び安定し、本人が脳-精神の「こちらの」通常の活動パターンにもどろうと望むまで「あちら」にとどまる。

意識変容状態を達成する能力が学習可能な技能であることをタートらは発見した。初めは難しいかもしれないが、練習を重ねることでそのプロセスは容易になり、ついには不安定化させる力（太鼓やガラガラの音とか幻覚剤）を必要としなくなる。意識下のクはプログラム化でき、つまりついには意図するだけで幻視状態に入れるということだ。

自分の体験についてのわたしの興奮は用心の気持ちが働いて薄められた。ヤキ・インディアンの呪術師に弟子入りした経験を記録したカルロス・カスタネダの有名な著書は人類学者たちから痛烈にこきおろされたものだった。カスタネダの仕事はほぼ最初から論争の的になり、大方の人類学者は彼が作り話をでっち上げて、本物として世間に押しつけたのだと信じている。既成の人類学界においては、彼の著書が大いに一般の人気を得て、大金を稼いだという事実が命取りだった。バークレー校でわたしが教わった教授たちの1人はカスタネダの仕事を酷評し、文化人類学上、考古学のピルトダウン人捏造に相当するものだと決めつけた。この手厳しい攻撃はおそらくその教授が変容状態を経験したことがないせいだった。ハーナーに言わせると、高度に体系化された「左脳型」の職業に従事している人間が最もシャーマン的意識状態を達成しにくいきらいがあるという。わたしの体験についてわたし自身の中にある学者的な懐疑の念は、おそらくわたしの同業者たちに共通のものになるだろう。大方の人類学者は自分の専門領域にますます狭く集中していく高度に鍛えられた知性の持ち主である。自分の潜在意識の性質とその働きについてまったく知らない者が多い。

アルバート・アインシュタインはどうも完全には解けない問題と知的に格闘したあと、リラックスするため帆走しにいったという。帆走中に突然直感が閃いて解決法がわかった。ホオマナの見方からすると、アインシュタインの解決法はおそらく彼のアウマクアから発し、クを通して入ってきて、彼のロノの知性によって受けとめられたのだろう。なんであれ気持ちのいい肉体的活動を喜ぶクは、野外に出て、自然とダイナミックに交わることができて嬉しかったにちがいない。そうした状況下でクは情報を求めるアインシュタインの欲求に応えて、お返しにつかのまの意識拡大状態をもたらし、集団的情報母体と通じている彼のアウマクアと接触して、かくて問題の解決法が明かされたのだ。

ナイノアが十文字は非日常的な現実における人間のアウマクアを表すと考えそうなわけが、今やわたしにはわかった。他のいくつかの古い文化でもそれを霊的なシンボルとして使っている。たとえばニューヨークのアメリカ自然史博物館で、シベリアのチュクチ族のシャーマンの衣装の胸と膝のところに十文字が刺繍されているのをわたしは見たことがある。その衣装が1800年代にシベリアで入手されたときに得られた民族誌的なデータによって、その十文字が非日常的な現実へのシャーマンの心霊飛行を象徴する鳥であることが明らかにされている[原註]。

ネアンデルタール人ですら十文字をシンボルとして使っていたのかもしれない。稚拙だがはっきりと十文字が刻まれている小さな丸い石――ハンガリーのトト遺跡から出土――は今から5万年前のものと推定されているのである。それは人間の進化における象徴表現の最も初期の一例である。ネアンデルタール人にシャーマンがいたとか、かれらが抽象概念のシンボルとして十文字を用いたとかいうことを意味するものかもしれない。モノリス同様、十文字も人の心から生み出されて、世界じゅうの大半の先史文化の芸術に取り入れられている。

この観点から見ると、十字架上のキリスト像はまったく新たな、拡大された意味をおびてくる。霊的な導師とそのアウマクアの面との複合的なシンボルとなる。その像は一方では、肉体的な受難が変容に到る道であることを示している。もう一方で、それは人間の肉体的な面が死において霊的な形相に溶けこむことを示している。

自分の体験を通して、わたしは現実について拡大した理解力を獲得していたのである。カフナ・シャーマンならわたしの個人的なアウマクアがわたしを教育していたのだと言うかもしれない。ひょっとしてわたしのアウマクアとナイノアのアウマクアは実は同一の実体なのではないかと、わたしは考えた。もしそうなら、彼もわたしも同じ霊的な自我の源の「第一段階《レベル》」の肉体的な発現ということになる。だとしたら、おそらくわたしたちの不滅の霊的な面が縁結びになって2人の出会いが起こっていたのだろう。わたしたち2人は共に日常的な現実に、ただし異なる時代に存在し、たぶん現実の第二レベルを通じてわたしたちを結びつけているアカの糸を第三レベルのお互い共通のアウマクアへと越えることで、周期的に接触し合っているということのようだった。おまけに、2人とも同伴者兼守護者としての同じ動物のアウマクアに――豹男ないし虎男に――守られているようだった。それにまた例の石もあったし……。

もうずいぶん時刻も遅く、遠からず夜明けだった。すでに茶は飲み終えていたので、わたしは足音を忍ばせてぶらりと台所までいき、茶碗を洗った。それから幼い娘たちの様子を見て、ベッドの妻の傍らにもぐりこんだ。熱帯の夜は暑いほどで、ジルは上掛けをほとんどはねのけ、仄明かりに照らされてヌードで大の字になっていた。

わたしたちの生活は今や求婚時代とはずいぶんちがったものになっていた。「子どものいる所帯持ち」とあって、今では夫婦2人きりになることはめったになかった。共同生活は充実していたが、それでも子どもがいるためにさまざまな責任を負わされる中で、愛の営みはやはりわたしたちに心の栄養を与え、絆を新たにさせ、精神の安定を取りもどさせてくれていた……。

不意に、わたしのクが妻と愛し合うことを望み、そして妻のクは夢の中で、わたしたちを結びつけているアカの糸を通じて、こちらの情動の強さを感じとり、それに応じて発動した……。わたしたちは夜明け前の暗がりで愛し合い、1つの流れとなり、眠たげに笑い、キスし、触れ合った――そしてわたしは妻への愛を至上の強烈さで感じたとたん、彼女の黒い瞳の閃きの中に消えた。

そのあとわたしたちはうとうとし、夢の中間世界へと共に旅をした。眠りに落ちかけたとたん、なぜかわたしはナイノアが谷間の湖畔に見かけた一群の小屋を思い出した。疲れていて眠りたかったのに、今度はそのことを思いめぐらした。

眠気にもかかわらず、愛の営みで刺激されたわたしのクが戸口を開いた。絶妙なエネルギー感覚が境界域を流れ越して、わたしの中にほとばしった。あえいで、息を吸いこんだので胸がふくらんだ。騒々しいシュー ッという音が耳に充満した。瞼の闇に眼内閃光が現れ、奇妙な弧を通過して遠くへ流れた。不意に、わたしは進行というか推移というか、非常なスピード感を味わった。

ほとんどそれとわからないうちにわたしはすばやく無音域を越えた。今やそれが前より容易になっていた。エネルギー感覚がおさまり、目を開けた。わたしは山上から乾季の埃の靄をすかしてはるか下の谷間をじっと見下ろしていた。

原註　この衣装の膝の十文字の刺繍と、それが鳥であるという認定は、1991年夏にアルプスの高所で凍結状態で発見された青銅器時代の「アイスマン」のミイラとの関連で考えてみると興味深い。この5000年前の遺体には膝に十字の刺青、背に小さな長方形の格子模様が見られる。

14　第七の旅——森のはずれ

気配

昼下がり、ナイノアはある山の頂上に立ち、高揚感と不安を同時に感じていた。眼下の風景は鷹の目を通してすでに見たのと同じものだったが、湖の向こう側に小屋があるかどうかは乾季の靄に隠れてさだかではなかった。

左のほうに異様な傷跡がある山の南面が空にそびえている。大山脈を首尾よく越えた、しかも自分はそれをやりとげた最初のハワイ人だと実感すると、気持ちが高揚した。ぞくぞくして鳥肌が立ち、血が喜びに沸き立った。思わず飛び上がって、歓声をあげた。その叫び声が山々にこだましたとき、彼は今のこの瞬間に匹敵するほどのことは自分の人生にきっと二度とないだろうと思った。

歓喜のさなかに、ナイノアは不意にある気配を感じた。虎男だろうか？　最後に見た姿が思い出された——斑紋と目玉だけの透明な妖怪。だがあたりを見まわしても、異常なものは見当たらなかった。いずれにしろ、どうも虎男の気配のようではなかった。ナイノアはひとり尾根に立って、じっと動きを止めたが、自分以外のものがいるという感じは消えなかった。誰が、あるいは何がいるのか？　山を下り、下のほうの斜面のこんもりした森を抜けていく間もその感じはずっとつきまとった。一群れの猿に不意に出くわし、1匹を矢で射止めたが、残りは非難がましく吠えながら木々の間を逃げていった。ナイノアは仕留めた猿の尾と頭を1つにくくって肩に掛け、鞄のように小脇に吊るした。

遠くの滝の轟々たる音が聞こえる細谷の近くに早目に野営した。薪《たきぎ》を集めて火を焚き、猿の毛を焼いた。その焦げた姿がいやに人間に似ていていささか動揺し、ナイノアは猿の霊にきちんとわびを言って、糧《かて》を与えてくれたことに感謝した。それから切り分けて、火でじっくり焙った。食後、残りの肉は葉でしっかりくるんで、木に吊るした。後刻、なおも気配を感じながら、切れ切れに眠り、猿の夢を見た。

翌朝、空気が前日よりも澄んで、ナイノアは鳥瞰の幻視の正確さにあらためて驚嘆した。下山をつづけるにつれ、気配はますます強まった。こっそりつけられているのだろうか？　彼は周囲を見晴らすのに手頃な木を見つけ、下枝によじ登って、武器を用意し、腰を据えて見張りにかかった。心を静め、じっと鳴りをひそめて、なりゆきをうかがったが、なんの動きも見られなかった——だが依然として存在は感じた。精霊かもしれない。空気はそよともせず、次第に疎《まば》らになっている森林は静まり返っていた。彼は先へ進むことにしたが、五感は油断なく張りつめていた。

ようやく山の麓に着くと、同時に、森のはずれから草地に出ることにもなった。ここでは空が果てしなく広がっていた。頭上をふと影がよぎって、また不安に襲われた。谷の上空の熱い気流に乗って禿鷲がたくさん滑空していた。ナイノアは全身がさらけ出されていて隙だらけという気がした。おそらくその禿鷲たちはオウリ、前兆だろう。鷹になったとき、ナイノアはこのあたりにライオンを見かけていた——乾いた草地に死が待ち受けていて淡い色の目で彼を見守っているのかもしれない。

木立のへりで土地は東へとなだらかに下っていた。草の海が、真昼の暑い日射しの中でちらちら光る湖のほうまで広がっている。見通しのいい広野のそこここにおびただしい数の動物がおり、照りつける光は強烈だった。はるか遠くに丸みをおびた灰青色の丘が連なり、谷の東の壁をなしている。湖の向こう岸はかすんでいた。

ナイノアは北へ進んで、山脈から出ている流れをめざすことにした。暗緑色の木立が湖までの流路を縁取っていて、彼を招き寄せた。高い白蟻《はあり》の塚によじ登って、彼は灰緑色の草むらを見渡し、草を食んでいる草食動物たちを観察した。虎の類《たぐ》いが近くにいたら、かれらはとてもあれほどのんびりはしていないだろう。時間の節約のため、ナイノアは川ぞいの林まで草原を斜めに突っ切っていくことにした。

そろそろ旅路を逆にたどって集落にもどる潮時だったから、ナイノアは急いで使命を果たさなくてはと焦りを感じた。弓に弦《つる》を張り、矢筒から何本か矢を抜いた。猿の肉がいつまでももつわけのものではない。草むらの中を曲がりくねっている獣道を使って、並木のほうへと草原を歩き出した。群棲動物たちは用心深く彼を見守った。その多くは角の長い野牛のようだった。後方へ倒れた、ぎざぎざのある角を持ったより小型の山羊のような動物は、もっと森のはずれ寄りにいた。弓の射程内には彼を寄せつけず、彼が近づくとすばやく走り去った。

ナイノアは棘だらけの灌木がびっしりはびこった川ぞいの林にたどり着き、へりにそって歩きつづけると、大きな開口部があった。棘々したトンネルの中の木陰はかなり暗かった。動物たちの多くは日中の暑さを避けるため森林地のほうへ移動しつつあった。山中に比べるとこの谷間は相当に暑かった。ナイノアは木陰を求めて用心深くトンネルに入っていった。

彼が受けた警告と言えば、自分の方向への突然の空気の動きだけだった。ドッと音を立てて1頭の牡牛が彼にぶつかってきて、胸にまともに激突した。2本の長い角が左右の腋の下を通過し、彼は反射的に抱きついて牛の首をつかんだ。牡牛は憤怒の声とともに頭を振り上げ、ナイノアもろとも棘だらけの藪から開けた草地へと飛び出した。

ナイノアはぶつかったときの衝撃で息が止まり、傷ついた胸に空気を吸いこもうと努めながらも牛の顔面にしがみついていた。牛は首を激しく左右に振った。ナイノアは気が遠くなってきて、投げ出され、腰の下あたりまである草むらに仰向けに叩きつけられて、頭がぼうっとなった。

牡牛はすかさず突進してきた。ナイノアは必死で横へ転がって深い草むらの中へ逃がれようとした。ある程度までは成功した——牛は彼を角でひっかけ損なったままま勢い余って駆け抜けたが、しかし体重がもろにかかった片足の蹄が彼の左腿を踏みつけた。一瞬の激痛のあと麻痺がきて左脚は使えなくなった。

死に物狂いの最後のあがきで、ナイノアはおおいかぶさっている草の下にできるだけ隠れようと転がりこんだ。牛に姿が見えなければ、助かるチャンスはありそうだった。息を切らし、胸をドキドキさせ、肋骨と肩の痛みをこらえて、身動きしないように努めた。草むらの向こう側を牡牛が蹄で地面を揺るがしてどっと駆け抜け、彼は息を殺した。目の前がかすむ埃と痛みの靄をすかして見ると、牛は向き直って、落ちていた彼の合羽を角で突き刺し、たちまちずたずたにした。それから立ち止まって、見まわした。ナイノアを見つけられず、急にくるりと向きを変え、小走りにまた藪のトンネルを通って川べりの木陰にもどっていった。

ナイノアは脂汗を流し、息をはずませて横たわっていた。わなわな震える体に枯れ葉と土がこびりついていた。喉がからからだった。めまいと吐き気に襲われた。目をつむり、気を失った。

怪我

意識は徐々にしか回復しなかった。今や息をするのも辛かった。癪にさわって、なんとか左脚を動かそうとしたが、麻痺の下にずしんとくる痛みが隠れていた。たぶん牛の群れが日中の暑さを避けるために木陰に入っていて、そこへ彼がまともに踏みこんでしまったのだろう。今しも遠くで牡牛がわめき、草地へ追い出されていく牝牛たちの応答の声がだんだん遠ざかっていった。

思い切って動いてみることにして、ナイノアは草むらからごろりと転げ出た。左脚と肋骨の痛みはすさまじかったが、どうにか上体を起こし、顔や口から枯れ葉と土を払い落とした。左の大腿は腫れてきていた——牛に踏まれた箇所に皿くらいの大きさのあざができていた。足に感覚がもどってきつつあったが、それに伴って大腿の痛みは増した。

暑さははなはだしく、喉の渇きは強烈だった。あたりを見まわすと、彼の持ち物のいくつかが草の上に散らばっていた。網袋は無事だったし、幸い水筒も難を免れていた。ほぼ満タンだったので、彼は貪るように飲んだ。槍、弓と矢筒、棒切れ、それに履物が片方、失くなっていた。ナイノアはおそるおそる左脚を動かし、踵を向かい側の草むらにそっと押しつけてみた。たちまち痛みが走って、吐き気に襲われた——左脚はおそらく骨折しているのだろう。

ナイノアはショックから立ち直り、体力を温存しようとして、じっと座っていた。しばらくしてから、だんだん大きな円を描くようにしてそろそろと這いまわり、ついに履物以外の失せ物はすべて回収した。左脚は今や腫れ上がって紫色になり、痛みがひどかった。それでも、骨折がどの程度のものかはわからなかったが、脚はねじれていないようだし、皮膚も裂けていなかった。手持ちの薬の中にコアリという植物の根を粉にしたものがあり、ナイノアはそれに少々の水といくらかの塩を混ぜ合わせた。その練り薬をあざにたっぷり塗り広げた。それから予備の腰布《マロ》を使って傷ついた脚に穴掘り用の棒を副え木代わりに入念に縛りつけた。取りもどした槍を杖にした。体をまっすぐ起こそうとしたとき、痛みでまた気絶しそうになった。肋骨も何本かひびが入っている感じだった。

　そろそろ日暮れ時だった。まだ喉の渇きがひどく、生きのびられるかどうかは木立の中の流れにたどり着くことにかかっているのがわかった。牝牛たちの鳴き声はと耳を澄ましたが、もう聞こえなかった。左脚はできるだけ動かさないようにして、小刻みにそろそろとまたトンネルのほうへ這っていった。50フィートほど進むと、脚の痛みが強まり、そこでナイノアは止まって、また手持ちの薬を調べた。オハロアの根皮の粉末を取り出し水といっしょに服用した。苦しい匍匐《ほふく》を再開すると、棘々のトンネルの中で失くなった履物が見つかった。

　這っては休み、這っては休んで、水筒からしきりに、といっても惜しみ惜しみ水を飲んだ。棘だらけの茨の密生した藪を避けるため何度も遠回りしながら、所持品の入った網袋を苦心しいしい運んだ。副え木を強化するため細い若木を何本か見つけて切り取った。日が落ちた頃には、樹皮が細長い木質の切れ端になってばらばら落ちている大きめの木の下にきていた。木に登ることなど問題外なので、落ちた樹皮と枯れ木で小さな焚き火をし、気分の安らぐつんとくる匂いを放つ針葉樹の根方になるべく楽なように体を休めた。

　鳥たちが周囲の灌木にねぐらを定める物音で森が活気づいた。ナイノアは傷ついた脚を裸にして、そっとさわってみた。骨は折れたというよりひび割れているだけかもしれなかった。またオハロアを水と混ぜて飲み、効いてくるのを待って、若木の茂みのほうへ体を運んだ。座ったままの姿勢で、左足を2本の若木の間に注意深くしっかりとはさみこんだ。それから一つ深く息を吸って後ろへのけぞり、左脚をぐんとのばして、破損した骨が正しく整復されるようにした。あまりの痛さに気絶した。

　暗がりで意識がもどったとき、焚き火は消えていた。溝《みぞ》火《ひ》錐《きり》を使ってまた火をおこし、それから左脚を若木で副え木してくるみ直した。肋骨が猛烈に痛み、それで腹筋を使って浅い息づかいで呼吸するしかなかった。ものを食べる気はしなかった。

ナイノアは火に薪をくべ、自分に残された選択肢を考えてみた。左脚が治るのには時間がかかるだろう。雨季の到来前に集落にもどれる見込みは到底ない。よかれあしかれ、少なくとも1年間は山脈のこちら側にとどまることになるだろう。

ナイノアは暗がりで木にもたれて寝そべり、夜中になにかやってきたときの用心に槍を前に置いた。蛙の声が流れは北のほうにあることを教えていた。朝になったらそこへいくつもりだった。

火に薪をくべて闇の中に横たわっていると、つかのま絶望感に襲われた。生きのびられるだろうか？　重傷を負って歩くこともできず、孤立無援で、自分のいた集落はどうなったにしろ、そこまでは少なくとも1カ月の道のりがある。ナイノアはようやくいつしか眠りに落ち、痛みがつのったり薄らいだりするにつれて覚めたり眠ったりを繰り返した。暗がりに横たわって、夜明けを待ち、薪をくべ、痛みに耐えた。昼間見た禿鷲たちはまさしく前兆だったのだ。

痛みは途切れることがなく、全身が1つの大きな痛みの塊となり、左脚はずきずきした。夜が明ける直前、まどろうとしかけたとき、流れの音にまじって妙な音が聞こえてきた。山脈から吹き下ろす風の音かとも思えたが、しかし夜の空気はそよともしない感じだった。ナイノアは闇をすかし見たが、異常なものは見当たらなかった。怪訝な思いで、目を閉じ、疲れ果てた体を休めようとした。滔々《とうとう》たる水音を上まわる甲高い音がし、それはまるでなにかが彼の左側をひっきりなしに通過しているように大きくなったり小さくなったり、生まれたり消えたりした。

ナイノアはまた目を開けたが、あたりの様子は元どおりだった。自分の頭の働きが活発になると、その音は小さくなる、と彼は気づいた。また目を閉じて努めて気を楽にし、意識がその音といっしょに流れるにまかせた。音はまだそこに、確かに左側に聞こえていた。突然、閉じた瞼に閃光が走り、あのエネルギー感覚が生まれた。同時に、彼の背中の下のほうと尻に異様な振動が起こり、その振動に合わせてまた別の音が、低い反復音がした。トゥカートゥカートゥカートゥカートゥカ……。

エネルギー感覚が強まるにつれて連続音は大きくなった。ナイノアはそのたたみかけるようなリズムを下から吸い上げて体に伝えるある種の椅子に座っているような心持ちがした。左脚が痛み、辛さをやわらげるため彼は少々姿勢を変えた。その際、右足がなにかを踏みつけ、とたんに体がぐーんと前へ進む感じがした。

びっくりして、目を開けた。ナイノアは事実椅子に座っていて、途方もない速度で道を進んでいくごく小さな部屋の窓から外を見ているのだった。思考力がパッと目覚め、知覚したものと取り組んで、現実だとわかっていることとまわりに見えていることとの折り合いをつけようとした。両手は小部屋の壁から突き出ている支柱に取り付けた輪っかの上に置かれていた。肌がいやに生白い。だんだんにわかってきた。彼は機械の中にいるのだ――しかもそれは動いている。

車の中で

ナイノアは四方にある窓から外を見渡した。同じような機械がいたるところにあり、いずれも道を同じ方向へ疾走していた。生白い手をまたちらりと見て、ナイノアは例のアメリカ人と再び接触したのだとさとった。感激のあまり、「彼」は輪っかを握りしめた。この輪のちょっとした動きで機械が右や左へ曲がる結果になるのがわかった。心は動揺していても、「彼」の体はちゃんと心得てやっているようだった。ナイノアはアメリカ人の機械操作を一切邪魔しないことにした。なにやら不可解な仕方で、ナイノアはアメリカ人の体内に入っており、一方、その「彼」も依然そこにとどまっていた。「彼」のいるところはどこで、この機械はなんというものなのだろう？　ナイノアの心に、言葉が浮かんだ――車。

左側に新たな轟音が迫ってきて、たくさんの車輪に乗っかったばかでかい長方形の箱のような機械が飛ぶように走り去っていった。それがすれちがいざまに巻き起こした風が車を叩いた。ナイノアがびくついて、右へ目をやると、そちら側でも別の機械が追い越しにかかっていた。彼は衝突しないように車を操縦することに専念した。広い路面に引かれた何本かの線が進路の境界になっているらしかった。「彼の」車はそういう進路の1つにそって進んでおり、他の車もみんな同じようにしていた。このアメリカ人は車を掌握しているとわかって、不安がやわらぎはじめた。ナイノアはいくぶん緊張をゆるめ、すばやくまわりを見まわして、細部を記憶にとどめた。

アメリカ人は細い帯で椅子にくくりつけられており、

右隣にもう1つ椅子がある。そちらの椅子に、妙な黒と赤の線が入った1枚の折りたたんだ紙が置いてある。青い部分もあるが、大半は白地であちこち薄緑のところもある。一面に小さな文字が記されている――地図だ。ナイノアが意気ごんでそれに手をのばそうとしたとたん、また突風のような音が横を通り過ぎ、彼はあわてて道路に目をもどした。車の操縦ができるようにアメリカ人の注意をそらさず、自分はあくまで受け身でいなくてはならないとわかった。ナイノアは観察することに身を入れた。

前方の大きな窓の下に、いくつか小さな暗い窓があり、中に数字が環状に並んでいるのもあった。その1つでは、細い棒が60と70の間でかすかに動いているのが見えた。ナイノアはふと、なぜ風を肌に感じないのだろうと思った。手をのばすと、窓にはまっている透明な硬い物質に触れ、全体が1枚のガラス板らしいとわかって驚嘆した。車なる機械の内部を見まわし、目に入るものにいちいち驚いた。車の天井に取り付けた長い長方形の反射ガラスが目にとまった。それに映っているものをよくよく見ると、車の後方で起こっていることが見えるのだとわかった――これまた驚きだった。

ナイノアはちょっと姿勢を変えて、反射するガラスをまともにのぞきこんだ。見おぼえのあるアメリカ人の顔、ハワイの家の大きなガラスの壁に映ったあの顔がまた見えた。左の眉が傷痕で二分されている。黒っぽい色をした目が考えこむように、思案げにつぼまるのを見て、ナイノアは自分の存在が「彼」には感じとれるのだろうかといぶかった。

アメリカ人が居心地悪そうにもじもじした。長時間まったくじっと座っている不自由さで脚や背中が痛むのだと、ナイノアにはわかった。どうやら「彼」はこうして一日じゅう旅をしてきたらしく、「彼の」背と脚は慣れない静止状態のせいでつっぱっていた。

ナイノアはその男の考えが「聞こえる」というか、どういう仕掛けか知らないが、自分に伝わってくるのに気づいた。この驚くべき事実を噛みしめながら、横に目をやって広大な果樹園が広がる丘を眺めた。道路の左半分には、逆方向へ進む機械が次々と通った。道路の規模の大きさに圧倒される思いだった。彼は路上を走っている機械の台数を数えようとしたが、数え切れなかった。

果樹園の向こうに茫漠たる乾燥地帯が一面に広がっていた。はるか遠くに山並みが見えた。海はどこにも見当たらない。実際、アメリカ人は今はハワイにいるのではなさそうだった。ナイノアが質問を思い浮かべると、それに応えるように、ある言葉が心に浮かんだ――カリフォルニア。

ナイノアはショックを受けた。あまりにあれこれありすぎてすんなり呑みこめず、心が殻に閉じこもりはじめた。自身の脚の痛みが最重要事として再び頭をもたげるにつれ、幻視は消えかけた。接触を失いそうだと気づいて、ナイノアは心を鎮め感情を抑えようと必死に努めた。だが視界が暗くなってきた。気を楽にし、意識を轟々たる音の奔流に乗せようと心がけた。だいぶたってから、音が再び強まった。ナイノアはおずおずと目を開けた。

またしても、仰天させられた。つい先刻は昼下がりのようだったのに、今は日暮れに近かった。アメリカ人はまだ車を操縦していて、「彼の」脚と背には依然痛みがあった。道路は今や地上から離れ、広大な集落を見下ろす巨大な橋を渡っていた。後部に赤く輝くライト、前により明るい白色光をともした機械が長く列をなしてつかえていた。下を通る交差道路もこれまた機械だらけで遠方へとのびていた。右手に建ち並ぶ大建築にも灯りがともっていた。

その集落の大きさは森の中の廃墟を数段上回っていた。遠くに一群の幾何学的な建物が空高くそびえ、磨き上げた金属とガラスでできた表面に光が反射し、幾層にも連なる照明がきらきら輝いていた。使われている金属の量だけでも信じられないほどだった。

「そうか、かれらのシティとはこういうもんだったのか」とナイノアは思った。西の空に、光がまたたく飛ぶ機械がいくつか、どこかへ向かってゆっくりと下降していた。車の速度が格段に落ちているため、彼は風景をじっくり観察できた。左手には、集落のへりのはるか向こうに、夕日が一面のまばゆい光となって反射している水面が見えた。水面の向こうに、南北に広がる湾を囲んで長い連峰の黒々した塊があった。おそらくその湾は内海の一部だろう、とナイノアは興奮状態で考えた。

まっすぐ前方、湾の向こうに見おぼえのある山がそびえていた。内海から外洋への主な水路の1つの目印になっているロング山だと、ナイノアは気づいた。カネオへ首長の双胴のカヌーでの周遊で何度も見ていた。その独特の形は見まちがいようがなかった。めまいがした。内海からの水路の文明崩壊前の姿を見ているのだ。

山の南に、巨大な塔に支えられて湾をまたぐ橋が夕映えの中にくっきり浮かびあがっていた。建物と同様、橋にも灯りが並んでいる。湾の向こうには、数え切れないほどの建物が空にそびえる別のシティがある。ナイノアは距離を目測した。建物の大きさは信じられないほどで、ただもう圧倒された。彼の見ているもの全体が大変な数の人間を――膨大な人口を――暗示していた。かれらの文明が滅びた理由はおそらくこれだろう。

周囲の車はほぼ完全に停まっていた。ナイノアはアメリカ人がだんだん苛立ってくるのを感じとった。ここはハワイからの航海者たちが上陸したら見つかるものと思いこんでいたシティにちがいない。彼が問いを思い浮かべると、アメリカ人からの応答が意識に浮かんだ――サンフランシスコ。

「してみると、やっぱりあったんだな」明かりのついた林立する建物に見とれながらナイノアは思った。史書はアメリカのシティの様子を記述しようとしていずれも完全に失敗していた。だがこのシティは彼の時代にはどこにあるのだろう？　その廃墟はどこにあるのか？

ナイノアはロング山を基点に、黄昏迫る周囲の地形を観察した。アメリカ人たちの住んでいる土地のほうが後代よりもずっと広く、湾は逆にかなり小さい。確かに海面がその後上昇したにちがいない。今見えているものはすべて、ナイノアの時代には水中に没しているのだ。

脚がずきずき痛んで、集中力がぐらついた。ナイノアは注意がそれるにつれて相手との接触が横へずれていくのを感じた。機械で埋めつくされた何本もの大通り、シティの建物、灯り、橋――まったく突然すべてが透明になった。幻視は薄れ、沈殿する水中の砂のように光が渦巻いて、消えた。

夜が明ける頃、ナイノアは樹皮が剝落する木の下にまた横になっていた。椿事が重なっての緊張が体内に充満していた――鳥たちの朝一番のおずおずしたさえずりが木々の間を流れてくると、彼は泣き出した。

15 プレイス・オブ・レフュジー

気候変動

　わたしはナイノアの牡牛との遭遇から現実にもどったとき、感情面の緊張から立ち直るのにほぼ丸一日かかった。ナイノアに降りかかったことをまるで我が身に起こったように生々しく経験したのだ。長角牛に襲われて脚を折られ、肋骨にひびを入れられたあと、痛みと渇きに苦しみながら日暮れまで這いずりまわらなくてはならなかったことで、わたしは心理的にすっかり疲労困憊していた。

　わたしはナイノアの知覚的、感情的作用を「受信」できたので、この体験に対する自分の反応とナイノアのそれとを比べてみることができた。２人のうち、たぶんわたしのほうが苦痛に弱いことを認めざるをえない。

　それにしても、ナイノアがまたもやわたしを「逆訪問」して、わたしの目を通してこちらの世界を見るのに成功したのは感激だった。彼の訪問は南カリフォルニアからサンフランシスコ湾岸地区までの一日がかりのドライブの最中にあったようで、車はオークランドのニミッツ・フリーウェイで交通渋滞にはまりこんだのだ。わたしはそれまでに何度もそういう旅をしており、ナイノアが同乗したのはそのどれであってもおかしくないが、１つだけ問題があった。わたしはカリフォルニア在住中はずっと顎鬚を生やしていた。ナイノアが車のバック・ミラーをのぞいたとき、わたしの顔には鬚がなかったのだ。このことをどう考えたらいいのかわからなかった。わたしはハワイに移ったとき、顔の毛は剃り落としてしまって、以来カリフォルニア縦断のドライブはしていなかった。ナイノアの訪問はわたしの人生のまだ起こってない時間区分の中でのことかと、思われた。[原註]

　車やビルの金属使用量に対するナイノアの驚きは、わたしにはおもしろくもあり、また気にもなった。金属は今から数千年前、新石器時代に初めて発見された。当時は銅、錫、鉄の低品質の鉱石が地表に存在し、青銅器時代や後には鉄器時代へとつながる実験には都合よくすぐ手に入った。しかしながら今日では、金属は地殻深くから採掘しなくてはならず、鉱石を発見し採取するには高度のテクノロジーが必要とされる。探鉱・製錬作業は今や相互に結びついた多くの科学分野に完全に依存している。ところが西洋文明の機械時代のテクノロジーはナイノアの時代にはまったく伝わらず、ハワイからの移住者たちは金属がどこからとれたか知らないときている。ナイノアの時代には、鉄が一番の希少金属だ――より不活性で理論上はいつまでももつ金、銀、銅、青銅より希少性が高い。5000年間にわたる熱帯性の雨と湿気によってI型鋼でさえ錆びて、ナイノアが草木の生い茂った考古学遺跡で見たような茶色いしみと化してしまうのだ。

　わたしは避けられない結論に達した。我々の高度なテクノロジーはいったん失われたら、もう二度と再発見されないかもしれないということだ。鉄がなければ、機械や機械時代のテクノロジーは二度とありえないだろう。機械も機械時代のテクノロジーもなかったら、鉄は二度と手に入らない。西洋文明の崩壊後も生き残る人々は、未来永劫、新たな旧石器時代に生きることになるかもしれない。「機械時代」は一度だけあって、二度とはないのかも……。

　海面上昇に関するナイノアの認識がきっかけで、わたしは古気候の移り変わりと過去における海面の変化を調べてみる気になった。それでわかったことが人類にとって深刻な意味を含み持つさらなる結論へとわたしを導いた。

　白亜紀の末期、ざっと6500万年前に、地球的規模で環境の大変動があったことは十分実証されている。その変動以前には、熱帯性の生態系が南北に大きく広がり、現在の温帯や亜北極圏にまで及んでいて、極地の氷冠はまったく存在しなかった。変動後、気候は温和というか、むしろ涼しくなった。南北両極に氷冠が形成され、氷河が高山の谷間に広がった。陸地の水が雪と氷に変わると、海面は約650フィート下降した！　同時に、恐竜を含めて、生存していたすべての種の70パーセント以上が死滅した。

地球外の物体の地表への衝突がこの破局の一因となったことは、今や有無を言わせぬ証拠がある。直径6ないし10マイルと推定される隕石もしくはその他の天体がユカタン半島の北のメキシコ湾に第一次の衝撃を与えて、すさまじい規模の爆発を惹き起こし、さらに第二撃が北西太平洋で起こった。これらの爆風は地球の大気に埃を充満させ、高密度の雲量を生んだ可能性があり、それが広範な森林火災の煙でさらに激化したかもしれない。こうした雲が太陽光線を遮って、地球全体を数週間、いや数カ月も極寒の闇に追いこみ、古気候の変動と大量絶滅をもたらしたのかもしれない。

地球の長い歴史の上ではこうした気候変動は何度も起こっていて、たいてい動植物の大量絶滅を伴っている。海面が再び極端に下がるのは約1万8000年前、更新世の大氷河時代でも最も寒い時期で、この頃世界の水の多くはまたしても広大な大陸氷冠と非常な高さの氷の山に閉じこめられていた。最後の大きな氷河作用が終わると——約1万1500年前——気候が再び変動して、世界は温暖になった。氷と積雪が溶けるにつれて海面はまた、300フィートほど上昇した。

地球表面の水の総量はどの時代にも比較的一定している。今日、白亜紀の末頃とほぼ同量の水が存在する。高山性氷河、極地の雪原、氷棚、氷冠などはかなりの厚みと広がりがあり、気候温暖化によって溶け出せば、依然として海面をさらに300フィート上昇させられる。

いくつかの国際的な科学者グループがグリーンランドの氷床から採取した氷の円筒形試料《アイス・コア》を現在研究している。初期の研究で、更新世末期のヤンガー・ドライアスと呼ばれる最後の寒期はより穏やかで温暖な状態への急激な変動を伴ったことが明らかになっている。20年足らずのうちに氷が急速に北へ後退したものと予備分析で確認された。この間と次の30年間に、この地方の全般的な気温はたっぷり摂氏7℃も温かくなった。

アイス・コアのよりくわしい分析によって、現代の気候条件は以前に考えられていた以上に急速に氷河時代のそれに取ってかわったことがその後証明された。その証拠が発見されたのは、科学者たちがコアの電気伝導率の変化の度合を測定していたときだった——これはコアの上から下までの各氷層内に閉じこめられた酸と塩基の相対量の推定値を出す方法である。伝導率の低下は中和させる塩基の存在を示す——北半球における寒冷期の、風の強い乾燥した気候条件の結果である。より温かく、湿潤な時期の氷層では、酸性が強く伝導率が高い。

これらのデータから、最後の氷期の末頃の気候は5年足らずのうちに厳寒から温暖へと変わり、同様の急速な気候変動が過去4万年の間に数回起こったことが今では明らかになっている。これが暗示するものは穏やかでない。

海水面の300フィートもの上昇は、何百年という間にではなく、短期間に起こったのかもしれない。気候がもし初期の研究が示唆するように急速に（50年間に）温暖化し、氷と積雪がそれに応じて急速に（20年間で）溶けたとすると、海水面は毎年6フィートの割合で50年間、ないしは年15フィートで20年間——あるいはその中間のなんらかの値で——上昇した可能性がある。より新しいデータは気候がほんの数年で変動し、海水面はそれ以上に速く上昇したことを示唆している。

増大する温室効果ガスがどのくらい速く地球を暖めるかを推定するのに現在使われているコンピューター・モデルは不充分かもしれない。いずれも有史以前のことで我々の経験外である急激な気候変動について我々には知識が不足しているからである。だが、地質学上の証拠からすれば、そういう変動は時折起こっているのであって、科学者たちはそれをダンスガード－イーシュガー現象と名づけている。同じような劇的な気候変動が温室効果のすぐ先に控えている可能性があることを、科学界は認めざるをえなくなっている。

この問題は議論の余地があり、10人の科学者にそれについて論評を求めれば、少なくとも10以上の異なる意見が出るだろうことはわかっている。更新世の最後の寒期が終わるときの急速な気候変動の原因は不明だと、多くは主張するだろう。データは決定的ではなく、今後なにが起こるとか起こらないとか予言するのにそれを使うことは断じてできないと言う人たちもいるだろう。それにしても、過去にあったことは近い将来おそらく起こるかもしれないことについてのあからさまな警告になると断言する人もほかに大勢いるだろう。地球の温暖化傾向はすでにはじまっていると推測する人々は多い。

サイエンス誌1990年11月16日号に載った10人のカナダ人研究者チームによる論文は、オンタリオ州北西部における生態系の深刻な破壊を実証した。この崩壊は1960年代半ばから1980年代半ばにかけての20年間での同地方の年間平均気温の上昇——華氏3・5℃の上昇——に直接起因するものとされている。気温の上昇は森林火災や旱魃を頻発させ、土壌水分を大幅に減らし、北方針葉樹林の更新力を破壊した。これが、ひいては、同地方の淡水湖へ注ぎこむ水の量を減らし、湖の化学的性質と水温を変化させて、水中動物を殺している。オンタリオ地方の漁場は甚大な被害をこうむっている。

前述のカナダ人科学者の予測では、もし人類が現在のような調子で温暖化ガスを大気中に放出しつづければ、2025年までには少なくともさらに2℃、来世紀の末には少なくとも5・5℃の気温上昇——合計7・5℃——が予想されるという。地球の平均気温は今は最後の氷期より約9℃高いことがわかっている。高山や極地の氷冠はなんらかの反応を示しているだろうか?

北半球の積雪が事実減っているらしいことは、科学的な文献が物語っている。積雪地域の広さは現在、科学者たちが1972年に衛星観測をはじめて以来最低になっている。積雪は日光を反射し、寒冷状態を強めることで気温に影響を及ぼすが、地面が露出すると、より多くの太陽エネルギーが地表に吸収され、それが空気を温めることにもなる。ジオフィジカル・リサーチ・レターズ誌1990年10月号に発表されたロビンスンとデューイという2人の気象学者による研究が、1988年から1989年にかけての積雪は18年の研究期間で最低レベル、1000万平方マイルの研究対象地域内の年平均を8ないし10パーセント下回ることを明らかにした。

地球のさまざまな地域にある高山の氷河もこの数十年間、加速された気候変化の徴候を示してきている。[新註⑧] 極地以外の高山性氷河は気候条件の変化にきわめて敏感に反応するので、異常な気候温暖化の早期警報を与えてくれるかもしれないと考える人は多い。たとえばアフリカでは、ケニア山の氷河は1963年から1987年の間に40パーセント縮小し、またペルーではケルッカヤ氷帽からのある氷河は、1984年以来年に14メートルという、1963年から1978年の間に記録された速度の3倍近いペースで山の上へ上へと後退している。中央アジアの氷帽からも同様の事態を物語る証拠があがっている。中国とキルギスタンの3地点から採取したアイス・コアに関する最近の酸素同位元素調査は、重酸素の濃厚化を示し、過去50年にわたるこれら地域の温暖化傾向を明らかにしている。ある採取地点では、温暖化は過去1万2000年間に前例を見ないほどになっている。総合すると、これらのデータは現在進行中の地球温暖化が気候変化の通常の範囲を今や越えていることを暗示している。現在の傾向は遠からず逆転するようなただの自然変動ではないことを示しているのである。

高山性氷河の減小は、海水温の上昇を暗示する変化である大気中の水蒸気の増加からも生じているのかもしれない。海が事実変化していることは最近の研究で確認されている。ネイチャー誌1994年5月2日号は、大西洋上のコロンブスの航海ルートにそった、かねてから研究されている水域での深海温度調査の結果に関する論文を載せている。この水域が興味深いのは、過去に二度、1957年と1981年に、そのルートにそったいくつかの特定の地点と深度で深海水温が調査されているからである。これらの地点での1992年の再調査によって、深さ800メートルから2500メートルの間の海水は過去35年にわたって終始一貫して温まっており、1957年以来の温度上昇は北大西洋の東西にまたがる区域で著しく均一であることが明らかにされた。この傾向は大気中の二酸化炭素の増加に起因する気候変化についてのモデル予測とおおよそ一致している。だが穏やかでないのは、観測された温暖化（塩分の変化を伴っている）が、コンピューター・モデルが予測したのとちがって、海の表層ではなく内部で起こっていることである。これは海洋自体が現在の温暖化傾向に対応していることを暗示している。

南極大陸の氷床がどう反応しているかはさだかでない。降雪量が比較的少ないため、南極の氷には1年ごとの層がなく、グリーンランドのアイス・コアのように正確に年代を推定することができないのである。だが20年前にソ連が試掘調査で採取したコアに閉じこめられている気泡の、最近行われた酸素同位元素再分析は、北半球の気候変動には南半球での反応が伴っていることを示している。つまり変動はその範囲が地域的というより全地球的なものだったのである。

あたかもそれを裏づけるように、1980年代の終わり頃、南極大陸の広大なロス氷棚からロード・アイランド州ほどの大きさの氷山が分離した。一部の科学者たちは氷棚全体がそうなるかもしれないと懸念を表明している。万一そうなれば、世界の海水面はたちまち6ないし10フィート上昇する可能性がある。

明らかになにかが起こっている。温室効果による温暖化を唱える人々がもし正しかったらどうなる？　海水面がもし実際に300フィートも上昇したら？

ありそうなシナリオは想像に難くない。人口はますます増えつづけ、その結果、温暖化ガスはますます濃度を高めて産出されつづけるだろう。ゆっくりと、だが仮借なく大気と海洋は温まり、ついには危機的な限界に達するだろう。ある段階で、積雪と極氷が溶けだし、満潮時の水位はそのつど目立って高くなり、一方、干潮時に以前の水位にまで下がることは決してないだろう。

1年目のまず数インチの上昇は心穏やかではないだろう。海辺の高級住宅の不動産価格はたちまち急落し、沿岸部の諸都市は最悪の事態に備えることになろう。次の年の数フィートの上昇は、世界じゅうの低地の沿岸都市や農耕地や住宅地域が水浸しとなって、何十億という人々に移転を強い、莫大な農作被害をもたらすので、大混乱を惹き起こすことになるだろう。世界的な飢饉がはじまる。

その次の年間6ないし15フィートの海水面上昇は――翌年も、またその翌年もつづくのだが――石油の積み卸し港すべてを含む世界じゅうの港を短時日のうちに完全に水浸しにしてしまうだろう。

十中八九、それで一巻の終わりだ。石油産業に依存している全世界の輸送システムは瓦解し、西洋文明もそれと運命を共にするだろう。

世界じゅうの都市とその近郊に住む人々は、食糧や医薬品から電気、ガスにいたるまで消費するすべてのものを完全に長距離輸送に依存している。かれらはこれらの製品がまったく手に入らなくなる。地域内にしろ長距離にしろ、輸送も通信も不通になるので、かれらはまったく孤立するだろう。数週間か数カ月のうちに、地球上の広大な地域が、その膨大な人口が文字どおりその場で餓死するので、完全に過疎化するだろう――一方、海面は上昇しつづける……。

一部の人々は――たくましい生き残り第一主義者の孤立した小集団は――しばらくは持ちこたえるだろうが、比較的少ない生殖人口の中で遺伝子の多様性が欠けるのと、致死遺伝子の予想される集中化のために、二、三世代後には消滅する傾向をたどるだろう。都市居住者たちは餓死し、生存者の小集団は近親交配の害毒にやられるから、大々的な遺伝子の隘路《あいろ》が現出する。

すると最終的に生き残るのは誰だろう？　いわゆる

「未開人」、奥地の森林地帯にわずかに残っている伝統的な部族民たちだろうか？　仮にそうだとして、人数は？

部族文化への西洋の影響は十分実証されている。住民が輸入品に――それが小麦粉であれ砂糖であれ、はたまたガソリンであれコンピューターであれ――ある程度依存してないような地域は今や地球上にほとんどない。1960年代に伝統的な自給自足の共同体でフィールドワークをした人類学者が今またそういう共同体にいってみると、かつての情報提供者たちが工場や都会の職場にオートバイで通勤しているのに出くわすという例が多い。

わたしが1970年代にエチオピア南部でフィールドワークをした当時、この地方はきわめて辺鄙なところだったので、それまで白人を見たことがないというアフリカ部族民に出会うことはざらだった。しかしその頃でさえエチオピア政府はかつては自給自足ができた牧畜民や片手間仕事の農民を養うため小麦粉を支給していた。かつての遊牧民たちが食糧と生計《たつき》の新たな供給源である駐在所やキリスト教伝道所のまわりに半永続的な集落を構えたことで、そのときすでに、伝統的な暮らし方は変わりつつあった。

崩壊を乗り切れるのは、牧畜、農作、漁業、狩猟採集のいずれによるにしろ、自らの食糧その他の必需品を依然としてすべて自分で生産している人々だけだろう。こうした人々は今なお身の回りの環境と密接で調和のとれた関係を保っていて、西洋文明からかなり隔絶し、したがっておおむね自立している。そういう人々と、かつての伝統的な生活様式にすばやくもどれる他の少数の人々だけが生き残るだろう。

聖域にて

ナイノアの世界は崩壊とそれにつづく再調整から500年後の未来世界だった。わたしは彼が負傷し孤立無援で横たわっていることを考え、深い懸念をおぼえた。彼は脚がきかなくなって、狩りをすることも、身の安全のために木に登ることもできないでいる。怪我はどの程度重いのか？　内出血しているのか？　感染症の危険は切り抜けられるのか？　ネコ科の大型動物か山犬の群れに食われてしまうのだろうか？

わたしは次第に強く責任を感じた。ナイノアが山を下るときに感じとったのはこのわたしの存在だという確信があった。わたしが彼の気を散らさせ、注意力を分断して、みすみす怪我をさせてしまったのか？　彼をかなりの苦境に置き去りにしてきたので、わたしは助けてやりたいと熱望した――だがどうしたらいい？

ここでもう1つ大事なことがある。ナイノアが怪我をした谷間をわたしはよく知っていたのだ。彼がどこにいるのかはっきりわかった。

一連の記憶、自分の十代の頃の思い出が一度に襲ってきた。1950年代の末頃、わたしは西ネバダのワショー・バレーの牧場で何度か夏を過ごした。ちょっと前に両親が離婚し、その結果、牧場主のバンディ夫妻、ガスとジーンがわたしの精神的な父母になった。ガスはルネッサンス型の多芸多才な人で、東洋で暮らしたことのある芸術写真家にして詩人で、文学や東洋哲学に造詣が深かった。15歳のわたしにとって彼は強力な役割《ロール》モデルだった。

コナのわたしの自宅には、ガスの影響がいたるところに見られた。家の中の壁という壁は、仮面、捺染布、絵、写真、それにおびただしい本――美術、詩、人類学、東洋思想、文学、科学と多岐にわたる本――で埋めつくされていた。水平面には彫刻と年代物のカメラが置いてあった。庭は盆栽と石のオブジェで飾られている。わたしは彼に応える形でこういう人間になった。ガスが人生の手ほどきをしてくれたのだ。

ナイノアは未来のワショー・バレーで、傷跡があるスライド山の巨体の下の、かつてバンディ夫妻の牧場があったところからさして遠くないあたりで、傷を癒しているにちがいなかった。わたしはそれには絶対の確信があった。ナイノアのことを考えれば考えるほど、助けてやりたいという気持ちは強まった。彼の居場所はわかっていたが、受話器を取って西ネバダの救急隊の交換台に電話するというわけにはいかなかった。しかし熟達したシャーマンなら第二レベルの現実の霊的領域を通じて働きかけることで、遠隔治療を施せるのは知っていた。わたしはサージ・キングから教わったカフナ療法に関するいくばくかの知識をためしに使ってみることにした。

キングから聞いたところによると、カフナは日常的現実の中に客観的な事象を生み出すのに心の術を巧みに使うという。それには3つの要因が必要とされる。ラウレレと呼ばれる想像力の一側面、ハワイ人がマナと呼ぶ神秘的な力、そしてアカの場を通じての霊的なつながりだ。

ラウレレとは、キングの説明によると、ある心的なパターンもしくは戦略を定めるために意識的に用い、その目的を達するのに強い意志力と結合する想像力である。マナはその多少があらゆる心霊術の有効性を決定するエネルギーである。アカは宇宙のあらゆるもの、思考や心中のイメージさえもそれでつくられる基本な素材だ。アカは思考によって形成することができ、マナの容器もしくは伝導体として使えるし、効果はカフナと対象者との間に樹立されるアカの結びつきを通して現れると、カフナは信じている。

ナイノアを助けるために自分になにができるか自信はなかったが、マナが高度に集中している場所はわかっていた。ある午後遅く、わたしは野外での夕食に家族を海辺の避難所（プレイス・オブ・レフュジー）、プウホヌアへ連れ出した。

景色を楽しみながら、ミドル・ケエイ・ロードをゆっくりドライブするうちに、小雨が降り出した。雨だというのに、西の空から日が射していて、わたしのクは光と影の交錯を喜んで、活気づいた。わたしにとってハワイ暮らしはいずれは終わるとわかっている至福の時だった。早晩、わたしはこの島を去って、人類学者としての生活にもどらなくてはならないのだった。離れたらさぞかしここが恋しくなるだろうと、ほろ苦い確信を持って予想していた。島は今やわたしの中にあって、内側からわたしを変えつつあった。わたしなりにハワイ人になりかけていたのだ。

ペインテッド・チャーチ・ロードへと南へ折れて、地元民の家々を見回した。雨水を貯める貯水槽を備えた家もあれば、家庭菜園を持つ家もあったが、やがて来る危機に際してそれが十分な助けになるだろうか？　ハワイの不動産の価値は高まる一方でこの土地の地価を押し上げ、かつてはずいぶんあった農地が今は小さな住宅用地に細分されて、新たな持ち主たちはそこで観賞用植物しか育てていない。18世紀の終わりにキャプテン・クックがやってきた頃は、営々と耕された農作地帯が島をぐるりと囲んで、全住民を養う食糧を生産していた。今日では食糧を生産している土地は危機的なまでにわずかしかない。

堂内の彩り豊かな壁画にちなんでその名があるペインテッド・チャーチの前を通りかかると、構内路への入り口にある真っ白な等身大のキリスト像が見えた。像の首に誰かがレイを掛けであって、花の生き生きした色彩が冷たい白い石と対照的だった。ナイノアは彼をカハクケオケオ、「ホワイト・マスター」と呼んでいた。この呼び名はキリスト像についての歴史的な記述に由来するものか、それとも彼が外国人であるという記憶によるものだったのか？

車はプウホヌアへ到る道に出た。観光客たちはもう引きあげたあとで、駐車場はガラ空きだった。わたしは砕いた珊瑚を敷いた脇道に入り、珊瑚砂と黒い溶岩の基層からじかに生え出ているココ椰子とアカダマノキの見事な林の中を通った。ここでは雨は降っていなくて、そのぶん、かなり暖かかった。日の光はやわらかで、影は長く、車が木々の間をゆっくり走り抜けていくうちにみんな黙りこんだ。緑の葉と金色の光のつづれ錦は豹男には絶好の住みかのように思え、わたしは思わず挨拶の言葉を送り、みんなの仲間に入って、この環境を楽しむように、そしてわたしがナイノアと接触し手助けするのに力を貸してくれるようにもいざなった。

聖域を囲む溶岩の切り石を積んだ長大な黒い石垣のそばをゆっくり通り過ぎ、海岸の椰子の葉陰に並んだピクニック用テーブルのところまで珊瑚敷きの小道を進んだ。ハワイ人の大家族が近くに散らばって、一族の漁師たちがもどってくるのを待っていた。地元民の一部には、昔ながらのしきたりやまわりの海との関わりを今なお固守している者たちがいて、そういう人々に海は依然として糧《かて》を与えていた。わたしたちが木陰のテーブルに夕食を広げたとき、双方の家族はなごやかな笑みを交わした。

子どもたちは渚の冷え固まった溶岩流の間にできた潮だまりへ向かい、ゆるやかに垂れたムームーを着た長い黒髪のジルがあとにつづいた。わたしもあとを追いながら、人工遺物が落ちてないかと砂浜をていねいに探した。公園管理人の1人からここで小さな石斧の刃を見つけたと聞かされて以来、ずっと探していたのだ。数百ヤード北側の神殿跡に近づくと、わたしはじっと佇んで、ナイノアのイメージを心に思い浮かべ、彼の身を気づかう深い懸念に気持ちを集中した。

ジルと子どもたちが海水とヤドカリと小海老がいっぱい入ったバケツを持ってもどってきた。近くにいるハワイ人の一家が肉を焼いていて、うまそうな匂いがあたりに漂い、それといっしょに、わたしたちの耳には届かない言葉をおもしろがってひっきりなしに爆笑が起こった。侵入してきた外来文化にもぎとられたこの世界の支配権をハワイ人たちがいずれ取りもどすとわかっているのは心慰むことだった。伝統的に、かれらは環境との釣り合いと調和を保って暮らしていたのだ。一行の何人かが潮の引いた岩からオピヒ――笠貝――を獲《と》ってもどってきて、わたしはまだ多くの者があいう食物採集の知識を、少なくとも部分的には持っているのだと心強く感じた。未来のハワイ人はおそらくもう少々人種的に混じり合うことになるだろう。そちらの子どもたちの1人がうちの娘たちにクッキーを進呈しようと駆け寄ってきたとき、その子の目が青いことにわたしは気づき、変化の過程はすでにはじまっているのだと実感して独り笑いした。

わたしたちは食事をすませ、残り物を車にしまった。太陽はまだ水平線に接していなかったので、わたしはプウホヌアまで散歩しようと提案した。日暮れ時に、海辺の場所で椰子と物言わぬ石に囲まれていると、平穏と静謐《せいひつ》の感がひしひしとする。ここは昔から聖地だったところで、マナを放射しているのだ。

ジルと子どもたちが潮だまりで貝殻を探している間に、わたしは聖域の石垣のところにいった。許しを願ってから、聖域に入り、椰子をガサガサ揺する風の音に耳を澄ました。プウホヌアにはほかには誰もおらず、わたしはうわの空で石を2つ拾い、歩きながらカチカチと打ち鳴らした。こういうことはそれ以前にはしたことがなく、振り返ってみると、その夕方なぜそうしたのかわからないが、以来今日まで、自然の中に入って、その場の精霊たちの注意を惹きたくなるたびに、それをしている。

無人の聖域内にある聖壇《ヘイアウ》の静まり返った石壇の脇をゆっくりと歩き、薄れゆく光の中でわたしは思いを凝らした。はるか未来にシエラネバダの向こうで傷つき横たわるナイノアを思い浮かべ、わたしたちを結ぶアカの糸を通して、幸いあれとの祈りを彼に送った。歩きつづけながら、一定の間隔で石を打ち鳴らして、その場の霊たちに呼びかけ、力添えを求めた。

アレアレアと呼ばれる大きなヘイアウのまわりを回った。それが築かれたのは西暦1550年以前で、元はその壇上に藁葺きの建物と何体かの木彫りの像があったのだ。ケオウア石と呼ばれる巨大なモノリスがわたしのおめあてだった。それはヘイアウの北側前方の岩の基層の上に横たわっている。わたしは身を横たえた巨人に近づき、両手をその上に置いて、なにか起こるかと待ったが、なにも感じなかった。ちょっと逡巡してから、許しを求めて、その上に仰向けになった。

石に気持ちを集中し、心から一切の雑念を払った。ついで、モノリスがマナに満ちて、この場の力の支点になることを思い描いた。このエネルギーを感じとろうとし、それを身内にためこんでかき立てつづけ、それから川辺の林の中にいるナイノアの姿を思い浮かべた。アカの場を通じて治癒エネルギーを彼に送った。あらためてその場の霊たちに手助けを求め、傷ついた男に強烈に気持ちを集中した。ナイノアが湖の近くに見た小屋の、顔も姿もはっきりしない住人たちが彼を助けにくるところをやみくもに思い描こうとした。わたしは待ち構えたが、変容状態を惹き起こすことはできなかった。

やがてジルと子どもたちが近づいてきた。わたしはいささか気落ちして、石から起き上がった。うちの石庭のポハクとの間にあるような関係が、わたしとこの石との間にはないから、この石はわたしを助けることができなかったのかもしれない。

わたしたちは聖域を離れて、ピクニックの場所へもどった。ハワイ人たちが手を振って見送る中、わたしたち一家は車に乗りこみ、そして夕闇迫る椰子の林の中を引き返した。わたしは豹男にナイノアを助けてやってくれと頼んだ——すると異なことに、なにかがすかさず応えるのを感じた。それは漠然とした感じにすぎなかったが、しかし窓の外にちらりと目をやると、まだら模様の半人半獣が車の脇を走っているのが見えたような気がした。

車が山道を登っていくうちに、いつもながら壮麗なコナの夕映えが夜空に広がった。黄昏時は首長階級アリイが精霊《アクア》から直接マナを授かる刻限だとなにかで読んだのが思い出された。自分がマナを授かることを想像してみようとすると、まるで外部のぬくみが体にしみこんでくるような感じが確かにした。

その晩遅く、目覚めがちな途切れ途切れの、生々しい夢のあとで、わたしは不意にエネルギー感覚の到来を感じた。初めのうち、それはわたしをなぶるように現れては消え、消えては現れといった具合で、ついにわたしはたまりかねて完全に体の力を抜き、「よーし、いってみよう」と掛け声をかけた。

と、それはどっと流れこんできた。わたしが息をしようとあえぎ、瞼に踊る眼内閃光を見ながら、最後に思い浮かべたのは、ヘイアウの下に横たわるあの大石だった。背中の下に再びあの石を感じつつ、わたしの意識は外へ流れ出ていった……光きらめく闇を通って外へ……無音域を抜けて外へ——そして転換が起こった。

原註　事実その可能性はありそうだ。わたしは1989年にカリフォルニア大の分校で1年間人類学を教えるため、カリフォルニアにもどった。同年の晩夏に、バークレー校人間進化研究所で調べ物をするため、南カリフォルニアから湾岸地区まで1人でドライブした。ナイノアの訪問はおそらくそのドライブ中の出来事だろう。彼が車窓からいろんなものを見たフリーウェイは同年秋の地震で崩れ落ち、以来ずっとそのままだった。彼が一日がかりのそのドライブ中にわたしの自覚的意識と接触したのだとしても、わたしは彼の存在に気づいていたというおぼえはない。

16 第八の旅──女人と虎

血筋

わたしがナイノアに合流したとき、東の空に曙光が射しそめていた。ナイノアは2本の木の間に地面すれすれに張ったハンモックの中でちょうど目覚めたところだった。彼が岩だらけの浅い流れのほとりに陣取って以来、10日たっていた。その間に副え木に工夫を加え、また、立って一度に1歩ずつよたよた歩くのを支える松葉杖をこしらえた。左脚の痛みは今では、体重をそちらにかけないように気をつけてさえいれば、我慢できるものになっていた。肋骨の痛みもまだ残っていたが、悪化はしていなかった。野営場所は二度移動して、現在は深い淵に臨む広い岩棚に陣取り、矢で着々と淵の魚を減らしていた。

わたしが到着したとき、ナイノアはちょうどわたしのことを、そして自分の祖先たちのことを考え、わたしもたびたびしたようにお互いの結びつきの理由をさまざまに思いめぐらしていた。

内海の周辺の集落では、血縁関係は氏素性をはっきりさせるのに重要だった。村人たちはそれぞれの先祖の功罪を長々と論じ合って倦《う》まなかった。誰の血筋でもない、つまり尊敬される先祖を持たないということになると、社会的に認められず、したがってその人間はなんの地位も持たない。にもかかわらず、ナイノアは人に認められようと奮闘努力してきて、ある程度成功していた。おそらくカネオへ首長は彼により以上の地位を獲得させる手段としてこの使命を与えたのだろう。首長から栄誉を授かることを思い、あの最後の対面を思い出すと、怪我に耐える励みになった。手柄を立てれば、名誉ある先祖がいないことを乗り越えるのにおそらく役立つだろう。

人それぞれの生命力さえもその人の先祖から受け継がれるものなのだ。生命のエッセンス、ケオライカイカは宇宙にあまねく散らばる超自然的な力の一面だと、炊事場にいた老婆ケアラからナイノアは聞かされていた。この力が生き物の中に高度に集中するとき、生き物は生命力に満ちあふれる。個々の生物の生命エッセンスはより大きな火から出る火花であり、その火は血筋を縫って代々伝わり、さまざまな姿をとって、下等な虫から神そのものにいたるまで、およそありとあらゆる発現を経験し尽くすまで、果てしなく自己表出できるものなのだという意味のことを老婆は説明した。

「生命力というのは物質的なものじゃなく、1つの過程なんだけどね、それでいて森羅万象、物質的なものも非物質的なものもすべて、究極的にはそれの一面なのさ。生命の網（生物相互依存の複雑な関係を網目模様にたとえたダーウィンの造語）には1つの原型が内在していて、生命力はその意匠を実現するために同系交配でも異系交配でもできる。その意味で、生命力はそれ自身の方向性、それ自身の意志の働きを持っているのさ。個々の生き物は大いなる原型、アノホロオコアの一部なんで、だから個々の存在はクムを、目的と方向をはらんでいる。たとえその目的が個々人には、あるいは個々の虫にはわかっていなくてもね」とケアラは言ったのだった。

ナガイはナイノアと森へ旅をしたとき、この世界観を追認した。「多様化するのは生命力の本性《ほんせい》だな」と言って、周囲のあらゆるものを話に取りこむように腕を一振りした。「あらゆるものがそれぞれ、この自然界での普通の有形の面と、霊界でのアウマクアの面とを併せ持っている。物質面で誕生、人生、死、再生という果てしない循環の間に起こることに応じて霊的な面が変化し成長するように、原型もまた変化し成長する。こうして、非日常的なレベルの現実はこちらの日常的な現実で生じることに応じて形づくられるんだ」

ナガイは大層真剣な目でナイノアを見てこう話をつづけたのだった。「だからこそ意図がとても大事なんだよ。目標を持つことで行き先が決まってくる、その者の経験の枠組みはむろんのことだ。物質的な富と力を獲得するために始終他人や物事を操る連中は、その本性の暗い面により深くはまりこんでいる。そういう連中が死んでアウマクアとしてだけ存在するようになると、連中の霊魂は慈悲深くもなければ穏やかでもなく、安んじることがない。それは餓えた、悶々たる魂で、日常世界に再び生まれかわるとき、また同じような性格をおびることになるんだ。

この世に悪が存在するのはそのためだ。それは原型の一部にほかならない。すべてのものは二重の性質を持っていて、〝不善〟は〝善〟の残りの片方にほかならない。人間はそれぞれ自身の内部に両方の素質を含み持っている。人がこの世に現れると、その人の人格のありようによってその人の霊的な面でなにが際立っているかが明らかになる。人生を送る中で、われわれがするもろもろの選択はわれわれ自身と、われわれの周囲に存在するものに影響を及ぼす。この影響が霊界にはね返り、霊界がそれに応じて変化する。人が成長するとき、なすべきつとめの1つは、自分の本性の明るい面を是として暗い面を克服することだな。そうすると、大いなる原型もその方向に転じる。

こうして、人はそれぞれ多くの人生を経て時を旅していき、ついには大いなる原型の内にある自分の運命を成就する。十分に成熟し、十分に覚醒したとき、われわれ人間はなにか別のものになる。これがわれわれの運命であり、われわれはそれぞれ自分なりのやり方でこれを成就しなくてはならない。これこそわれわれのほんとうの仕事だし、真の存在理由なんだよ」とナガイは話をしめくくったのだった。

その過程を方向づける意志を持った造化の神が霊界にいるのだろうかと、ナイノアはしばしば考えたものだった。ナガイが言うには、そういう造物主が存在するかどうかは誰にも確かなことはわかっていないし、思うに、すべての表出形態の出どころである大いなる空《くう》、イオはあまりにもかけ離れていて人間の頭では理解できないのだから、そのことは金輪際誰にもわかるまいということだった。個々の物は大いなる原型の一面であるからには、その原型そのものが造物主なのかもしれなかった。

ナイノアの思いはあのアメリカ人へと向けられた。アウマクアという概念は、彼もあのアメリカ人も同じ霊的根源のそれぞれの現れである可能性を——あのアメリカ人自身、過去のどこかで前生を生きているのかもしれないということを——暗示していた。おそらくこれが血筋につながるということの意味するものだった。

出会い

ナイノアの思いは今度は日常のことにもどった。狩りがあまり成果を上げていなかった。獲物を待ち伏せするのに格好の場所を選んではいたのだが、猟獣たちは常に一定の距離を保っていた。彼が幻視で見た小屋やあの牡牛の敵意は、おそらくこれらの動物たちが人間に狩られたことがあるのを物語るものだったのだろう。

突如、周囲にいる鳥たちが異様に静まり返った。ハッとして、あたりを見まわすと、虎の姿が目に入って、彼はすくみ上がった。同時に虎のほうも彼に気づいた。淵の向こう岸にいる。最も恐れられている、毛に縞模様のある種類だ。水を飲もうとしていて虚をつかれた格好で、虎のほうが風上におり、ナイノアのかすかな動きでそれとわかるまでおそらく彼に気づいていなかったのだろう。ナイノアはその琥珀色の目をまじまじと見て、恐怖がこみ上げるのを感じた。虎の腹はふくらみ、顔面と胸に血がついていた。捕食したばかりなのだ。

槍も、ナイフも、弓も、すべて手の届くところにあった。槍を使うしかなさそうだ。虎が彼を襲う気になったら、弓に弦《つる》を張って使える見込みはないだろう。

巨体の猛獣は平然とナイノアを見つめていたが、その無表情な目つきは安心がならなかった。彼は虎の存在によって生じた緊張は感じながらも、恐いくせにその凄みのある美しさに驚嘆した。

ナイノアがゆっくりと姿勢を変えて、槍を取ろうと身構えるのを、虎は超然と無表情に見守った。虎自身もわずかに姿勢を変え、と、縞模様の毛皮の下で筋肉が波打ちはじめ、大きな鉤爪が鞘から現れて岩棚をがっちりととらえた。虎がなにをしようとしているのか、ナイノアにはきわめてはっきりとわかった。

革を巻いた槍の柄に彼はそろそろと手をのばした。虎が飛びかかってきたら、ハンモックから身を翻し、槍をつかんで、その石突きを木にしっかりと当てがうのに一瞬の間《ま》しかないだろう。彼が助かる可能性はただ1つ、虎が自身の重みで槍に串刺しになってくれることしかなかった——そして槍の穂先を的確な位置に持っていく好機は一度しかないだろう。

だが突進してこなかったらどうする？　ただ普通に歩

み寄ってきたら？　ナイノアはもう片方の手をそっと槍に添えて、待った。

　虎はじっとしたまま、彼を見守りつづけた。ナイノアは虎を直視せずに周辺視力で観察できるように、虎から数ヤード左の一点を見つめた。虎は立ち去るかもしれない。ある思いつきが浮かんだ。

　ナイノアは心を澄まして、1つのことだけを念じた。虎よ、去れと強く指示した。自分自身のアウマクアにじかに訴え、虎のアウマクアと接触して、去るように勧めてくれと求めた。こうした思いに強く心を集中しているうちに、体に力がみなぎり、感情が高まってくるような気がした。マナが湧き出して、四肢に鳥肌が立った。彼は虎に念を凝らしつづけ、やがて鉤爪がひっこむのを視野のへりでとらえた。

　虎がちらりと下流へ目を転じ、そのわずかな動きに釣られてナイノアはハンモックから飛び出しそうになった——かろうじてその衝動を抑えた。虎の大きな顔面はなんの表情も見せなかったが、耳がかすかに動き、あたかもナイノアには聞き取れないなにかに耳を澄ましているようだった。虎の注意がほかへそれて、ナイノアはほっと一安心した。

　突然、曙の光が降り注いで、世界を光の領域と影の領域に二分し、その瞬間、魔法が解けたように、虎が姿を消した。

　ナイノアは半信半疑で、目をしばたたいた。流れの向こうの林のへりを見つめたが、なんの動きも見られなかった。虎は水辺の木立の下の光と影のまだら模様の中にかき消えてしまっていた。石に水滴が落ちていなかったら、そもそもそこにほんとうに虎がいたのかどうか怪しくなるところだった。なにかが虎の警戒心をかき立てたのだとナイノアは合点し、そのなにかが別の虎でないことを切に願った。そっとハンモックから這い出し、松葉杖にすがって大きな石に腰かけ、背を木にもたせかけた。弓に弦を張り、手持ちのものでは一番大きな、銅の鏃《やじり》がついた矢を4本矢筒から引き抜いた。

　隙だらけという気持ちと恐怖感が刻一刻つのってきた。あの虎は、彼がここにいるのを知っていて、いつでも好きなときに、たとえ真夜中でも、餌食にしにもどってきかねない。野営場所を移動しなくてはなるまいし、それは早いに越したことはない。ナイノアは片脚がきかないだけにこれに伴う難儀を考慮に入れ、どちらへいくべきか——湖のほうか、それとも森へもどるか？——と思案した。

森が招いた。怪我をしていようと、登る木を見つける必要があった。周囲の木立をうかがい、槍を絶えず片手に持ったまま、彼はゆっくりと慎重に持ち物をまとめた。

また石に腰かけ、脚に副え木をくくりつけたひもの具合を直し終わったとたん、ナイノアは川下《しも》のほうでの動きに気づいた。じっとして、槍を握りしめ、虎の攻撃に備えた。林の暗がりから虎ならぬ2頭の大きな犬が流れを見下ろす十手にぶらりと出てきた。弓の射程内だった。群れできているのではないかと恐れて、ナイノアは自分の存在を仲間に知らされないうちに2頭とも片づけてしまおうと腹を決めた。不意に犬たちが肢をこわばらせてぴたりと停まり、上《かみ》のほうを一心に見つめ、鼻をひくつかせた。ナイノアか虎の匂いを嗅ぎつけたのか？　矢をつがえたところで、犬たちが彼に気づき、ゆっくりと毛を逆立たせた。あまりかんばしい情況ではなかった。

弓を引き絞ぼって一の矢をまさに放とうとしたとき、ナイノアは別の動きに注意を惹かれた。犬たちの後方の葉陰から生白い人間の顔がのぞき、あけすけな鋭い眼差しで彼を見た。あまりにも思いがけない出会いだったので、ナイノアの決意がぐらついた。だが、暗がりからさらに2頭現れるや、彼はすばやく気を取り直し、形勢を読んだ。そのとき、相手の目がちらりと自分の全身を見まわすのに気づいて、突然彼は相手の目に映っている自分の姿を意識した——体は汚れ、髪はぼうぼうだし、着衣はしみだらけで、旅で擦り切れ、片脚には副え木を当てている。弓を引き絞ったところを阻まれて、おそらくかなり必死のていに見えるだろう。ナイノアは意を決した。今は断然、外交手腕に訴えるときだった。

おもむろに武装放棄して、ナイノアは弓と槍を腰かけている石から手の届くところに置いた。そのとたん、犬たちが突進を開始し、彼は計算違いを——それも由々しい間違いを——したとさとった。

ナイノアが槍をひっつかんだとき、相手が低くシッと制止の声を発し、犬たちは迷いを見せつつ立ち止まった。つづいてもう一声飛び、犬たちはしぶしぶ座りこんだ。薄い色の目をした犬たちの険悪な視線にさらされながら、ナイノアはこういう犬はこれまで見たことがないとつらつら思った。渓谷で道連れになった犬たち同様、四肢も顔も長く、灰色と黒の短い毛におおわれた体は痩せている。だがあの道案内の犬たちとちがって、尾が背中のほうに巻き上がっているし、こちらのほうがかなり体が大きいように見える。犬たちは日中の暑さでハーハー息を切らしていた。

ナイノアは葉に囲まれた顔に注意をもどした。目は切れ長で、青みがかった灰色をしており、頬が広く顎は小さくて、優美な卵形をした顔にしっかりした鼻と口がついている。なんの感情も表さずに落ち着きはらってこちらを見ている目をナイノアは見返し、また決断した。

松葉杖を支えにして、ナイノアはゆるゆると、慎重に立ち上がった。相手の目が大きく見開き、1頭の犬が低い唸り声を立てたが、また小さな制止の声が飛んでたちまち打ち切られた。ナイノアは胸の前で両手を合わせ、短く優雅にお辞儀をした。また唸り声がし、すぐまた制止された。ナイノアはぴんと背筋をのばし、やさしさをこめたつもりの表情を浮かべて、なりゆきを待った。

だいぶたってから、相手が動いて、木々の陰から進み出た。ナイノアは息を呑んだ。目の前に立っているのは背の高い、ごつごつした体つきの女で、連れている犬たちに劣らず野性的な感じで、痩せていた。驚きがいやますばかりのナイノアは女をしげしげ眺め、相手も彼を見守りつづけた。女の肌は彼よりも白い。着衣が寸足らずで、筋肉の発達した長い腕と脚が露わだった。着ているのはエプロンとスカートを組み合わせたような革製の妙なしろものだった。スカート部分は背側で膝近くまで垂れ、前に垂れ下がったV字型のエプロンは脚の外側を腰のところまでさらけ出している。スカートもエプロンも何列もの装飾的なビーズで縁取りをしてある——衣類が風でまくれ上がらないのはおそらくその重みのせいだった。木、象牙、骨、金属とさまざまな素材の磨いたビーズを長く連ねたもので腰のまわりを幾重にも飾っている。幅広の足には帯革をこれまたビーズで装飾した妙なデザインの革製サンダルをはいている。

腰から上は裸だった。腹部は平らで、乳房は小ぶりだが高く盛り上がり、黒っぽい乳首が飛び出している。首にはやはり磨いたビーズのほかに、ハワイ人がモニと呼んでいる過去の遺物とナイノアにもわかる輝く金属の円盤をたくさん連ねた首飾りを何連も巻いている。首飾りからは模様を刻んだ骨か象牙の平らな舌状のものがいくつかぶら下がっている。耳には左右それぞれ、刻みの入った金属の輪がいくつも通してあり、耳たぶから耳の縁の半ばあたりまで重なり合っている。手首にも細い金属の腕輪をそれぞれ10本ほどはめている。さらに、指は金属の指輪で飾られ、そのいくつかは青い石かガラスがはめこんである。片手には反りのある長い杖を持っている。

濃い黒髪は兜の羽飾りのように束《つか》ねて、金属の留め具と象牙の太い棒のようなもので留め、頭のてっぺんから背中の中ほどまで垂れ下がっている。肩から吊るした大きな革袋がヒップにのっかっている。反対側の腋の下には革の鞘に入った枝角の柄のナイフがぶら下がっている。上部が口を開けた円錐形の編んだ籠を背負っていて、中にはまた別の容器らしきものと一束の棒切れが入っている。

ナイノアは自分がぽかんと口を開けて女を見つめているのに急に気づいて、少しは威厳を見せようと努めた。犬たちに目をやると、いずれも舌をだらりと垂らしてこちらを見守っている。犬も女もそういう長い脚なら疲れ知らずで長い距離を走れそうだった。犬4頭と女1人で屈強な一団をなしていた。

女の年齢はちょっと見当がつかなかった。若い娘ではないし、といって老婆でもない。大きな口は、野生の果物でも食べたせいか、唇にかすかにしみがついている。乳房を見ても、子どもを産んだことがあるのかどうかわからなかった。ナイノアは急に胃にぽっかり空洞ができたような心地がして、女に惹かれているのを自覚した。内心、こうした感情にはしりごみしながらも、女にほほえみかけ、両手を広げて歓迎のしぐさをした。

女は身動きすることも、ほほえみ返すこともなく、先刻の虎のように無表情に彼を観察しつづけた。この女は精霊なのか？　ナイノアはゆっくりした動作で自分を指し示し、名を名乗った。女はなにも言わない。その落ち着きぶりは内面のバランスと強さを物語っていた。女はその民族の間では首長階級に属するのかもしれない。見るからに、事態を掌握しているという自信にあふれていた。彼女が犬をけしかける気になれば、犬たちは彼を殺すぐらい朝飯前だろう。すらりとした長身、白い肌、そして黒い髪はナイノアに誰かを思い出させたが、しかし誰だろう？　彼は記憶をたどって、あのアメリカ人と暮らしている女に似ているのだとさとった。

ナイノアはまた意思の疎通を図ろうとして、開いた片手を胸もとにやり、自分の名前を言った。今度も女は反応しなかったが、なにかしら決意したようだった。いきなり、黙って背を向け、木立の中に消えた。犬たちも一瞬迷ったあげく、あとにつづいた。

ナイノアはいささか躍起になって呼びかけたが、女はもどってこなかった。彼は石に座りこみ、興奮しながらも、女がいってしまったのを悲しんだ。頭の中にはさまざまな疑問が駆けめぐった。おそらく女はあの一群の小屋を建てた集団の一員だろう。大昔のアメリカ人の消えた末裔たちを発見したことになるのだろうか？　女は助勢を連れてもどってきてくれるのか？　虎をおどして追い払うことですでに彼を救ってくれていた。それを思うと少し気が休まり、彼は女が集落にもどって、応援の人手を連れてきてくれることを願った。だが彼女の同胞たちが戦士で、彼を捕虜扱いするようだったらどうする？ナイノアはまた平民階級に落ちて奴隷暮らしをしたくはなかった。力強い第一印象を与えたほうがいいと思いさだめた。

よたよたと淵まで歩き、腰布《マロ》を外して洗ってから、岩棚に広げて日に干した。体と髪も洗って、毛を梳《と》かし、編み直して、色染めの木綿のひもで鉢巻をした。マロが乾くと、その端を顎の下にはさんで、ていねいにまた腰にまとい、それがすむと持ち物を整理した。あの女がもどってこなかったらどうする？　やはり予定どおり野営場所を移動すべきか？　虎は依然として脅威だ。女がまた現れるのを待つべきだろうか？

なにかが記憶に甦ってきた。それは女人と虎の話で、昔からある謎々だった。女人と虎が2つの閉じた扉の向こうにいて、お話の主人公はどちらを開けるか選ばなくてはならない。片方の扉の向こうには生が、もう一方には死がある。

「どうやって選べばいいんだ？」とナイノアは思った。

集団《バンド》

正午近くに、上流のほうの茂みから突然一群れの小鳥が飛び立ち、南へ飛び去った。明らかにナイノアにお客さんだ――だがどっちだろう、女人か虎か？

ナイノアはマントをはおって腰を下ろし、槍にすがって左脚の支えとし、誰がきても優雅に立って挨拶できるようにした。この2、3日の間に火でゆっくり焙って乾かした魚のささやかな蓄えが葉っぱにくるんであった。旅仕度はできていた。

ありがたいことに、あの犬たちが暑さにあえぎながら現れた。今回は犬の数が増え、しかもつづいて現れた女は数本の長い棒を革ひもで1つにくくった重そうな束を携えていた。女は棒の束を自分の足もとに置き、またしても安全距離から彼を観察した。

前もってきめた方針どおりでいくことにして、ナイノアは槍を支えに優雅に立ち上がり、軽く会釈してから短い歓迎の辞を述べた。古英語で話した。

「これは御婦人、お力をお借しくださるとありがたいが、わたしはアメリカ人とその文明の結末について探るため西のほうの大海原から森を抜け山々を越えてやってきた者です。ひょっとしてあなたはわたしの知りたがっていることをご存じなのではありませんか？」

ナイノアは一息ついた。女は表情を変えず、返答もしなかった。間合いが長引いた。ナイノアはもっと簡単な前置きでやり直してみることにした。また胸に手を置いて、名前を言った。女は黙りこくったままだ。ナイノアがもう一度やってみようとしたとき、彼のすぐ右後ろで誰かが控え目に咳払いをした。

ナイノアはぱっと振り向いた。手がわずかに届かないくらいのところで、女と同様白い肌の年輩の男が木の根方に気楽な姿勢でしゃがみこんでいた。ナイノアは自分のあわてふためいた反応ぶりが折角の威厳ある態度を台無しにしてしまったのを思い知らされた。年輩の男もそれに気づいていて、顔にちらりと茶目っ気をのぞかせた。ナイノアはそうもやすやすと隙を衝かれたのがくやしかった。この人々はきっとすぐれた狩人にちがいない。

落ち着きを取りもどし、彼は槍と松葉杖で体を支えて、男をしげしげ眺めた。初老という年格好で、しらが混じりの濃い髪を三つ編みにして腰まで垂らしている。筋肉の発達した痩せぎすの体格で、がっしりと肩幅が広く、頬骨は高く、鼻はしっかりと大きくて、顔面はしわだらけだった。生涯を野外で過ごしてきた人の顔で、ナイノアはナガイを思い出した。

男は口から顎にかけてまばらな白い鬚を生やし、腰に短い革のマロを巻いている以外は女と同様ほとんど裸同然だった。両手首に金属製の重たそうな腕輪、筋肉隆々とした二の腕と膝のすぐ下にはなにかの動物の毛皮とより合わせて編んだ革ひもを巻いている。3本の大きな羽を髪に挿し、二の腕の皮膚には何列かの奇妙な山形の刺青か傷痕がある。首飾りのビーズの合間合間に虎の牙と、やはり模様を彫りこんだ骨か象牙の舌状のものがいくつもぶら下がっている。

背中には弦を張ってない妙な形の短い弓と矢筒をしょっている。先に瘤がある長い棍棒を片手にだらりとぶら下げ、もう一方の手には、先端に鼻のような突起がついた平べったい棒と、雑な作りの金属の穂先がついた短い槍2本を持っている。この男も一方の腋の下にナイフを帯び、反対側には草を籠のように編んでくるんだ長い水筒を下げている。

男がナイノアを見上げて口もとをほころばせ、ずらりと並んだ大きな白い歯をむき出した。大袈裟な身振りで、両腕と背をのばして関節をポキポキ鳴らし、そしておもむろに立ち上がった。ナイノアのほうが少なくとも1フィート半は背が高い。この男はかれらの社会では平民なのだろうか？

ナイノアはほほえみ返して、片手を胸に当てがい、また自分の名前を何度か繰り返した。それから自分では問いかけのつもりの顔つきで相手を見た。男はあらたまった顔になり、大きな手を胸の虎の牙の下あたりに当てがって、一言だけ発した。

「グウィーリョム」

ナイノアはにっこり笑ってうなずき、その言葉を復唱した。身ぶり手ぶりと強い問いかけの顔つきで、それが事実相手の名前なのかどうか確かめようとした。男は自分を指さして微笑しながら、自分でも何度か繰り返した。そのたびに、グウィーリェムか、クウィーリョムか、グウィーヨムのように、ちょっとずつ違って聞こえたが、いずれにしろ史書に記されている昔のアメリカ人の名前、ウィリアムにとてもよく似ていた。ナイノアはまた大袈裟に問いかけの顔つきをしてウィリアムという名を口にした。男はそれに応えてにっこり笑い、盛んにうなずきながらその名を繰り返した。

ナイノアは女のほうにちらりと目をやったが、彼女の名前をたずねるのは失礼かもしれないと思い直した。ナイノア自身の社会では、人妻かもしれない女を指さして名前をたずねたりはしないものなのだ。そこで男に向き直って、山並みのほうを指さしながら、先ほど女に言った口上を繰り返した。ウィリアムは礼儀正しく彼を見守り、口上がすむと笑みを浮かべ、思案顔をして見せてから、横を向いた。唇をきゅっと結んで、わずかに突き出し、それを使って簡略だが効果的な仕草で北東を指し示した。ついで、儀礼的な短い答礼の口上とも思えるものを口にした。ナイノアは一言もわからなかったが、集落を出て以来自分の声は別として初めて聞く人間の声だったので、ただもうありがたく思えて、満面の笑みで応え、自分には理解不能なのを示すため大袈裟に肩をすくめてみせた。ウィリアムはまるで話が通じているようににこにことうなずいた。

ナイノアはアメリカ人の子孫たちと関係が生じて、しかもそれがうまくいきそうだと思うと、少なからず感激した。感きわまって、どっかりと座りこんだ。

ウィリアムはわずかに視線をずらして、女になにごとか言った。その口調は権威と命令よりも敬意と依頼を伝えるものだった。女は優美な動きで身をかがめ、長い棒の束を持ち上げて、歩み寄ってきた。犬たちも寄ってきて、ナイノアと彼の持ち物を慎重に嗅ぎまわり、干し魚の包みのまわりをものほしげにうろうろした。躾がいいと見えて、なにかに小便をひっかけたり、魚をくすねたりはしなかった。女の鋭いシッという声で、犬たちは静止した。

ウィリアムと女は協力し合って棒を束ねた革ひもを外し、ついで犬たちを縦にちょっとずつ間隔をあけて手早く引き具につないだ。棒を末端は地面に寝かして先を引き具に固定し、幅広の革ひもを全体に編みこんで、粗製の吊り椅子をこしらえた。

それがすむとウィリアムがナイノアに近づいて、副え木を当てた脚を意味深長に見やり、並べた棒の上に座るようにと身振りで示した。ナイノアの同意も待たずに、ウィリアムは彼の腋の下に広い肩をあてがい、犬たちが待っているほうへ手を貸してよたよた歩かせた。ナイノアは座る前に編んだハンモックを座席に重ねて、座り心地をよくした。

このとき、ウィリアムが犬の引き具を調節していた女のほうを向いて、なにか言った。女はまっすぐ姿勢を起こして、露しきものが浮かんだ。女の顔に初めて表情らしきものが浮かんだ。女はまっすぐ姿勢を起こして、骨に値踏みするような目でナイノアを見た。ウィリアムは破顔一笑して、やおらナイノアの持ち物をかき集めにかかり、一部は自分の肩にひっかけた。

彼はナイノアの槍を興味津々でしげしげ眺め、鉄製の穂先にしばらく見惚れてからやっとナイノアに渡した。ナイノアの弓も同様に関心をそそった。彼はナイノアの矢筒から矢を1本引き抜き、その直線の度合と形を品定めし、銅の鏃は切れ長の目を丸くしてしげしげ見た。矢を元にもどし、彼は笑顔で弓と矢筒をナイノアに渡した。

最後に、ウィリアムはナイノアに手を貸してもっと座り心地をよくしてやり、怪我したほうの脚がうまく支えられるように棒の間に編みこんだ革ひもを調節した。ナイノアの快適さに入念な心くばりがなされていることから判断すると、捕虜扱いしているということは断じてなさそうだった。

　犬たちはナイノアの体重に耐えて、辛抱強く待ってていた。やがて、女からの低い掛け声で、棒橇《ほうぞり》を引いて一斉に歩きだした。こうして犬たちはナイノアを引きずって樹林を抜け、北の広々した草地へと出ていった。

　昼下がりの陽炎ゆらめく暑さの中、ウィリアムが先に立って、草むらを進むのに一番楽な進路を選んだ。棒が地面をがりがりひっかき、犬たちはひっきりなしにおならをしたが、ナイノアにとっては歩くよりましだった。ガタガタ揺れるたびに肋骨と脚が痛んだものの、割に乗り心地はよかった。犬たちの体力は大したものだが、それにしてもやはり荷車のほうが旅はずっと楽だろうに、とナイノアは思った。この人々は車輪というものを知っているのだろうか？　奇特な2人は時折、手ごわい障害物や穴をよけるため棒の末端を持ち上げ、ナイノアは自分に対するかれらの親身な態度に心打たれた。

　女は長い脚でなかなか優美な歩きぶりを見せ、ウィリアムが棒を持ち上げるのを手伝うためかがみこむときは、白い肌の下で筋肉がぴくぴく動いた。小さな刺青を連ねた1本の点線が鼻柱をまたぎ、左右の頬骨にかけて弧を描いていた。彼女が歩くと、革のスカートが低くささやぎ、金属の装飾品が鈍くジャラジャラ鳴った。女の体からは薪《たきぎ》の煙と革と、それになにかほかのものがないまざった温かみのある芳しい匂いがしていた。棒を持ち上げるためかがむと、乳房が揺れ、腋の下の黒い毛に汗が光った。

　ナイノアの中にまた性的な感情が湧きおこった。ウィリアムはナイノアがちらちら女を見るのを見逃してなくて、だしぬけに笑って女になにやら言った。それからナイノアに向き直り、とがらせた口で女を指し示して、彼女の名前と受けとれることを言った。

「ケノジェラク」

　ナイノアは女の顔を見て、その言葉を一音節ずつ復唱した。「ケーノージェーラク」ウィリアムがまた相好を崩して女になにか言い、つづいて「ヒヒヒヒッ」という奇妙な小さな笑い声を立てた。女をからかっているらしかった。女はそっぽを向いたが、口もとが笑いらしきものでぴくぴく震えていた。

　一行は傷跡のある山の麓のほうへと草原を北へ進んだ。ウィリアムとケノジェラクは歩きながらしきりにあたりを見渡した。時々立ち止まって犬を休ませ、ウィリアムがナイノアに手を貸して棒橇から降ろしてくれた。

とある小高いところでそういう小休止をしたとき、ナイノアは日射しの中にちらちらきらめく湖を遠望した。湖畔は帯状に取り巻く樹林で一部隠れていた。乾燥した灰色と黄色の草原がまわりを囲み、彼方の木の茂った連丘の麓までのびていた。はるか遠くで象の小さな群れが木立から現れ、湖へと向かった。ナイノアはその方向を指さして、象を意味するハワイ語を口にした。「エレパネ」

ウィリアムが怪訝そうにナイノアを見た。ナイノアはふと思いついて、もう一度群れを指さし、古英語での名称を言った。「エレファント」ウィリアムは微笑し、片腕を鼻の先にやって象の真似をし、「ジンガゴダレク」と言った。ナイノアがその長い言葉をおぼえようと努めると、彼はもっとゆっくり、「ジンーガーゴーダーレク」と繰り返した。

ナイノアは依然当惑顔だった。ウィリアムは笑って、その言葉を2つに分けた。ジンガクだかジンガグだかいう言葉をまず出して、自分の鼻を指さした。ついでダギョクかダキョグと聞こえる言葉を言って、両手を広げ長さを示した。さらに少々形を変えて2つを合体し――ジンガゴダレク――すぼめた唇で象を差し示した。ナイノアはその言葉を「長い鼻」を意味する適切な呼称だと受け取った。

ウィリアムは次に身ぶりで象の群れを差し示し、これ見よがしにナイノアの槍を見やり、そしてケノジェラクにジンガゴダレクという語を含むなにごとかを言った。ケノジェラクはなにも言わなかったが、またしてもちらりと彼を見た。ウィリアムが「ヒヒヒヒヒ」と例の妙な甲高い笑い声をあげた。

ナイノアはそれまで外国語を話す人間と出会ったことがなかった。古英語と古典ハワイ語の両方を勉強するように勧めてくれた養父にあらためて無言で感謝の祈りを捧げた。これら2つの言語が時とともに変化して、現在集落で話されている言語にだんだんとなっていったのだということは、勉強を通じて学んでいた。

しかしこの2人はナイノアにわかるようなことはまだなにも言っていなかった。もしかれらが事実アメリカ人の子孫なら、かれらの言語の中に多少ともその痕跡があるはずだった。かれらの語彙には古英語の単語がいくつくらい含まれているのだろう？

ナイノアは自分の鼻を指さして、「ノーズ」と言ってみた。ウィリアムは関心は示したが、それとわかったような様子は見えなかった。ナイノアがもう一度同じ仕草をして、「ジンガク」と言うと、ウィリアムは盛んにうなずき、そしてケノジェラクが初めて笑顔を見せてくれた。頭がかすかにのけぞり、灰青色の目がきらめいて、口から大粒の白い歯がのぞいた。ナイノアは彼女とウィリアムがちょっぴり似ているのに気づいた。親子なのかもしれない。

午後遅く一行は傷跡のある高い山の下に広がる森林地帯のへりに近づいた。土地がゆるやかにせり上がっていくにつれ、木々の間に岩が露出した。帯状の樹林にはさまれた川が細谷から南の草原へと流れ出ていた。

突然、すばしこい動作でケノジェラクが籠から長い棒切れをつかみとり、その湾曲した先端でナイノアには見えない丈高い草の中のなにかを押さえつけた。甲高いシャーッという音があたりに響きわたった。ケノジェラクは同じ流れるような澱みない動きで籠から瘤のある棍棒を空いているほうの手で引き抜いて、叩きつけるような短い一撃をふるい、とたんに音がやんだ。

ケノジェラクはウィリアムににんまり笑いかけ、先が鉤型に曲がった棒で草の中から長く太い蛇を引っぱり上げた。ウィリアムが蛇を受けとり、好意的な感想らしきものを洩らしながら、値踏みするように手で重みを計った。ナイフを引き抜くや、彼は蛇の頭を切り落とし、はらわたを抜いてから、棒で丹念に小さな穴を掘り、中に蛇のはらわたを納めた。ナイフの短い刃は金属ではなく、黒い石の剝片でできていた。彼は蛇の頭を地面から十分離れた近くの灌木の枝にくくりつけ、それから短い祈りらしきものを唱えて、穴を埋めた。

ナイノアが蛇の太い胴体を指さすと、ウィリアムがそれをそばへ持ってきた。皮の分厚い鱗には大きな幾何学模様が見られ、尻尾の先は一連の奇怪な円環に分かれていた。それはナイノアの集落の猟師たちがカナヘカナケケと呼んでいるガラガラ蛇だった。猛毒を持った蛇だが、こいつは大森林地帯で見られるものとは明らかに違いがあった。ウィリアムがナイノアの蛇への関心を見てとって、一言、「セルポン」と言った。

その言葉は古英語のサーペントにとても近かったので、ナイノアはハッとした。この人々はやっぱりアメリカ人かもしれない。ナイノアがサーペントという語を何度か発音してみせると、ウィリアムは強くうなずいて、「セルポン、セルポン」と応じた。満面に笑みを浮かべながら、老人は蛇の尻尾を振りまわして独特のカラカラいう音を立てさせ、「セルポンタソネット」と言った。それから、ナイノアの問いかけるような顔つきを見て、もっとゆっくり繰り返した。ナイノアがその言葉を何度か繰り返すと、ついにウィリアムがそれでいいという身ぶりをした。

蛇をケノジェラクの籠にしまって、一行は森にそってまた北へ歩きつづけ、やがて前方の木立からもくもくと立ち昇る煙が見えてきた。地面が今やでこぼこになりすぎて棒橇が楽に通れる状態ではなくなった。ケノジェラクが犬を止め、ウィリアムがナイノアを橇から助け降ろしてそばの石に腰掛けさせた。老人は鋭く口笛を鳴らし、するとすかさず、ほぼ煙の方向から別の口笛が返ってきて、じきに木立の陰から3人の若い男が現れた。うち2人はウィリアムにとてもよく似ていた。もう1人は髪の色がずっと淡く、ほぼ枯れ草色だった。ウィリアム同様、かれらは短軀で、最小限のものしか身に着けていなかった。なかなか礼儀正しいようで、ナイノアににっこりほほえみかけ、好奇心を隠し切れずにじろじろ見た。

ウィリアムが若い男たちに話しかけ、どうやらナイノアを発見したいきさつを語っているらしかった。男たち4人は副え木を当てた脚をいかにも気づかわしげに調べ、ナイノアは身振り手真似で事故が起きた顚末を伝えようとした。ピピ・カネというハワイ語を使ったが、反応がなく、そこで代わりに古英語のブルを出してみた。やはり反応がない。指を使って頭に角が生えている振りをしながら、牡牛のうなり声と牝牛のモーッという声を真似した。

今度はすぐさま反応があり、男たち4人とも興奮気味にトクトゥヴァクという言葉を発した。ナイノアが当惑顔をすると、ウィリアムがその言葉を繰り返し、さらにもう2つの言葉、ルトロとラヴァシュを出した。

それからナイノアには一言もわからない長談義がつづいた。とうとうケノジェラクがじれったそうな身ぶりをして討議をさえぎった。男たちはきょとんとして彼女を、ついでナイノアを見た――それから行動に移り、犬たちを引き具から放してやった。犬たちは水を飲みに遠い川のほうへ走り去った。若者3人がナイノアを棒に乗せてでこぼこした上り坂を登っていき、ウィリアムとケノジェラクが彼の持ち物を運んだ。

こうしてナイノアは山麓の木立に囲まれたかれらの野

営地にようやく連れていかれた。彼はあたりを見まわし、この人々が果たしてほんとうにかつて栄華を誇ったアメリカ人の子孫だろうかと怪しんだ。

野営地は東に谷を見下ろす高台にあった。藪におおわれ、上から獣皮をかぶせた低い塚が木立の中に連なり、その間に10人ほどの人間がじっと立ちつくして、一行の到着を見守っていた。かなりの数の犬が突っ走ってきて、ナイノアを運んでいる男たちのまわりを興奮気味に駆けまわった。

藪におおわれた塚と見えたのは、若木や枝の太いほうの端を地面に立て、先端を中心へと曲げて組んだ小屋だった。骨組みにさらに枝や蔓を編みこみ、なめし革で屋根を葺いてある。それぞれの小屋には低いアーチ型の戸口が1つあり、窓はない。ナイノアが今まで見た中で疑いもなく最も粗末な住居だった。

とろ火にかけた掛け木に肉が干してある。数人の女が地面に杭で留めて広げた大きな生皮の内側から脂をこそぎとっている。老女と若い娘の2人がその集団から離れて、一行のほうへ歩いてきた。老女は白髪を長くお下げに編んで、しわだらけの顔の両側に垂らしている。ケノジェラクとほぼ似たり寄ったりの身なりだが、こちらのほうが首と腰に巻いているビーズの輪の連数がずっと多い。老女の乳房は骨ばった胸に平らな革の厚板のように垂れているが、年格好に似合わずとても強健そうに見えた。若い娘も似たようななりだが、髪はケノジェラクと同様編まずに長く羽飾りのように束ねてあり、乳房は盛り上がりかけたばかりだった。ケノジェラクが自分の運んできた荷物を無言でその娘に渡した。

穴を石で囲った大きな炉のそばの広い平らな岩の上にナイノアが座らされる間、みんなの目が彼に注がれた。近くにナイノアが幻視の中で見たのと同種の幹が丸くふくらんだ1本の堂々たる木があった。幹は棘だらけで、葉の落ちた太く短い大枝には緑色の頑丈な豆莢が鈴なりになっている。みんな、むっつり黙りこくっていて、ナイノアはつかのま心細くなった。そのとき、犬同士で喧嘩が持ち上がった。近くにいた者たちの狙いすました足蹴で争いはやみ、秩序が回復した。やがて総勢こぞって新参者のまわりに集まってきて、無言でじろじろ見た。森で長いこと一人ぼっちだったあとだけに人との交わりに馴れないナイノアは、こうも熱心にためつすがめつされて落ち着かない気分になった。

全体に、かれらは肌が白く、「切れ長の目」をしている。

大方の者は黒っぽい髪で、目は茶色だが、髪の色がもっと薄いのや、目の青い者が何人かいる。火のように赤い髪の女も1人いる。全員、ナイノアよりもかなり背が低く、ケノジェラクは中では一番ののっぽのようだった。かれらはみんな平民なのか——ひょっとして部族の狩猟隊か？　だが貴族たちはどこにいるのだ？　一行の中には見当たらない。首長はどこにいる？

例の年輩の女がウィリアムに話しかけた。ウィリアムはナイノアを一瞥して、低い声でかなり長々と答えた。身ぶり手ぶりをたっぷり混じえた彼の話は、その場にいる全員に聞こえるように次第に声高になった。ナイノアはトクトゥヴァクという言葉を聞きつけ、自分の事故のことが話されているものと考えた。ウィリアムの所作は、ナイノアを引っぱって草原をゆく犬たち、象の群れ、蛇を殺すケノジェラクなどを表現した。老人は喜びで自分も顔がぱっとほころぶようなことをなにやら言って話をしめくくり、聞いているみんなも喜色満面で応じ、あの妙な、「ヒヒヒヒ」という低い笑い声を立てた。

緊張がほぐれ、ありありと解放感が漂った。全員がおかしさを抑え切れない様子でナイノアを見やり、それからケノジェラクにちらりと視線を走らせた。ウィリアムがまた一言し、みんながまたもや笑い声で応じた。

ナイノアは微笑し、彼と目が合った者はいずれもほほえみ返した。ナイノアは意を強くし、ケノジェラクに目をやった。彼女はすでに器用な手つきで一気に蛇の皮をはぎ、肉をぶつ切りにしているところだった。そのナイフはウィリアムのと同じ型のものだった。鋭利な刃をなすように押圧剥離《おうあつはくり》した黒曜石の短く平たい刀身を枝角製の柄にはめこんだものだ。ナイフを手にしゃがんでいるケノジェラクの姿を見て、ナイノアはハワイ人の女とはずいぶん違う野性的な印象にあらためて感じ入った。

ナイノアがつかのまケノジェラクに見惚れたのを一同は見逃さず、また一言《ひとこと》あって、笑いを誘った。ナイノアはおもむろにまわりを見まわし、総員27名、うち男子12名と勘定した。ウィリアムと例の老女が最年長のようだった。年齢のさまざまな子どもが9人、あとは大人か、若者だ。ナイノアは意を決し、松葉杖をつかんで立ち上がった。

はっきり聞きとれるほどのささやき声が一同の沈黙を破り、ナイノアのそばにいた者たちはその長軀に驚きの色を見せて、ちょっと後ずさりした。ナイノアは他を圧してそびえた。ケノジェラクですら手を止めて、目を見張った。

おそらくこの人々はなんらかの禁忌《カープー》を破った罰を免れるため集落を離脱し、荒野で暮らしている逃亡者集団だろう、とナイノアは思った。ついで、みんなの顔を見回して、そもそもかれらに首長階級など存在するのかどうか疑問に思った。

外交手腕を発揮する潮時と思えたので、ナイノアは自分の持ち物のほうへよたよた歩いていった。網袋から干し魚の包みを取り出して、ウィリアムに差し出すと、相手はもったいぶった堅苦しさでささやかな進物を受けとった。ナイノアはついで魚を指さし、ハワイ語の普通名詞でイアと呼んだ。反応がない。古英語のフイッシュという語を出し、魚の泳ぎを真似た仕草を添えた。全員の注目が集まった。

彼はフィッシュという語を数回繰り返し、泳ぐ魚の手真似をさらに強めた。ウィリアムがにこりとして、一同になにごとか言った。それから、ナイノアの泳ぎの仕草を真似て、プアソンないしブワソンという言葉を発し、みんなが大喜びした。ウィリアムは次に手に持った魚を指さして、もう1つの呼び方、オプラヤクを紹介したが、これはおそらく問題になっている魚の特定の種名だろう。

ナイノアはこれらの言葉を何度か復唱し、それから杖の先で足下の地面におおまかな魚の絵を描いた。ウィリアムとその仲間たちはこれにはすっかり大喜びのていで、その結果、長々と意見交換があった。ウィリアムはナイノアの描いた基本的な魚のシンボルを指さして、プアソンと呼んだ。ついでしゃがみこみ、1本の指で絵に微妙な修正を加え、ナイノアが川で仕留めた種類の魚になるようにした。そして立ち上がり、それをオプラヤクと宣した。

みんなが見ようとしてまわりに群がり、それにつづく興奮の中で犬たちが絵を踏み消してしまった。ナイノアはウィリアムにほほえみかけ、相手が持った干し魚を指さして、「オプラヤク」と言った。ウィリアムがにっこりうなずき、ついで干し魚を指の背で叩いて、ゼクもしくはセクという新しい語を出すことで、意味に限定を加えた。その語を数回繰り返してから、ビツェクかピツェクという別の言葉を言った。

ナイノアはこれを干し魚を意味するものと解し、自分も指の背で固い板のような魚を叩いて、「ゼク」と言ってみた。みんながやさしく彼にほほえみかけた。いい滑り出しだ。ナイノアは次に魚を指さして、食べる仕草をし、ハワイ語のアイを口に出して、それから同じ仕草を繰り返して、古英語のフードに言い換えた。

　ウィリアムがすかさず呑みこんで、「エイルモン」と言った。それから例の老女に話しかけると、老女はかすかにかぶりを振って、自分の口を指さし、ナキという言葉を言った。ウィリアムは食べるという行為をとらえた簡単な仕草をして、別のもっと長い、ナギグザクかナキクザクという言葉を発した。

　老女はそこでそっけなく会話を打ち切り、すると一同てんでに散って、ナイノアがくるまでしていたことにめいめいまた専念した。一連のきつい調子の言葉が飛んで、若い女たちはあたふた駆け出し、すぐに夕飯の仕度にかかった。ナイノアが食べることに関する言葉を出したのが、おそらく催促と取られたのだろう。

　ナイノアはケノジェラクのほうを見て、切り刻んだ蛇を指さし、食べ物を表す言葉と思われるナキを口にした。その甲斐あって、彼女はまたほほえんだ。そこで、仕草と言葉を混じえて、彼は、蛇、魚、食べ物、象を表す語を次々と復唱し、聞こえるところにいる者全員を大いに喜ばせた。

　ナイノアは次に、網袋、槍、弓、矢などさまざまな物を差し示しては、その名前を言った。それぞれに、ウィリアムが自分の言語での対応語を教えた。それらの中に英語らしい言葉は聞かれなかった。ナイノアは老女の名がコヴァクで、若い娘の名がカルルであることを知った。このようにして、彼はかれらの言語を学びはじめた。

晩餐

　その最初の晩、共同の焚き火をみんなで囲んで、ナイノアはこの人々のことをいろいろ教わった。たとえば、かれらは彼が見たこともないような方法で料理する。

　地面に掘った大きめの浅い穴が一並び、大きな炉を囲んでいる。女たちは獣脂を塗ったなめし革を穴にはめこみ、石で突き固めて隙間をなくした。縁は石をぐるりと並べて押さえ、きっちり編んだ繊維の容器から水を穴に注いだ。曲がった棒を使って炉から熱した石を取り、シューシューいうやつを水にぽんぽん放りこんだ。石を加えるにつれて水は急速に沸騰した。女たちはそこで仕留めて間もない獣のへし折った四肢の骨や背骨、尾骨を湯に入れ、脂肪分を煮出した。「スープ」が煮えつづけるように熱した石が絶えず加えられ、冷えた石は取り出された。しばらくすると、掛け木にぶら下がっている貯蔵肉から切りとった肉片をいくらか、沸き立つ煮出し汁に加えた。ガラガラ蛇は最後に入れられた。

しばしの後、女たちは肉の塊をシチューから引き上げ、火の風下側の地面に垂直に突き刺してあった椰子の葉の主脈に串刺しにした。こうして肉はまず茹でられ、それからじっくりと燻《いぶ》された。このように調理された肉を表すかれらの言葉はボナジもしくはポナシだった。シチューから肉を取り出したあと、女たちは骨を取り除き、いくらかの食用植物を入れた――小さな野生のカボチャ、野生のタマネギ、それにキノコだ。

ナイノアは女たちが塩も入れたのに注目し、塩はどこで手に入れるのかと首をかしげた。ウィリアムの注意を塩に向けさせ、ハワイ語を使ってそれをパアカイと呼ぶと、ウィリアムはダレオクもしくはタリオグと自分の言葉で応じた。そこで、老人を注意深く見守りながら、ナイノアは古英語のソルトという言葉を発した。ウィリアムは顔を輝かせて力強くうなずき、セルという語を出して、数回繰り返した。この一対はよく似ており、ナイノアは1つの戦果と数えた。これで、古英語につながっている可能性のある言葉が、セルポンとセルの2つ見つかったことになる。

炊事をするのは女たちだけだった。食事の用意ができると、人々は小屋から木の椀を取り出してきた。ナイノアが網袋から自分の椀を取り出すと、そのすっきりした形と均整のとれた細工をおおっぴらに賛美するざわめきがおこった。かれらの椀もそれにひけをとらない美しい細工物だった。多くは抽象化した動物の姿を表現した象牙か骨の彫り物を象眼してある。

食事は全員いっしょだった。みんなで食べるのはおそらくアメリカ人の古い習慣なのだろう。接触時代に生きていて、アメリカ人の感化で息子と食事を共にしたというハワイのある首長夫人の故事をナイノアは思い出した。言い伝えによると、この行為が悲惨な結果をもたらし、ハワイ人は禁忌破りの報いで精霊たちに皆殺しにされかけたという。この神話が実話にもとづくものかどうかは誰にもしかとはわからないが、男女が別々に食事をする習慣の淵源と考えられていた。

ホスト側は食事の間じゅう賑やかにしゃべり、焚き火の明かりの輪のまわりで声も立てずに固唾を呑んでいる犬たちに食べ物の切れ端を投げてやるのと同じ調子で、話の種をぽんぽん投げ合った。ナイノアはウィリアムの注意を惹きつけて、犬を指さし、古英語でドッグと言ってみた。ウィリアムはキンメクもしくはギンメクという語で応じ、犬が後肢で体を掻く仕草をして見せ、一同を大笑いさせた。

食事がすむと、ウィリアムがケノジェラクになにごとか言い、彼女は返答する前につかのまナイノアのほうを見た。ナイノアはまた自分が全員こぞっての無言の注目の的になるのを感じた――やはりいささか落ち着かない気分だった。なにかを期待されていると感じたが、なんなのか見当がつかず、そこで彼は立ち上がって、先刻のケノジェラクへの口上の焼き直しをしゃべった――前のよりだいぶ長く、身ぶり手ぶりや、古英語の単語をたっぷり織り交ぜたやつを。

彼の独演の間じゅう、集まっている犬の群れを含めて全員が聞き耳を立てていた。話が終わると、一同は彼の言ったことを噛みしめてみてでもいるようにしばらく黙りこんだ。そのあと、一座で長い話し合いが行われ、自分の話は全然通じなかったのではないかというナイノアの疑念を一層つのらせた。だがかれらの仕草から判断するに、少なくとも一点、彼が西の山脈の向こうからきたことだけは、わかってもらえたのは明らかだった。

ウィリアムがしばらく1人でしゃべり、その間一座の者は耳を傾け、男女の別なく時折短い合いの手を入れた。ついで、例の老女がかなり長く、西や北や天を差し示す身ぶりを交えて話をし、今度もみんな丁重に耳を傾けた。そのあとケノジェラクが立って、低い、そっけない声でしゃべった。耳を澄まして聞きながら、ナイノアは彼女が他の者たちに比べてずいぶん背が高いのをあらためて意識した。ケノジェラクは優美な仕草を交えて、堂々とした、ちょっぴりよそよそしい態度で話をした。平民のように自分の気持ちを表に出すことはしなかった。

彼女は唇と頭を手の代わりに使って西を、次に南を指し、またかなり長くしゃべった。話がすむと、一息入れた――それからナイノアを見て、一同になにごとか言い、言った本人が吹き出した。

全員が彼女といっしょになって笑った。ナイノアは冗談の内容はわからなかったが、自分が笑いの的になっているものと察して、少々気を悪くした。ケノジェラクがさらになにか言い、またみんな大はしゃぎした。彼女がナイノアにほほえみかけた。彼女の陽気さは伝染性があり、ナイノアは苛立ちが消えて、思わずにっこり笑い返した。これがまた一同の切れ目ない笑いを誘い、急に彼は心底いい気分になった。

そのとき老女コヴァクがなにか口を出し、みんながまた笑った。ウィリアムとケノジェラクの似方は、彼女が彼の妻ではなく娘だというナイノアの見方に説得力を与えた。ケノジェラクが笑いやんで、また品定めするようにナイノアを見たとき、この見方はかなり強められた。ナイノアはちらりとウィリアムを見やって、物問いたげな顔をした。ウィリアムは笑ってケノジェラクになにやら言い、相手は彼の脇に小石を投げてやり返した。ウィリアムは笑いくずれて、さも苦しそうに脇腹を抱え、馬鹿ふざけの最中に自分で浮かれて高笑いした。

かくしてその晩は大いに和気藹々《あいあい》と暮れていった。若い者たちはクスクス笑ったが、口ははさまなかった。幼い子らは母親の腕の中で眠った。犬たちは火明かりのへりに控え、もっと施しを期待して人間たちを見守っていた。そのうちついに火が消えるにまかされ、そしてウィリアムがナイノアに小屋の1つで寝るようにと身振りと言葉で指示した。彼はナイノアの持ち物を運んで小屋の中に納め、槍は外の壁に立てかけた。それからまたもどってきて、ナイノアが足を引きずって歩くのに手を貸した。

途中、火明かりのすぐ外で2人は立ち止まって小用を足した。見ず知らずの男といっしょに立ち小便しているうちに、ナイノアはお互いの間に仲間意識が湧いてくるのを感じた。火明かりの向こうの暗がりになにか、彼の興味をそそるものが見えた。あれを見てみたいとウィリアムに合図して、ナイノアはそちらへ足を引きずっていき、地面から石積みの一部が突き出ているのを見つけた。残っているのは2つの壁の一部分、小さな暖炉の残骸、それに煙突の一部だけだった。丸みをおびた川石が使われていて、石よりも色の薄い硬いモルタルで接合してある。ナイノアが石積みを指さし、問いかけの仕草をすると、ウィリアムは肩をすくめて、「メイゾヴィガコ……トゥネゲ……トゥネゲ」と言った。ついで老人はもっと多くのそういう人工遺物の見えない存在を示そうとするかのように、闇の向こうを四方八方身ぶりで差し示した。そのあとしばらくしてから、「レイゾンズィーン」とぽつりと言った。

それがどういう意味かナイノアにはわからなかったが、この建造物はウィリアムの同胞の手になるものではないのだろうと察した。暗がりで周囲に目を凝らしてみたが、ほとんどなにも見えず、で、主人役といっしょに小屋へ向かった。

中に2つある寝床は動物の毛皮を地面にじかに敷き重ねたものだった。ウィリアムはナイノアに一方を差し示し、もう一方に自分が寝た。ナイノアは怪我している脚がうまく支えられるように毛皮を入念に配置して、ほぼ即座に眠りに落ちた。ことのほか多事多端な一日だった。

うつらうつらしながら、ナイノアはウィリアムに古英語でおやすみを言った。ウィリアムが片肘突いて身を起こし、「ザイ・モ」と答えたとき、暗がりで歯がきらりと光った。

17 考察

〝彼ら〟とは

ザイ・モ。目の前の黄色いメモ帳に記したその謎めいた最後の言葉を見つめて、わたしはため息をついた。狩猟採集民か、と思った。西洋文明の生き残りの子孫たちは狩猟採集生活をしていた。

農業や製陶が行われている徴候は一切見られなかった。ウィリアムの同族集団が所有していた金属器といえば、装飾用のビーズやブレスレット、それに粗雑な作りの鏃《やじり》くらいのものだった。かれらには鉄はない。家畜は犬だけだし、唯一の乗り物は棒橇《ぼうぞり》だった。北米人の子孫たちは未来の石器時代に生きていた。このことを知ったわたしのショックと悲しみは深かった。

このときと次回の接触との間に数カ月の時が流れた。その年の晩秋のある午後、わたしは自宅の仕事場に座って、椰子の葉をガサガサ鳴らす風の音に耳を傾けながら、のんびり思索にふけっていた。机上にはオーストラリア先住民の絵をおさめた大判の美術書がのっていた。わたしはページを開いて、「夢幻時」（アボリジニーの神話的概念）に知覚された場所なり物なりの心霊地図やイメージの点描による抽象表現に手当たり次第目を通しはじめた。それらの絵には、わたしが意識変容状態の始めと終わりにいつも見たのと同じ点と線があったが、限られた大きさの樹皮に描いているせいか、こちらのほうがぎっしり詰めて配列してある。それらはアカの場のイメージなのか、それとも秘儀参入者が霊界にある父祖の地へゆきつくのを助ける案内図なのかと、わたしは思いめぐらした。

伝統的なアボリジニーは自分たちの土地と深い神秘的な接触意識を持っていた。自分の肉体が死ぬと、自分個人の霊的実体が土地の集合的な霊的実体と融合すると、かれらは信じていたのだ。物質界に生まれ変わるときがくると、それは同じその霊的な根源から再び現れ出る。こうして、アボリジニーは常に、生気みなぎり覚醒しているより大きな霊的統一体の一部なのだった。だからこそ、かれらにとって自分たちの土地を離れるなどとても考えられないことだったし（今もそうだが）、まして白人系オーストラリア人の実業家・政治家による再配置計画のためにそうしろと命じられたのではなおさらだ。道路や住宅団地を作るためにかれらの土地をブルドーザーで整地するのは、それゆえに、冒瀆だった（今もそうだ）。アボリジニーにとって、自分たちの土地にある一切のものは、ちっぽけな蟻から雄大この上ない断崖にいたるまで、神聖なのだ。かれらの地所の日常的な面が改変されれば、その非日常的な面も変わってしまう。

この見解はナガイのそれと著しく似ていたので、それはかつては部族民に共通のものだったのだろうかとわたしは考えさせられた。この認識、自然との、そして現実の霊的な次元とのこういう緊密な結びつきは、西洋文明が勃興する間に失われてしまったようだ。

我が家の傍らのバンヤンノキにとまった鳩たちが、この「ハワイ本島《ビッグ・アイランド》」でわたしが感じていた自然との深い結びつきを思い出させてくれた。それはアフリカでも感じたことがあり、その親密な関わりこそ、たぶん「霊的体験」が現出するもとになっている主たる要因だろうと、わたしは次第に確信するようになっていた。ナイノアとの継続中の接触は島の集合的な霊的実体、もしくは「エネルギーの場」を通じて起こっているのではないかという気がしていた。この驚異的な現象が2つの補助霊——豹男と「旅する石」——の助けによって促進されていると信じるようにもなっていた。

わたしは考えごとを中断して立ち上がり、外へ出て、石庭の浜石の間に置いてあるあの石のところへいった。子どもたちは、わたしが奨励したわけでもないのに、その石を「ロック・マン」と呼ぶようになっていた。わたしはそれに十分に注意を集中して、ナイノアとの接触を回復したいという深い願望を心中に湧きおこさせた。一点に集中して意図を持続しているわたしを、石の無表情な顔が黙然と見つめていた。しばらくの間、なにも変わったことは起こらなかった。と、そのとき、カーポートの脇の板根を張った高いウィ・アップルの木から鉄板葺きの屋根に1つ実が落ちて、ガシャンという音でわたしの集中をかき乱した。わたしは考えごとにもどり、今度はナイノアが出会った村のことを取り上げた。

ナイノアが発見したあの人々は何者だろう？　かれらが口にした言葉のいくつかはフランス語と識別できた。ウィリアム本人の発音では、彼の名前はフランス人のギヨームにきわめて近かったし、彼が牡牛と牝牛を言い表すのに使った代替語も、フランス語の「ル・トロ」と「ラ・ヴァシュ」だった。石積みの壁の廃墟を身ぶりで示しながら彼が言った言葉は、「先祖たち」とか「古代人」という意味のフランス語、「レ・ザンシャン」に似ていた。しかしほかの言葉はどうなのか？

言語学はわたしの専門外だし、耳にした会話を正確に記憶する力もわたしにはない。発音が耳に残っていた単語をいくつかメモしたものの、それらがどういう意味で、何語に属するのかは見当がつかなかった。ウィリアムとその仲間たちは現在のアメリカ・インディアンにはあまり似ていなかった。ヨーロッパ系、ラテン系、アジア系、アフリカ系のアメリカ人ともちがう。かれらの顔立ちや肌の色や体型からすると、アメリカ・インディアンと白人を祖先とする新しい混血「人種」ではないかと思われた。フランス語らしいいくつかの言葉は、かれらの発祥の地がカナダのフランス語圏であることを暗示していた。女たちの名前——ケノジェラク、コヴァク、カルル——はエスキモー語のように聞こえた。エスキモーとインディアンと白人の血が混じった人々がなんだって現在の西ネバダにあたる地域にいるんだろう？　その地方の元々の住民たちはどうなってしまったのか？

アメリカ人の運命に対するナイノアのこだわりは今やわたし自身のものになっていた。わたしの恩師の1人がエスキモー辞典を持っているかどうか当たってみるため、久しぶりにバークレーを訪れることに決めた。

翌日の朝まだき、再び接触を果たした。といってもわたしが「到着」したとき、ナイノアの世界では真昼だったが。ナイノアは犬の一群を引き連れたケノジェラクといっしょに広い草原を遠くの木立に向かって歩いていた。彼が周囲を見渡すために立ち止まったとき、わたしは彼がまだスライド山の断層地塊の下に広がるワショー・バレーにいることに気づいた。前回見たときは枯れていた草が今は緑色に長くのびていた。明らかに雨季に入っていた。

ナイノアの記憶を探ってみて、彼がウィリアムとその仲間たちに加わってからすでに数カ月たっていることがわかった。わたしが「到着」して瞬時のうちに、ナイノアはわたしの存在に気づいた。それはまちがいのないところだったが、ただすぐにケノジェラクが草のみずみずしさについて感想を洩らし、彼の注意をそらした。彼女の言葉はわたしには馴染みのないものだったが、その要点はナイノアにわかったからわたしにもわかった。

2人が草を分けて歩いていく途々、わたしはナイノアの目を通してかれらの世界を見渡した。

18　第九の旅――エヌー人

交流

　ナイノアは骨折した左脚がかなり回復して、また歩けるようになっていた。もっともウィリアムがこしらえてくれた、一方の端が元々曲がっていて握りになる杖を使ってはいた。

　ケノジェラクと並んで歩きながら、ナイノアは今しがた抱いた妙な感じ、自分が観察されているという心穏やかでない確信について思いめぐらした。それを感じたのは数カ月前ウィリアムの集団に加わって以来今度が初めてで、「それ」がなんなのか彼はあらためて首をひねった。そこでふと気が散って、この人々との当初の頃を思い返した。

　まずわかったのは、かれらが人生の浮き沈みをいちいち気にせず、人なつこくて、おおらかで、陽気な人たちだということだった。かれらはナイノアを賓客として遇し、陰に陽に世話をし、食べ物と宿を、なかんずく人づき合いを――楽しいつき合いを――提供してくれた。

　ホスト側はナイノアの言語を習いおぼえることにあまり強い関心を見せなかったので、彼のほうで回復期間中にかれらの言語についての実用的な知識を身につけていた。初めのうちは、遅々として上達しなかったが、かれらの話に耳を傾け、あれやこれや言葉を復唱してみて、会話の脈絡と意味をはっきりさせるように心がけた。飛躍的な進歩をとげたのがいつだったたか、本人にもさだかでなかった。ある時点まではまだ身ぶり手ぶりばかりだったのに、いつのまにか話が通じるようになっていた。

　ナイノアはかれらの言語が自分のとはずいぶんちがうことに驚かされた。それはきわめて描写的であり、また「事物」は過程の意味を持つ語尾を付すことで「行為」に変換できる。所有関係も同様にして示される。「話し手」と「他者」との区別がない長く複雑な発語を生み出すおびただしい数の語尾がある。彼が最初におぼえた語の1つは、干し魚を意味するビツェクだが、ビツェルヴォグと言えば、「彼」がその魚を干したことを意味し、一方、ビツェリアクは「わたしの」か「あなたの」か「彼の」干し魚ということになる。

　かれらは自分たちを文脈に応じてエヌドゥイナグとかエヌグと呼んでいた。エヌグまたエヌユグは直訳すると「生きている人間」のことで、死んでいる人間、エヌヴィナグとは反対の言葉だ。エヌドゥイナグという語は男女を問わずすべての人間を包括するが、男性を意味するレイゾムと女性を指すレイフォムを含めて、いくつかほかの言い方もある。ナイノアは内心、かれらのことをエヌー人と考えるようになった。

　はるか遠くに何頭か馬が見えた。ウィリアムたちは古英語のホースは知らなかったが、いくつかかれらなりの呼び方を持っていた。ガナゴダレクもその1つで、文字どおりには「足長」を意味する。ラシュヴァグという言い方は意味があまりはっきりしない。さらにもう1つ、ギンミユアグは馬が大きな犬であるという意味を持っている。どういう違いによってエヌー人が言い方を使い分けるのかナイノアにはまだはっきりわからなかった。オマヤグは「動物」の総称で、直訳すれば「それは生きている」という意味だが、「生きている」または「生命」という意味の基礎語オマから派生している。ナイノアは今やそういう単語や語尾を集めた長いリストを頭に入れてあった。史官としての暗記訓練が思いがけない成果を生んでいた[原註]。

　エヌー人に関して次にわかったことは、かれらがほぼもっぱら肉と魚を常食とし、それを焙ったり、蒸し焼きにしたり、茹でたり、あるいはまた生のままで食べるということだった。かれらは農業を知らない狩猟民だった。周囲の自然環境から植物性食品も採集するものの、ごくわずかだった。かれらの大好物のある種の木の実は別として、採集するのはキノコ、野生のタマネギ、それにたまに季節の液果《ベリー》や果物くらいに限られていた。たまたま蜂の巣が見つかれば、蜜を採集するのは忘れない。

ナイノアは遠くにいる馬たちを眺めながら、エヌー人には動物性食品がとてつもなく豊富に手に入るのだとつくづく思った。こうした乾燥性の草深い樹林地帯や広い平原は、象から齧歯類《げっしるい》、蛇、昆虫の幼虫にいたるまで、猟の獲物に満ちあふれている。エヌー人はそれらすべてを食用にする。動物性食品がごっそり手に入るので、3、4日に一度狩りをしさえすれば次の3、4日分の肉を調達できるが、採集のほうは常時やることになりがちだ。

ある程度意思疎通できるまでにかれらの言葉での会話力が上達したとき、ナイノアはウィリアムになぜエヌー人は農業や牧畜をやらないのかたずねたことがある。ウィリアムにはそういう概念は理解できず、そこで数日間途切れ途切れに話し合いを重ねながら、ナイノアはエヌー人たちに農業と畜産のなんたるかを説明しようとした。かれらはとても礼儀正しく、彼の話に大いに興味を示しはしたものの、そういう面倒なことをする理由がかれらには呑みこめなかった。飢饉に対する備えとして余剰食糧を備蓄するという考えはかれらにとってなんの意味も持たなかったし、集団で1カ所に定住するということにしてもそうだった。

土地はかれらの必要とするもの一切を与えてくれるし、その地の猟の獲物や資源が減ってくれれば、かれらはあっさり荷物をまとめ、粗末な小屋を捨てて、新たな場所へ移動するまでだった。かれらは漂泊民であり、次の宿営地に着き次第、男も女もいっしょになってほんの半日仕事で新しい小屋を作ってしまうのだ。所有物としては、武器、道具類、衣類、装身具、椀、運搬用の籠、毛皮となめし革ぐらいしか持っていない。移動する際は、これらの品は持ち主が持ち運ぶか、犬たちが牽《ひ》く棒橇《ぼうぞり》で運ぶ。

ケノジェラクが耳なれない曲をハミングしだしたので、ナイノアは、そういやエヌー人はよく歌をうたうなと思った。たいていは妙な鼻声で、彼にはむしろ耳ざわりで喧しく聞こえるメロディを口ずさむのだが。かれらの歌は動物と狩り、愛と復讐、成功と不運などを主題としていた。かれらは歌によって子どもを楽しませたり、昔話をしたりする。特別の行事のために作られた歌もあるし、とても古くからのものと言われている歌もある。働いたり、踊ったり、ゲームをしたりしながら歌ったり、また単なる暇つぶしのためにも歌う。

エヌー人は車輪も陶磁器もガラス製造技術も知らないが、ウルギルグと呼ぶ粒子の細かい土を使って子どものための動物玩具や、獣脂を燃して明かりをとる小さなランプなども作る。かれらの持っている金属といえば、「昔の人たちが住んでいた」場所で見つかった「軟質金属」製品に限られ、かれらはそれを装身具や粗雑な鏃《やじり》に作り直していた。鉄器を持たないかれらは、ナイノアのナイフや槍の硬さに驚嘆した。

かれらの基本的な道具類といえば、薄くはがした石の尖頭器、掻き取り用の掻器《そうき》、時々研ぎ直す刃物がほぼそのすべてだった。かれらはガラス質の火山岩や、集団から集団へと物々交換で流通しているガラスの破片からナイフを作る。石を薄く剥ぐのには鹿角製のハンマーが使われる。鋭くとがった枝角は長く薄い刃物をより大きな石核から打ち欠いたり、刃を手直ししたりするための目打ちの役をする。

ナイノアはエヌー人と暮らしはじめた頃、石を剥離する自分の技を披露したことがあった。男たちはお返しに自分たちの技を見せた。それはおおむね言葉には頼らず、個人の技量を示し、意匠を教え合う、きわめて友好的な交流だった。

エヌー人はさまざまな木から樹液を採取して、鏃に矢柄を、ナイフの刀身に柄を、矢に羽根を付けるのに使う万能の樹脂性接着剤を作り出していた。なめし革や編んだ草で長いひもを作って玉にしてあり、それを使って鳥や魚を群れごとごっそり捕まえる罠や網をこしらえていた。木で容器《うつわ》を作り、また木質の蔓、細枝、草、その他なんでも気の向いたものを材料にする籠細工はことに見事だった。

エヌー人は生木の弾力のある上枝で弓を作る。かれらの標準的な弓は短く、鹿などの群棲動物の脚の腱を張り合わせてあるため「反り返り」がある。腱はまず湯に浸し、次に噛んで、濡れたまま木製の弓の張り出し部分の表側に植物の根で作った一種の接着剤で貼りつける。腱は細長く帯状に切ったものを何枚も弓に貼り重ね、弓の両端からはみ出した部分は弦《つる》を受ける役目の硬い弓弭《ゆはず》を形作る。乾くと、腱は収縮して、弦を張ったときとは反対方向へ弓をたわませる。ハワイ人の猟師たちと同様、エヌー人はたいていビューンという発射音を消すため、腱でできた弦の一部に毛皮を巻きつけている。

エヌー人には首長階級も平民もない——階級構造というものが皆無だし、指導者とか政治組織とか統治機関、はたまた組織化された祭司団といったものも存在しない。男性は女性に対して支配権は持っていないらしい。宿営地の移動や旅の方向に関する決定はすべて共同体全員の総意によってなされるようだ。男は男で集まって話し合い、女も女同士で問題を話し合う。夕食のときに全員でその件について意見を交換する。

　ウィリアムやその家族との再三にわたる長い話し合いで、ナイノアはエヌー人が15人から50人くらいの多数の小グループや集団《バンド》に分かれて暮らし、それらは獲物にあふれた広大な地域に東方と南北方向に散開していることを知るようになった。これらは夫婦と子どもを核とする拡大家族のきわめて移動性の強いグループだった。

　女性は生涯の間に2、3人しか子を産まないらしく、これはおそらく授乳期間が長いのと流産が多いせいだろう。エヌー人の日常生活は厳しく、女も移動の際や、仕留めた大型動物の解体やら宿営地への肉の運搬やらで極度の肉体労働をしいられる。ウィリアムの集団の女2人も最近流産したばかりだった。

　おそらくはこの低い出生率のため、男が2、3人の妻を、たいてい別々の集団に、持つことは珍しくないし、女のほうでも一部には複数の夫を持つ者がいる。どちらの場合も、男が別の集団にいる妻を訪れ、長短さまざまな期間そちらにとどまることになる。こういう拡大した家族関係の微妙な点をかれらがどう解決しているのか、ナイノアはまだ見きわめていなかった。おまけにいとこ同士がきょうだいを意味する呼称で呼び合ったり、叔父叔母が甥や姪を自分の子として扱ったりする習慣がことを一層複雑にしていた。親もまた一般に自分の子に向かって「おじいさん」「おばあさん」、また時には「父さん」「母さん」と呼びかけるのだ。

　ウィリアムの集団には少数の子どもたちがいて、非常に大切にされ、躾はほとんどされていない。年寄りも、しきたりや歴史に関する知識、言い争いの仲裁人としての力量、語り部としての役割などで大いに重んじられている。

　エヌー人は豊かな口承伝説を持っていて、年がら年じゅう、ことに長い宵には、昔話をする。特に長い話になると、全部を語り尽くすのに毎晩やって何週間もかかることさえ稀ではない。人間関係がしばしば緊迫する小さな集団では、説話は積もる緊張を吹き飛ばし、言い争いを防止するのに役立つ。ウィリアムも妻のコヴァクも語りの芸にひいでているので、かれらの拡大家族の中では融和が十分保たれている。

　エヌー人は暇がふんだんにあるから、ありとあらゆること、ありとあらゆる人間を種にひっきりなしにおしゃべりをする。ナイノアはかれらの言語に対する理解度が増すにつれ、グループ内の個々人に関する噂話の蓄積も増えていった。かれらの猟場内の他のいくつかのグループの人々についてもいろいろ聞き及んだ。時折、興奮した言い争いや性格の不一致が生じることもある。解決に到らなければ、大きな集団が小グループに分裂することは間々あった。

エヌー人は集団内でも相互間でも中央集権制を持たない。階層制度《ヒエラルキー》が存在するのは唯一、家族内だけだ。父母は自分の子どもに、祖父母は親に権威を持つが、ただし年長者の役割は指導者というよりむしろ助言者である。かれらは成熟した倫理感を持ち、ごたごたを起こすことを世間の笑いものにしたりからかったり、あるいは和を乱す態度の報いで望ましくない運命に出会った伝説上の人物にまつわる歌をうたうことで、強く戒める。暴力沙汰や殺人といったもっと深刻な社会問題も時には起こらないでもないが、暴漢はたいてい、被害者一族による復讐か追放処分によって、みじめな末路をたどることになる。

ウィリアムの遠縁のある人物はもともと、それこそ子どもの頃から厄介者だった。彼の人生は喧嘩口論の連続で、いくら懲らしめても無駄だった。ついには人妻を夫が狩りで留守の間に手ごめにした。彼の属していた集団はその問題を討議し、その後まもなく彼は狩猟中の事故で命を落とした。このため故人の肉親といざこざが生じ、その集団はやがて感情的なもやもやを冷ますために2つのグループに分かれたという。ウィリアムはナイノアにそういう例はたまにあることだとはっきり言った。「そうした人間は常にいるもので、いずれにしろ処理しなきゃならない。やり方はその時々でいろいろだがね」

そのあとエヌーの長老は真剣な目でナイノアを見すえてこう言った。「ナイノアパク、あんたやわしは明るいほうへ目を向ける、それがわしらの本性《ほんせい》だからね。けど、わしらの中には闇もある。一生を送る間にその闇の部分を経験し、そうすることで自分と相容れないものはなにかを知る。そのようにして自分のなんたるかを発見するんだよ」

ウィリアムはそこで生きている喜びをこめて嬉しそうに、「ヒヒヒヒヒ」と笑った。

ナイノアはエヌー人たちにナイノアパクと呼ばれていた。初め、彼はこの語尾を敬称だろうと推定していたが、あまたある語尾についての理解と知識が深まってくると、パクが彼の背格好を指すものであることがわかった――彼はかれらと比べれば巨人なのだ。

　ウィリアムには並外れた霊力《マナ》が備わっている。彼はゆとりのあるユーモラスな自己表現の仕方を持ち合わせていて、そのせいで言い争いの仲裁にかけては名人だった。腕のいい狩人でもあるし、彼の影響力はグループ全体、さらには外にまで及んでいる。

　ある日、コヴァクがナイノアに、ウィリアムはこれまでにたくさんの妻を持ち、現在は別の集団にもう1人の妻がいて、親類を訪ねがてら時々泊まってくるのだと、けろりとした調子で洩らした。ウィリアムがそれを小耳にはさんで、なにか言い返し、ナイノアはその意味を解しそこなったが、近くにいた者たちが仕事の手を止め、期待に胸弾ませて顔を上げた。コヴァクが言葉で一矢報い、聞こえた者は1人残らずあの妙な、「ヒヒヒヒヒ」という低い笑い声を立てた。ウィリアムがまた一言やり返すと、居合わせた者たちはどっと爆笑し、そんな調子で応酬がつづいた。

　それにけりをつけたのはコヴァクで、聞こえよがしのひそひそ声でナイノアに、彼女の夫はウィリアム征服王――ウィリアム・ルヴァンカール――として広く知られているが、それは狩人としての武勇のためでも工人としての腕前のためでもなく、女を悩殺するためだと教えたのだった。ウィリアムはかねがねコヴァクの辛辣な評言の標的になっていたが、そうした言葉はなんとなく彼の威信を――そしてコヴァクのも――高めていた。

　初めの頃のある日、ウィリアムがナイノアのそばにしゃがみこんで、くくりひものついた革袋を引っぱり出したことがあった。その袋から一握りの金属遺物をざらざらぶちまけた。

　へら状の末端に穴があいている奇妙な、平たい、鋸刃の刃物がいくつもあった。モニも何個もあって、その大半は銀と銅を薄く何枚も重ねて槌で打ち合わせたもののようだったが、小さなものは銅だけのが多かったし、大きめのものの中には銀だけのものもいくつかあった。どれもひどく腐食していて、表面の模様の細かいところはほとんど消えていた。

　中くらいの大きさの円盤の1つはほかのものほど摩滅していなかった。ナイノアはそれに唾をつけて、表面の汚れをていねいに落とした。片面には男の横顔が、反対側には翼を広げた鳥が見てとれた。ウィリアムが鳥を指さして、「ノクドロリング」、つまり鷲と言った。鳥は鉤爪でなにかをつかんでいるらしかったが、なんなのかは見きわめがつかなかった。金属の円盤の縁にそって文字の痕跡が並んでいるのは識別できたが、腐食のために判読できなくなっていた。ナイノアはハワイ人の集落でもっと保存状態のいいものを見たことがあり、これにも同じ言葉が刻まれているものと見当をつけた。円盤をまじまじと見つめて、「アメリカ合衆国」とつぶやいた。

ウィリアムはすかさずアメリカという言葉を聞きつけて、「アメリク……アメリク」と繰り返しながら、両腕を広げ、まわりの地平線をぐるりと弧を描くように差し示した。ナイノアはその言葉とウィリアムの身ぶりをただ繰り返した。ウィリアムは笑顔で応え、盛んにうなずいた。そこでナイノアは相手を指さし、「アメリカン？」と問いかけた。ウィリアムは大笑いし、強くかぶりを振って、自分はエヌーだと宣言した。

円盤を裏返して、ナイノアはそこに浅く浮き出した頭像を指さし、期待顔でウィリアムを見た。年長者は肩をすくめただけで、なにも言わなかった。頭像の上に文字の痕跡がかろうじて見えた――リバティとある。これが自由を意味する古英語の言葉であることをナイノアは知っていたが、しかしなにからの自由なのか？

数千年にわたって、ハワイ人の学者たちはアメリカのモニに刻まれたこの言葉の意味合いを論じ合ってきた。社会的な掟によるなにか抑圧的な禁制からの自由と考える向きが多い。悪い統治者や支配者一族からの自由と受けとる人々もいる。ほかにも、鳥を人の霊的自我のシンボルと見て、人が霊魂としてのみ存在する死後に得られる自由のことだと主張する一派もある。

ナイノアはウィリアムの手持ちのほかの円盤を注意深く見てみたが、すべて判読不能だった。それらをウィリアムに返すとき、ハワイ語でモニと呼んだ。ウィリアムは顔を輝かせて反応し、モナイという似たような言葉を出して、うなずきながら数回繰り返した。この組み合わせは近かった。どこでモナイを手に入れたのかとナイノアがきくと、ウィリアムは南のほうを見やり、唇で差し示した。

ナイノアはウィリアムと実際に会話できるまでにエヌー語が上達したとき、エヌー人たちが彼こそ「失われたアメリカ人」の1人と考えていたことがわかって、大いにおもしろがった。エヌー人の昔話や神話はアメリカ人との関連で「堅い金属」の存在を伝えていたので、ナイノアの鉄製の槍とナイフがその説の論拠になっていたのだ。エヌー人が金属遺物やガラス破片を掘り出した「古代人の遺跡」ではそういう堅い金属は見つかったためしがなかった。ナイノアと出会うまで、かれらはその種の金属の存在を疑っていた。

　身ぶり手ぶりで補っての話し合いが幾晩も焚き火を囲んで行われた。ナイノアはハワイ人の歴史をざっとかいつまんで話して聞かせるためエヌー語と苦闘した。アメリカ人や接触時代についてわかっていることを述べた。文明の崩壊と、ハワイ諸島が外界から切り離されていた１０００年の孤立時代について話した。初期の大洋横断航海の試みや、広大な水圏に散らばる他の群島との最初の接触を語った。いずれもいったきりもどらなかった数次に及ぶアメリカ遠征を説明し、１３０年前自分の先祖たちがアメリカ大陸へ渡ってきたことを物語った。内海周辺の入植地の歴史を手短に話し、アメリカ人の歴史とその文明の崩壊に自分が関心を持っていることを説明した。自分はエヌー人がアメリカ人の末裔だと思っていたと言って話をしめくくると、みんなは大いに興じた。

　次にナイノアはケノジェラクに発見されるまでの森林地帯を抜け山脈を越えての自分の旅を物語った。だが、自分がした神秘的な体験については、限られた何人かにしか打ち明けられないことだと判断して、一同には話さなかった。それが誰かはまだわからなかった。

　エヌー人たちは興味をそそられ、お返しに自分たちの来歴を明かした。ハワイ人の場合と同様、それは史談と神話伝説の両方に保存されていた。何夜にもわたって繰り広げられたかれらの長い話をナイノアは夢中になって聞いた。

　エヌー人は昔からこの草原地帯で暮らしていたわけではなく、元ははるか北と東から――ズィクにおおわれた白い、一木もない伝説の地から――やってきたかなり最近の移住者だという。

　ズィクとはなにか正確に知る者はエヌー人には1人もいないが、伝説によれば、それは天から降ってきて、ほとんど1年じゅう厚い埃のように大地と水面をおおっていたという。ズィクは白く冷たくて、それに触れると水も金属のように硬くなると言われていた。ズィクの地のエヌー人は狩りをしたり、果てしなく広がる大湖で漁をしたりして、木がないので冷たく白いズィクで作った小屋に暮らしていた。

　ナイノアがはなはだ驚いたことに、エヌー人はアメリケンや、ガナディエンと呼ぶさらに別の民族との伝説的な出会いの物語を数多く持っていた。両方の民族とも非常に長身で、肌が白く、丸い青い目をしているとされていた。かれらはどうやらアメリカ人がハワイにやってきたのとほぼ同じような具合にエヌー人を訪れたよそ者だった。エヌーの昔話にはこれら異人の話や、かれらが持ちこんだ驚異的なもの、ことにとてつもない巨船や音だけで遠くから動物を殺せる狩猟具の話がたくさんあった。神話によると、オドゥロネグと総称される異人たちは空中を飛べる船を持ち、そういう船で長途の旅ができたという。

ウィリアムたちはアメリカ人が巨船で月へ飛んだことがあると主張していたことさえ知っていた。エヌー人はこの伝説に格別感銘を受けてはいなかった。ウィリアムなどは自分も月へいったことがあり、アメリカ人がそこへいくのになぜ船を必要としたのかわからないと言ってのけた。ナイノアがあなたは夢でそこへいったのかとたずねると、聞こえるところにいたエヌー人は全員腹の底から笑って、それ以上取り合わなかった。

アメリカ人との出会いに関するエヌーの歴史は全般的にハワイ人のと似ていた。多くのオドゥロネグがエヌー人にまじって暮らし、相互に通婚もした。だがそれ以上に興味深いのは、エヌー人に大洪水神話があることだった。かれらはそれをオレグドアルクと呼び、それが起こったのは大昔で、同時にアメリケンやガナディエンが突如姿を消したとされている。ズィクが消えたのもこの頃だった。多くの物語の中で、大洪水は大混乱の時期と重なっていた。広大無辺な湖の水位が急速に上昇して、エヌー人の住む土地を水浸しにした。気温が非常に高くなって、エヌー人は大半死滅した。

生き残った人々は高地へ移動し、長らくそこで狩りをして暮らした。やがて今のエヌーの祖先たちは南へ移住し、初めて森に出会った。異人たちは元々南からやってきたことがわかっていたので、そこにオドゥロネグがいるものとかれらは予期していたが、移動の長旅の間に他の民族には一切出くわさなかった。

かれらは長年森で暮らしたが、ズィクにもオドゥロネグにも二度とお目にかからなかった。エヌーの集団のいくつかがさらに南と西へ移り、森林を抜けてついに草原へ出た。一部はそこにとどまり、残りはそのまま進みつづけた。もどってきたエヌーの旅人の何人かの話では、オドゥロネグの集落の廃墟がところどころで見つかり、そのうちのあるものはじつに大きいが、どのくらいの大きさかは正確なところはわかりかねるということだった。こうして、エヌー人は南と西へ進みつづけたが、他の民族に出くわすことはついぞなかった——ナイノアを発見するまでは。

ナイノアにこの話をしたとき、かれらはみんな彼をまじまじ見ていた。ケノジェラクが川辺の樹林でナイノアパクという大男を発見したことはかれらのさまざまな神話伝説で末長く語り継がれることになりそうだった。かれらの名前とナイノアの名はエヌー人の歴史の上でいついつまでも1つに結びつくこととなり、それはある種の不滅性を——かれら全員にとって——意味するものだった。ナイノアはかれらの切れ長の目が火明かりの中で自分を注視しているのを見て、深く心を動かされた。

ナイノアはこの人々がとても好きになった。同時に、かつては偉大だったアメリカ文明の名残はこのエヌー人たちだけなのかと首をかしげた。ハワイ人に比べたら、エヌー人は遅れていると見なされるだろう。彼の集落の平民たちでさえこの狩猟採集民たちよりは物を多く持っていた。しかしウィリアムとその同胞たちのほうが自由があり、これはどうしてなかなか大事なことだった。かれらの社会はまったく平等で、ハワイ人社会の根底にある抑圧的なカースト制度とは無縁だった。エヌー人の間ではみんな首長だ。

ナイノアは草を踏み分けて闊歩するケノジェラクを見守った。男たちが狩りに出ている間、彼は女たちといっしょに過ごすことが多かった。かれらはエヌー語をおぼえようとするナイノアの試みを後押しし、彼の努力を大いにおもしろがって、発音の間違いをとらえてはしばしば爆笑した。これは初めのうちはいまいましかったが、やがて彼にもエヌー人が元来暢気で陽気で、ちょっとしたことでもおもしろがる人々だとわかってきた。かれらの日常生活はとても厳しいが、それでも老若男女を問わず、折あるごとに子どもみたいに快活にふるまった。鋭いユーモア感覚を示し、喜びをあけっぴろげに表現した。

日常的に女たちといっしょにいるナイノアは、男女間のかなり厳格な分業に気づいていた。大きな獲物を狩り出して仕留めるのは男たちの仕事だった——ただし女たちも動物の注意をそらしたり、男たちが隠れているほうへ獲物を追いこんだりはする。甲高い震え声で動物を所定の位置におびき寄せる「鳴き真似」もしばしばやる。

鳥、猿、兎、齧歯類、蛇、亀などの小物狩りは多少やるし、漁もちょくちょくやる。仕留めた大物の解体は男といっしょになってやるし、肉や皮を宿営地に持ち帰る手伝いもする。

武器、道具、椀、容器、それに木や骨や象牙や金属の装身具はすべて男が作る。金属製のものや、見事な細工の象牙製のものなど、種々の搔器《スクレイパー》は男が作り、女たちがそれを使って衣類、サンダル、袋の材料になる獣皮をなめす。男たちは金属加工の初歩的な知識を持ち、見つけた金物を木と革でこさえた小型のふいごを使って加熱し、柔らかくして石槌で細工する。

水や薪《たきぎ》、それに植物性食品のほとんどは女たちが集めるが、男たちもある程度、ことに薬用植物の採集は手伝う。なめしを含む革細工一切と衣類作りはすべて女が受け持つ。籠や縄はすべて女たちが編み、またひもを使って自分たちで網や罠を作り、それで魚や鳥獣を捕まえる。炊事や子育ては女たちの仕事だが、男たちもナイノアの同胞の男たちよりは参加の度合がよほど大きい。

ロマンス

ナイノアは杖を使えばちょっとした遠出もできるまでに脚の怪我が治っていたので、この朝、女たちの食糧探しに加わるよう誘われたのだった。ケノジェラクに惹かれていたから、彼は誘いに乗った。

彼はケノジェラクに子どもはいるかと前にきいたことがあった。彼女は黙りこみ、しばらくしてからやっと、子どもはいないと重々しく答えた。彼女はそのあと一日じゅう口数が少なく、ナイノアはあとでコヴァクに事情をきいてみた。

老女が言うには、娘の夫は前年事故で死に、娘はその後夫の集団を出て自分の家族のところにもどったのだそうだった。ナイノアを見て目をきらめかせながら、コヴァクはケノジェラクみたいな背の高い女は男を見つけるのが難しいとずばり言った。さらにこうあけすけに言った。「あんたら2人は好き合ってる。あんたたちなら背の高い子ができるだろうね」そこでにこりとして、「大きくなったら強い狩人になりそうだ。うちの娘に子を授けとくれ」と言ってのけた。

コヴァクの遠慮のなささにいささか度肝を抜かれ、ナイノアは笑って肩をすくめるばかりだった。だが折にふれ、コヴァクはナイノアがケノジェラクをじっと見ているところを見つけては、意味深長に彼の顔を見るのだった。とはいえ、2人だけになることはないせいか、ナイノアとケノジェラクの間にはなにも起こっていなかった。

今、ケノジェラクをちらりと見て、ナイノアの胸に不意にぽっかりと空洞ができた。女たちの採集用の籠は昼までには一杯になり、そこでコヴァクが彼とケノジェラクに遠くの川べりの森で猿の肉をいくらか手に入れてくるようにと持ちかけたのだった。彼女は含み笑いをしながら娘の籠の中のものをほかの籠に空け、それから陽気な笑顔で2人を送り出した。

かくしてナイノアは数カ月前ケノジェラクに発見されて以来初めて彼女と2人きりになった。並んで歩きながら、彼はあの日のことをさりげなく相手に思い出させた。ケノジェラクはなにも言わなかったが、かすかに笑みを浮かべて切れ長の目でちらりと横目に彼を見た。

犬たちを引き連れ、長い羽飾りのような黒髪を頭頂から背へと垂らして草原を闊歩していく彼女の姿は、野蛮ななりに堂々として見えた。ハワイ人社会では大柄な女は肉体美を買われて大いに評価される。しかもケノジェラクの高く盛り上がった小さめの乳房と長い脚はエキゾチックな魅力を添えていた。小動物や鳥が不意に飛び出してもすぐ使えるように、彼女の肩には湾曲した投げ棒が無造作にひっかけてあった。的を外すことはまずない。

流れを縁どる樹林のところまでくると、2人は木陰に入った。犬たちは完全に沈黙を守って散開した。ナイノアは弓に弦を張り、矢筒から何本か矢を抜いて、2人して猿を探しながら、広く浅い流れにそって木立の中を進んだ。こうして歩きつづけるうちにそよ風の風向きが変わり、犬たちが急に身をこわばらせた。流れの向こう側の茂みから、エヌー人が最も危険な動物と考えている長角牛のまぎれもないモーという低い鳴き声が聞こえてきた。2人は群れを迂回して先へいけるように、用心深く進んだ。

しばらくは万事順調にことが運んだが、そのうち森の下生えがやたら密生して2、3フィート先しか見えなくなった。突然2人は藪の中で大型動物にまわりをすっかり囲まれていることに気づいた。ナイノアが弓を急いで肩に吊るし、槍を構えたとたん、真ん前の藪ですさまじい音がして犬たちはちりぢりになった。ケノジェラクが声を呑んでおびえた仕草をし、倒れて間もない木の陰にすばやく彼を引っぱりこんだ。倒木は多くの枝にまだ葉がついていて、追ってくるものから2人の姿を隠してくれた。おそらくだからこそ助かったので、2人が隠れたとたん、1頭の牡の長角牛が一声吠えて藪から飛び出し、倒木の脇を突進していった。

ナイノアはすばやくケノジェラクの肩を抱き、2人とも地面に這いつくばって息を殺した。じっとしたまま、自分たちを包みこんでいる葉の茂った枝の隙間から用心しいしい外をうかがった。ウィリアムの話では、長角牛は人間を憎んでいるということだった——この牡牛は確かに2人の匂いを嗅ぎつけ、どこかそのへんにいると知っているのだ。犬たちが仕事にかかり、脚を突っぱってだくを踏んでいる牡牛をしきりに悩ませた。牛は2人を見つけようと藪や茂みを探しまわり、2人からすれすれのところにある低い茂みを大きな蹄で踏みしだき、地面を揺るがした。犬たちが牽制攻撃をかけては散らばるたびに、牛は目玉をぎょろつかせ、憤然と鼻息を荒げてハッ、ハッと短く息をした。立ち去る気配は見せなかった。

ナイノアは金属の刃がついた一番大きな狩猟用の矢で殺すほかないだろうと判断した。一の矢で仕留めないと、自分たちが由々しい危険にさらされる。彼は牡牛が低い茂みをすばやく突き進むのを見守り、どの程度見込みがあるか検討した。ずいぶんと難しい射撃になりそうだった。

危うい状況にありながら、ナイノアは牡牛のパワーに感服した。牛がまた地響き立てて通り過ぎたとき、ナイノアはそれに反応して自分のマナが湧き出し、全身を駆けめぐって、五感の働きを高めるのを感じた。危険を承知でケノジェラクに目を転じると、こちらもやはり牡牛に魅せられた様子で、動きを目で追い、口をかすかに開けていた。鳥肌が立ち、左の乳首が固くなっていた。視線を感じたらしく、ケノジェラクは彼の目をじっと見返した。ナイノアは肌と肌がふれ合い、彼女の腋毛が自分の手のへりにふれる感触を鋭く意識した。体内を駆けめぐるマナが急に色情の奔流に変わった。

長角牛が2人を求めて木の下を探しているのをよそに、ナイノアはじっとしたままケノジェラクを片腕で抱えて目を見つめつづけた。踏みつぶされた葉と踏み荒らされた土の強い香りの中で、彼は彼女の匂いを嗅ぎとることができた。それを吸いこむと、性的な興奮が高まるのを感じた。手の幅1つ分向こうで、彼女の灰青色の目が彼の目をしっかりととらえて、細まった。彼女の中にも高まっているものの激しさを物語る目つきだった。彼女の息づかいが変わって、深くなるのがわかった。彼の耳に血がたぎる音が聞こえはじめた。

なにかが変化し、牡牛は吠えて2人のそばを突っ走った。そのあとのつかのまのしじまを破って牡牛がまたわめき、2人は葉の隙間から用心深く外をうかがった。牡牛は1頭の牝に駆け寄っていて、気が高ぶってか、いきなり牝の背にのしかかった。

てかてか光る大きな一物が空中に現れ、的を探してくねくねと頭を振った。それが狙い定めて牝の体内に納まったとき、ケノジェラクがハッと息を止めた。2頭の巨獣が昔ながらの生命更新の営みにいそしんでいるのを見守るうちに、ナイノアは彼女が身を固くするのを感じた――と、ケノジェラクが嬉しそうに目を輝かせて振り向き、彼の耳もとに口を寄せた。

「オベンクラザルボグ（春なのね）」とかすれ声でささやいた。

彼女は満面に笑みを浮かべて彼を見てから、眼前の壮観に目をもどした。たちまちのうちにことはすみ、牡牛は牝を向こう岸に追い立て、木立を抜けて、樹林の向こうの広い草原に出ていった。

するとケノジェラクが振り向いて、煙ったような目で彼の目を見つめた。また耳もとに口を寄せて、「ナイノアパク」とささやいた。

ナイノアは彼女の顔をゆっくりと両手で包みこんで、そっとキスをし、ふくよかな唇を口で軽くこすった。ケノジェラクは身を固くして、のけぞり、どうやら今までキスをされたことがないらしいとわかった。

彼女は大まじめにまじまじと彼の目をのぞきこんだが、なにも言わず、彼はまたそっと彼女の顔を両手に抱えこんで、ゆっくりと唇を重ねた。今度は彼女も身を引かなかった。その唇は温かく、とても柔らかだった。彼はキスしたまま彼女を抱きかかえ、その長身を自分の体に引き寄せた。彼女の息づかいが早く深くなるにつれて口がかすかに開き、そして彼女が呑みこみよく自分からキスを返した瞬間、急にその体にぴくぴくっと痙攣が走った。

彼女は治りかけの彼の脚のことを思い出して、体を後ろへ引き、問いかける目をして彼の大腿を片手でそっと撫でおろした。彼はうなずいて、「ビツィアク（大丈夫）」と言った。

彼女は満面をほころばせ、そっと彼を押し倒して、つんと匂う押しつぶされた葉の上に仰向けにさせた。流れるような一連の動作で、自分の革スカートを脱ぎ、彼の腰布《マロ》を外して、固くなっている男のものを両手でつかんだ。屹立したものを見下ろして淡い色の目を丸くし、急に茶目っ気を出して「ビツィアク！」とささやいた。

そのときケノジェラクの犬たちがそこへ飛びこんできて、2人は大笑いしながら追い払った。ケノジェラクは彼の上にうずくまったまま、お伴の犬たちに樹皮や木っ端を投げつけ、彼がそっと両の乳房をつかむと、掌の中で乳首が固くなった。彼女は彼を見下ろし、歓喜そのもののかすれ笑いを洩らしながら、長い脚を片方さっと向こう側へ回して彼にまたがり、体をこすりつけた……そのうちついに、ゆるゆると彼のものを自分の中に納めた。その感覚は絶妙だった。ナイノアは骨の髄までそれを感じた。

その交わりは熱狂的で、彼はたちまち絶頂に達し、きわどく死を免れた緊張感を強烈きわまるオルガスムの中に解き放った。彼にとってセックスはずいぶん久しぶりだった。

ケノジェラクは彼の放出を感じとって嬉しそうに笑い、長身を巻きつけるように彼におおいかぶさって、体に入っているものを強く締めつけた。落ち着きを取りもどしたナイノアは両手で彼女の背中を軽く撫でおろし、尻と、興味深い互いの体の結合部をそっと探った。自分の体に押しつけられている彼女の体毛の濃い黒い茂みの中にふくれた肉のとさかを見つけ出し、軽く、リズムをつけてさすると、彼女の口から不意に愉悦と驚きのあえぎが洩れた。そこをそっとさすりつづけるうちに、彼女の目が丸くなり、息づかいがますます早くなった。彼女は彼ににっこり笑顔を見せて、また笑い声をあげ、彼のものがまたもやふくれあがってくると息を詰まらせた。

そして交合がまたはじまった……ゆるやかに……ゆるやかに……やがて彼は彼女のオルガスムが近づいているのを感じた。彼女の長い体がぴくぴく波打ちはじめ、震えが彼に伝わってきた。絶頂は近い——もうすぐだ。突きつづける彼の体に、ぴんととがった彼女の乳首が柔らかな指先のようにこすれた。突然彼女がまた唇を求めてきて、同時に腰を激しく彼にこすりつけた。彼が抱き締めると、長身がオルガスムの強烈さにわなないた——ついで彼自身の放出液がまた迸《ほとばし》り出た……相手に応えて……応えて。

情熱の長くけだるい余波の中で、2人は恋人たちがするように互いの体を探り合い、髪にからみついた葉っぱをとってやり、前から思っていながら口には出さなかった細々したことを言える間《ま》を生み出した。終始一貫、ナイノアはキスと愛撫を繰り返し、ケノジェラクは彼の目を見つめつづけた。

愛戯の最中に、物見高い猿たちが頭上の木々に姿を現し、ナイノアはそろそろと手をのばして弓を取り、矢をつがえた。ケノジェラクの全身が上にのっかったままの状態で、真上に矢を放った。不運な猿が射抜かれて、2人のすぐ脇に落ちてきた。二の矢が放たれ、また猿が落ちた——そしてもう一度。コヴァクは結局のところ猿の肉にありつけるわけだ。

やがて2人は流れに入って、いっしょに水浴びをした。ケノジェラクが川まで木立を抜けて裸で闊歩していく途中、その長い筋肉質の腿の内側を精液が流れ落ちた。彼の情熱の歴然たる結果に気づいて、彼女はまたまじまじ彼を見て、満面をほころばせた。

互いの体を洗い合っているうちに、淵の真ん中で再び火がついた。彼は日で温まった滑らかな石の厚板にもたれかかるように彼女をいざなった。彼女が快感に震えるまで濡れた乳首にキスしたあと、彼が平らな腹部の下の豊かな茂みに顔を埋め、唇と舌で喜ばせると、やがて彼女は身をこわばらせてあえぎ、よがり悶えて大腿と手で彼の頭をしっかと押さえつけた。

ことのあとケノジェラクは夢見心地で彼を見やり、屹立して揺れているものに気づくと、またすばやく両手でつかんで、緊張した男のものを惚れぼれと眺めた。「ビツィアパグ（ご活躍ね）」と言って、心から嬉しそうに笑い、手で一物の重みを計るようにしながら、「ナイノアバンギオアルク」と熱烈な調子でささやいた。名前のあとに新たに付いたこの語尾は、「並外れて大きく強い」という意味だった。

彼女の淡い色の目が急につぼまった。彼ににっこり笑いかけ、背を向けると、四つん這いになって先刻見た牝牛の姿勢を真似、長い背中を沈め、大きく広げた尻をいかにも誘いかけるように突き出した。

ナイノアは歓喜の笑い声をあげ、嬉しがってクスクス笑うケノジェラクの背後からのしかかった。その瞬間、彼は彼女を自分の中に、存在内部の奥深い秘密の場所に受け入れ、彼女は永久にそこにとどまるだろうと予見した。

こうして午後は過ぎていき、ナイノアはかつておぼえがないほど幸せな気分だった。2人は子どものようにじゃれ合い、いかにも恋人同士らしく存分に抱擁し合って、やがて日射しが薄れてくるとようやく衣類を身につけた。

ナイノアは猿の尻尾と頭をからげて1匹ずつ肩にぶら下げた。ケノジェラクが残る1匹を籠に入れ、口笛で犬を呼び集めて、2人手に手を取って樹林から草原へと出ていった。

宿営地へもどる途すがら、ナイノアは自分が妙にあっけらかんと無心になっているとつくづく感じた。

原註　会話を完璧に思い出す能力はわたしにはない。こうした幻視体験から覚めると、いつもできるだけ早くメモを取り、あとで分析できるように発音に即して思い出せるかぎりのエヌー語を書きとめるようにした。カリフォルニアにもどったとき、バークレーに立ち寄って、かつての恩師の好意でエスキモー辞典を入手した。リューシァン・シュネイデール編のこの辞典はいくつかの単語を解読するのに役立ったが、大半の語はそれには載っていなかった。わたしが綴りをまちがえたか、聞きちがえたか、あるいは記憶ちがいをしたのだろう。

19 人類学会

秘め事を覗いて

ナイノアの世界からもどったとき、わたしは気持ちがひどく動揺していた。というのも、ナイノアがケノジェラクと愛し合ったとき、わたしは「あちら」で彼と合体していたからである。こちらにもどってみると傍らにジルが寝ていた。自分は妻を裏切ったことになるのだろうか？　いや、そんな途方もないことを考えること自体滑稽だった。ジルはわたしからその話を打ち明けられたらどう反応するだろう？　べつに浮気をしているというわけのものでもなかったが。それでもわたしはナイノアと共にした体験に取り憑かれていた。彼を通して今し方きわめて尋常ならざる出会いをしたのだ。西洋文化では「恋している」という言い方をする情感の高まった状態を親しく経験した。情交にまつわる心象、想念、感情、印象、そして肉体的な感覚をまるで自分自身が経験しているように「受容」したのである。

認知科学者はわたしが経験したことをおそらくファンタジーと――わたし自身の潜在意識に源がある性夢と――定義するだろう。伝統的な心理学者なら待ってましたとばかりにわたし自身の抑制された内的要求、願望充足（欲求の実現を空想することで欲求不満による緊張を解消すること。精神分析用語）、抑圧された欲望、人生へのいまだ満たされない期待などといった観点で、このエピソードを説明しそうだ。確かにわたしの潜在意識がこの経験に関係していることはまぎれもない、時空を越える境界の「戸口」はそこにあるはずなのだから。

わたしの自覚的意識は潜在意識、即ちクを通って肉体の外へ旅したのだ。

多くの点で、潜在意識は意識的な心よりもずっと意識的なようだった。わたしのクはわたしがナイノアの生活に関する情報に関心があるのを知っていて、意識的な「指令機能《ディレクター》」のほうがナイノアの情交に巻きこまれている間も、彼の記憶からデータを集めつづけていた。

たとえば、情交の間に、わたしはケノジェラクにまつわるナイノアの記憶のいくつかを手に入れていた。その1つはエヌーの大人たちが大勢で1頭の殺したての馬を解体したときのものだった。腹を開いたとき、ケノジェラクは湯気の立つ死骸の片側に数人の女たちと並んで立っていた。石のナイフを手にして、両肘のところまでべっとり血で濡れていた。肝臓と見られる臓器の新鮮な生肉を彼女は一切れ切り取って、まだ血の滴っているやつをいかにもうまそうに食べていた――正真正銘、掛け値なしの野蛮人だ。

別の記憶では、ケノジェラクは数人の男女とゲームをしていた。全員が代わるがわる空中高く飛び上がっては、木から吊るしたボールのようなものを蹴るのを競った。この短い一場面の中に、彼女があけっぴろげに嬉々として人生を生き、運動能力を発揮している姿が見てとれた。背景に宿営地の一部も見えた。粗末な小屋がてんでに散らばり、ところどころで犬が眠り、子らが遊び、女たちが働いていた。ケノジェラクが宙に振り上げた長い大腿をナイノアの記憶にかいま見たのが、別の記憶を――これはわたし自身のだが――生じさせた。裸のケノジェラクが情欲に悶えている姿だ。

驚くべき明晰さと生々しさで、わたしはこの女への、その勝気な性格、際立つ肉体美、明敏な頭脳、素晴らしい快活さへの、ナイノアの熱烈な感情を「受容」した。彼女は今まさに女盛りで、それに伴う活力と性的衝動に満ちあふれ、しかも明らかにその共同体内の人々に大いに重んじられていた。ケノジェラクは狩猟採集民としては申し分ない妻になるだろう。

ナイノアの孤独な山越えの旅に同行したことがあるだけに、わたしは彼が今や伴侶を見つけたのを嬉しく思った。彼の秘め事を立ち聞きしてしまったのはいくぶんばつが悪かったが、その経験をありがたく思ってもいた。わたしが夢を見ているのでも、こうした場面を勝手にでっち上げているのでもないというさらなる証拠のように思えたからである。夢や想像にしてはあまりにもリアル過ぎたのだ。ナイノアもすでにわたしと妻との同様の睦み合いのときにこちらを訪れていたかもしれない。意のままに接触し合ったり、融合を解いたりするすべをお互いにおぼえるまでは、わたしとしては他界での「不倫」についての自分の気おくれを適当に処理するしかなさそうだった。

友への告白

この経験のあとほどなく、1988年11月下旬に、わたしは一つには学者仲間の研究について最新情報を得るため、また一つには求人情況を探るために本土へ飛んで、アメリカ人類学会の年次例会に出席した。

一夕、ホテルのレストランで長年の友人と食事を共にしながら、彼の目下の研究、それもきわめて専門的な科学調査プロジェクトについて話し合っているうちに、わたしは自分の変容状態の体験談に相手がどう反応するか見てみようと思い立った。人類学者がまた1人、ハワイで「熱帯ぼけ」したというくらいにしか思われそうもなかったが、とにかく話してみることにした。

2人でワインをまず1本空けてしまうまで待ってから、わたしは我が身に起こっていたことをざっと話して聞かせた。友人は半ばおもしろがりながら懸念を表明し、ほぼ即座に予想どおりの質問を発した。

「そいつが心的な投射や空想と同様にきみの創作的想像の産物ではないとどうしてわかる？　単に自分の頭で作り上げているものとはちがうとどうして言い切れる？」

わたしはこう答えた。「創作的想像は意識的な心の、知的機能の、働きだよ。わたしの知的機能がこうした経験の源になっているわけじゃない。わたしは自分で意識的にそういうものを惹き起こすことはできない。コンタクトしよう、その経験を味わおうという意図はたしかに意識的な心が作り出しはするんだけどね。わたしはこういう情報を潜在意識を通して、カフナならクと呼ぶようなものを通して、受け取っている。わたしの潜在意識でさえ、クでさえ、このもう1人の人間、もう1つの世界をわたし自身とは別個のものと認知している――わたしの知的機能や創作的想像とは関係のないものとしてね」

この返答では友人は納得しなかった。いかにも落ち着かなげな様子で、ワイン・グラスに手をのばした。「しかしどうしてそうとわかるんだい？　どうしてそれほど確信が持てるのかね？　きみのそのクとやらが一切をでっち上げているということではないと、どうしてわかる？」

これはむろん、予想された質問の核心部分だった。こうした経験の真実なることを理解し、受け入れるのは、我々人間とはそもそもいかなるものかということについての基本的な真実を認識することにほかならない。友人もわたしも西洋文明とその科学的、還元主義的世界観の申し子だ。しかしこうした奇想天外な経験、そして知性と感情をゆさぶるその刺激によって、わたしは感情的真実や神秘的体験も日常的な世界で見られる経験的な真実に劣らず妥当性があることを学んだ。西洋史に残る偉大な科学的思想家たちにしても実は、神秘的、霊的な現実をある程度まで認めるようになった例が多いが、しかしかれらのこうした面は「神秘主義に傾いた」ものとして片づけられている。霊魂の一体性と宇宙の単一性を受け入れるのはわたしにとって信念の飛躍だったし、同業の学者たちが自ら経験していなければ神秘体験に懐疑的なのは共感できる。だがこうした経験はすべての文化に共通のものであり、わたしはそれを経験する能力も人間の本性《ほんせい》の１つだと信じるようになっていた。さんざん悩み、思案に思案を重ねたあげく、この時点ではすでに結論を下していたのである。友人にその旨を話した。

「自分が見たものを現実のこととわたしが確信しているのは、自分のクに問いかけてみるからだ。クは何一つでっち上げることができないんだよ。潜在意識はすでに知っていることをそのまま反復するだけだ。クは創造する力がなく、決して嘘はつかない。意識的な心こそがわれわれの創造的な部分なんだ。わたしがこの一切合財を創作的想像力ででっち上げているのかどうか自分のクに問いかけてみると、答えは即座に返ってくる。それはわたしの意識的な心によって生み出されているのでもなければ、わたしのクの産物でもない。それはわたしの外から入ってきている。わたしのクを通して認知されている……わたし自身の非創造的な面を通してね」

友人はワインをぐうっと飲み、笑みを浮かべてかぶりを振った。「しかしきみの言うところのその一連のエピソードは現実のことじゃない。夢さ。幻想だよ。それらはきみ自身の頭の中で生じているにちがいない」

わたしはこう答えた。「クは現実と幻想を区別しない。両方とも現実のものとして認知する――どちらも等しく〝真実〟としてね。クがもしなにかを現実のものと信じれば、クに関するかぎり、それは現実のものなんだ。一方、もしわたしの意識的な心がこういう経験を生み出しているのではなく、また潜在意識はそれを生み出すことができないとすれば、そういう経験はどこから生まれているんだい？　その中に現れるもろもろのイメージはわたしの記憶から発しているものではないから、わたし自身の外からきているにちがいないよ、自我がそれを受け取る媒体になっているにしてもね」

　友人が手を振ってウェイターを呼び寄せ、ワインを追加注文する間に、わたしは話をつづけた。「わたしはこれをなんとか理解しようともう3年も取っ組んでて、たしかに長らく疑念を抱いていたことは認めないわけにいかない。しかしね、いわゆる〝潜在意識〟の持てる能力にはほとほと感心する。わたしが変容状態を実現し、通常の物理的な現実のみならず時間をも超越できるのは、その協力があればこそだと確信しているよ。未来に生きるそのもう1人の人物の意識との同化は、自分の潜在意識を通じて果たせるんだよ」

　ワインがきたが、友人はそれで落ち着くどころか、こちらが自分の話の信憑性を主張すればするほどますますいきり立った。わたしはナイノアが自分の子孫の1人かもしれないと考えているのは彼には話さないことにして、代わりに変容状態の説明に逃げこんだ。

「その男との接触は2種類に分かれる傾向があってね。1つは、彼が1人きりでいて思索的な状態にあるときに、しばしば〝接続する《プラグ・イン》〟ことになる。彼自身の回想を通してこちらは多くのことを〝受信する〟ので、これはきわめて実りが多い。もう一方で、活動的な出会いの最中《さなか》に彼と結合することもあり、この場合は彼の生活、反応、相互作用をまるで直接我が身に起こっていることのように経験するんだ」

　わたしはナイノアが長角牛に突き倒された一件やケノジェラクとの性的な出会いについて話して聞かせた。それに応えて友人の人類学者の目がとろんとした。その話が気に入ったようなので、わたしは先をつづけた。

「よりによってそういうときにどうしてその男と〝接続した〟のかが最も知りたいところでね。その女にわたし自身関心があったせいなのかな？　狩猟中とか、野営地でエヌーの習慣を観察できるときなどにどうして結合しなかったんだろう？　わからないことだらけだよ」

　ワインがようやく効いてきて、友人はいくぶん気分がほぐれたが、わたしの経験を〝現実のもの〟と認めることは依然としてできなかった。会話がより無難な方面に徐々に移っていくにつれて、わたしはお互いの間に隔りが生じたのを感じとった。彼の目から見れば、わたしはニュー・エイジ風のナンセンスというか、非科学《ノンサイエンス》に染まってしまったのだ。

　そのあとわたしは人類学会の残りの日程につきあい、ホテルのいくつかの会議室をぶらぶら回って、蛍光灯に照らされたいかめしい幾何学的な室内で研究者たちが読み上げる周到に言葉を選んだ論文に耳を傾けた。聴衆の中にいる「狙撃者」たちは発表者の研究成果をラップトップ・コンピューターに打ちこみ、データなり研究方法なりに誤りや矛盾があればすかさず飛びついて、発表者をやりこめようと手ぐすね引いていた。学問的な名声と栄誉を求める人々の身構え方は、わたしのナイノア訪問よりもかなり非現実的で、夢のように思えた。ご同業の人類学者たちの緊張した面持ちをつらつら眺めて、これは夢は夢でもあまりいい夢ではないなとわたしは思った。

　旧友たちに再会できたのは嬉しかったし、お互いみんな年を取ってきていることに大いに哀れを催した。何人かが患っているという話も耳にした。だがわたしの非日常的な旅がかれらとの間に溝を作っていた。自分がその壇上で今から5000年後に生きる人々の習慣をまじめに論じることなど想像もつかなかった。時を越えた旅の話をしろとでも？　できるわけがない。そこに集まったお堅い行動科学者たちのうち一体誰がそんな打ち明け話に耳を貸すだろう？[原注]　わたしは「まじめな科学研究者」としての自身の信用を守るために、その旅のことはSF仕立てで書こうかという気持ちに駆られた。だが自分自身の経験をそういう形で荒唐無稽のこととしてしまうわけにはいかなかった。それらはわたしの身に、本物の現実の中にいる現実の人間に、ほんとうに起こったことなのだ。しかもまだ引きつづき起こっていた。

　わたしは自分の選んだ職業からの疎外感と、わたしの話に対する同業者たちの反応は否定的から敵対的にまで及ぶだろうという確信からくる落胆とをおぼえて、尋常でない心理状態でコナにもどった。打ち明け話をすれば自分は孤立し、事実上学者生命を絶たれるだろうという心底からの絶望を感じた。幸い、この悲哀は、自分が既知の領域をはるかに越えてまったく新たな方向へ踏みこんだという高まる興奮で埋め合わされた。

心の奥に、ある期待がひそんでいた。55億の全人類(新註⑨)の中には、こうした経験に好意的で、やはり未来に手をのばすことのできる者が必ずやほかにもいるはずだった。同様の経験をし、時空を越えて自分の子孫もしくは先祖を訪れたことのある本職の科学者さえいるかもしれなかった。わたしの書いたものを読んで、ほかの知的職業人が勇気をふるって名乗りをあげ、自分の見たことを披瀝するようになるかもしれない。

コナにもどってまもなく、わたしはまた自然発生的な旅をした。ナイノアはわたしが合流したとき1人きりでいて、接触後まもなくいくつかのことがたちどころに明らかになった。

まず第一に、彼のいるところはもうワショー・バレーではなかった。第二に、彼は馬の一群がそれと知らずに近づいてくるのを待ち伏せている一団に加わっていた。そして第三に、ナイノアはこちらがそこへ着くと同時にわたしの存在に気づいた。

原註　1988年の例会の後、アメリカ人類学会の新たな分会が発足した——意識人類学会である。

20 第十の旅――シャーマンの教え

狩り

朝まだきとおぼしく、空はどんより曇っていた。ナイノアは遠くの丘へと四方に広がる草原の中の乾いた浅い川床で横座りの姿勢をとっていた。彼といっしょに夜陰にまぎれてこの場所にやってきたウィリアムや他の狩人たちは、もっと湖に近い丈の低い木立や雑木林の中で配置についていた。エヌーの女たちと年かさの子どもたちが大勢、乾いた川床ぞいや低い積み石の陰に隠れていた。積み石は木立の近くに入り江をなしている浅い水面のほうへ馬の群れを向けるために草原のそこかしこに設けられている。全員、微風が向きを変えて自分たちの臭いを馬のほうへ運んでいったりしないようにと念じながら、黙々と待っていた。

ナイノアは脚の傷が癒えて以来この男たちと狩りをしてきたので、自分のやるべきことは心得ていた。群れが十分近づいたら、すっくと立ち上がるのだ。地平線に彼の姿が現れるだけで、群れを率いる牡馬は警戒し、牝たちを反対方向へ追いやるだろう。隠れていたエヌーたちが、かれらのお気に入りの言い方を借りれば、「地面から湧き上がり」、牝馬たちをおびえさせて、男たちの潜んでいるほうへ進ませ、男たちは運と腕次第で1頭か、あるいはそれ以上仕留める。危険を伴う駆け引きだった。鍵は辛抱強さとタイミングと集中力だ。

馬群がまだいくらか離れていたとき、突然ナイノアはおぼえはあるのにそれと名指しできない存在を感じた。

誰か、もしくは何かがまた彼を見守っていて、しかも近くにいた――ごく間近に。その「存在」が何者なのかナイノアはまだ見当がつかなかった。虎男でないことだけは確かで、山岳地帯を離れて以来あの精霊の気配は感じたことがなかった。おそらくあの虎のアウマクアは木々に囲まれた人外境のほうが好きなのだろう。ことによるとカネオへ首長がナイノアに霊力《マナ》を送っているか、あるいは臣下の書記がどうなったかといぶかっているのかもしれない。それとも別の誰かか。ナイノアは馬たちを静かに見守っていたが、同時に自分に注がれている「意識」に注意を払ってもいた。彼の心中に突然妙な考えが浮かんだ――。

アメリカ人。

ナイノアはあのアメリカ人との幻視的な結びつきを復活したいと切に望んでいた。だが、アメリカ人のほうからも自分に結合できるのではないかという可能性は今まで考えてみたことがなかった。ひょっとすると相手はそうしていたのではないか――もしそうだとしたら、いつからだろう？

ナイノアは胃を殴られたような心持ちがした。アメリカ人のほうからの訪問はまさしくありうることで、彼が「あちら」にいったのと同じような具合に、相手はおそらくここに、彼の中に、いるのだろうとなんとなくわかった。

急に、頭の中が一杯になって考えられなくなり、また考えごとをしている場合でもなかった。ナイノアはこの思い切った発想を撤回して、馬群に注意を集中するため心に渦巻く感情を静めた。下手をすれば失うものが多過ぎて、物思いにふけってなどいられなかった。それでも、くだんの存在はそのままとどまっていて、彼の内面はそれをも見つめていた。

ナイノアは静かにじっとしたまま馬たちをとっくり観察し、狩りのことを考えた。オマヨジオラグというのがエヌーの狩りを意味する言葉の1つだった。エヌーの狩人たちはなるべく牡馬を殺さないように努めるのが常だが、それはもし殺してしまうと、残った牝たちがちりぢりになって、どこかよその牡馬の率いる群れに入ってしまうからだった。馬たちは牡馬がその地位を追われるか殺されるか、あるいは旱魃で移動を余儀なくされでもしないかぎり、ほぼ1年じゅう一定のかなり小さな縄張りに住みついている。エヌーは同じ地域の安定した同じ群れを対象にして、牝を間引く。

山脈のこちら側では、乾季が長々と半年以上もつづき、その間、群居性の大型動物たちの大半は木をかじるため森林地帯に移動する。こうして密集した動物たちは狩人にとって見つけやすくなる。雨が降りだすと、群れはもっと広々したサバンナにもどって、南北と東に開けた広大な草原地帯に広く散らばる。

「オベングラボグ（夏だ）」とウィリアムがナイノアに言ったのはつい昨日のことで、動物たちはまだ散らばっていた。この老いたる狩人が束ねる集団《ハンド》は春には動物の移動を追って開けた草地へと出ていき、秋には山麓の森林地帯にもどる。途々、気に入った場所で野営し、大きな湖の入り江や沼地を利用して魚とりや水鳥の猟をする。エヌーがよく言うように、その意味で暮らしは楽だった。

ナイノアは馬たちを見守りながら、かれらはなぜほかの大型有蹄類のように周期的に移動しないのかと首をかしげた。馬の大きな群れは自分たちの縄張り内の草を根こそぎ食《は》む傾向があり、したがってあまり動き回らずにすむ。だいたい1年じゅう、ほぼ1日で横断できる程度の地域内にとどまっているようだ。おかげでエヌーは馬群がどこにいて、どこで待ち伏せするのが一番楽か、いつでもわかるという寸法だった。

たとえ1頭でも馬を連れて山脈を越え大森林を抜けてもどるよりは、カネオへ首長を馬のいるところへ案内するほうがはるかに楽だろう、とナイノアは思った。山脈のこちら側に新たな村を建設するようにカネオへ首長を説得することは可能だろうか？　エヌーはどうして野生馬を家畜化しなかったのかと、ナイノアはウィリアムにたずねたことがあった。返ってきた答えはいかにもエヌーらしかった。馬は食用で、そこらにいくらでもいる。誰がわざわざ飼いたがる？

ナイノアの思いはケノジェラクのことに移った。自分たちが恋人同士になった日のことを思い返すと、血が熱くなる心地がした。エヌーはものごとを見落とすということがあまりなくて、その晩2人が野営地にもどると、ほとんど間髪を入れずに悪気のない卑猥な野次が飛びはじめた。ナイノアとケノジェラクはユーモアでそれを切り抜け、記念の儀式も贈り物の交換も抜きでその夜から同居することになった。毛皮の寝床でことにも情熱的な一夜を過ごした翌朝、ケノジェラクは自分のビーズ玉の首飾りの1つをナイノアの首にかけ、エヌー式の革の腰布《マロ》をこさえてくれた。自分はもう髪を一束につかねて垂らすのをやめ、ほかの「既婚」女性たちのように三つ編みにした。

　2人が結ばれたのを明らかにみなが喜んでいたし、ケノジェラクはナイノアが今や集団のほとんど全員と縁つづきになったことを得意げに彼に教えた。以後2、3カ月にわたってウィリアムやほかの男たちが次々と手作りのちょっとした敬意のしるしを彼に贈った。ペンダントかお守りとして身につけるように穴をあけた、象牙や骨製の小さな彫り物で、動物をかたどったのもあれば、もっと抽象的なものもあった。ケノジェラクがこうした贈り物を自分が与えた首飾りに1つずつ付け足していった。

　ナイノアは今それをちらりと見て、ウィリアムからの贈り物をまさぐった。彼の指くらいの長さの、象牙でできた縦型のもので、いくぶん人間に似た形をしていて、黒く色付けした小さな浅いくぼみの斑紋を一面に施してある。ウィリアムからそれをもらったとき、ナイノアはそれがなにを表しているのかよくわからず、なんなのか相手にたずねた。ウィリアムはしばし思案げにナイノアの顔を見てから、にっこり笑って、「ブシヴァク」と答えた。それからしゃがみこんで、指で地面に絵を描いた。人間のように後肢で立っているまだら模様の虎だった！ナイノアの全身に衝撃が走った。ウィリアムは彼を助ける精霊のことをどうして知ったのだろう？　老エヌーはナイノアの驚愕を見てとり、ただ愉快そうに笑っただけで、それ以上の説明はなかった。

　贈り物のお返しにナイノアはエヌーの人々に進呈するささやかな品をこしらえた――ハワイ式の釣り針だ。まず象牙か骨の小さな板にざっと形をつけ、その中央に穴をあけて、それを囲むようにして鉤状に形を整えるのだった。エヌーはこの実用的で、しかも見事なペンダントにもなる進物に大いに感心したようだった。気前のよさはエヌーの間では大事なことだったし、こうした贈り物は彼の新たな姻戚関係の具体的なシンボルだった。

　ケノジェラクと同居するようになってまもないある日のこと、ナイノアは自分が幻に見たサンフランシスコという伝説的な都のことをふと思い出した。かつて古代人が住んでいたほんとうに大きな廃墟を知らないかと、ウィリアムにきいてみた。北のほうに大きなのが1つあるし、南のほうにはそれよりいくぶん小さいのがある、と年長者は答えた。それからほどなく、一行の野営地が移動し、両人は南のほうの丘の上に立って、山脈の木々に覆われた険しい山面の下の、長い谷に連なる低い塚を眺めた。モナイはあそこで見つかったのだとウィリアムが教えた。

ナイノアの希望で、2人は1日がかりでその遺跡を調査した。ナイノアは熱心に塚から塚へと歩きまわって、かつての住人たちの痕跡を探したが、5000年にわたる風雨が一切を土と木々と草のしとねで覆い尽くしていた。そこかしこで地面から突き出ているコンクリートや石造物の破片以外、地表にはほとんどなにも見当たらなかった。2人は金属やガラスを探したが、ほとんど見つからず、ウィリアムに言わせると、そういうものを見つけるには土を掘らなきゃならないということだった。上にかぶさっている土や植物を取りのけたら、いったいなにが出てくるだろうと、ナイノアは思いめぐらした。

狩りの獲物は豊富で、2人は2頭の野山羊を肩にかつぎ、野鶏を何つがいかひっさげて野営地にもどった。まだら模様の羽と、頭頂に小さなとがった角質の兜状突起を持つこの地上性の鳥は、大きな群れをなして暮らし、夜は低い木の上に止まり、昼間は餌をあさりに草原に出ていく。飛びたがらないので、投げ棒でたやすく仕留められる。

塚の間を縫って野営地にもどる途中、ナイノアはこういう場所で精霊を見たことがあるかどうかウィリアムにきいてみたい気がしたが、彼のエヌー語の理解力ではまだそこまでは無理だった。ケノジェラクと過ごしたあの日、例の存在を感じた以外、ナイノアは山林を離れて再び人間社会に加わって以来、これといって神秘的な体験はなにもしていなかった。

ナイノアの物思いは馬群の蹄の音で突然破られた――馬たちはもうそばまできていた。牡馬は、はるか後方にライバルの牡が何頭かついてきているので気をたかぶらせながら、子連れもまじった80頭からの牝馬を湖のほうへ先導していた。ナイノアが罠の口をふさぐ潮時がすでにきていた。

ナイノアは群れが通り過ぎるまで待って立ち上がり、槍を前に構えて、しっかと握りしめた。今までにも何度かこういう牡馬に立ち向かったことがあって、どうなるかはわかっていた。ところがこの大柄な葦毛は利口だった。ナイノアの姿を見ると、人間と牝馬たちとの間をいきつもどりつして、群れをせき立て、湖のほうに走らせた。それから向き直り、威嚇するように甲高くいななくてまっしぐらにナイノアのほうへ向かってきた。

ナイノアの立っている地面はたちまちその蹄の響きで震動しだした。牡馬は彼から6フィート足らずのところまで駆け寄ってきて、右目でじろっと彼の顔をのぞきこんだ。ぎりぎりのところでわずかに向きを変え、憤怒の叫びを発して、ひらりと優美に身を躍らせ、乾いた川床を苦もなく飛び越えた。着地した瞬間、地面が震えた。野馬は立ち止まらずに、狭い輪を描いてナイノアの周囲を駆けめぐりはじめ、侵食による浅い川床を繰り返し飛び越えた。ナイノアは牡馬と向き合うため、絶えず体の向きを変えざるをえなかった。ぐるぐる回っているうちに少々めまいがしてきたが、馬のほうは目玉をぎょろつかせながら、次第に輪を縮めてきた。この牡馬は、ライバルたちが間近にいるせいか、ことのほか攻撃的だった。ナイノアは馬が襲いかかってきて自衛のために殺さなくてはならなくなるかもしれないという不安を感じた。

馬が川っぷちで空《から》足を踏んで急に停まり、猛々しく、威すようにナイノアをねめつけた。ナイノアは川床から反対側の岸へ飛びのいた。巨体の葦毛は目をぎょろつかせ、鼻孔を広げて鼻息を荒げ、激しく首を振った。片目で牝馬たちの様子をうかがった。牝たちは湖への途中で心もとなげに足を止めていた。ナイノアは小声で悪態をついた。群れはエヌーの狩人たちの臭いを嗅ぎつけたのかもしれない。

牡馬はまたナイノアをにらみつけ、首を振って猛然と鼻嵐を吹き、そして棹立ちになった。ナイノアは攻撃に備えて槍を構えた。葦毛は頭を下げ、首を弓なりにして、濃い黒いたてがみを逆立て、戦意を見せつけるように前肢の蹄で地面をえぐった。

ナイノアは身じろぎ一つしなかった。この馬を殺したくはなかった。それは群れにとってばかりでなく、その群れを狩るエヌーにとっても不利益になる。牡馬が鼻を鳴らし、気を高ぶらせて身震いした。突如として、ナイノアはその大きな動物のエネルギーを感じとり、もうこわくなくなった。目と目を見交わしていると、相手の力が滔々《とうとう》と彼の中に流れこんできた。ナイノアは危害を加える気はないという明白な意志を心中に浮かび上がらせた。

馬はまた首をぐっと曲げ、前進しはじめた。すかさずナイノアはなだめすかすような穏やかな調子で古代ハワイ語を使って話しかけ、牡馬とその支配下の牝たちを祝福し、もう行ってくれと頼んだ——。

「エ・ホオマイカイ・ケイア・ポエ・リオ」

牡馬は逡巡して立ち止まった。ナイノアは格式ばった平板な口調で再び話しかけた――。

「この馬たちの群れに幸あれかし……おまえを傷つけたくない、われわれ人間は野営中の飢えた人々に食わせるため、おまえの余分な牝をほんの1、2頭必要としているにすぎない。われわれは必要な分だけをとり、それらの魂をたたえ、感謝の祈りを捧げるだろう。大いなる馬よ、おまえのアウマクアを通して訴えたい――さあ、牝たちを引き連れ、わたしの善意と祝福を受けて立ち去ってくれ」

馬はナイノアが頼みごとを再度繰り返す間じっと見ていた。それから牝たちのほうをちらりと見やって、首を振り立てた。ライバルたちに目を転じ、最後にもう一度力強く鼻を鳴らすと、くるりと向きを変え、すごい速度で湖のほうへ走り去った。ナイノアはそれを見送った。馬を追い、前へ前へと駆り立てるように、思わず知らず、空に向かって大声で叫んだ。

乾いた川床のもっと先のほうで、牡馬が通り過ぎたとたん、ケノジェラクとほかの女たちが地面から起き上がった。年かさの子どもたちが何人か、積み石の上に飛び上がって、群れ全体がまた走りつづけるように煽り立てた。群れはどっと地響きを立てて動きだし、罠にはまった。男たちの放った矢がたちまち牝2頭を倒した。

残りの馬たちは葦毛の牡に駆り立てられて空が白みはじめた東のほうへ向かって湖岸づたいに疾走し、やがて見えなくなって、通ったあとに土煙だけが残った。

ナイノアは何度か深く息を吸い、わななく筋肉からマナが徐々に流れ去るにつれ、きわどい出会いによる動揺から次第に立ち直った。倒された馬の1頭が体をばたつかせて悲鳴をあげ、狩人の1人がその金切り声を槍の一突きでぴたりと黙らせた。ナイノアは気を鎮めて、仕留めた獲物のまわりに集まっている男たちのほうへと平原を進んでいった。途中からケノジェラクが合流し、まずとっくりと彼を見てからこう言った――。

「ナイノアバンギオアルク、あなた、馬の扱い方を心得てるようね」そこで一呼吸置いて、にっこり笑ってから、「それに女の扱いもね」と付け足した。

ナイノアは微笑した。手をのばしてケノジェラクを傍らに引き寄せ、抱きしめて、指先でそっと乳房を撫でた。ついで彼女をまっすぐ自分のほうへ向き直らせて口づけした。彼女は喉にからんだくぐもり声で嬉しそうに笑った。だが、この空漠とした平原には2人きりになれる場所はないので、ナイノアは抱擁を解いて、手をつないでまた狩人たちのほうへ歩きつづけた。

ケノジェラクが急に向き直って、「あの馬になんて言ったの？」ときいた。ナイノアは自分の言ったことをなんとか精一杯エヌー語に訳して、話して聞かせた。ケノジェラクは長いこと黙っていたが、やがて、「アウマクアってなんなの？」とたずねた。

ナイノアは考えこんで、頭の中で慎重にエヌーの言葉を組み立てた。「アウマクアというのはわれわれめいめいの不滅の、霊的な面だ。それはいつも霊の領域にあって、時を越えて旅をすることができる。万物はすべて霊界にアウマクアを持っている。馬もだよ。だからわたしはあの馬にその霊魂を通じて意志を伝えていたんだ」

ケノジェラクはしばし思案をめぐらしてこう言った。

「それはあたしたちがドルニオクと呼んでるものかもしれない。あなた、ウィリアムとこういう問題を話し合うべきね。彼はウンガゴクよ」

「ウンガゴクってなんだい？」

ケノジェラクは灰青色の切れ長の目でいたずらっぽく横目づかいに彼を見た。「ウィリアムにきいてみるのね——ただし水浴びをすませてからでなきゃだめよ」

宴《うたげ》

2人は狩人たちと仕留めたばかりの馬に歩み寄った。若い娘の1人が野営地に残っているエヌーに狩りの成功を伝え、肉を運ぶ手伝いを呼んでくるために差し向けられていた。ほかにも何人か、ご馳走の分け前にあずかりたがるかもしれない虎の類《たぐ》いや熊を見張るため、近くの丘の斜面につかわされていた。

大きいほうの牝馬はまだら模様の毛なみで、ウィリアムの投げ槍、エギマグで心臓を貫かれて、倒されていた。小さいほうの牝は黒ずんだ毛なみで、何本かの矢を打ちこまれ、うち1本は腹部の上のほうに当たって、腎臓を貫通していた。ナイノアはその矢を弓の名手の1人、アロネルグのものと認めて、その当人によくやったとうなずいてみせた。首の上側に命中した別の1本はビエルのはっきりとした目印がついていた。矢で傷ついたその馬はアロネルグの槍のとどめの一突きで息の根を止められていた。

2人が近づいていったとき、ひやかしの言葉が飛びかっていた。タグミの放った矢はいずれも完全に的を外れていたし、アロズアの放った1本はまだら馬の尻尾に近いところに当たっていた。ウィリアムの一撃が一番見事だった。彼は先端に鼻のような鉤型の小さな突起がついた棒、バトンを使って投げる槍を好んで用いた。槍は末端を突起にあてがって、棒といっしょに片手で握る。棒がウィリアムの腕の長さを増す形になり、エギマグを強力かつ正確に遠くへ投げつけることを可能にする。ナイノアはウィリアムをちらりと見て、「ビツィアク！（でかした！）」と声をかけた。

老いたる狩人はカラカラと笑って、年も年だし手は震えるしと卑下したようなことを言い、身ぶりで耄碌《もうろく》ぶりを演じた。一同声を合わせて笑い、手柄を立てられなかった者たちの緊張がほぐれた。熟達したエヌーの狩人にとって社会生活上の課題は、技量にひいでて、かつ他の者たちの妬みを買わずにすますということだった。

狩人たちのはしゃぎぶりはエスカレートし、今や全体としてお祭り気分になった。狩りはうまくいったし、怪我人が1人も出なかったお祝いだ。ウィリアムがナイノアに顔を向けて、「馬になんて言ったんだね？」とたずねたとき、その気分はいくぶん静まった。

ナイノアは自分が牡馬と出会った場所からウィリアムが隠れていた地点までの距離を計算してみた。ウィリアムの視力はいささかも衰えていないようだ。ナイノアがケノジェラクに話したことを繰り返すと、みんな耳をそばだてた。話がすんだあと、一同、思案げにナイノアの顔を見た。

しばしの沈黙の後、ウィリアムが2頭の馬に短い祈りを捧げ、そうも突然に命を絶ったことについて許しを求めた。ナイノアも言ったように、この行為は野営地の腹を空かせた者たちに食物を与える必要に迫られてやむなくしたことであり、馬肉を口にするとき全員が感謝の念をかみしめるだろう、と説明した。エヌーは今宵この馬たちをたたえる宴を張るだろうと、ウィリアムは予告し、馬たちの魂に、しばらくとどまって、かれらのためにうたわれる歌を聞いてくれるようにと頼んだ。宴が終わったら、2頭の魂はここを離れて、霊界へとさすらっていくのは自由であり、あちらで豊かなうまい草と頼りがいのある牡が見つかるものと思う、と言い添えた。最後にウィリアムは2頭の道中無事を祈った。

そのあと狩人全員が声高らかに2頭に賛辞を呈し、その魂の安らかならんことを祈った。「ガナゴダレク！　オクショーニ！　オクショーニ！」

最年長の男性狩人として、ウィリアムがまず最初に切りこみを入れ、石包丁の巧みな一振りでまだら馬の腹を裂いた。ついで深く切りこみ、片方の腕がほとんど肩のところまで隠れるほど手を差しこんで、横隔膜を貫いて胃につながっている食道を見つけ、つかみ出した。包丁を持っているほうの手ですばやく切断し、馬のはらわたを引っぱり出し、結合組織からはずして、内容物をこぼさずにほかの者たちに手渡した。もう一度手を差し入れ、腸を肛門のところでつかんで、また切断し、消化管の残りの部分を引っぱり出した。それから自分の土掘り棒を取り、ほかほか湯気の立つ不用物の塊をはらわたから絞り出して埋めるための縦穴を掘った。

ウィリアムがもう一頭にも同じ処理を施すと、みんなは仕事にかかった。ナイノアは長いナイフでまだら馬の皮をはぎをはじめた。野営地の全員に数日間は食べさせられるだけの肉がとれそうだった。ウィリアムの集団に、数日前湖畔に到着したほかの2つの集団が合流したので、野営地の人員は今や100名を越えていた。ナイノアの存在はその2つの集団に大いに波紋を投げかけ、幾晩かにわたってエヌーの人々はナイノアの素性について語り合った。彼の身の丈と体格、所持品と武器に誰もが魅せられ、鉄製の槍とナイフの硬さに興味をそそられていた。女たちはケノジェラクにも情報をせがみ、彼女の返答にいちいち淫らがましく笑った。

ナイノアは今、ケノジェラクにちらりと目をやった。彼女は彼の向かい側で死骸に取り組んでいて、長い脚をしっかと広げて立ち、手と腕は血で赤く染まっていた。馬の胴体から小さな脂肪の塊を抜きとったとき、切れた血管から彼女の乳房と腹に血しぶきがはねかかった。彼女は巧みに一ひねりして、静脈の浮いたてらてら光る腎臓をもぎとり、一かじりしてから彼に渡してよこした。ナイノアは微笑して、光り輝く逸品を彼女の父親にまわした。彼はまだ馬肉は火を通したもののほうが好きで、ほかのみんなが食べている中で、彼女のひやかし笑いに耐えなくてはならなかった。

ハワイ人たちは彼女をどう思うだろう、とナイノアは思いめぐらした。といっても、ケノジェラクを彼の同胞のもとに連れてもどることなどどうしてできよう？　首長家の使用人になるなんて彼女には到底無理だろう。社会階層の意味するところはまったく彼女の経験にないことだった。特権にもとづく複雑な政治制度を持ち、男女が多くの時間それぞれに分かれて暮らし、食事も別にするような社会で、彼女がどうやって暮らしていける？　エヌーはできるだけ大勢の親類縁者に囲まれているのが大好きな人たちだ。1人の知り合いもなく、言葉もわからない土地へどうして彼女を連れていくことができよう？　そんなことをしたら彼女の魂はどうなってしまうことか？　そういえば、ナイノア自身にしたって、今さら使用人にもどれるかどうか？

　ナイノアは苦笑いした。自分はエヌーのもとにとどまって、残る生涯をかれらと共に暮らすこともたぶんできるだろうと思った。だが心の奥で、そうはしないだろうとわかっていた。自分の世界に、カネオへ首長と同胞たちのもとへ、もどる時がいずれはくるだろう、と。

　野営地から手伝いの人手がやってきて、ほどなく2頭の死骸は持ち運びのできる大きさに分けられた。肉は細長く切って、運搬用の長い棒にぶら下げた。長い髄骨は、まだ肉がついたままの状態でばらした背骨と肋骨同様、そのまま運んだ。頭蓋骨と蹄は細長く切った生皮でていねいに一まとめにくくって、湖の近くの木に吊るした。

　エヌーは動物を殺すと、いつもその骨を木に吊るした。ウィリアムに言わせると、昔からしてきたことだし、腐肉をあさる動物たちに骨を汚《けが》させるのはよくないことだから、こうするのだということだった。

「われわれは衣食すべてを狩りの獲物から得ている。もしかれらの霊が亡骸に対するわれわれの扱いに不満を抱けば、もうわれわれが動物を殺すのを許さなくなり、狩りは成果があがらない。エヌーは飢えて、みんな死んでしまうだろう。だから動物たちの霊にこちらの善意を印象づけるんだ。動物の遺骸を木に吊るすのは、われわれが自分たちの死者にするのとまったく同じ扱いだ」とウィリアムは言ったのだった。

　エヌーはなんらかの宗教儀礼をもって霊魂を遇するということはしないし、霊魂を崇拝もしない。霊魂に対して深い敬意を――そして深い恐れの念を――抱いているにすぎない。恐れの気持ちをまぎらすため、エヌーは禁《カー》忌《プー》の制度を順守している。それは動物たちが甘んじて殺されつづけ、エヌーが不運に見舞われないように、動物たちの霊をなだめておくのに役立つとされている。たとえば、かれらは魚と獣肉、魚と鳥肉、鳥肉と獣肉を決していっしょくたには料理しない。地のもの、水のもの、空のものを互いに接触させてはならないと信じているのだ。どうしていけないのかは誰も知らない——先祖代々守ってきたことだから守るのだ。狩人の妻は夫が獲物を仕留めた日に衣類を作ってはならないというのも、よく知られた禁忌だった。狩りの前日に夫婦の交わりをすることも許されない。

ウィリアムが捧げた短い祈りは馬の亡霊が人々を害するのを防ぐことになるだろうし、エヌーが生きとし生けるものに抱いている深い敬意を示すものだった。ナイノアはナガイから似たような信仰と習わしを教えこまれていた。

一行が湖を見下ろす木の生い茂った丘辺の野営地に帰り着くと、肉の量と脂身の多さにみんな大喜びした。この季節は草が乏しいのでこういうことは珍しかった。手柄を立てた狩人たちが3つの集団の全員にほぼ同量ゆきわたるようにかなりの手間暇をかけて、肉を全家族に分配した。各家族が分け前にあずかり、一部はすぐに料理し、残りは犬を寄せつけずにじっくり乾燥させるため、木枠に垂らして火にかけることになるだろう。みんなが狩りの一部始終をにぎやかに語り合い、ナイノアは自分の名前がしきりと持ち出されるのを耳にした。

その午後、ナイノアとケノジェラクは野営地の先にある水浴び場へ出かけた。湖へ注ぐかなり大きな流れをはさみこんだ木立のほうへと草地をぶらぶら歩いていった。ケノジェラクの飼い犬たちがお伴をした。

湖の浅いところで野営地の子どもたちの大半が遊んだり泳いだりしていて、近くに母親たちもいた。広い浜では数人の少年たちが馬の平べったい肩甲骨で作ったおもちゃで遊び、興奮して叫び声をあげた。その遊具は大小いくつかの穴をあけた肩甲骨を、削って先をとがらせた鹿の脛骨製の柄に長いひもで結んだものだった。少年たちは平らな皿状の骨を空中高く振り上げ、落ちてくるところを狙いすましてとがった柄をなるべく小さい穴に突き刺そうとしていた。

ケノジェラクは連れ立って歩いているナイノアがうわの空なのに気づいたが、なにも言わなかった。柳とゴムノキの茂みの中で2人きりになると、彼女は2人の衣類を流れで洗ってこびりついた血を落とし、灌木の上に広げて干した。それから体を洗った。ナイノアはそれを見守り、彼女の美しさと優雅さに息を呑んだ。彼女は太いお下げをほどいて、髪を振り広げ、彼を刺激するとわかっているやり方で体を見せつけた。ついで彼の髪をほどき、洗ってあげるから水際の平たい岩の上に仰向けになるようにと促した。髪を洗いながら、彼女が乳首をしきりと体にかすめさせるので、ナイノアは次第に気分が高まり勃起して、とうとう笑いながら彼女を抱えこんでキスした。2人はゆっくりと時間をかけて愛し合い、ことがすんだあと、木陰のやわらかい草の上で抱き合ったまま一眠りした。

ナイノアが目をさましたときにはもう日が傾きかけていた。ケノジェラクは抱きついたまま真顔で彼を見守っていた。「ナイノアパク、おくにに恋しい奥さんでもいるの?」この問いにナイノアはびっくりし、そんなものはいないと断言した。

「奥さんにしたいと思っている女が向こうにいるの?」とケノジェラクはしつこくきいた。ナイノアはいないと答えて彼女を安心させた。

彼女は真剣な目つきで彼を見つめた。「今日、あなたはいつもと様子がちがってる。どういうことなのか、あたしにわかるように話して」

そこでナイノアは自分の以前の暮らしと、自分が属していた社会の仕組みについて話して聞かせた。こういうことは前にも話してはいたものの、今日のように問題としてとりあげたことはなかった。ケノジェラクは泰然と彼を見守って耳を傾け、ほんの時たま彼の発音を直したり、語尾を変えて考えの内容をはっきりさせたりするために口をはさむだけだった。

ナイノアは自分の旅の目的とカネオへ首長への義務、首長が馬をほしがり、山脈のこちら側になにがあるか突きとめるため自分を差し向けたことを話した。あちら側の社会における自分の立場、自分が得た知識を珍重するであろう同胞たちへの義務について語った。

「そういうわけだから、いずれわたしがあちらへもどる時がくる――自分の学んだことを同胞や首長に伝えにもどる時が。それを考えると、悲しくなる。きみはこちらで自分の同胞たちのもとにとどまることになるからだ。きみをあの人たちから引き離すわけにはいかない。きみはわたしの世界にきても幸せにはなれそうにないんでね」

ケノジェラクは抱き合ったまましばらく黙りこみ、ナイノアは彼女抜きの生活を思うと切なさに胸が痛んだ。

やがてケノジェラクが上体を起こし、彼を見やってこう言った。「あたしたちといっしょにずっとこっちにいればいいじゃない。暮らしは楽なんだから。土地は狩りの獲物であふれてるし。湖は魚でいっぱいだし。あなただってここが気に入ってるじゃないの。あなたが毎日楽しそうにしてるのを感じるわ。今日初めて、同族の人たちとあちらでの以前の暮らしを思い出したからこそ、悲しくなったんじゃないの」

ナイノアはケノジェラクの真剣な顔を見やった。彼女の言ったことは当たっていた。彼はこちらでとても楽しく暮らしている。こちらにとどまれないことはない――だが、自分でも理由は必ずしもはっきりしないが、とにかくいずれもどらなくてはならないと、心のどこかでわかっていた。やりかけたことをやりとげなくてはならない。ほかのことをするにしても、先にまず人生のこの段階を完了させないことにはなにもはじまらない。ナイノアがケノジェラクにそこのところを説明すると、彼女の目に涙があふれ、声もなく頬をつたって、悲しみの深さを彼の心に焼きつけた。

「なぜここを去らなきゃならないのか、あたしにはわからないけど、どうしてもそうしなきゃ気がすまないんなら、やはりあなたはいくことになるでしょうね」そう言うと、ケノジェラクは彼の胸に身を預けてしばらく悲嘆に暮れ、涙が彼の肌を点々と温かく濡らした。心中ナイノアも測り知れないほど貴重なものを失いかけているような気がした。

突然ケノジェラクが体を起こし、涙ながらに彼にほほえみかけた。再び生気と活力をおびてきらめきはじめた目で、彼の目を見すえてこう言った。「でもあなたはあたしのところにもどってくるわ。とても強くそう感じるの。あなたはしばらく同族の人たちのところへ帰って、あちらでやるべきことをやるでしょうね。そのうちにこちらでの暮らしを思い出し、そしてエヌーの妻のことを思うようになるわ――そしたらこれを思い出すわよ」

ケノジェラクはナイノアを仰向けに押し倒し、すらりとした体を上から重ね合わせた。息をはずませて笑いながら骨盤をぐいぐいこすりつけ、彼から教わったとおりにキスをした――ナイノアは彼女の言うとおりだと実感した。キスに応え、彼女をきつく抱きしめ、温かい肌を愛撫し、美しい肉体をまさぐった。

後刻、ケノジェラクはものうげにナイノアにほほえみかけ、「もうウィリアムにウンガゴクのことをきいてもいいのよ」と言った。

２人が服を着た頃には日の光は薄れかけていた。ケノジェラクは日を詰めて編んだ大きな容器に水を入れ、ナイノアの手を借りてそれを背負い、運搬用の柔らかい革帯を上にずらしておでこに当てがった。

2人が野営地にもどる道すがら、深まる夕闇の中、大地は輪郭が朧《おぼ》ろになり、ナイノアは地霊とも結びつきを感じた。エヌーの考えでは、岩や丘のような無生物にすら霊魂と一定の影響力がある。個々の人間、動物、樹木、草、岩壁、山、小石、雲、虹、雷雨、それぞれがザクレイなるもの、つまり神聖で、知力を備え、霊力と生気に満ちみちたものと考えられている。生物も無生物もおのおのその存在に固有の仕事を持ち、それに支えられて宇宙が生命を活性化させる方向に働き、秩序と調和を維持し、混乱を限度内にとどめていると、エヌーは信じている。多種多様なもののうちいずれかがそのつとめを果たしそこねると、万物が被害をこうむる。ことに人間は秩序と調和を促進するような生き方をすることを求められている。1人の人間のあらゆる行動、思考、意図、感情がより大きな共通の利益か、もしくは共通の苦しみの一因となる。ナイノアは自分の使命を全うするために取るべき行動を決するにあたっては慎重を期さなくてはならないと痛切に感じた。

ナイノアとケノジェラクが野営地にもどった頃には、狩りの成果といくつかの集団の再会を祝う宴がすでにはじまっていた。人々は踊ったり、笑ったり、ゲームをしたり、四方山話に興じたりしていた。食べたり、歌ったり、なんでもしたいことをしていた。雰囲気は盛り上がっていた。ことほどさように暮らしは楽だった。

ケノジェラクは水を入れた籠を自分たちの小屋の脇の木に吊るし、両親の小屋の前で肉を調理していた母親と年輩の女たちの一団に合流した。コヴァクは娘に下がった軽口を叩いて、赤面させた。ほかの女たちが笑い、わざとらしく向き直ってナイノアを値踏みするような目で見た。ケノジェラクはそれを無視して、焙った肉を彼の椀に盛ってよこした。ナイノアはそれを受け取り、女たちににっこり笑ってみせて、その場を離れた。騒々しい笑い声を背後から浴びせられた。馬肉は塩と香草で香ばしい旨味を出していた。彼は馬の霊に感謝した。

野営地にいる人間の半数ほどがハワイ人の間ではフキフキと呼ばれるゲームをしていた。2つの集団の男たちが相対して、編んだ長い綱を力一杯引っぱり、相手側をぬかるみに引きずりこもうというのだった。みんな力んで、ウンウンうなったり、笑ったり、おならをしたりしながら、加勢しろと女たちにしきりと大声で呼びかけた。ナイノアの姿に気づくと、双方とも自分たちに協力してくれとせがんだ。ウィリアムがナイノアパクは女婿だから自分のほうのチームで綱を引くべきだと声を大にして言い立てた。ほかの連中はナイノアに、加勢してくれれば自分の妻なり娘なりを一時貸してやろうと持ちかけた。にぎやかな笑いと陽気さを伴ってきわどい言葉が次々飛び出し、一同が力んで引けば引くほど、それはますます微に入り細をうがった内容になった。

ナイノアは微笑した。フキフキはハワイ人が得意とするゲームだった。彼は呑気に肉を食べながら綱のそばをぶらぶらいきつもどりつして、食べ終わるまで双方に惜しみなく助言を与えた。その頃には野営地のほかの者たちも勝敗はいかにと集まってきていたので、彼は椀をケノジェラクに渡して、ウィリアム側の綱の端に加わった。

編んだ綱の張りつめ具合を感じとって、ナイノアは昔ナガイから教わったことを実行した。自分にマナが満ちてくると意識的に想像し、力が頭を通って体へ入り、下っ腹にとどまることを思い描いた。目を閉じ、何度か腹をひっこめて深呼吸するうちに、マナが高まってくるのを感じた。背筋にじんじんするような火照りが走り、四肢が鳥肌立った。腹式呼吸をつづけた――マナがある程度の強さに達すると、彼はそれを集中させた……そしてゆっくりと引っぱって自分の拡大家族を勝利に導いた。

女たちがナイノアの体格と体力について淫らがましい感想をあらためて雨あられと飛ばし、ケノジェラクに卑猥な質問を次々と投げかけた。彼女はこれまた不遠慮な返答でそれらを巧みにさばいて、みんなを大いに楽しませた。

負けたチームがぬかるみから抜け出し、体を洗いに湖へ去ったあと、ケノジェラクがまた薬味のきいた馬肉を一椀もらってきて、ナイノアと分け合いながら、2人で野営地をぶらついた。母親たちが子どもと、ハワイ語ではヘイと呼ぶあやとりをしていた。エヌーにはあやとりの形がおびただしくあり、それぞれ個別の名称を持ち、それにまつわるお話や歌まであった。

数人の少女が2人のそばに駆け寄ってきて、森からやってきた巨人ナイノアパクと、いずれその子どもを産む背高のケノジェラクをめぐる即興の歌をうたった。ケノジェラクはそれが自分の願いでもある、強くて賢くて、父親のように立派な狩人になる背の高い息子たちがほしいと、ナイノアに耳打ちした。ナイノアはおそらく才色兼備で母親のように精力旺盛な娘たちが生まれるのではないかと、ささやき返した。ケノジェラクは深まる夕闇の中で白い歯をきらめかせて笑い、戯れに彼をつねった。

暗くなる直前に、誰かが大きな円形の毛布を持ち出してきた。大きな毛皮を何枚か縫い合わせてこしらえたもので、ぐるりにいくつも穴をあけてある。みんながケノジェラクにそれに乗れとはやし立てた。彼女が乗ると、男も女もそのへりをつかんでぴんと引っぱり、彼女を地面から浮き上がらせた。ついで調子をつけて毛布を引っぱり、ケノジェラクの体を宙に放り上げては受けとめ、受けとめては放り上げた。大きな声援に応えて、ケノジェラクはますます高く飛び上がり、ついには20フィート以上も舞い上がって、空中で優美な宙返りや方向転換をやってのけた。長い脚で奔放なおどけた仕草を演じ、それがますます不遠慮に――そしてエロチックに――なって、しまいに野営地の全員を大笑いさせた。

ウィリアムやその息子タグミと並んで立っていたナイノアも笑った。ウィリアムは娘がとりわけ派手な跳躍をやったとき、クックッと笑い、それからナイノアに向き直って目くばせした。「わしらといっしょにきてなにか腹に入れるんだね。こういう女たちを扱うには、体の中の火を絶やさないようにしとかんとな」

ウィリアムとの対話

3人は野営地の中心部のほうへもどって、地面に掘ったコヴァクの炉から食べ物のお代わりをもらった。食べながら、ナイノアは自分たちが平らげている馬の霊は確かにきちんと祭られていると感想を洩らした。エヌーの男たちは2人ともうなずいた。これであの馬の霊はこの祝宴《フト》のことや、人間たちが歌ったり踊ったりして、音楽で慰めてくれたことをほかの馬たちの霊に伝えるだろう、とウィリアムが言い添えた。

「動物の霊は音楽が好きなんだ。わしらの音楽を楽しんだら、馬たちの魂は霊界にもどって、ほかのみんなに話してくれるだろう。するとほかの連中は、自分たちも皮から抜け出て、わしらのところへこられるように、わしらに殺されるのをいとわなくなる。そのため、狩りが上首尾にいくという寸法だな。

もし人々がきちんと祭れば、わしらの隣人だった鹿なり馬なり象なりを慰めるとき、正しいもてなし方を忘れずに守れば、その動物たちの魂は繰り返し生まれかわってきて、わしらは常に食べるものには不自由しない」とウィリアムは語った。

ナイノアは意を決し、向き直って年長者の目を見すえた。

「ウィリアム、エヌーはどうやって霊魂を感じとるのかな?」

ウィリアムとタグミは無言でナイノアを見つめ、それから年長者が野営地を見下ろす丘のてっぺんを身振りで示した。その身振りは、「座ってじっくり話ができる静かな場所を見つけよう」という意味だった。

ウィリアムが目配せすると、息子は自身の小屋へいき、巻いた1枚の大きな獣皮を持って出てきた。3人は丘に登り、野営地全体とその向こうの広い野原を見晴らせる木陰に獣皮を広げた。

遠くでライオンが一声、そしてまた一声吠えた。ウィリアムが笑みを浮かべた。あのリオビは同類たちに自分の居場所を知らせ、ほかの牡が近づかないように、「おれはここにいるぞ――おれはここにいるぞ」と呼ばわっているのだと彼は言った。月が湖の向こうの連丘から浮かび上がり、男たち3人は黙然と座って、光の大きな玉が夕暮れの空で真ん丸くなっていくのを見守った。

ナイノアはウィリアムを見やった。「わたしたちのほうでは、魂、イホは一人一人の大事な精髄、もしくは意識とされている。独立した、より高次な、霊的な次元の自我、アウマクアとは別のものでね。アウマクアは霊界に住んでいる。自然界のあらゆるものがそれを持っているけど、人間のような魂を持っているかどうかは、わたしたちは知らない」

ウィリアムは無言のまましばし考えこんだ。それからナイノアにこう言った。「わしらもあらゆるものが大事な、おのおのの精髄を持っていると感じている。わしらの考えでは、この精髄には3つの面がある。まず第一に、わしらがドルニオクと呼んでるものがある。これは命あるものもないものも含めて個々のもののそれぞれの霊だ。これはあんた方がアウマクアと呼んでるものと同じかもしれない。

ほかに、生き物に命を吹きこむ息吹き、オネルニオクがある。それが霊魂の第二の面だな。動物と人間だけがオネルニオクを持っていて、これのおかげでわしらは大気の霊、ズィラッツと交流できる。動物と人間はオネルニオクを持っているので、それを持たない植物や岩などよりも力がある」

ナイノアは懸命に理解しようと努めた。やがてはたとさとるところがあって、興奮気味に口をはさんだ。「あなた方のオネルニオクというのは、わたしたちがハ、命の息と呼んでるもののことらしい。わたしたちは生きている間だけハを持っている。死ぬと、命の息、ハは解き放たれて、宇宙にもどり、全体としての生命力に再結合する」

ウィリアムはうなずいて、月明かりの中でナイノアにほほえみかけた。「ドルニオクとオネルニオクを持っている上に、わしら人間はそれぞれ名前も持っているという点で、ほかのあらゆる目に見える存在とはちがっている。わしらは自我のこの面を名前の魂、オディオクと呼び、それにはかなりの力がある。人間が動物や植物や石などより力を持っている主な理由は、わしらにはオディオクがあるからなんだ。つまりね、動物だってちゃんと魂を持ってるんだが、わしら人間の場合とはちがう。動物には魂の3つの部分のうち2つしかないし、植物や岩には1つしかない」

ナイノアはこの情報をゆっくりと咀嚼《そしゃく》してから、「死ぬと、魂のそういう面はどうなるの?」とたずねた。

ウィリアムは長々と月を眺めたあとでこう答えた。

「死ぬと、肉体は徐々に分解して土にもどるが、わしらの魂のそうした面は霊界に解き放たれ、別の人間とまた結びついて生まれかわってくるまでそこにいる。赤ん坊が母親のおなかの中で育っているとき、それは初めて動くまでは霊魂を持っていない。この最初の動きはドルニオクの初めての到来を示すもので、ドルニオクは妊娠の最後の何カ月か、育っている子の中にしっかりと落ち着くまで出たり入ったりする。その子が生まれると、大気の霊から生命力の最初の息を吸ってオネルニオクを授かる。オディオクは赤子に名前をつける者から与えられる」

ウィリアムは月明かりの中で微笑してこうしめくくった。

「生と死の大いなる循環はこうして、つづいていく。それは決して停止しない更新によって、物質的な肉体の果てしない更新によって、つづいていく。それは決して停まらず、永久につづくんだよ。わしらがそれぞれ数限りない前世を生きてきたことは、賢い先人たちや霊的な助力者たちが明らかにしている。この意味でわしらはそれぞれかつてわしら自身の先祖として存在したし、こののちはわしら自身の子孫として数え切れない生涯に転生するだろう。こうしてわしらはとめどない回数の人生を生きつづけ、絶えず成長し、絶えず狩りをし、人生を楽しみ、わしら自身の存在の神秘について答えを求めつづけるだろう。それがわしらの運命なんだ」

3人ともしばらく黙りこくって、皓々《こうこう》たる月をじっと見上げていた。やがてナイノアが自分の神秘的な体験をウィリアムとタグミに打ち明けた。まず、シティの廃墟できわめて強力な黒い影のような霊、ケアカと出会ったことから話をはじめた。虎男との不思議な出会い、そのあとの森の精との遭遇、抽象的な模様とシンボルの段階への息を呑むような旅へとつながった世界樹の壮大な幻視、そして鷹との心霊飛行――最終的には自分がエヌーに発見された谷間にかれらの小屋を見かけた旅――のことを次々と語った。

ナイノアは自分が見たもののうち多くはエヌー語で名ざしたり説明したりできないため、四苦八苦した。ウィリアムとタグミは終始無言で耳を傾けた。

やがて話は、文明滅亡以前の時代にハワイに住んでいたアメリカ人との、旅にも似た不思議な出会いと、自身の意識が肉体から離脱し、時空を飛び越えて別人の意識と融合するという驚くべき経験に及んだ。ナイノアは自分が見たことを説明し、くだんのアメリカ人もこちらで自分と融合できるのではないかというつのる疑念を口に出し、今朝も馬を見ている最中にそのアメリカ人の存在を感じたのだと打ち明けた。ことによるとそのアメリカ人は前世に生きた自分の先祖の1人なのではないかと、臆測を口にした。

ウィリアムとタグミに自分の幻視体験を語るうちに、ナイノアのマナは着々と強まっていた。語り終えたとき、彼は感情が高ぶって身震いしながらウィリアムに、「こういうことはどうやったら確かめられる？　アメリカ人とのこんな接触がどうして可能なんだろう？　それを惹き起こすものはなんなんだろう？」と問いかけた。

ウィリアムの手が自分の腕にそっと置かれると、ナイノアは心が鎮まるのを感じた。「わしらが知るよしもないことがいくつかある」と年長者は言った。その逞《たくま》しい片腕が大きく弧を描いて、月明かりに照らされた周囲の広大な風景を差し示した。「こういったものの究極の本質はわしらの理解力を越えている」

彼の顔にほのぼのとした笑みが浮かんだ。「人によっては、心霊旅行《スピリットウオーク》をして、霊の領域や、そこにいるものたちとじかに接触できる者もいる。その経験がどういう性質のものかはいろんなふうに解釈できる。この解釈の仕方は結局のところ、わしらがそれぞれ自分の日常生活をどうとらえているかによるね。自分個人の考え、信念、受けとめ方によって、自分なりに霊の存在を感じとることになるんだ。それでも基本的なところでは共通するものがあるんだが……」ウィリアムの声が途切れた。

ナイノアは微笑して、自分の思うところを言ってみた。

「現実というのはわれわれが現実と信じるもののことだね」

「そうだ。ルトク（まさしくな）」とウィリアムが答えた。

ナイノアはしばし思案した。「ウィリアム――ウンガゴクとはどういうもの？」

それに答える代わりにウィリアムは息子に目をやり、タグミが初めて口を開いた。

「ウンガゴクとは、自在に入神状態《トランス》に入って霊とともに歩める、生きている人のことだよ。ウンガゴクは同族の人々のために霊とうまく付き合う目的で他界に旅ができる。心霊旅行者《スピリットウォーカー》は宇宙の神々に直接とりなしをする特別な能力を持った人たちだ。かれらはボズデズプリー、霊の達人とも呼ばれている」

ナイノアはそう聞いて思いをめぐらした。

「ハワイ人の中にもそういう人たちがいて、やはり霊の達人と呼ばれてるな」と合槌を打ち、それからウィリアムに話しかけた。「そういう人間の能力と知識を借りる必要があってね。わたしは大森林と山岳地帯を歩いている間に経験したことの意味をぜひとも理解したい。あなたは心霊旅行者かな、ウィリアム？」

タグミが気まずそうな顔をしてまた口を開いた。「呑みこんどいてもらわないとね、ナイノアパク。霊は常にあたりにいて、かれらは精神的な傲慢さを忌み嫌っている。自分は心霊旅行者だと人が声高に公言するのは、かれらの機嫌をひどく損ねることになるんだよ。それは自慢と見なされるから、ウンガゴクの名にふさわしい人は決してそんなことはしない。それはどれほどすぐれたウンガゴクにとっても能力を失う早道になろうというもんだ。うちの親父はウンガゴクと、心霊旅行者と同族の間で認められているし、あんたの経験したことを聞いた以上、喜んであんたとその話をするだろうと思うけどね」

ウィリアムが息子に笑顔でうなずき、ナイノアはその暇に考えをまとめた。「わたしはこの旅以前にはどんな神秘的な体験もしたことがない。ただ、同胞の中の霊能者たちの能力とやり方にはかねがね関心を持ってはいたけどね」

ウィリアムが思案げに答えた。「わしらがドルナモリンカヤクと呼んでいる神秘体験をあんたは幼い頃にして、それがどういうものか知らなかっただけかもしれんよ。霊界というのは場所であるばかりか意識のある段階《レベル》とも考えられる。ウンガゴクは霊に会いに霊的なレベルの現実に移行するとき、自分の意識のレベルを切り換えるんだ。たいていの子どもはこれをやすやすと苦もなくやってのける。あんたは子どもの時分、霊の友だちがいたかな――いっしょに遊んだり話したりする空想上の友だちが？」

久しく忘れていたが、確かに空想上の友人たちが幼年時代を通じてナイノアに付き添い、養育係をつとめてくれたのだった。白日夢の中で冒険を共にした森の友だち、2人の探険行にいつも付き添った魔法の虎、2人を乗せて空を飛んだ鷹。ナイノアは今それらを思い出して、自分の幻視体験がとうの昔にはじまっていたことを合点した。

「ああいう体験はむしろ夢みたいなものだった」とナイノアはエヌー語の組み合わせ方に手こずりながら言った。「事実いくらか夢に似てるんだよ」ウィリアムが相槌を打った。「人は夜眠ると、夢を見る。魂の一部が肉体を置き去りにして、いろいろ冒険をする。遠く離れた昔の友だちに会ったり、見知らぬ、この世ならぬ場所で霊と出くわしたり。たいていの人間は眠っているとき自然にこれをやっている。ウンガゴクははっきり目覚めているときに、意図してこれをやるんだ。

意図は枠組みと目的を与えるものだからとても大事なんだ。一連の作用が首尾よく起こるためには、目的を持ってなきゃならない。自分が行きたいと強く望んでる場所とか、なしとげたいこととか、手に入れたいものとか。心霊旅行者は自分の意図によって接触を果たすんだよ」

ウィリアムはちょっと黙って、自分にしか聞こえないなにかに耳を澄ますふうだった。「ウンガゴクになりたい人間は、時には、霊を意識的に探し出すことからはじめる。こういう人たちは霊が自分に気づいて情けをかけてくれるように仕向けることができなきゃだめだ。霊が自分の指南役になるのを引き受けてくれるように仕向けられないとね。力を求めるこうした者たちは、霊がそれにふさわしいと見なせば成功することもある」

ウィリアムはまじまじとナイノアの顔を見た。「その一方、自分の運命に気づいてない人たちが一見偶然のようにそれに出くわすことがある。かれらは自分の生活に満足し安んじているかもしれない。霊がかれらのために用意していることをまったく知らずにいるかもしれない。それなのにある晩、霊界からオンガマヨが、境界の番人が、つかわされ、かれらがどう反応するか見にやってくる……」

ナイノアは自分が見た長身の黒々としたケアカを思い浮かべた。

「その上で、その人間に心の準備ができているかどうかを霊たちが判断する。その者が番人に恐れをなし、それを悪霊と感じとり、邪悪なものと決めつけるようなら、その人間はまだ準備ができていないわけで、霊界への戸口は開かれることはない。このように反応する人たちはまだ狭い意識にとらわれているんだね。かれらが番人の中に感じとったつもりの邪悪さとは実はかれら自身の性質の邪悪な面が反映したものなんだ」ウィリアムは不安げにちらりとあたりを見まわした。「しかも番人が使える大いなる力はかれらの人格のこの面をそれこそほんとに恐ろしいものに拡大できるんだ」

ウィリアムはそこでナイノアにほほえみかけた。「ところが自分の運命に身を投じる準備ができている者たちはちがった反応をする。霊たちと共に歩む準備のできている者たちは番人を実際どおりのものとして受けとめ、興味と驚嘆の念をもってそれに反応する、あんたのようにな。オンガマヨはかれらの受容性を感じとり、かれらをためす――もしそれに合格すれば、霊界への扉が開かれる。

そこで霊たちが将来のウンガゴクを教育し、その者がエネルギー圏を越えて霊の領域に近づくことを許すんだ。あんたの話からすると、あんたはそういう人間かもしれないな。霊たちの姿をかいま見せてもらい、遍在する力、あんたがマナと呼ぶものを少し味わわせてもらうまではそのことに自分では気づかなかったにしてもさ。

あんたは手ほどきを受けてるんだよ、ナイノアパク。招待を受けてるんだ。ほかのウンガゴクがある程度はあんたを導き、励ますことはできるかもしれない。わしらはある種のことを明らかにし、あんたにいくつか助言をするくらいはできるかもしれんけど、それが精一杯だな。ほんとうの指南役は霊たち自身なんだ。かれらだけが心霊旅行者に真の知識と力を伝えることができる」

　ウィリアムは黙りこみ、眼下の木々の間に雑然と散らばる小屋を見下ろした。しゃべるというのはまったく喉の渇く仕事だと、誰にともなく洩らした。タグミが立ち上がり、無言で野営地へと降りていった。父親はそれを見送って、また話をつづけた。

「心霊旅行者の主な仕事は人助けだ。ウンガゴクは自分の属する社会の人々のために霊たちにじかにとりなしをする。ウンガゴクはみんなドルドクを持っている――仕事にいそしむのを手助けする補助霊だ。これは保護者と指南役の両方の働きをする。あんたも少なくとも1つは手に入れてるようだね――虎男と呼んでる霊のことだが。

　まだら模様の虎、ブシヴァクの霊はきわめて強力な味方で、すごい能力を持っている。あんたは友だちのナガイを通じてそれを補助霊として手に入れたんだな。おそらくブシヴァクはあんたの先祖の補助霊でもあったんだろう。あんたの血筋を通じて久しくこの存在と良い関係を保ってきたのかもしれん。この霊はあんたとあんた自身の先祖とを結びつけることに少なくとも片棒はかついだんじゃないかな。

　そういう点を明らかにする答えはわしにはわからんが、あんたにはわかるはずだ。答えはすべてあんたの中にあるし、今やあんたは自分の中にあるものに気づきはじめている。あんたのドルニオク、つまりアウマクアは、およそあんたが考え出しそうなありとあらゆる疑問に対して答えをすべて知っている。もしあんたがちゃんと正しく問いかけるすべをわきまえてれば、それはあんたに多くのことを明かしてくれるよ。その第一歩はそれが存在することを知りさえすりゃいいんだ。あとはおのずとついてくる。

　あんたをためした番人を通じて、あんたはわしらがクモネクと呼んでいる、頭脳と肉体の内なる光の経験を味わった。この内なる光は大方の人間には感じとれないが、霊には見えるんだ。霊たちはそれに魅せられ、したがってウンガゴクに惹きつけられて、霊のどれかがドルドク、補助霊になるんだよ。

　クモネクを得たことで、あんたはわしらが霊視と呼んでいるものを経験するようになった。あんたは霊たちとその隠れた世界をかいま見せてもらったんだ。あんたは召されたんだよ、ナイノアパク、そしてそのお召しを断わることはできないんだ。そうすることは危険を伴う。生の神秘の内にはわしらすべてを含みこむ一定の原型があり、霊たちはあんたが前もって定められたとおりのものになる時がきたと判断したんだからね。

霊たちが見えて交流できる能力を研ぎすますことをあんたはこれから学ばなくちゃならない。やがては、その能力が深まって幻視力になり、この境地に達すれば意のままに霊を呼び出して見ることができる。そうなれば相当のことがなしとげられるし、常人には隠されている多くのことを学びとれる。けどまずその作用を制御することをおぼえないとな。

オグワイバ――戸口だな。あんたは自分の心の中にある戸口を開いた。大方の者にとっちゃ、この扉は生涯閉じたままで、かれらはその存在に気づきさえしない。あんたはそれがあることを今では知っているんだから、意のままにそれを開き、エネルギー圏を越えていったりきたりできる能力を磨かなきゃいけない。

霊たちに自分のドルドクの役を果たしてくれるように呼びかけないとな。霊たちにあんたの保護者兼指南役としてついててもらう必要がある――あんたが自分の仕事にいそしむのを助け、守ってもらうんだ。霊たちを一番たやすく感じとれるような心の状態を生み出す方法をあんたに教えることも、わしにできる手助けの1つかな」

エヌーの狩人はふと黙りこみ、深い物思いにふける様子だった。再びナイノアを見たとき、その目はうつろだった。「熟達したウンガゴクになった暁には」と単調な声音で彼は言った。「あんたはいつでも、目覚めている普通の精神状態のときでも、霊を見ることができるかもしれない。その場合、霊の多くを制御できるようになり、そうすれば霊たちの膨大な知識と力を利用できる。覚醒した老練な心霊旅行者として、あんたはまわりの者すべてに恩恵を施すことができるようになるだろうね。

ただし、心しておかなきゃならないことがほかにある。心霊旅行者が精神世界に旅するとき、探求するのは霊たちそれ自身だけではない。ウンガゴクは宇宙の力、不滅の力との結合を求めるんだ。この力は霊たちをも超越している。これはあんたが番人の出現したときに感じたもので、霊たちはふさわしいと見なした心霊旅行者にだけそれをゆだねる。

ざっとこんなところが、ウンガゴクであるということの意味するものの一端だな」

2人は長いこと黙りこんで、祝宴の歌声と太鼓の音に耳を傾けた。タグミが飲み水の容器を持ってもどってきて、物音一つ立てずにまた立ち去った。

ウィリアムが顔をほころばせた。「ウンガゴクは時には子ども時代に特別な兆候や振る舞い方でそれとわかることもある。けど、心霊旅行者の素質のある者が長じてから、往々にしてあんたのように尋常でない出来事を突然経験することによって、そうと認められることも珍しくない。人によっては重い病に耐え、死に瀕することになるかもしれない。病の最中《さなか》に、霊たちが自己回復を助けるかもしれないし、将来のウンガゴクが今度はほかの者たちの自己回復を手助けできるように仕込むかもしれない。

秘法の伝授は時として不思議な夢や幻という内的な体験からはじまるが、といってもそれは当人が夢を見ていることに気づいていて、その中で行動し、夢を支配できるような白日夢だね。霊たちは常人には隠されている秘事の知識を手ほどきするため、こうした幻を通じて将来のウンガゴクに近づいてくる。

わし自身の場合は、自分の名前を霊が呼ぶのを聞いてね。その声についていって、あっちのほうで乾期のほとんどを独りきりで過ごした」ウィリアムは月光に照らし出されたはるか彼方を身振りで示した。「この独り暮らしの間に、クモネクを得て、指南役の霊に仕込まれたんだ。あんたと同じで、わしも若い頃にはいずれ心霊旅行者になりそうな兆しなどまるでなかったね。

あんたは森に独りきりでいたことで、日常生活に気を散らされずにすむ期間を霊たちに献上したわけさ。あんたの首長の石に宿っている霊もやはりあんたに向けた意図を持っているようだ。その石は元はあんたの父祖の地にあったものだと言ってたね。おそらくあんた自身の先祖と関わりがあったんじゃないかな」

ナイノアは自分を見返していたガラスの壁に映ったアメリカ人の顔を思い出した。

「あんたら2人の接触の糸口をつけたのはおそらくその石の霊だろう。もしそうなら、あんたにはもう1つ強力な味方がついてるわけだ。地霊はわしら人間のとほぼ同じような心を持っているが、もっと深くものごとに通じているし、もっと限りなく聡明だ。地霊たちはなにごとについても考える必要がない。あっさりわかってしまう。かれらは地中や岩の中に存在し、まるで虚空にいるようにその中を動きまわれる。地霊は大地の心と考えてもいいかもしれんね。かれらが持っている知識は宇宙の集合的な知恵なんだ。あんたが出立の直前に首長の霊石と対面したのは素晴らしいことだ。わしら人間の心はたいていいつも夢のような状態にあることを地霊は知っている。わしらが自分がほんとは何者なのかさとるのには、まず目覚めなきゃならないことをお見通しでね。地霊たちはこのことをじつにはっきりと見抜いていて、わしらに目を覚ませと呼びかけてくる。この呼びかけは、あんたの場合にもそうだったように、わしら人間に強く働きかけることのできる力もしくはエネルギーみたいなもんで……」

ウィリアムの言葉は尻切れトンボになった。2人の上の木々の間を1羽のフクロウが音もなく飛んだ。遠くでまたライオンが二声、三声吠えた。夜の空気は穏やかで温かかった。

ナイノアは霊石が険しい眼差しで自分をにらみつけてくるのを心の目で見た。ひそひそ声の言葉が唐突に心に浮かんだ。「ホアラヒア!」目覚めよという意味の古代ハワイ語の、小声ながら明白な命令だった。彼はまるで崖っぷちに座ってでもいるように妙にめまいを感じた。下のほうに、巨大な亀裂、大地の深い裂け目があるのがなんとなくわかり、その朧ろげな深みから不思議な想念とイメージが次々と湧き上がってきては彼の心をすり抜けていった。彼の一部はまるではるか彼方からウィリアムの話に耳を傾けているようだった。ナイノアはこの部分をなんとなく自分とは別個のものと感じ、この部分はあのアメリカ人だろうかと考えた。

そう考えてももう動揺はしなかった。ナイノアは自分の幻視と接触を原型の一端として受け入れた。このことを考えていたとき、ウィリアムが彼の腕に手をかけて、「もう1人誰かいるような気がする。彼かね?」と問いかけてきた。

ナイノアは年長者の直感にびっくりしてこう答えた。「たぶんね――わからない。ウィリアム、彼との結びつきを深めたいんだ。会ってみたい。いろいろ話し合う必要がある。それは可能かな?」

年長者は広い肩をすくめた。「何が可能かなんて誰にも言えやせんよ。あんたの意図と能力があんたにとって可能なことを具体的な形にするんだ。霊界では、時は前後両方向に流れる。首尾よくあの意識のレベルに移行すれば、どこでも自分の好きなところへいける。彼のことを話してみてくれ、ナイノアパク。どんな男なんだね?彼の世界はどんなふうだ?」

ナイノアは問われて思い返した。「彼は背が高い、といってわたしほど高くはない。わたしより年長で、学者で、頭の中には言葉が一杯詰まっている。彼の家は驚くものだらけでね」ナイノアは思い出せるかぎりくわしく幻の中での出会いの様子を物語り、こうしめくくった。「彼は妙なことにとても馴染み深い感じがする、旧友か知り合いみたいに。わたしは彼をよく知っているような気がしてね――だけどむろん、そんなことはありえない」

ナイノアがぴたりと黙りこんだとき、ふとおかしな考えが浮かんだ。「ほかにもおもしろいことがある。彼の妻はケノジェラクを思い出させるんだよ。2人は外見が似ている――だけどもっと肝腎なのは、精神的に、ドルニオクのレベルで似てるんだ。どうしてそうとわたしにわかるのか知らないけど。ただそう感じるだけでね」

ウィリアムは水を飲み、瓢《ひさご》をナイノアに回した。2人とも無言だった。やがて年長者がこう言った。「真実だと感じでわかっても確かめようのないことがあるもんさ。けど――方法はあるかもしれんな。2人で霊の丘へいってみるべきだね。あんたはそこで彼と会えるかもしれん。不思議な場所なんだ。風が吹くと、霊たちがしゃべりだす。あんたの求める出会いを果たすのに、そこに住む霊たちが力を貸してくれるかもしれんよ」

「その霊の丘というのはどこにあるの？」

ウィリアムは唇をとがらせて東を示した。「あっちのほうだ――湖の近くで、いくには何日かかかる。みんなはここに残して、入り用なものだけ持ってけばいい。霊の丘でドラジュアディオクに会いにわしが連れてってやる」暗がりでウィリアムの歯が白く光った。「連中に会うのに手を貸してはやれるけどな、ナイノアパク、会えたら、その先は自力でやることになるぞ。あんたがどういう経験をするかはあんたの意図で決まってくるんだ。投げかける問いは慎重に組み立てなきゃだめだし、自分自身とかれらの両方を常に制御してないとな」

ナイノアは鋭い不安を感じた。「ドラジュアクってどういうもの？」

「ドラジュアディオクだ。霊だよ。かれらはとてつもなく強力で、ウンガゴクの求めに応じてほかの霊たちを制御できる。地水風火の四大《しだい》の霊を呼び出して牛耳ることさえできる。たとえば、わしらが水の霊、エネルズアクに頼みたいことがあるとしようか。ドラジュアディオクを介して、心霊旅行者はエネルズアクに魚たちを深みから引き上げて一族の者たちが構えている網に入れる手伝いをしてくれるように求めることができる。みんなが腹を空かしているとき、これができればとても役に立つ。

ドラジュアディオクはいろんなことで手助けができるんだ。病人や怪我人の魂の迷い出た部分を取りもどしてくれたりな。ただし用心しないといかん――かれらは魂を盗み取ることでも知られてる。そうだからこそウンガゴクが常に制御してなきゃいけないわけさ。たぶんかれらはあんたが自分の先祖と接触するのを助けることができるし――」

ウィリアムは急に話をやめて、ナイノアの目をしばらくじっとのぞきこんだ。やがてこう言った。「もし先方が、あんたがアメリカ人と呼んでいる相手が、あんたといっしょにここにいるんなら、このわし、狩人のウィリアムから言わせてもらおう、クジョナメク！――過去からの訪問者よ、ようこそ！」

21 接心

禅寺

数千年の時を越えてそれほどじかに話しかけられたショックで精神集中と接触が打ち破られ、わたしは昂揚し疲れ切って、夜明け方に変容状態から抜け出した。

ウィリアムとナイノアとの長い会話をわたしは理解できていた。その後数日間、会話を一かたまりごとに思い出し、さまざまな断片を掘り起こして、ついに全体を紙の上に再現した。これには時間がかかったが、最終的には自分の書いたものに満足した。両人の長い会話の思想内容はまったく当人たちのものだ。単語、構文、語形の文法的な選択はむろんすべてわたしがしている。

霊、宇宙、その他超越的な原理に関するエヌーの考え方の意味するところには驚かされた。紀元前数千年から今後数千年先までの巫術的《シャーマニック》な経験の連続性は唖然たらしめるものがあったが、しかしまた、ある意味では、励みになったし、人間の情緒的、精神的な性質のみならず、人間の心《サイキ》のなんらかの連続性を約束するものだった。

わたしは古来からの秘法の個人主義的、民主的な性質にも感銘を受けた。民族性や文化的背景、あるいは身分などによる制約は一切設けられていないのだ。誰でも自分なりの超越的な経験をし、仲介者の必要なしに聖なるものの領域に近づくことができる。この伝統における霊的な師の役割は手ほどき程度のものであり、なにが可能かを明らかにし、個々人が意識を拡大するのに手を貸すのが主な仕事だ。探究者は出立の用意ができてしまえば、あとは基本的に自力でやっていくことになる。これまで多くの霊的な導師が言ってきたように、「真の力と知識はすべて心の内から生まれる」のであり、この見解はマイケル・ハーナーや世界じゅうの伝統に根ざす神秘家たちも踏襲している。

事実わたしは自分の意図によって５０００年の時を越えて本物の部族シャーマンと接触したのだし、それは本人自身シャーマンになりつつある者の意識を通して起こったことだった。わたしは自分がある種の神秘的な教育に巻きこまれ、霊的な存在のとりなしによって導かれるというか影響されていると、次第に確信するようになった。大地と水の精霊についてのウィリアムの言葉にはとりわけ興味をそそられたが、それというのも、「小妖精たち《リトル・ピープル》」や野山の四大《しだい》に宿る自然霊に関するケルトの伝承を知っていたからである。うちの石庭の霊石はわたしの世話を引き受けたその種の「精霊」の1つなのかもしれない。わたしは自分が住んでいるこの活火山の木々や岩の自然霊に「魅入られて」しまったのだろうか？　土地の霊的存在と接触があったおかげで未来についての情報を授かったのか？　手つかずの自然のままの場所やその周辺にはなんらかの強力な「情報の場」が存在するのだろうか――わたしは見たり聞いたりする能力が増幅されたあとで、それに気づくことができたというわけか？

ウィリアムから挨拶されて1週間後のある金曜の午後、わたしはホナウナウの自宅からママラホア・ハイウェイづたいに南へ車を走らせていた。行き先は島の反対側にあった――ウッド・バレー・テンプルという場所で、わたしはそこで3日間にわたる仏教式の静修、「接心」に参加するつもりだった。ホノルルからくる禅の師家、アメリカ禅の長老の1人、ロバート・エイトケン老師が主宰するものだった。

わたしが深い影響を受けることになったスズキ・シュンリュウ老師の薄い本、『禅の心、初心者の心』を初めて手に取ってから、すでに10年以上たっていた。その間の歳月に、過去二、三千年の間に生まれて修業を積んだ仏教や道教のさまざまな偉人たちの著作や注釈書をいささか読んだ。その中にエイトケンが書いた『クローバーの心』と題する倫理学書もあった。

ホナウナウの南へと田舎のハイウェイを走っていくうちに、わたしはナイノアとの旅の記憶に襲われ、運転にさしさわるほどになった。その道路は大体が狭くて曲がりくねっていて剣呑な上に、見通しのきかないカーブの向こうから二車線道路をほとんどふさいでしまう大型観光バスがひっきりなしに現れる。96マイル標付近で最近できた溶岩流を通り過ぎたとき、私有地の入り口に生えている1本のキワタノキを見かけた。板根に支えられたその幹に地主が、「カープー（立入禁止）」の札を釘で打ちつけてあった。周囲のマカダミア・ナッツやマンゴーの木々の上にそびえるその木はいかにも番人のように見えた。

ナアレフの町を通過するあたりで、前方が見えなくなるほどの雨に降られた。いかついバンヤンノキとアメリカネムノキの下を通る幹線道路はたちまち赤い川と化し、わたしは町の北側でスコールを抜け出すまで道筋がろくに見えず、ノロノロ運転で進んだ。劇的な様相を呈した空の下、濡れた牛たちがそこらじゅうにいる広々した緑野を縫って、路面の光る道路がくねくねと海のほうへ下っていた。島の南東部の壮大なパノラマが彼方に広がり、マウナ・ロアの東の山腹にある活動中の噴火口、キラウェアへと北のほうへずっと上り斜面になっていた。東に大きく帯状に広がる波立つ海の上に虹がかかった。

大地と海の自然美が繰り広げられたその強烈な瞬間に出会って、わたしは幸運に恵まれた気がした。

パハラで脇道へそれ、緑のサトウキビと濡れた赤土が広がる田園地帯を通って、静修センターが設けられた人里離れた森へ向かった。小暗い森のはずれに近づいたとき、雲が切れて、空にそそり立つマウナ・ロアの偉容が現れた。わたしはその火山の美しさと力強さに心底感銘を受け、自分のクが刺激されて活気づくのを感じ、こういう絶景にめぐりあえたのをありがたく思った。それもつかのま、道は木立の中へ入って、すぐ二又に分かれた。左の枝道へ入ると、まもなく境内の駐車場になっている切り開かれた広い場所に出た。

遅い午後の日差しがまた雲を突き破り、境内をぐるりと囲む亭々たるユーカリの森に斜めに差しこんだ。車から降りると、わたしはそれまでの単調なエンジン音、タイヤの甲高いうなりや路面を叩く音、ゴーゴーと鳴る風や雨の音などとは打って変わった、その場の完全な静寂に感じ入った。静けさに耳を澄まし、自分の中でなにかが——おそらくはわたしのクが——変化するのを感じた。開花したハナシュクシャの濃密な甘い香りがあたりに漂っていた。

寺院は造りといい彩色といいチベット風で、木々の下の深まる夕闇の中で橙と黄色、紫と青に輝いていた。数分間わたしは静かに森に見入った。ほっそりした幹が80フィート余りもまっすぐそそり立ち、その先で淡い灰緑色の樹冠を張り出している。下生えの中ではタロイモが象の耳に似た大きな緑色の葉を広げ、ハナシュクシヤの小枝が白い指で空を差し示している。ここからは山は見えなかった。森の暗い壁に囲まれた寺院と庭と幾棟かの付属の建物があるだけで、全体が丸く広がった空におおわれている、さびれた人けのない場所のように見え、わたしはアリスの鏡を通り抜けて、過去の時代の別の場所へ入りこんだような心地がした。

　木々を吹き抜けるかすかな風のそよぎが薄気味悪くささやいた。わたしは周囲の状況の基本的な現実性を再確認しようとでもするようにあたりをちらりと見まわし、草地にほかにも数台車が駐車してあるのに気づいた。自分のバンにもどって、二、三の持ち物を取り出し、花をつけた太い蔓植物が一方の壁面に這い上がっている小さめの付属棟に向かった。接心はそこで催されることになっていた。

　サンダル靴を脱ぎ、戸口を入って、禅堂へと昇る階段の下の小さな図書室の前を通った。誰も居合わせなかったが、男子用の宿坊の入り口はちゃんと案内札が出ていた。中には1ダースほどの二段ベッドがあり、それぞれにきちんと寝具が折りたたんであった。わたしは入り口から離れたベッドの下段を選んで、手早く寝具を敷きのべた。タオルにくるんであった洗面用具を並べ、自分の作務衣《さむえ》を取り出した。その上下はずっと前に買ったのに、見るからに真新しかった。本式に禅の修業をはじめようという心づもりを一日のばしにのばしているうちに、いつしか10年たってしまった――それでもとにかくここへやってきた。今度こそすぐさまはじめるように努めるつもりだった。これまでの禅に関する読書のおかげで、わたしは日常生活の一瞬一瞬を大事にし、どんなにつまらない、あるいは平凡なことでも、自分がそのときしていることに注意を集中するということをおぼえた。食器を洗ったり、野菜を切ったり、子どものおしめを換えたりしているとき、いつも当面の課題に注意を払うように心がけた。時とともに、この修練が身についてきていたので、わたしは接心でもっと精神の鍛練について学びたいという気持ちがあった。

　男子用手洗いをどんなふうかのぞいてみた。清潔そのものだった。横長の鏡の下に置かれた水甕《みずがめ》にしおれかけたハナシュクシャの小枝が一枝浮かんで、森から漂っていたのと同じ濃い甘い匂いを放っていた。廊下づたいに炊事場へいき、そこでようやくほかの人たちと出会った。全員が夕食の仕度のさまざまな分担作業に従事していた。初対面の人ばかりだった。

その建物全体からしてそうだが、炊事場の戸棚や設備は様式も資材もありふれたもので、ニス塗りの合板が薄明かりの中でかすかに光っていた。炊事場の向こうに網戸をはめた長いポーチがあり、そこに直線に並べたテーブルに数人が20人余りの参加者のためのお膳立てをしていた。掲示板に人名表が鋲で留めてあり、わたしは静修の間炊事場で働くように指定されていた。なにをしたらいいのか迷った。しゃべっている者は1人もいない。みんな、やるべきことをただ黙々とやっていた。

網戸越しに暮れなずむ森が見えた。直立した朧《おぼ》ろな幹と幹の間に、不意にわたしは強い気《き》を感じ、うなじの毛が少々逆立った。ひょっとして木々の集合的意識を感じとっていたということか、それともなにか別物だったのだろうか？

野菜を刻む包丁の音でハッと注意をその場に引きもどされ、接触は——それがそうだったとしても——あっけなく過ぎ去った。

振り向くと、たてがみのようにふさふさと長い黒髪が頭のてっぺんから噴水状に垂れ下がっている長身のアジア系の女性が目に入った。力強い手が手早く正確に包丁をふるっていた。わたしの全身に衝撃が走った——。

ケノジェラクだ。

誰かが彼女に近づいて、かろうじて聞き取れる程度の声音で指示を仰いだ。彼女は手を止め、手短な一言とこれまた手短な仕草で答えた。ケノジェラクと似ていることといったら尋常ではなかった。やはり逞《たくま》しく骨張った感じで、際立って魅力的だった。簡略に裁《た》った黒っぽい作務衣が痩せぎすの体型を隠していた。動作は控えめで優雅だった。

彼女が振り向いて、わたしの目を見返した。目がきれいで、つるりとした肌の落ち着き払った顔は高い頬骨と横広の口が目立った。彼女は確かにケノジェラクに似ていたが、目の色は黒い。それにしてもよく似ているので、わたしはつかのま気が動転した。彼女は皿とグラス類がぎっしり積み重ねてある戸棚を身振りで示し、わたしの背後に並んでいる長テーブルに目をやって、膳立てをしている者たちに加わるようにと合図した。彼女が炊事場を取り仕切っていることは歴然としていた。

自分がまじまじ見つめていたのに不意に気づいて、わたしは急いで目をそらしたが、その前に彼女の目におもしろがっているような表情がちらっと浮かび、それがケノジェラクの目つきとそっくりだったので、こちらはまた面喰らった。彼女がそばにやってきて、顔を寄せ、「接心中はできるだけ口数を少なくするの」と耳打ちした。そしてもう一度テーブルのほうに目をやった。

わたしはガラス食器の戸棚のほうへ歩きかけて、ふと足を止め、彼女がケノジェラクでないことを自分に念押しするように振り向いた。彼女は包丁を手にして立ったままこちらの視線を受けとめ、ケノジェラクと同じ遠慮のなさでわたしを見た。またまたわたしはあまりの似方に仰天し、衝動的に人名表のところへいって、自分の名前を指さした。彼女もそれに応えて自分の名前を指し示した――。

アキコ。

わたしはひとまず納得し、背を向けて食卓の用意に取りかかった。ほかの参加者たちが次々に到着して、ぶらりと入ってきた。若いのもいれば、わたしのような中年や、年輩者もいた。半数以上が女性だった。みんな地味ななりで、たまに結婚指輪を見かける程度で、装身具や宝石類を身につけている者は皆無だった。誰もがいくぶん遠慮がちの感じだし、互いのやりとりは最小限で、当面の任務を果たすのに必要なことだけに限られているのにわたしは気づいた。

アキコは背筋をぴんとのばしてまだ野菜を刻んでいた。大きな中華鍋を掛け釘から取るため上に手をのばしたとき、作務衣の太い袖がはだけて、片腕が付け根のあたりまで露わになった。森のほうから射しこんだ一筋の夕日が突然くっきりと腋の下と乳房をしばしの間照らし出した――やがて彼女が中華鍋をコンロの上に置き、思いがけない一瞬は過ぎ去った。わたしはなんとか自分のものにしようと努めている心の平静を悪戯好きな自然霊がかき乱しにかかっているのかと気を回して、森に目をやった。もしそうなら、悪戯は成功していた。

夕食の少し前に洋服姿のエイトケン老師が到着した。老師はアキコに優雅に会釈し、彼女もこれまたしとやかに答礼した。アキコが仕事にもどると、老師はカトリックの司祭の僧服を着てまばらな顎髭を生やした若白髪の青年と小声で相談をはじめた。この短い話し合いの間も、やはり動作と言葉と身振りの簡潔さが支配していた。老師はわたしが予想していたより老けて見え、いくぶんひ弱な感じがした。

仕事がすむと、わたしは老師に近づいて無言で会釈し、心のこもった答礼を受けてから、その建物をもっと見て回るため炊事場をあとにした。狭いラナイの向こうに森が静まり返り、一日が終わって夜の活動がはじまるのを待ち構えてでもいるようだった。梢から1羽のカッコウの美しい鳴き声が聞こえてきた——木立のもっと奥のほうで別の1羽がそれに応えた。境内は森を切り開いた土地だが、なお依然として浮世離れした観を呈していた。寺院の裏手でクジャクが甲高い声をあげた。

禅堂の扉にも人名表が出ていて、席の割り振りを示してあった。わたしは中に入り、仏教のしきたりに従って一礼した。まだ誰もおらず、須弥壇《しゅみ》にはほのかに灯りがともり、古びた青銅の仏像がその中央に正面へ向けて安置してあった。仏前には清らかな白砂を入れた青銅の香炉が低い香台に載っていて、左右に日本式に花が活けてあった。わたしは合掌して像と自分の内なる仏性《ぶっしょう》にこうべを垂れ、意図を固めた。

老師の坐るクッションが室内中央、仏像の前に置かれていた。部屋の周囲にそってさらに20人分の席が用意され、それぞれ四角い座蒲団の真ん中に円い座布が敷かれていた。参加者はこれから数日間無言で姿勢正しく壁に向かって坐ることになるのだった。一同、念頭から雑念を払い、心中のおしゃべりを静めて、無心の明断な虚無が心の内に生じるにまかせるべく努めるのだ。

わたしは自分に割り当てられた席を見つけ、そこだと壁よりも窓に面して、刈りこんだ芝生の向こうの折しも闇に包まれはじめた森をのぞきこむことになりそうだと知った。そのほうがやりやすいのか、それとも難しいのか判断に迷って、苦笑した。

夕食の用意ができたことを知らせる鐘の音がした。全員がそろうと、老師が空いている席に着いて、ひそやかな低い声で短い歓迎の辞を述べた。一同、お辞儀して着席した。食べ物——米飯、野菜、豆腐、それに果物——を盛った鉢が順に黙々と食卓に回され、めいめいがそれぞれ少しずつ取った。アキコが薄切りにしたアボカドの大皿を運んできて、老師がうやうやしく受け取り、小さな一切れを取った。アキコはそのあと空いている席に着き、みんなに食べ物がゆきわたると、わたしたちは目を伏せ無駄のない動作で黙々と食べた。

みんなが一斉に笑ったり食べたりしゃべったりして概して騒々しいエヌーの集団的な食事の光景が、ちらりとわたしの脳裡をよぎった。ケノジェラクが指と歯で馬の肋《あばら》から生肉をむしりとったさまが思い出された。齧《かじ》り終えると、彼女は骨を犬に投げ与え、手についた脂を腕にこすりつけたのだった。テーブルの向かい側で箸を操っているアキコに目をやったが、彼女は顔を上げなかった。接心はすでにはじまっていた。

食べ物が再度回された。お代わりをする者が二、三いたが、老師も一座の大半の者もしなかったので、わたしも辞退し、これからの数日間で2、3ポンド贅肉が落とせるかもしれないと考えた。アキコが玄米茶のポットをいくつか運んできた。老師が立って、静修期間中にわたしたちが従うことになる日程を説明した。そのあと全員が起立して一礼し、食事は終わった。

炊事当番のわたしたちが食べ物と食器を片づけ、椅子をテーブルの上に乗せて、床を掃き、洗った。炊事場と食堂は塵一つない整然たる状態にもどった。

炊事場を出るとき、わたしはまたアキコに出会った。彼女は会釈し、その信じがたいまでの似方にわたしの心の平静はまたもやかき乱された。

ラナイにある鐘が一同を禅堂に呼び集めた。わたしは急いで作務衣に着換えた。両手を腹の前にやり、一方の拳をもう一方の掌で包みこんで、内側の親指を折りこみ、瞑想の場に入っていって、自分の席と堂の両方に作法どおり頭を下げ、坐って、半跏趺坐《はんかふざ》の形に足を組み、正しい姿勢を取った。ほどなく、鐘が第一回の座禅の開始を告げた。わたしは三度深呼吸し、目を伏せて窓の向こうの暗がりにゆっくりと視線を遊ばせ、体を一部分ずつ意識的にリラックスさせた。内的な平静状態に達しかけたとたん、意識のぎりぎりのへりでなにかがわたしの注意を惹きつけようとしているのを感じた。

呼吸にあらためて注意を集中し、一息一息数えて、一点集中法を行ったが、気配は消え去らなかった。頭の中にいろんな思いや印象が次々と浮かんだ――アキコとケノジェラクとジルの面影。幻影のように、3人の女が1つに溶け合っては、また3つに分かれた。わたしは心の内で舌打ちした。これは予想以上に難しいことになりそうだった。

しばらくして老師が穏やかな声で一同に、室内を向いて楽な姿勢を取るようにと促した。尊師は日本の伝統的な黒衣《こくえ》をまとい、結跏趺坐していた。彼の前腕ほどの長さの奇妙な形をした木の棒を自分の前の床に置いていた。ひ弱さは跡形もなく消え失せていた。ロバート・エイトケンはめざましい変わりようで力みなぎる相をおびていた。

禅師はそこで知力だけでは解くことのできない禅の謎というか課題というか、公案に焦点を合わせた説法をした。参禅する者にとっての伝統的な出発点、犬に仏性ありやという問いと「無」の公案について語った。話が終わると、一同床《とこ》に就かされた。

変容

毎日、夜明け前の4時に一日がはじまって日暮れ過ぎに終わった。日課には、部屋の周囲を回る短い歩行瞑想を間にはさんで、45分ずつつづける静座瞑想が含まれていた。わたしたちはひねもすじっと坐って無言で面壁した。老師による説法と、独参、即ち禅師との一対一の面接もあった。

翌朝初めてわたしに老師との独参の順番が回ってきた。その日二度目の座禅の終わり近く、わたしはラナイで静座して、番を待った。夜が明けそめたばかりで、まだ影もできない時刻だった。

禅師と面と向かい合うというのはなにしろやりつけないことなので、わたしは気おくれしていた。ナイノアの集中法を思い出し、自分にマナが満ちてくると想像した。それを吸いこみ、それが体内に入って臍《へそ》のところにとどまるのを思い描いた。ほぼ即座に、それが流れるのを感じ、体がぬくもり、四肢に鳥肌が立って、力を授かった気がした――おかげで蚊まで寄ってきた。

その瞬間、いきなりまたしてもなにかを感じた。前日感じた気配がもどってきていた。そのとき、わたしを面談に呼びつける鐘の音がした。

小さな扉から老師の部屋に入り、わたしはひざまずいて、しきたりどおり床に額をつけて深々と三拝した。ついで、小窓からの光を背に受けて結跏趺坐しているエイトケン老師と向かい合って、かしこまった。老師と目が合ったとたん、強烈な力が波のように体内を駆けめぐり、全身が反射的にガクンと動いた。どう控え目に言っても、これにはびっくりした。老師は色の薄い目と青白い顔を活力と善意に輝かせて微笑した。狭い空間内で師から発している力感は歴然としていた。わたしは自分がそれをそうも強く感じとれることに驚いた。

そのあとのやりとりはわずかだった。老師はわたしに己れ自身、己れの修業、己れの意図についてなにか言うように求めた。最後に、わたしは取り組むべき公案を与えられ、それは自分の席にもどったとき、ようやく深い瞑想状態に入りおおせるのに役立った。座禅に明け暮れる長い一日の残りは順調に運んだ。


静修の3日目もやはり午前4時にはじまった。わたしは不慣れな長丁場の静座のために右膝が痛くなっていた。鐘の音が、過ぎ去ったことと現在とを分ける句読点のようにしじまの中に流れた。わたしは姿勢を正して、その日第一回目の座禅の準備をした。息づかいに注意を払い、深い瞑想による変容状態に落ち着くため心を静めにかかった。

頭を空っぽにして自分の息づかいを観察し、一息一息数えて、吸う息、吐く息に細心の注意を払った。九度目の呼吸に達したとき、突然また気配を感じた。わたしは完全な静止状態を保った。その正体がなんであれ、わたしの注意を惹こうとでもしているように要求がましい感じがした。単なる雑念以上のものだった。わたしは自分のクに問いかけ、即座に答えが返ってきた。気はわたし自身の外部からクを通じて入ってきているのだった。この瞬間、エネルギー感覚も生じて、変容状態のはじまりを予告した。心の窓が開いていた。わたしは呼ばれていた――それも執拗なまでに。

エネルギーが滔々《とうとう》と自分の中に流れこんでくるのを感じながら、わたしは座蒲団の上で体のバランスを取って、まったく静止したまま、目に見えない拳にものすごい握力でつかまれたときも、あえがないように努めた。閉じた目の奥に奇妙な三日月形の光が現れ、ふくれはじめた。これまでとはちょっと見え方がちがっていた。それは今では見馴れた眼内閃光を放ち、例によって、稲光のような不連続のきらめきがあって、次に妙な模様が現れた――ジグザグ、直線、目があちらこちらとあとを追うにつれておぼろな残像を残す斑紋の列。力がますます強くなるに従い、内部発光の感覚は着々と増大した。格子模様が現れ、眼内閃光の間に混じり合った。電撃的なエネルギーでわたしの体は棒切れのように硬直し、一方、内なる窓はさらに大きく開いた。耳にはシューシューいう音が充満し、わたしは内にみなぎる光で目がくらみながらも、体の動きを極力抑えようとした。禅堂にいる以上、あくまでじっと静かにしていなくてはならない。わたしのクが肉体を制御した。もうなにも心配いらない。大丈夫だ……大丈夫だ……。わたしは体内を駆けめぐる恍惚感に思い切って身をゆだね、呼びかけに答えた。

気の本体が外の森で――闇に包まれた木立の中で――わたしを待っていた。わたしは誠意をこめてそれに挨拶し、招きを受けたことを謝した。エネルギー感覚がさらに強まった。光の点々が木々の間を、禅堂のほうへ流れてきた。それが数を増し、ふくれあがって形をなし、ついに森のきわで1つにまとまり、わたしがよく知っているきらめき、渦巻き、ゆらめく像となった。

豹男がわたしを迎えにきたのだった。

エネルギーの圧力がゆるみ、わたしは体が浮遊しているような心地がした。豹男はまっすぐ窓を見すえて、わたしを待っていた。接心中でも、行かざるをえなかった。わたしは慎重にそろそろと静座の姿勢を解いて、禅堂を預る修行者のほうをちらちら見ながら立ち上がった。向こうはわたしに目を向けなかった。わたしは須弥壇に一礼し、静かに出口のほうへ向かった。エネルギー感覚はまだあったが、手に負えないほどではなかった。わたしはいくらかめまいはしたものの、ほぼ常態にもどっている感じだった。出口のところでちょっと立ち止まって、窓際の自分の席に目をやると、自分がまだ座蒲団に腰を落ち着け、正しい姿勢で坐っているのが見え、軽いショックをおぼえた。

だが、動揺はしなかった。もう一度拝礼して、ラナイに出た。夜明け前の金色の光が空と森に満ち、つい今し方まで真っ暗だった境内を隈なく照らしていた。わたしは段々を降りて建物から抜け出し、壁面を這い上がっている花をつけた蔓にしばし足を止めて見惚れたあと、ぶらりと建物を回って木立のほうへ向かった。

トン！

眼前の壁のような暗い茂みの奥からうつろな感じの打音が響きわたった。豹男は消えていた。音に惹き寄せられて、わたしは芝生を横切り森へ入りこんだ。ハナシュクシャの匂いが強烈だった。カッコウが鳴いた。霧と金色の光芒が黒く陰になった樹幹の間を貫いていた。わたしの左手でなにか大きなものがこちらと歩調を合わせて木立の中を進んでいた。

トン！

木材で木材を叩いたような音がして、木々がゆらめいた。前方に明るい場所が――森の中の伐採地が――あった。わたしは立ち止まって茸《きのこ》に見惚れた。ひょろ長い軸の先の小さな円錐形の傘が木陰の紫の闇の中でぼうっと光っていた。

トン！

伐採地に近づくほどに、次第に強くエネルギーを感じた。そこに着くと、伐採地の中央の空気を生地とすればそのしわのように妙な光のひだが現れた。最初は不整形だったが、急に均整のとれた明確な形に変わり、まるでわたしのすぐ前の空中にきらめく細い三日月が現れたようだった。その形はナバホ・インディアンがカボチャの花形の首飾りの中央に垂らす馬蹄型のペンダント、ナズハに似ていた。三日月形の光は初めはちっぽけだったが、のび広がって、ついにはわたしの背丈ほどもある大きな円をなした。それが直径6フィートまでふくれるにつれ、エネルギー感覚も増大した。

中央部が次第に不透明になって、伐採地の向こう側の木々は見えなくなった。円は曇った鏡にいくぶん似ていたが、木々と同じようにゆらめき、光がちらついて内部は見えなかった。それはあちらへの入り口、ニエリカにちがいなかった。その内側がつかのま透きとおって、時計回りに回っているきらめく光の華麗な渦が見えた。初め渦は平面的に見えたが、そのうち三次元の螺旋に変わり、想像を絶したはるか彼方へと流れこんでいた。それは非日常的な次元の現実に通じる古来の巫術的なトンネルだった。

やがてまたニエリカがいきなり不透明になった。ふと目をそらすと、伐採地のへりの木の茂みからこちらを見つめている豹男の姿が見え、それは直立していて、いかにも人間のようだった。わたしが親愛の情を伝えると、異形のものはまさしく猫が目を細めるように瞼を閉じ、それからわずかに開いて、また閉じるという親しみのこもった挨拶をした。そのやさしさにわたしは穏やかで幸せな気分になり、つかつかと進み寄って、両手を差しのべ、美しいまだら模様の体を撫で、被毛の手ざわりを味わった。両耳の間、耳の後ろ、顎の下、下顎の線にそったあたりを掻いてやった。精霊《アクア》の力がその接触を通して伝わってくるのを感じ、わたしは小声で、「なにとぞよろしく」と言った。

獣人はそれに応えてゴロゴロ、グァーッと低く喉を鳴らしはじめた。うなり声はますます太く低くなり、豊かで切れ目のない、音楽的な反響音になった。その音が強まるにつれて、精霊はいくらか変身し、そのまだら模様の被毛が感情の高まりとともにつやつや輝き、光を反射した。緑色の目を大きく見開いて、わたしの目をまじまじとのぞきこみ、わたし自身のエネルギー感覚を強めさせた。また嬉しそうに目を細め、ゆっくりと四つん這いになって、向きを変え、伐採地の中央の渦の中へ優美に身を躍らせた――そして姿を消した。

わたしはほんの一瞬ためらったあと、入り口に近づき、合掌して一礼してから足を踏み入れた。

ふくれた風船に指を押しこむのに似てなくもないかすかな抵抗感があった。ついで入り口を通り抜けたかと思うと、たちまち強い墜落感があった――まるでブランコに乗っているように、急速に落下していく感じだ。後ろを振り向いたが、入り口は見えなかった。わたしは輝く闇に囲まれ、エネルギー感覚が轟々と体内を駆けめぐっていた。光が溶け合ってべた一面の輝きとなり、つかのま目がくらんだ。目をつむったあとも、その輝きは残り、薄紫の点々になった。わたしは飛んで……飛んで……トンネルの中を突き進んでいた。それがそんなにも鮮明に見えたのは初めてだった。豹男のうなり声がまだ聞こえていた。自分の補助霊がついていてくれて、わたしは安心した。

どこへいくんだろうと首をひねると、わたし自身のどこか奥深いところから答えが返ってきた。ナイノアのところへいくのだ。彼がわたしに会いたがっている。わたしたちはついに相まみえようとしていた。

豹男の太く響きわたるうなり声がブーンという持続低音になってわたしを包みこんだ。やがて減速して着地するのを感じ、同時にエネルギー感覚が対処できる程度にまで不意に減少した。

騒然たる異様な闇の中でわたしはぱっちり目を開けた。転移が完了したのか？　それともわたしは人間が経験したことのない敵対的な、未知のレベルの現実にでも、永久に迷いこんでしまったのだろうか？

22　第十一の旅——精霊の丘

結合

ナイノアは馴染みのある見えない存在の到来を感じとり、あたり一面の吹きさらしの闇に広がる異様な音にまたしても聞き入った。それまで長いこと、精霊の丘の物音しか意識になかったのだ。彼は今、この場所への自分とウィリアムの旅を思い返した。

2人だけでここへやってきた。数日間の徒歩行のため食糧をかき集めて、集団《バンド》をあとに残し、湖づたいに東進しつつ、無数にある浅瀬を何度か渡った。途中、ウィリアムは随所でエヌーが野営したことのある場所を指し示して、それぞれにまつわる過去の出来事を語った。ここでは子が生まれた……かしこで女が流産した……あそこでは狩りをしていて男が1人、事故死した、といった具に。

ある午後遅く、ウィリアムが遠くに白く輝く山塊を指差して、あれが精霊の丘だと教えた。ナイノアがあれこれたずねても、老いたる狩人はそっけない返事でかわして、それ以上そのことにはほとんどふれなかった。これから起こるはずのことに対してそれなりに心の準備をしているのか、次第に口数少なく、内にこもりがちになった。その晩2人は石の間に骨がたくさん埋まっている洞穴で野営した。

精霊の丘には直行しないで、ウィリアムは湖で魚をとって軽く腹ごしらえしながら数日間その洞穴周辺にとどまることに固執した。ナイノアはしばしば空腹を感じたが、狩りをしようという彼の提案をウィリアムはやんわりとはねつけ、「霊たちにはすきっ腹で近づいたほうがいいんだ。そのほうが接触がうまくいく。たぶん霊たちはわしらのひもじさを、苦しさを感じとって、犠牲を払ってると見なしてくれるだろう」と言った。さらに笑みを浮かべてこう付け足した。「それにあんたは精力を貯めこむこともできたわけで、その点もとてもいいんだよ。霊に近づいて接触する条件が整うまで待つとしよう」

――わしの娘はそれにぞっこん参っているようだが――

毎日、黄昏時にナイノアは星を眺めた。日没後すばるが東の空に低く昇ったら、自分が山脈を横断しておのれの世界にもどる潮時だとわかっていた。長い乾期がもうはじまりかけていて、暑く風の強い日がつづいていた。乾き切った平原に塵旋風《ダスト・デビル》が舞った。ウィリアムが機は熟したと判断するのを待つかたわら、ナイノアはエヌーの人々やケノジェラクと別れることについての内心の葛藤と戦っていた。

日暮れにはたいてい風がやみ、あたりは静まり返った。ところがこの晩にかぎって、風はやまなかった。それどころか、しきりに突風が起こった。夕食は最小限の量しかなく、ナイノアはひもじく、いくぶん苛々しながらいつしか眠りに落ちたのだった。それからほどなく、ウィリアムがそっと彼を起こして、ついに時機がきたと告げた。

遠くに星明かりでぼんやりと見える精霊の丘へ向けて暗いうちに出発したとき、ナイノアは眠くてふらふらしていた。ウィリアムに言われていたとおり、途々自分の意図に思いを凝らし、あのアメリカ人と会いたいという願望と、精霊たちの力を信じる気持ちに心を集中した。

風に向かって進む一苦労のあと、2人は湖岸からほど遠くない、かなり高くていくつも峰がある一つながりの広大な砂丘に着いた。ウィリアムがいくらか風当たりの弱い平らな場所を見つけて、持参した獣皮を敷き、へりを石で押さえた。ナイノアに自分と並んで仰向けに寝て、霊たちが近づいてくるのを待つように合図した。

ナイノアはそれに従った。風は強まる一方で、砂丘の斜面に砂を吹き飛ばした。目と鼻を守るため獣皮の端で顔をおおって、ナイノアは風の音に聞き入った。うとうとしたとき、妙な音がして、すっかり眠気がさめた。

ブーンという持続低音が風に乗って聞こえてきていた。低音の大音声がまわりの地面からじかに湧き上がっているようにも聞こえた。暗がりでじっと横になっていたナイノアは、不意にあのエネルギー感覚のきざしを感じた。ぱっと目を開けて、上体を起こし、夢中であたりを見まわした。風と砂、それに喉の奥から出るようなブーンという怪しげな音以外なにもなかった。ウィリアムは獣皮の一端を顔と肩に掛けて、寝入ったように身じろぎ一つしなかった。ナイノアはまた横になった。

しばらくそのままで、音が心を静めてくれるにまかせた。虎男の姿が脳裡に浮かび、彼は先祖との接触を手助けしてくれるようにその精霊に頼んだ。と、突然、エネルギー感がどっと襲ってきて、馴染みのある麻痺にがっちりと押さえこまれ、息が詰まってあえいだ。くだんの音が高まって、殷々《いんいん》たる轟音となり、風向きが変わるにつれてごくわずかに変化した。突如、ナイノアは相手方の到来を感じた。

それに注意を向け、馴染みのあるその徴候を感じとった。彼の意識的な心が思いを古英語で言葉にした――。

「ようこそ、ご先祖!」

思いがけなく、すぐに応答があった。それも古英語で表現されていた――。

「よろしく、子孫!」

ついでその文句が古典ハワイ語で繰り返されるのが聞こえた――。

「アロハ・プメハナ・モオプナ!」

ナイノアはこの出会いがとうの昔に打ち合わせずみだったような気がした。彼の心の中に古英語で問いが浮かんだ。それは彼自身の想念ではなかった。

「ドラジュアクはどうした?」

「ドラジュアディオク」とナイノアは反射的に言い直した――言いも終わらぬうちに、幻覚体験が変化をきたした。エネルギー感覚が再び増大して、息もつかせぬほど彼を締めつけ、そしてあの低音は一定した美しい余韻をおびた。ナイノアはやっとのことで目を開け、風吹きすさぶ夜の闇の中に一枚岩のような背の高い影法師を見て、息を呑んだ。真っ黒で、シティで見た影のような存在を思い出させたが、こちらは両側が直線で先端は欠けて鈍角になった長い鏃《やじり》に似ていた。まったくののっぺらぼうだ――星明かりの砂丘を背景に逆光を受けてそびえ立つ暗い影。これがドラジュアディオクなのか?

その姿を見ていてナイノアは不安になったが、自分の中にアメリカ人がいることをあらためて意識すると、連帯感が生まれた。独りぼっちではない、2人でいっしょにこの恐ろしい精霊と向き合っているのだ。

　ナイノアはアメリカ人の好奇心がむくむく頭をもたげて、精霊たちとエネルギーとの関係について情報を求めるのを感じた。と、両者の心に、精霊たちは2人の中を駆けめぐっているエネルギーの源ではなく、その活性体にして伝導体なのだという明瞭な認識が生まれた。そうした力の源は宇宙の虚無そのもの、イオのほかにはありえない。

　それを肯定するように、エネルギー感覚が増大し、ついに2人とも茫然として頭の中が空っぽになった。やがて体が浮揚し、その暗い影の中へと引きこまれるのを感じた——あたかもそれが一種の戸口か、ないしはその働きを持つもののように。

　2人ともドラジュアディオクによって運ばれたが、それぞれ自分なりにその出会いを体験した。驚いたことに、それぞれが同時に相手の認識的知覚作用と解釈に気づいていて、それはあたかも2人が実は1つの存在であり、個体の互いに異なる面でありながら、そのくせやはり一《いっ》にして二であるような……。

　一個の統一体の2つの半分として、結合していながら独立したかれらの意識は焼けつくような強烈な感覚のめくるめく閃きの中を引っぱられて、虚無の真っ暗闇へと放り出された。2人が浮遊している寂莫とした闇には、いかなる焦点もなく、茫々とした、恐ろしい、まったくの静寂があるだけだった。2人はあたかもかれら自身、一切の現象的形態がそこから発し、最終的にはすべてまたそこへ回帰する根源的な空虚であるかのように存在していた。しばらくすると、なにもない静まり返った闇に圧倒され、2人は小さなねじれた巻きひげのようにからみついてくる不安をおぼえた。これは静謐感《せいひつかん》と、ささやくような振動音に次第に取ってかわられた。

　今は安心感があった——万事がこれまで常にそうだったしこれからも常にそうであるようにしかるべき状態になっているという意識。そう悟ると同時に、存在の神秘についての深い洞察が得られた。これは大いなる恍惚感と安心をもたらす純粋に主観的な認識状態だった。2人は自分たちの直感と意識が自らのものであると同時に大いなる虚無のものでもあって、そこに区別はないことを理解した。

　こうして知-情が大いなる空虚の内に存在し、そして増大するのは万物の本性《ほんせい》だから、思考-感情は初めはゆっくりと、やがて速度を早めて増殖しはじめた。

このようにして、夢の種子が空なる闇の中に生まれた。それは虚無の見る夢で、初めは限りなく小さく、一個の点のような単一の思考‐感情だが、やがて異なる2つの方向で、一方は思考として、他方は感情として——同じ夢の種子の別々の面として——形をなしはじめた。次第に多様化し、増大した——そして大いなる原型の先駆をなす幼芽がその夢の中で発生した。その内部には、すべてが含まれていた——ありとあらゆるものが。

原型は目的を、意図を持って成長し、夢の第三の部分——原初の指令——となった。夢の各部分を結ぶ糸も成長した。かくして格子が生まれた。初めはイズムの、存在の、ちっぽけで、きわめて未発達な3つの点——思考、感情、意志の微細な点——が、結び糸でつながれた。これらは大いなる虚無、イオの根本的な、存在に関わる部分だった。

夢が拡大するにつれ、別種の区別も現れ、思考、感情、意志という主観的な区分は、客観的なレベルで同時に存在する相等しい区分——物質、エネルギー、意識という分け方——に反映した。

物理的なレベルの現実が生まれると、この分割には想像を絶する規模の爆発が伴った。大いなる虚無の闇に目も眩むほどのきらめく閃光がみなぎり、物質とエネルギーは空虚へと外へ膨張し、新たな宇宙が巨大な波紋となって闇に溢れ出していき、巨大な波の輪は八方の闇の中へ、外へ、外へ、外へと広がった——とめどなく……。

創造の歴史

どれくらいの間か確かめようもないが、ハワイ人の史官とアメリカ人の科学者は膨張する物質として、宇宙の虚無の中を流れるエネルギーの運動として、進行中の過程についての意識としてのみ存在した。計り知れないほどの長い時間かかって、2人は自分たちの意識が始原の意識の一部であることに気づいた。自分たちが感じているエネルギーが宇宙に遍満する生命エッセンスであることを理解した。原初の物質が無数の形をおびて物理的現実となるのを見守った。宇宙を2人は生命力が充満した1つの巨大な存在物、物質とエネルギーと絶えず増大する意識とからなるとてつもなく大きな存在と見なした。その目的に気づいた——物質と生命エッセンスと意識との多様化によって知的生命体を創造することなのだ。宇宙のこれら3つの面が変化し、数え切れないほどの形態と様相で表れるのを2人は観察した。宇宙が自らの指令に従って、それ自身からより多くのものを創造し、エネルギーの流れを形態と過程と意識に転換するのを見守った……。大いなる原型が成長した。

2人の心に人間らしさが再び浮上してきて、それといっしょに、自分たちがいかにしてその原型の中に生まれ出たのかを知りたいという願望が湧いた。

それに応えて心象がかれらの意識に流れこんできだした。それは虚無の中での生《なま》な、未分化な過程としてはじまった。指令が光の火花を、闇の中の小さな火を、原子よりも小さな粒子の集中を生み、それが原子レベルの統合状態にまとめられ原子炉として点火された。それは星だった。太陽だった。

ハンクは太陽を包む皮膜状のぬくみが冷たい虚無へと広がっていくのを感じ、物質が1つに集まってそのぬくみの中の正しい軌道をたどる惑星になれば、その表面で水は液体にとどまっていられるだろうとわかった。そうなればエネルギーの流れは水の中で生物となって現れることができる——命の水の中で。

「カワイオラ」とナイノアが自分の言葉で言った。

ハンクは星間空間には物質の雲が存在することを思い出した。電波望遠鏡でとらえられる星間線スペクトルを生み出している大きな分子の雲、ポルフィリン（暗赤色の蛍光性色素）を含む雲だ。

ナイノアはこの想念に大いに関心を寄せ、「その分子とかポルフィリンというのはなんだろう?」と思った。

虚無の闇はお誂え向きの黒板だった。2人の個々の意識の間に情報が、多彩なイメージに満ちた意味のパルスが、流れはじめた。ハンクはナイノアに原子と分子、生物の本質、呼吸作用、酸化作用、クレブス回路（動植物において最も主要な呼吸の代謝経路）などについて教えた。宇宙空間と生物の原形質にあまねく発生し、酸素を運ぶ色素である動物の赤血球中のヘモグロビンや植物の葉緑体中の葉緑素の基礎となっている、ポルフィリンと呼ばれるきわめて小さな環状の構造物——地球表面の水という環境において最も単純な有機体の中で生命強化の役をする分子——の説明もした。

無数の赤い菱形とエメラルド・グリーンの球体が残らず闇に消えたとき、2人の心に確信が湧いた。イオの虚無の深い空虚はいたるところ、こうした生命の前触れに満ちみちていることを2人は理解した。永久に八方へと広がっていく今や星をちりばめた宇宙を観察するため2人の意識が切り換わり、そして宇宙が生きていることを、その果てしない広がりの到るところに生命があり、生命の創造が宇宙の目的だということをさとった。

意識が水と限りなく小さなものに再び焦点を合わせた。ちっぽけな水中生物が変身し、変化して、種々さまざまの原始的な原生動物、腔腸動物、それに柔らかい芋虫のような変異形を生み出すのを見た。芋虫のようなものは最終的には分節し、固くなって多様な甲殻類のような生きものになった。まだほかに硬軟あわせもったのもいた——軟体動物や魚類。

大いなる多様化はつづき、「どろどろした海から足で這い出してきたどろどろしたもの」（コールリッジの詩「老水夫行」の一節）が陸生へと移った。巨大な爬虫類が出現し、ナイノアは自然が生み出した怪獣に息を呑み、やがてかれらは滅んで、もっと活動的な毛皮におおわれた動物がとってかわった。このグループ内で、次々と現れる生物の中に、毛むくじゃらな、よたよた歩く二足動物がいて、川や湖のほとりのモザイク状に点在する森林や草地に住んだ。この先の見込みのなさそうな候補たちの間で、やがて次の段階、意識の発達がはじまった。

暗い視界に不意に格子が現れて、イメージをかき乱した。格子は今や巨大で、交差する光の線が遠くへのび、交点の結節はそれぞれが赤熱の球体だった。赤い宝石細工に2人は魅了され、連結している細い線をたどると、自分たち自身の惑星の雲が流れる地表を見下ろすことになった。それが青でなく、なぜ赤く見えるのか両人ともいぶかった。地球上のあらゆる生物の集合的意識からなる膨大な複合意識に気づいたとき、2人はこの惑星が母であり、原型のその部分に海水の子宮内で生命が発生したのだと理解した。地球は母だった。

すると父親は？

2人の意識が切り換わり、イオの大いなる闇の中でさかんに燃えている太陽に向けられた。その光は宇宙の流動が莫大なエネルギーとなって現れたものだった。それは繁殖の生命エネルギーの供給者であり、地球上のあらゆる生き物の中に高度に集中したマナの源だった。太陽こそ生命の創造者であり、そのエネルギーが水という生命を支える環境の中で生物に変換したのだ。それは天なる父、生命力の供給者、地球にある生命そのものの源だった。

ありとあらゆるものの相関関係を2人はつくづく感じた。自分たちを物質とエネルギーと、アウマクアで互いにつながった意識――地球規模の集合的意識の一部である大いなる集合的な人類霊のそのまた一部――との結合物と見なした。

で、創造者は？　イオの虚無の中でさかんに燃えている宇宙エネルギーのあの膨大な集中についてはどう見るのか？

この疑問に対して、2人は太陽にも意識があることをさとった。太陽の意識は地球上の生物の意識の発達によって生まれつつあることがわかった。太陽の心は、太陽系のあらゆる生き物の成長し発達する集合的意識を通じて形成され、より大きなものになりつつあるのだった。地球上の千姿万態の自覚的意識はすべて昔も今も太陽の意識だというのが、不可避の結論だった。

科学者ハンクの心はこの認識に震えた。太陽は目もくらむほど明るかったが、それでも夜明けと夕暮れ時には、水の惑星、地球上のあらゆる生き物は自分たちの創造者をまともに見ることができる。あらゆる生物が創造者を見てとれる同じその目でもって、創造者は被造物たちを見てとることができるのだ……。被造物たちの意識ある心の発達によってこそ、太陽という存在は今や自らを観察し、知ることができるのだ。

「天にまします我らが父よ、みしるしは聖なるかな」

2人の結合していながら独立した意識が壮大な幻視へと拡大するにつれ、かれらは星のきらめく虚無を、宇宙のいたるところに生命の基礎を供給するのが目的の、無数の太陽という創造者的存在の膨大な集合体と見てとった。その目的を果たすのが――エネルギーの流れを心に変換するのが――宇宙の究極の仕事だった。これまで常にそうだったし、これからも、到るところで、永遠にそうだろう。

またイメージが切り換わり、きらめく光の線と点が横切る闇の中に大いなる母体《マトリクス》が見え、その中でそれぞれの島宇宙がその集団内のあらゆる星の心すべてからなる、独自の集合的な心を形成していた――それ自体の根源的な指令に応えて成長し、増大しつつある宇宙の心……成長し、多様化し、より大きくなっていく……。

ナイノアとハンクはそのとてつもない巨大さと大いなる原型の単純さを見てとり、2人の人間性が再び浮上し、それに伴ってまさしく人間的な好奇心が湧いた。両者の中に１つの問いが生まれた――。
「人間はどうなっていくように定められているのか？」

暗い視界にまたイメージと印象が流れはじめた。思考の道筋は、学名をアウストラロピテクスという猿人がアフリカに出現した過去の時代にはじまった。たまたま、この熱帯性の二足歩行の霊長類が登場していたとき、地球の気候メカニズムがギアを切り換えて、極端な気候変動を生み出し、それが出現した人間の祖先をためし、行動の柔軟性や創意で淘汰し、意識の発達の過程を加速した。

鮮新世後期の気候悪化の初期段階、つまり２５０万年前頃に、南北両極地方に氷が張り、海水面が下がった。地球が寒冷化するにつれ、それまで湿潤だった熱帯に乾燥状態が広がり、大森林を減小させ、乾いた草地を拡大させた。果実のなる森林樹の不足は進化途上の人類に食性の変更を迫り、拡大しつつあったアフリカの大草原で比較的入手しやすい食糧源へと向かわせた。大海原にも似た草原は草食動物であふれ、その死骸は禿鷲を見ていればたやすく見つかった。そうして人類の祖先は高度に濃縮化された形での食物、肉を見つけた。

人類の祖先は大型肉食動物が食い残した獲物を協力してあさった。鋭い石の破片を使えばどんな大きな死骸でもごく短時間に解体できることを発見したとき、死骸あさりは進歩し、これは草地でライオンやハイエナが近づいてくるときにはことに大事な点だった。最終的には、共同の死骸あさりは、環境が不安定な時代にはきわめて好都合な生き方である共同の狩りへと発展した。

気候は変動しつづけ、気候安定期と不安定期とがかわるがわるやってきた。進化途上のヒト科の狩猟採集者たちは大きくなってきた脳に都合のいい栄養豊富な蛋白性食品を追求して、明日をも知れない世界で生きのびた。それに応じてかれらの意識的な能力は変化し、多様化し、そして元々は幼稚だった石器技術は、でたらめに叩き割った石の破片の利用から、予め慎重に意匠を考えたより複雑な道具の製作へと進歩した。こうした傾向はその後１００万年にわたって、狩人たちが発祥地のアフリカを離れ、絶えることのない動物の群れを追って世界各地へと散っていく間も、進展しつづけた。現生人類《サピエンス》レベルの意識と能力に達したとき、気候その他の両極端を特徴とする次の段階がはじまり、変化が変化を呼んだ。

初期の、まだ原始的な生存形態のホモ・サピエンスは狩猟採集という今や古びた戦略をなおも継続していたが、その中から新種の人類が現れた。骨細、短頭で、顔の扁平な漂泊民であり、その人口はやがて多様化し増大して、世界じゅうに四散し、結局かれらだけが生き残った。この新参者たちは古株たちよりだいぶ革新的になり、これまでになく巧みに考案した道具や思いつきを矢継ぎ早に生み出していった。かれらの間に記号言語が初めて技術として現れた。

やがて、ざっと1万年前、世界の気象パターンが変化し、かれらの生き方を再び変えた。最後の氷河時代が終わって、気候が温暖化し、海水面が上昇した。動物相絶滅の波が起こり、漂泊狩猟民たちが捕食していた大型動物類が消えた。人類の祖先はまた食性を変えた。まもなく動物の家畜化と植物の栽培が初めて行われるようになった。

農業の発明とともに、古めかしい漂泊民の生活様式は定住地に取ってかわられ、最初の集落が出現した。人口規模は食糧の余剰と定住生活の安定性のおかげで飛躍的にふくれあがった。技術は多様化し、焼き物の技と低品質の金属鉱石が発見された。職業と身分にもとづく社会階層を持つ国家が初めて生まれた。最初の宗教専従者たちがまとまって最初の国家宗教を作った。穀物の栽培がさらに大きな余剰と安定を生み、人口は増えに増えつづけた。

人間の行動と社会組織は多様化と変化をつづけ、意識が拡大するにつれて政治的、経済的により一層複雑になった。帝国が興亡を繰り返し、戦争が起き、人口は拡大したり縮小したりし、芸術と建築はそれ以前の達成レベルを越え、そして常に人間の意識は成長しつづけた。産業革命の短いながら華々しい勃興があり、加速されたテクノロジーと膨大な知識をもたらす極限の黄金時代が現出した。その時期はざっと200年つづいたが、何十億年という銀河系のスケールと比べたらほんの一瞬にすぎなかった……。

ナイノアは自分の目に映った人類史に仰天した。アメリカ人が自分の反応を観察しているのを感じとって、彼の中に問いが浮かんだ――。

「あれは真実なんだろうか――わたしがたった今目にしたことはすべて真実なのかな？」

返答は古英語で穏やかに返ってきた。聞き馴れない言葉が多かったが、それでも趣旨はナイノアにもわかった。

「真実とは作業仮説のことでね。人間の理解力が成長し拡大するにつれて、真実の姿は移り変わるものだけど、しかしきみが今見たことはすべて真実だよ」

アメリカ人の思考の調子は次第に暗澹たるものになってこう締めくくった。「きみの心に浮かんだ考えや記憶から、わたしは我々の文明が完全に滅びたことを知った――我々の知識、科学、テクノロジー、発明品、文学、音楽、美術――すべて失われた……わたしたちの周囲の暗闇に風で吹き飛んでいる砂のように消え去った」

長い沈黙がつづいた――そして両人の心に疑問が湧いた。

「本来なら存続できたのだろうか――西洋文明は無限につづくこともできたのか？」

あの一枚岩のような霊的存在のゆらめくイメージがつかのままた2人の前に現れ、反転して光り輝く姿となり、暗い視界に浮かび上がった。それは2人に原型が大きく混乱したさまを示した。破局的な人口過剰、資源の枯渇、すべての生物が依存していた大地と空気と水の進行する汚染と破壊といった黙示録的なイメージ。飢餓、社会的混乱、病気――死。

決定的な限定要因は生命を維持する大地と水と空気だろう。その3つの進行性の汚染からは逃げ道も免除も例外もありえない。人類はまたしても試練を受けることになる。地球は過去にも何度もあったように温暖化して、海面が上昇し、原型とのバランスを失した生物の死滅をもたらすような状況を生み出す。

これまでも常にそうなったし、どの宇宙においても未来永劫、常にそうなるだろう……。

進化の先にあるもの

両人の心は生命の反復パターンの不可避性に圧倒されて、しばらく沈黙した。そのうちまた問いが浮かんだ――。

「で、それから？」

2人の結合した意識の中に、かすかにゆらめく目も眩むほど明るい大きな蝋燭の炎のように、あのそそり立つ霊のイメージがまた現れた。2人の意識は再び拡大し、答えは大いなる原型の中にあるという確信を与えるような印象や想念や感情が心に湧き上がった――もろもろの宇宙のいたるところで数えきれないほどたびたび実現してきた答えが……。

　霊魂の進化は常に存在の形而下的な面における肉体と心の進化の頂点の出来事だった。それは進化の過程の偉大なる到達点だった――生の物質とエネルギーと意識の、霊魂への、時空を越えて広がる宇宙の母体の大いなる心―霊魂への、変換。母体内に、人間と太陽の心の複合体はすでに居場所を持っていた。進化の最終段階にはもはやハイテクや機械は無用だろう。

　両人とも心慰められた。進化していく人間の肉体―心―霊魂の複合体はすでに構造に組みこまれていて、原型の結節点の1つ、大いなる格子の超越的な神経網の中の1つの光の点になっていた。上昇の最終段階のために、古今東西の神秘家たちや魂の師たちがすでにたどるべきもろもろの道を明らかにしていた。その多様性も指令の一部であり、したがってすべての信仰上の道筋は規律と誠実さと堅忍不抜と親切心、それに気配りをもって実践するなら有効だ。

　人類は別のものになるように運命づけられていて、これもまた原型の一環だった。文明の滅亡を生きのびた者たちは指令に従って成長し、変化し、増大していくが、それはもう機械もハイテクもないまさに新石器時代を思わせる未来でのことになるだろう。人類は繁栄し、多様化し、およそありとあらゆる種類と様相の形而下的な経験を実現しつづけるだろう。人間の肉体―心―霊魂は境界域に達するまで進化しつづけるだろう。

　その上で形而下的なレベルの現実を越えて、人間は純粋にアウマクアとして、霊魂として、大宇宙《マクロコスモス》の中の小宇宙《ミクロコスモス》として存在するため最終的な変換をとげるだろう。その段階では人類は光となり、過去においても未来においても常にそれを一要素として含みこむ創造者、天にいる父、トンネルの向こうにある光、すなわち太陽と再結合するだろう。

ついに、2人の心の中に、最後の問いが浮かんだ――。

「で、その先は？　既知の世界の境界のその向こうのどこかに、究極の、神のような造物主的存在は実在するのだろうか？」

　2人の中のエネルギー感覚がとてつもなく増大して、思考―感情の流れを混乱させた。それが再び安定したとき、2人の心の内にある確信が生まれた――この問いはこれまでもこれからも常に大いなる謎、最も強力な霊であるドラジュアディオクたちですら答えることのできない途方もない神秘《ミステリウム・トレメンドゥム》なのだ、と。

これはまさに大いなる疑問なのだった。

2人が見たものすべてを自らの存在で強調するかのように、あのそびえ立つ霊が視界に現れた。ついで、2人の知力にそれ自身の異質な知力が、初めて働きかけてきた――そして母体そのものが造物主かもしれないし、「造物主」を「被造物」、「すでに顕在化したもの」、「その内なるあらゆるものの具体化した経験」と考えてもいいのではないかと提案した。宇宙の大いなる心は進化の過程を通じ、形而下的現実という客観的なレベルでの活動と、思考、感情、夢といった主観的なレベルでの活動とを通じて、共同で創られつつあるということだった。

2人はドラジュアディオクといっしょになって次のように考えたとき、急にこの霊との一体感をおぼえた。

「我々は大いなる原型のうち自分たちの分の創造者だ。ありとあらゆるさまざまな人格神、八百万《やおよろず》の神々、それに精霊たちは我々が活動のレベルでなにをし、なにになるかを反映して形成される。かれらが我々を創造したのではない。我々がかれらを創造したのだ。かれらは我々に応え、我々がなるものに応じて生まれてくる」

科学者ハンクは、自分が霊とじかに意思が通じ合っていることに気づいて、「ドラジュアディオクなるものの本質とはなにか?」とたずねた。すぐさま答えが返ってきた。

「ドラジュアディオクはエネルギーというか宇宙の力の高度な集中と結びついた純粋な意識からなる、巨大な知力を持った存在だ。活性体として、エネルギーの伝導体として働き、有形の物質的な姿形はないが、知覚のあるレベルではそれが投げかける影として見ることができる。客観的現実の形而下的なレベルでは暗く見えるのは、霊界では実は目も眩むばかりに明るいものだから。その影は黒に反転して境界線《バリア》を越える」

2人は補色関係もしくは相反する関係の間でめまぐるしくゆきかう色彩――黒-白-黒、橙-緑-橙、赤-青-赤といった具合――に照らされた視覚的印象を見た。カラー陰画《ネガ》で表された――つまり、どぎつい色を上塗りした白黒写真のネガでも見ているように、日常的な現実のそれとは反対の色彩で描き出された――霊界の場面だった。

イメージが切り換わり、いつのまにか2人はまた自分たちの惑星をじっと見下ろしていた。地球が緑や青ではなく赤っぽく見えるわけが今やわかった。かれらは地球の霊的な対応物を見ているのだった――霊界に、元型《アーキタイプ》のレベルに存在する影像。イメージが切り換わって、２人は反転現象によって客観的なレベルの形而下的な現実に投影されたドラジュアディオクを再び見た。この現象のために、光り輝く炎に似た霊が人間の心には真っ暗な一枚岩のような形に見えるのだった。

霊から同感の気持ちが湧き出て、２人のその洞察を裏づけた。長身の影がまた変化し、暗い視界もしくは空に目も眩むばかりに明るい光の白い方尖塔《オベリスク》として現れ、その縁がごくかすかにゆらめいた。ついで２人はそれを彼方の仄白い砂丘を背景にした真っ暗な形として見た。この意識の転換に伴って、２人はまたもや自分たちのまわりに起こったブーンという低音を鋭く意識した。その音は２人を自分たち自身のレベルの現実に、精霊の丘に引きもどした。２人とも接触を失いつつあるのを感じとり、結合を求めた。長身の霊的存在がつかのまま形を成したとき、２人はそこから強い悲しみが発散するのを感じた――そしてかれら自身の中にも湧き上がった。

人類学者ハンクは人間の魂を一部として包含する大いなる霊魂の進化をかいま見せてもらったことに気づいた。我々人間は宇宙のこの一隅で、大いなる霊魂の局部的な一面の共同創造者としての役割をつとめているのだということを理解した。この局部的な一面には悪があり、その悪は人間の作り出したもので、人間の大きな罪だ。人間は人間性の暗黒面に絶えず心を奪われ許容することで大いなる心の中に悪を作り出している、と。ここでハンクの理解は形を変え、暗黒面が光の残りの半分にすぎないことがわかった――進化の過程における淘汰因子の1つ、進化途上の人類をためし、系統を徴調整し、種を純化する経験の一面なのだ。２人の心にウィリアムの言葉が浮かび上がった――。

「自分たちの邪悪さを経験することで、わしらは自分ではないというものはなにかを発見する。そのようにして、これぞ自分だというものはなにかも見つかる」

世界じゅうの宗教的伝統が解決法をすでに明らかにしていた。悪の反対物の創造、光明の、慈悲心の顕現に救いはある。これがキリスト教におけるキリスト、仏教の観音菩薩だ。大いなる知識を獲得し、思いやりある考え方、感情、行動を通じてそれを知恵に変えること、これがわれわれを待っている大仕事だ。これこそ菩薩道だ

――自らを、ついで他者を啓発し、自らと他の一切衆生を救い……そして「大いなる心」を創造すること。

両人の心の中に、ある確信が生まれた。我々の進化が終わり、人間と太陽の心の複合体が完成するとともに、宇宙の巨大な集合的な心魂との結合が起こり、まったく新たな経験領域が与えられるだろう、と。こうなってこそ人間の霊魂は、「前人未到のところへいくため星の彼方へ旅をする」（テレビ、映画、小説で人気を博したSFシリーズ『宇宙大作戦〈スター・トレック〉』の中の文句）ことになるだろう。

そのとき初めて究極の創造者が存在するかどうかわかるだろう。

はるか遠くから聞こえてくるような、澄んだ高い鐘の音がイメージと思考の流れをかき乱した。瞑想は終わり、わたしは自分の意識のレベルが切り換わるのを感じた。わたしを導いていた不思議な低い調子の音が不意に弱まり、幻視が薄れはじめた。自分が引きさがりはじめるのを感じた――あとへ、あとへとずるずるさがっていく……。

ナイノアとの結合が弱まったとき、わたしは限られたハワイ語の知識を利用して、別れの言葉を組み立て、さらに英語でそれを繰り返した――。

「アロハ・ヌイ・ロア――ア・フイ・ホウ。ごきげんよう――また会う日まで」

今は暗く翳ったドラジュアディオクからはなんの疑問も出なかったが、わたしはじっと見られているのを感じた。こちらから深い感謝の念を伝え、これからもまた接触と話し合いをさせてくれるように頼んだ。ポンというはっきりした音が聞こえ、わたしは自分を制していた力から解き放たれるのを感じた。

そのとたん、わたしの体はトンネルを、光溢れるつむじ風の中を急降下していった。鐘を頼りに進路を探り、重心を落として直滑降の姿勢を取ったスキー選手のように鐘の音をたどりながら進んだ。光は溶け合って何本もの長い線となり、つかのまとまって格子になった。わたしは無音域を一瞬にして越えた。恍惚感を伴うエネルギーの閃きにつづいて突然の減速感があった。エネルギー感覚は急に弱まり、同時に、澄んだ鐘の音が禅堂のしじまに吸いこまれて消えた。帰還は着陸感を伴い、眼内閃光がかき消えて、わたしは闇の中に取り残された。

右膝がしびれてジンジンしていた。

顔は涙で濡れていた。

23　土地の精霊たち

禅師と

暁の光が禅堂の窓からさしこんでいた。豹男は姿を消していたが、エネルギー感覚のなごりが失せる瞬間、木立の奥のほうから木を鋸で挽くような短い物音が聞こえた。アフリカで暮らした経験から、わたしには豹の耳ざわりな咳払いだとわかった。

わたしはゆっくりと姿勢を崩し、作務衣《さむえ》の広い袖で涙に濡れた顔を拭きながら、座蒲団から立ち上がった。体はゴムのようだし、膝はがくがくし、頭は今し方までの経験でふらついていた。どうにか立って、両手を腹の前で作法どおりに組んだ。ほかの参加者たちといっしょに並んでそろそろと歩き、禅堂を出て、朝食をとるため階段を降りた。ご飯と茶と漬物という最小限の食事を無言でしたためるうちに、驚嘆と限りない感謝の念が胸中にこみ上げてきた。

その朝あとでわたしは禅師と最後の面談をした。修行はどんな具合かと師に問われて、わたしは自分が先刻見たことをいったいどう説明したものか迷った。単刀直入に持ちかけることに決め、エイトケン老師の目をまっすぐに見て、禅の修行者が幻視を経験することもあるのでしょうかとたずねてみた。老師は微笑して答えられた。

「坐禅においては、大方の修行者が遅かれ早かれ出会う気の散るもとが何種類かある。空想や雑念が最も一般的だが、魔境と呼ばれる部類の心の乱れもある。不可思議な幻だな。それは深い夢によく似ていることがあり、とても鮮明で、詳細をきわめたものかもしれないし、時には体感を伴うこともある自然発生的なものだ。修行者によっては声が聞こえたり、中には幽体離脱を経験する者さえいる。仏陀自身、菩提樹の下に坐していた間に幻を見たという。わたしも見たことがあるが、しかし練達の修行者は決してそういうことはない」

老師はしばし黙した後、言葉を継いだ。「幻視を大いに重視する宗教もあるが、禅ではそれは修行の目的とは考えられていない。それは修行者自身の本性《ほんせい》をほとんど明らかにはしないが、白らの見た魔境を究極のものとして語る修行者もいる。これはある意味ではそのとおりかもしれないが、魔境はおのずと限界があるから、用心しないといけない。

禅では、魔境を経験するのは修行が進んでいるしるしとされる。とりとめないことを考える初期の段階よりも先へ進んだことを示しているわけでね。あなたは接心中に魔境を経験したのかな?」

どこから話をはじめたらいいのだろう? エイトケン老師の淡い色の目で鋭く見すえられながら、わたしは答えた。「つい今朝がた幻視を経験しました。それはこの4年間わたしが重ねていた一連の自然発生的な幻視体験につながるものでした。それらのことを老師とくわしく話し合いたいのは山々なのですが、独参はなにぶん短時間なので、かなり奇態な話をきちんと語り尽くすことは不可能です」わたしはお手上げという仕草をしてみせて、ほほえんだ。

エイトケン老師は合掌した。「いつかホノルルまで出てこられてはどうかな。どうかいつでも遠慮なく話しにこられるといい」そう言って老師はまた微笑した。わたしはお辞儀をした。面談は終わった。

正式の接心はそのあとほどなく終了し、つづいてアキコが用意したこってりした昼食がふるまわれた。静修中の無言でのつつましい食事とは打って変わって、今度はずらりと並んだテーブルにご馳走が溢れんばかりで、会話も弾んでいたが、わたしの関心はまだ内へ向いていた。「父と子と聖霊」という文句がしきりと頭に浮かんだ。この概念はわたしが受けた監督教会の薫陶の遺物だったが、しかし先刻起こったばかりのことにも広く当てはまるものだった。聖なる《ホウリー》という語は、「全体の」とか「より以上の」という意味の古代英語ハーリグもしくはハールに由来する。時がたつうちに、この言葉は「神聖な」、「完全さと超越性を特徴とする」、「魂の清純な、または信心深い」、「崇敬や畏敬の念を呼び起こす」、「畏怖させる、恐ろしい、信じられない」といった語意を持つようになり、そして最終的には「超人的な、命取りにもなりかねない力に溢れた」という意味になった。今回の場合、わたしが祖先としての「父」であり、ナイノアが子孫としての「子」で、ドラジュアディオクは霊、畏怖すべき「聖なる」存在だった。

　わたしは老師に謝意を表し、別れの挨拶をして席を立ち、そのあとアキコを探し出した。彼女は厨房で雑用を片づけていた。わたしはお辞儀して、静修中われわれ一同の食事の世話をしてくれたことに礼を言った。彼女はそれに応えて満面に笑みを浮かべ、わたしのクをぐらつかせた。わたしは彼女自身のことを少し聞かせてほしいと頼み、時折寺の主たちが不在の折、留守番として境内で起居している舞踏家だということを知った。話を聞きながら、わたしは彼女がはるか未来の人にいかにも似ているのにつくづく驚嘆した。なごやかな会話が自然と途切れ、わたしはもう一度アキコにお辞儀して立ち去った。

　鞄を車に積む手を止めて、わたしは森に囲まれた寺を振り返った。神秘感がなおもしじまの中にみなぎり、木の葉が落ちるカサッという音だけが静寂を破った——ナイノアとのそもそも最初の接触の糸口になったのと同じ音だ。と、またしても、カッコウの鳴き声が、やはり物悲しい風のそよぎを伴って森に流れた。

　車で走り去るとき、エイトケン老師の言葉がわたしの心にこだました。

「我々の修行は神秘を解き明かすためのものではない。神秘を曇りのないものにするためだ」

　接心からもどるとすぐ、わたしは西ネバダの自然史を勉強した。今日の西部大盆地《グレート・ベイスン》の不毛の砂漠にはナイノアの時代の広大な塩水湖は存在しないが、更新世にはラホンタン湖と後に名づけた大きな内海が大盆地を広くおおっていて、そのなごりがピラミッド湖とウォーカー湖として現存する。未来の気候温暖化がかつての大湖のいくぶんかを再び水で満たし、わたしがナイノアといっしょに見たあの水域を生み出すことも考えられる。

　精霊の丘は？　カースン・シティの東郊にいくつか山岳性の砂丘が現にあって、そこの東南の場所はサンド・マウンテンと呼ばれている。近くには岩に魚の化石が埋まっている洞窟がある。

世界のいくつかの僻遠の砂漠地帯には――たとえば、中国のさる不毛の山地や、中東のシナイ半島に――地中からじかに湧き起こる太い声になぞらえられてきた、音楽か雷鳴に似た持続低音を生む、いわゆる「うなり砂丘」がある。うなる音は、風が砂を動かし、粒子がぶつかり合う乾燥状態のときに発生する。西ネバダのサンド・マウンテンでも同様の音響現象が報告されている。

わたしはシナイ半島でモーゼが「燃える柴」（ドラジュアディオクも容易にこのように形容することができるが）に似た強力な霊と出会ったという出エジプト記の記述を思い出し、吹き飛ぶ砂が生み出す音に助けられてモーゼは３０００年余の昔、意識拡大状態に達し、幻覚的接触を果たしたのかと思いめぐらした。確かにウィリアムはこの音の効力を知っていて、ナイノアが霊と、そしてわたしと結合するのを手伝うのに利用したようだ。

女神との出会い

接心からもどったあと、霊的な出会いが２回あった。１回目は眠りが浅く寝覚めがちなある夜のことだった。真夜中頃、家の外壁をトントンと叩く音をジルが聞きつけたのがことのはじまりだった。

彼女はちょうど寝ついたばかりのわたしをいくぶんあわただしく起こした。わたしは寝呆け半分に耳を澄ました。トン、トン、トンと３つ鳴って、やんだ。ややあって、その音がまた繰り返された。トン、トン、トン――それからまた静まり返った。

これが数分間つづいて、そのあとぴたりとやんだ。わたしは次第に眠気がさめ、とうとうベッドに起き上がって、音が再開するのを待ちかまえた。窓の外をのぞいたが、なにも見えなかった。まったく穏やかな夜で、そよとの風もなかった。家のどちら側を叩かれたのかは判別しにくかった。

待っても、もう叩く音は起こらなかった。こちらはやっと寝つけたばかりだったので起き出す気にはなれず、上掛けの下にまたもぐりこんだ。やがて、目覚めと眠りとの間のあの奇妙な浅い境界領域で輾転反側《てんてんはんそく》しはじめた。もろもろの考え、思いつき、感情が次々と心をよぎって、安らかな気分になれなかった。２時頃、まだ眠れずにいたとき、なんとなく気配を感じた。コナではわたしは家のドアに錠をおろすということをしたことがなかった——誰か家に入りこんでいるのかと怪しんで、だんだん不安になってきた。すっかり目がさめ、そっとベッドから抜け出してマサイ族の武器の瘤のある棍棒を手に取り、五感をぴりぴりさせて暗い家の中を忍び足でそろりそろりと歩きまわった。念入りに家探ししてみて、誰もいないことがはっきりした。それでも、猫のリーがそわそわしていたので、ドアを開けて外へ出してやってからベッドにもどった。

また輾転反側がつづいた——30分ほどたった頃、なにかいるという感じが再び頭をもたげた。ベッドの形状を体で感じながら静かにじっと横たわっていると、台所でドシンと大きな音がして全員が目をさました。わたしはベッドから飛び出し、棍棒をひっつかんだところで、ふと立ち止まり、以前のわたしならとても考えられないようなことをした。気配の正体について自分のクに急いで照会し、浮かび上がってきたものにすっかり肝をつぶした。

わたしのクは明確な「なにか」のイメージを生み出した。それは女性的で、しかも大きかった——えらく大きい。わたしは暗がりに突っ立って、緊張したひそひそ声で問いかけてくるジルを大丈夫という仕草でなだめながら、このイメージをじっくり見て、それだけの図体だとどれほどの重さになるだろう、1000ポンドか、あるいはそれ以上だろうと考えた。これは並みの人間の女性にしてはちょっとばかり大き過ぎる。わたしがそれから受けた印象はドラジュアディオクの印象と似てなくもなかった——エネルギーを発散する背の高い一枚岩的な垂直体。ただしこちらはあの圧倒的な精霊ほどは大きくなかった。

わたしは棍棒を構え、足音を忍ばせて廊下を進んでいった。台所では、ジルの装飾的な金属製のパン焼き皿の1つが見たところこれといった理由もなしに壁から落ちていた。それ以外はすべて整然としていた。そこには誰もいなかった。

今や子どもたちも目をさましてしまい、全員を安心させ、夜具にくるみこんでまた寝かすまでにしばらく手間取った。わたし自身は再び寝返りを打ちつづけた。わたしの場合、変容状態が起こるのはたいていこういう時だったから、今度もそれを期待する気持ちが生まれた。体をできるだけ十分にリラックスさせることに専念し、接触しようという意図を心に浮かべた。ただし、この晩は先刻気配を感じた霊との接触をひたすら念じた。それを求めていると――。

ドーン！

エネルギー感覚がどっと流れこんできて、瞬時にわたしの体を麻痺させた。息をしようとあえいでいる間も閉じた瞼の裏で眼内閃光が躍り、やがてそれが現れた。まぎれもなく女性で、しかも巨大だった。それは敵対的でもなければ好意的でもなかった。「彼女」は中立的な感じがしたが、しかし意図は感じとれた――明白な意図が。恍惚感を伴う、ブンブンうなるバイブレーションが体内に充満しているさなかに、目を開けると、部屋の天井をすかして外が見えるのに気づいてわたしは仰天した。同時に、意識が不意に肉体から離脱し、ふわりと浮き上がった。四方八方が同時に見え、それでいて指向性のあるわたしの注意の焦点が1つの主要な視界を生み出していた。

わたしは天井に達し、苦もなくするりとそれを通り抜けた。屋根から抜け出して、柿板《こけらいた》を取り替える必要があるのを心に留め、そして舞い上がった。意識が外へ外へと拡大し、あの強力な女性の霊は、姿こそ見えなかったが、すぐ近くにいた。いつも感じる例のエネルギー感覚は今回は「相手方」を通してわたしの中に注ぎこまれているようだった。

ハッと気がつくと、わたしはマウナ・ロアの山頂のはるか上空に浮かんでいた。もっとも山容は現在とはちがっていて、標高はだいぶ低いし、熱帯性の密林に囲まれていた。植物は橙色をしているし、空は妙な桃色の夕映えがだんだん赤っぽくなって天頂で黒へと移行しており、すべて海に映っていた。わたしはマウナ・ロアの反転像を、霊界側のイメージを見ているのだった。

もう1つ、北側が分厚い氷河におおわれた巨峰があって、東アフリカのキリマンジャロに酷似しており、わたしはつかのま混乱した。自分が正確なところどこにいるのか突きとめようと努めた。ぐるりと見渡すと、四方に海があった。明らかに東アフリカではない。あの峰はハワイ島のもう1つの大火山、マウナ・ケアにちがいない。自分が見ているのは過去の、おそらくは更新世初期の寒冷期のハワイだと、わたしは気がついた。

真下に見える火口はぎざぎざした菫《すみれ》色の地殻の裂け目で、中央に大きな乳房のような噴石丘がある。カルデラ内のあちこちから黒い噴煙が立ち昇っていて、くぐもった雷鳴が下で聞こえた。霊の正体にはたと思い当たった――。

火山の女神ペレだ。

コナで暮らした過去数年間、わたしたち一家は女神が住むとされる島の反対側のハレマウマウ火口にたびたび詣でていた。それはわたしたちのお気に入りの島内日帰り旅行になっていて、いつもうちの庭から花を摘んでいっては子どもたちが火口のへりで女神にお供えしたものだった。わたしはペレの小さなブロンズ像の連作をものしたこともあった――そのわたしが今こうして意識拡大状態で霊峰の上空に浮かんでいるのだ。

こうした物思いに呼応するように、わたしは降下しはじめ、カルデラの中へ落ちていって噴石丘の麓近くに降り立った。足下の溶岩がエネルギーで震動し、溶岩内とその下に封じこめられたマナで小刻みに波打った。わたしの中のエネルギー感覚は、わたしの幻視体験への山の影響力を裏づけるごとく、そのバイブレーションと同じ波長で振動しているようだった。荒涼たる風景を見つめていると、硫黄臭のある一陣の熱風がおこり、細かな粒状の軽石が吹き飛ばされ、シュ―シュ―、チャリチャリ音を立てて岩盤を走った。

そのうち噴石丘のてっぺんの火口が噴火しはじめ、足下の地面が揺れた。わたしは噴石丘にも、火山噴出物の2000℃の高温にもあまりに近過ぎた。耳をつんざく轟音とともに溶けたマグマが空中に噴き上げ、地面がまた揺れた。わたしは走りかけた――が、すぐに無駄だとさとった。わたしはまったくもって近過ぎたし、もう逃げる暇もなかった。自分は大丈夫だと信じるしかないだろうと、どこか心の奥のほうではわかっていた。

火山が目ざめて、光り輝く溶岩流が噴石丘の頂きから溢れ出す中で、わたしはできるだけ落ち着いて立っていた。ガスが赤橙色と緑がかった雲となって頭上に噴き上げ、噴出したマグマと合体して天空に轟々と燃え上がる壮大な火柱になった。溶岩の滴があたり一面に降り注ぎ、大きな火山弾がビュンビュンそばをかすめたが、わたしは無傷だった。このすさまじい力の誇示によって生じた膨大な熱も心地よい暖かさとしか感じなかった。わたしはぐっと気楽になった。

その間ずっと、強力な女性の精霊はそばにとどまっていた。火柱が大変な高さに達し、空に1000フィートもそそり立つまばゆい光の束となった。

そのとき――突然、意識の焦点が切り換わって、わたしはジルの隣に寝ている自分の肉体にもどった。外はまだ暗かった。わたしは身内に沸き立つエネルギーでなおも身震いしていたが、自分は無事だし、ジルや子どもたちも無事だとわかった。あたかも家族と我が身の安否を確かめるために自分の意志で夢幻境から引きあげてきたようだった。万事よしと見届けると、目をつむり、そこでまた意識のレベルが切り換わった。

目を開けると、奇妙に変化した、夢ともうつつともつかない我が家の中にいた。ジルが隣に寝ていて、わたしは「あれ」が起こっていることを説明しようとしたが、妻にはわたしの声が聞こえないようだった。妻との接触を取りもどそうとしていると、あの女性の精霊が手をのばしてわたしに「触れ」、エネルギーがどっと流れこんできて、体が麻痺すると同時に、わたしはスロー・モーションで床に落ちた。霊との交流について自分よりもうちょっとくわしい人と話をする機会があったらよかったのにと唐突に思い、それに応えてイメージが転換した。

自分が外へ出ていくのを感じ、視野が暗くなった。境界を越え、また光が現れたとき、わたしはほんのり明かりがともった部屋で知らない人たちの一団に囲まれていた。ここはどこで、自分はなぜここにいるのか？　今まで一度もきたことのない場所だった。周囲の人々を再度見直し、ジーンズをはき顎鬚を生やした眼光鋭い黒い目の男が誰だかわかって、愕然とした。マイケル・ハーナーだった。彼には何年も会っていなかった。顎鬚は今ではほとんど真っ白になっていた。

その瞬間、ハーナーの射るような目が驚きの色をたたえてわたしを見すえた。わたしは事情を説明しておくほうがいいと判断し、あらためて自己紹介しようとした。「まぎれもなく女性で、しかも巨大」というところまで話がいったとき、またしてもエネルギーが襲ってきて、わたしは息もできないほど締めつけられた。ハーナーは安心しろというような仕草をし、太い声で、「これは説明しようとしちゃいけない、ただ経験するだけでいい」と言うのがはっきりと聞こえた。

そのとき、彼の視線がわたしの背後の上のほうへ移り、光を反射する眼鏡の奥で目が大きく見開かれるのが見えた。彼はいくぶん落ち着かなげに微笑して、わたしの背後を身振りで示しながら、「彼女は明らかにきみが気に入ってるようだ」と言った。

そこでわたしは振り向き、人間に化身した彼女を見た。目の前にポリネシア風のしっかりした目鼻立ちをした中年過ぎの女が立っていた。信じられないほど背が高く、身にまとった黒無地の樹皮布《タパ》の奇妙なパウ（腰巻風のハワイの民族衣装）は段状にひだをなして足許まで垂れ下がり、両足を隠していた。わたしは古典的なギリシアのアテネ像の衣装と同じような効果を生んでいる黒布のひだをしげしげと見た。

　長い黒髪はうっすらと赤みをおび、肩から背をつたって地面までなだれ落ち、一枚岩的な効果をかもし出していた。頭にはオレンジ色と赤の花をつないだ太いレイをかぶり、首にかけた同様のものが広い胸元を大方おおっていた。彼女は不老でありながら高齢のようだったが、顔と乳房はことのほか若々しいし、体格は計り知れない強さを示していた。たくましい両腕を前で組み、値踏みするようにわたしをじろじろ見ている目は眼光炯々《けいけい》としていた。大きな口はほのかに笑みを表していたが、あくまでほのかなものでしかなかった。

　わたしは畏怖の念に打たれて口がきけず、自分よりはるかに長身の精霊《アクア》をまじまじ見上げた。彼女の身の丈はゆうにわたしの倍はあり、腕はこちらの大腿ほどの太さがあった。わたしは乱れた心が徐々に落ち着いてきて、相手はこちらが反応するのを待っているのかもしれないと気がつき、なんとか勇気を奮い起こした。合掌し、頭を垂れて、「ペレおばば《ツツ》」とささやいた。

　彼女がほほえむのを見るというより感じたとたん、エネルギー感覚が増大し、俄然勢いづいて、わたしの中を駆けめぐった。目を上げると、彼女は上へのびて、前より一層高く、ますます一枚岩のようになっていく感じだった。

　わたしの意識に1つの言葉が、平坦な調子の、とてつもなく穏やかな振動「音」として現れた。考えるのをやめて耳を澄ますと、またその言葉が聞こえた——「マカラヒア」。それはウッド・バレー・テンプルの木立を吹き抜ける風のそよぎに似てなくもない「声」がわたしの耳にささやきかけたハワイ語だった。各音節がのびて、歌のような長くも短くも融通のきく連続体になった——。

「マーーー、カーーー、ラーーー、ヒーーー、アーーー」その効果は詠唱のようで、数回繰り返された。その言葉の意味はわたしには皆目わからなかった。それでも、その異様な、この世のものならぬ美しさはわたしの体内に強い反応を惹き起こし、集中していた注意をかき乱した。わたしは突然、コナの夜の闇に包まれた自分のベッドに送り返された。

　エネルギーが身内や周囲で渦巻き、消えてゆく谺《こだま》のように遠ざかっていく間、わたしはなおもペレの存在を感じながら、茫然と横たわっていた。外で猫が鳴き、入れてやるためジルが起き出した。アンナも目をさました。ジルはおしめを替えてやってアンナに哺乳壜をあてがい、ベッドにもどってきた。わたしはまだエネルギーの金縛りから脱し切れていなかったが、なんとか妻を安心させるようにポン、ポンと軽く叩いてやることができた。猫が寝室に入ってきて、ぴたりと動きを停め、部屋の真ん中の、人間には見えないなにかをじっと見上げた。やがて霊もエネルギー感覚も消え去って、わたしはたちまち眠りこんだ。

翌朝、わたしは辞書で調べて、マカラは「開く」とか「目覚める」とかいった意味で、ヒアは命令形を表す接尾辞だと知った。したがってマカラヒアはわたしへの要求を端的に述べる指令だった——。

「目覚めよ！」

これは仏陀の呼びかけだ。仏陀という言葉自体、「覚者」を意味する。

もうひとつの出会い

次の幻視体験はあたかもペレが主張した点を強調するかのように、すぐつづいてやってきた。翌晩もまた眠りが途切れがちで、わたしはほとんど寝返りばかり打っていて、あげくに4時には猫に外へ出してくれと起こされた。ベッドにもどると、なるべく身も心も楽にして、最後に「よーし、いってみよう」とささやいた。

たちまちエネルギー感覚が生じて、背筋を駆け上がり脳の中へ迸《ほとばし》った。わたしはまたしても気《き》を感じ、自分のクにアンテナをのばして、今度の霊は家の脇のカーポートのそばに板根を張っているウィ・アップルの大木だと教えられた。

突然、わたしはその木の下に立ち、暗く茂った枝をすかして月を見上げていた。ウィ・アップルは別名タマゴノキともいい、大昔ポリネシアの航海者たちによって南太平洋から運ばれてきた。外洋航海用の大型カヌーの船体はこの木で作られることが多かった。そのことを考えたとたん、わたしは雄大な白い雲の下に山の多い島が点々と散らばる広い海原の上を飛んでいるような気がしはじめた。艫《とも》が高く、大きなスプーン状の帆で風をとらえる双胴の長いカヌーの船団が、白波の立つ青海原をすごい速度で疾走していく。わたしははるか上空にいるので、船上の人の姿を見分けるのがやっとだった。

場面が急転換して、わたしはまた我が家の前庭の木陰にいた。頭上に茂る無数の羽状の葉は内から発する光で輝いているように見えた。木のマナがわたしに触れてくるのを感じた。そのとき、山の上のほうからリズミカルな奇妙な音が聞こえてきた。不気味な感じで、音が近づいてくるにつれ、人々が歌うか、節をつけて唱えているように聞こえた。言葉はハワイ語のようだが、確かなことはわからなかった。わたしは木の後ろに隠れ、暗がりであたりを見まわして音源を探した。音が一段と大きくなり、庭の木の間《こ》のそこかしこに影のような朧《おぼ》ろな姿が動いた。大勢が列をなしてうちの地所を通り、海のほうへと歩いていた……。

背の高い人影が1つ、その一団から離れて、わたしの立っている木陰に近づいてきた。堂々たる体格のハワイ人の男で、広い肩から踵まですっぽり覆っているように見える黒いタパ地の長いマントをまとっていた。鬢《びん》の毛は剃り落としているらしく、頭頂部にふさふさと濃い白髪がとさかのように立っていた。わたしより少なくとも1フィートは背が高く、黒っぽい木製の長槍を携えていた。

なにか地元の伝統行事が催されているのにちがいないと、わたしはとっさに思った。近づいてくるそのハワイ人からマナが発しているのが感じとれた。口は大きく、顔には深いしわが刻まれ、圧倒的な存在感があって、わたしは思わず額を地面につけて深々とお辞儀をした。こちらが体を起こしたときには、男はもう横を向いて、わたしの車を物珍しげに見ていた。顔形はとても見馴れた感じがするのだが、前に会ったことがあるのかどうか思い出せなかった。山のもっと上のほうに住んでいる人かとも思ったりした。闇の中で人影が次々とそばを通り過ぎていった。

わたしは突然相手の心理状態を感じとった——深い悲哀感が男からにじみ出ていた。わたしは心配になり、男が、それに気づいたと見えて、わたしを安心させるために向き直った。槍をウィ・アップルの木に立てかけ、褐色の肌の温かい両の手をこちらの肩に置いて、まじまじとわたしの目をのぞきこんだ。そのときようやく、彼が誰なのかわかった。カメハメハ大王だった。

この考えがわたしの頭に閃いたとたん、王の顔つきがちょっと変わって、大きな口に笑みが浮かんだが、目の悲しみの色は消えなかった。ふとなにかに気をとられて、王はわたしの車を回りこみ、石庭のポハクに目をやった。長いこと黙然とその石を見つめていたが、やがて振り向き、まっすぐわたしの目を見て、ハワイ語で一言、「イケ」と言った。わたしに聞きとれたかどうか念を押すようにもう一度繰り返した——。「イーーケー」

わたしは金縛りになったままだったが、なんとか両手を挙げて合掌した。もう一度深々とお辞儀をして、「カメハメハさま《ヌイ》」とささやいた。

王はまた微笑した。彼の気があまりに強いため、子どもたちがそれを感じとって目をさまし、不審の声をあげたため変容状態がかき乱された。意識が日常的現実へともどっていく中で、わたしが最後に見た王の姿は我が家の戸口をふさいでいるマントをまとった巨体だった。カメハメハは石庭のあの石をにこやかに見下ろして、両手をその上方で回す仕草をしていた。口が動いていたが、なんと言ったのかわたしには聞きとれなかった。

ジルが娘たちの様子を見るため起き上がったちょうどその瞬間、わたしは自分の肉体にもどった。じっと横たわって、王の存在を意識し、その目の悲しみの色と、肩に置かれた手のぬくもりをありありと思い浮かべているうちに、不意に前夜と同様、深い眠りに落ちた。

目がさめると同時に、幻視を残る隈なく思い出した。自分がそのすべてを見たのを確かめるため何度かおさらいしてみた。それから起き出して、王が口にした言葉を辞書で調べた。イケは名詞としては「知識」を意味するが、伝統的に「霊力」や「幻」を指すのにも使われてきた。動詞としては、「示す」、「知る」、「感じる」、「挨拶する」、「見て思い出す」、「理解する」といった意味がある。

1カ月ほどしてわたしはナイノアと再度接触し、それを最後にハワイを去った。

ある朝早く、まだ暗いうちに目をさました。今度も夜咲きジャスミンの強烈な甘い香りが家じゅうに漂っていて、前回の接触を思い出させた。わたしはあれ以来さる催眠療法師のもとで多少勉強し、もっと容易に変容状態に入る一助として自己催眠の技を学んでいた。置時計をちらっと見てみると、わたしの幻視体験が起こるいつものあの時刻だった。習いおぼえた方法をためしてみることにした。

仰向けに寝て、心中に意図を生じさせた。自分の補助霊である豹男と霊石のイメージを思い浮かべ、呼びかけた。一点集中式にひたすら自分の意図に念を凝らし、2つの霊に力添えを請うた。それから自己催眠法を用い、エネルギーの到来を求めた。体を十分にリラックスさせ、意識を外へ、内へと拡大させて、変容状態を今や遅しと待った。待ちつづけた。

これはだめだと断念しかけたとき、境の戸口が開いて、突然エネルギーが迸った。光の格子が現れたとき、わたしは行き先をしっかりと心に念じた。ブンブン、シューシューいう音が高まった——やがて音がやむと同時にわたしは境界を越え、無音域を突き進んでいた。転移が完了すると、エネルギーの圧迫感は急に薄れ、感覚がもどってきた。

最初に嗅覚が回復した。ジャスミンの芳香は消え、かわりに薪《たきぎ》の煙と毛皮の匂い、それにだいぶお馴染みになった女の匂いがした。

24　第十二の旅――ケノジェラクの夢

幻視の後で

　夜明けが近かった。ナイノアはケノジェラクと同居している藺草《いぐさ》で作った小屋でうつらうつらしていた。夢を見ているケノジェラクが毛皮の寝床でもぞもぞ動くと、彼の片腕がのびて、しっかりと抱きかかえた。顕花植物の強烈な甘い匂いがつかのま意識にのぼったとき、ナイノアは半ば目ざめていた。その芳香はおぼえがあったが、彼はまだ眠りの浅瀬を漂っていて、いつどこでそれに出くわしたのか思い出せなかった。

　そのうちハッと思い出して、たちまち眠りからさめた。その匂いをかいだのは、彼が旅立ってまもない、森の中でのあの朝のことだった。今にして思えば、あのとき、ある種の心のつながりが成立して、気《き》に――あのアメリカ人だったにちがいないが――初めて気づいたのだった。

　ナイノアはすっかり目がさめ、鼻をひくつかせたが、芳香はもう消えていた。精霊の丘での異常な体験からすでに7日たっていた。ことによるとあのアメリカ人がまたやってきたのかもしれない。ナイノアは待ち受けたが、心の中にはなんの声も聞こえなかった。

　ケノジェラクがまた体を押しつけてきて、ナイノアは小屋の薄暗がりで微笑した。それはまぎれもなく交合の腰の動きだった。アメリカ人はこんな睦まじい場面に来合わせて困惑しているのかもしれない。だがそれくらいどうってことはないだろう。アメリカ人自身、十中八九、遠い過去の世界で昔の暮らしをしているのではないか。

ご先祖はドラジュアディオクとの異常な旅から2人して学んだことを話し合うため、今自分の中に訪れてきているのだろうか？

そう考えてナイノアは遠来の客を心から歓迎した——そして精霊の丘での宇宙をめぐる幻視の余燼《よじん》をつらつら思い返した。2人を導き支えていたものすごい音が夜明けに風が静まると同時にやんで、異常な幻視もそれにつれて終わったのだった。そのときナイノアは起き上がって、あたりを見まわした。精霊は去って、世界は元どおり尋常なものになっていた。彼は深い安らぎを感じた。

ウィリアムも入神状態《トランス》から脱していて、うっすら笑みを浮かべてナイノアを一瞥し、声を立てるなという狩りのときの仕草をした。長いこと2人は敷き皮にじっと座って、明るさを増す曙光を見守っていた。やがて立ち上がったとき、ウィリアムが無言で敷き皮を巻いた。例の洞穴へと2人で引き返す途々、彼は放心したような目をしていた。

洞穴に着くと、2人は黙々と露宿の後片づけをして、不毛の広野と湖ぞいのまばらに木の生えた丘陵地を越えていく帰途についた。2人ともそれぞれ自分の心の動きにかまけて、その日はほとんど口をきかずに歩いた。ナイノアは幻視の全容を何度も思い返した。彼の歴史観はとてつもなく拡大していた。2人で見たものについてのアメリカ人の反応と解釈のおかげでナイノア自身の理解がすこぶる広がった。

その晩、焙った魚を食べながら、ナイノアがとうとう沈黙を破った。「天空はえらく寂しいところだった。きっととても長い間とても寂しいところだったんだろうね」と述懐した。

ウィリアムは微笑するばかりだった。「あんたの経験したことを話すのは難しいかもしれんね。じっくり噛みしめられるように、しばらく胸にたたんでおくといい。精霊たちが知識を授けてくれたんだよ。あんたはその資格があるし、教わる用意ができていると見られたんだ。これからはわし抜きで、精霊たちとあんた次第だな」

「ウィリアム、あのすさまじい音はなんだったんだろう？　あれが精霊だったのかい？」

老いたる狩人は薄れゆく日射しの中で用心深くあたりを見まわし、それからうなずいて、密談めいたひそひそ声でこう言った。「確かなことは誰にもわからないが、あの音は強大な大気の霊、ズィラッツの声と考えられている。ズィラッツは自然霊を牛耳る力を持ったドラジュアディオクたちの求めに応じて現れるとされてるね」

年長者はそこで思案げに間合いを取ってから、「あんたはご先祖と接触したのかね？」と問いかけた。ナイノアがうなずくと、ウィリアムは切れ長の目を大きく見開いてほほえんだ。ついで声を出すなという仕草をし、それ以上あれこれきかなかった。


2人が湖を見下ろすエヌーの野営地にもどったとき、大集団は分散する仕度にかかっていた。ウィリアムの一族は道具の材料になる黒いガラス質の石が豊富にある遠い南の地へ出発しようとしていた。別のもっと小さな一団は北東の湖畔にあるこの季節の自分たちの猟場へ向かおうとしていた。昔ながらのしきたりどおり、散らばって獲物を追う潮時だった。

これまでは気楽なものだったエヌーの人々とのナイノアの友だちづきあいに、俄然うやうやしくしかつめらしい感じが色濃くにじんできた。エヌーの人々は、もともと霊の領域との関わりという段になると、ためらいがちで臆病だし、今やナイノアの能力に一目置いて扱いが丁重になった。精霊の丘でどんなことがあったのかとたずねる者は野営地には誰一人いなかった。

ケノジェラクでさえほとんどなにもきかなかった。ナイノアがもどった晩、愛し合ったあと、彼女は長々と彼を見ていたが、やがてにっこり笑い、彼の唇をいとおしげに指で撫でまわした。「これでもう、ウンガゴクだっていうのはどういうことかわかったでしょ」と言った。

その口ぶりからすると、彼女も精霊たちと接触できるのかとナイノアは思った。ケノジェラクは真剣な目つきでちらりと彼の顔を見て、まるで心を読みとったように、ただうなずいた。それ以上なにも言わず、彼の腕の中で体を丸めて、満足した子どものように眠った。

治療

野営地を引き払って解散する直前、隣の集団《バンド》の男たちの1人が病気になり、ウィリアムに治してくれと頼んだ。ウィリアムは癒しの儀式を執り行うことを承知した。

その催しに備えて、丘の頂きに環状に石が並べられ、そしてウィリアムが大きな団扇太鼓をこしらえた。原石を剥いで作ったばかりの掻器《スクレイパー》を使って、彼はしなりやすい木の枝で長くしなやかな木枠を作った。まず削って形を整え、水に浸けてから、大きな長円形に曲げた。それから柄を取りつけ、なめした山羊の皮を木枠に張った。できあがった太鼓を火で乾かしながら、ウィリアムは時々木の撥《ばち》で叩いてためした。腹に響くドーン、ドーンという音が出るようになるまで何度も皮を枠にくくり直し、張り直しした。それがすむと、ウィリアムはその晩日没後に治療を行うと全員に告げた。

病人はオナルグという名で、石の輪の中に入ったときはひどく具合が悪そうだった。輪の中央に敷いた鹿皮に病人が横たわり、その行事に立ち会うため共同体の全員が参集した。

みなが粛然と静まり返って待つうちに、ウィリアムが太鼓を携えて現れた。その目はうつろで、顔や体には赤土と炉の白い灰で点や線を描いて、複雑な模様を作っていた。小さな鹿の角を一対取りつけた、編んだ籠のような冠りものを頭にくくりつけていた。腰帯からは模様を描きこんだ瓢箪のガラガラがぶら下がっていたし、首には妙な呼び子が吊るしてあった。

ウィリアムは患者としばらく小声で話し合った。それから立ち上がり、太鼓を叩いて単調なリズムを刻みはじめた。木の撥で枠と皮を叩くやり方だった。しばらくしてから甲高い、鼻にかかった、反復的な歌をうたいだし、同時に、横になっている同族の男の周囲をすり足の妙なステップで踊りはじめた。集まったエヌーたちは詠唱のような反復句のおしまいのところで声をそろえ、太鼓の音に合わせて短い棒を打ち鳴らした。はっきりと調子が出てきたところで、ウィリアムが呼び子を鳴らした。様式化した鳥のような姿勢で、耳をつんざく甲高い音を断続的に闇に放った。それからまた夜空を見上げて踊りだした。

老いた狩人は太鼓を打ち、歌をうたい、踊り、そして闇に向かって呼び子を息長く吹き鳴らしつづけた。なにも大したことは起こりそうもないとナイノアは思った。ついに、ウィリアムがよろめきはじめ、太鼓の打音がつかえがちになった。一番そばにいたケノジェラクが父親から太鼓を受けとり、ドーン、ドーンと同じ単調さで叩きはじめた。ウィリアムは呼び子を口から落とし、目を閉じて、敷き皮に病人と並んでのろのろ身を横たえた。

ウィリアムはそのまましばらく身動き一つせず、集まったエヌーたちは目を凝らして待ち受け、ケノジェラクは太鼓を叩きつづけた。突然、ウィリアムが膝立ちして、静粛を求める狩りの合図をした。みんなが見守る中で、彼はガラガラを手にとり、病人の伏せった体の上で一心不乱に振った。ガラガラは男の胴体の上の一点に惹き寄せられるように見え、そしてウィリアムは目を閉じてそれを振りつづけながら、もう一方の手でオナルグの腹にそっとさわった。

と、やにわにガラガラを放り出し、ウィリアムはオナルグの腹部にぐいと両手を押しつけ、病人の体からなにかを抜きとろうとでもしているように引っぱった。目は閉じたまま、獣のようにうなったりうめいたりして、なにか曖昧模糊としたものを引っぱりつづけた。ナイノアはウィリアムの手もとをまじまじと見たが、なにも見えなかった——まったく何一つ。

勝ち誇ったような歓声をあげて、ついにウィリアムがその「なにか」をもぎとり、みんなに見えるようにかかげ持った。ナイノアには依然としてなにも見えなかったが、エヌーはみんな、それを指さし、そのたちの悪さを小声で口々に言い合った。ウィリアムは激した叫び声といとわしげな身振りをまじえて「それ」を湖のほうへ投げつけた。引っぱって、抜きとり、叫んで投げるという一連の動作を何度か繰り返したあと、ようやく、もう内容物は残っていないと得心した顔になった。それからコヴァクが持っててくれるひさごの水で手と前腕を入念に洗い、まるで乾かそうとでもするように手に息を吹きかけた。最後にもう一度病人の脇に横になって、目をつむった。

ケノジェラクが再び太鼓を鳴らしはじめた。また長い間合いがあって、ようやく父親が今度も膝立ちし、両手でなにかをかかげてみせた。今回はナイノアにも見えた。どうやらなにかの動物の中空の脛骨の短い一部分のようだった。てかてか光り、歳月で赤茶色に汚れている。ウィリアムが一方の端をオナルグの胸郭の下側の肌にそっとあてがって、鋭く吹き鳴らしたとき、その表面に月の光が反射した。彼はこの所作を数回繰り返したあと、骨の管を腰布の下にしまった。

それからまたガラガラを病人の上や周囲で得心のいくまでしばらく振った。すむと、病人の上体を起こしてやって、低い単調な声でしばらく話し合った。オナルグは助け起こされて立ち上がったとき、かなりよくなったように見えた。治療はすんだのだ。

翌日ナイノアはウィリアムに近づいて、前日の儀式についてたずねた。ウィリアムが誘って、2人は前に霊の問題を話し合ったあの丘の上へ抜け出した。そこで長老は語った。

「癒しの仕事をするには補助霊たちに手伝ってもらう。問題の性質を判断し、どうしたらいいかを決めてくれるようにわしは霊たちに呼びかけるんだ。霊たちはわしが知る必要のあることだけを教えてくれる。この仕事はほんとはわしが自分でやってるわけじゃない。霊たちがわしの頼みに応えてやってくれるんだ。

太鼓はわしが霊たちと接触する助けになる。太鼓の音に聞き入っていると、わしの意識が霊たちの存在レベルに切り換わるんだな。精霊の丘でわしらがズィラツの声に乗って旅をしたのと同じように、わしは太鼓の音に乗って飛ぶ。霊たちのいるところまで太鼓で運ばれていって、それからわしの味方の特定の霊たちを呼び子で呼び寄せる。霊たちが近寄ってきたら、わしは訴えかけて、当面の仕事に助力を求める。霊たちはたいてい手伝いを承知してくれるんだが、口説き落とさにゃならないこともあるね、ことにわしが助けようとしている人間が霊たちから見てそれに値しないってときにはな。

昔、わしの親父の母方の叔父が狩りの事故で魂の一部を失くしたことがあった。その人はあんたと同じように雄牛にはね飛ばされて、魂がしばらく体を離れたんだ。まるで眠っているみたいだったが、目をさまさせることができなかった。やがて魂はもどるにはもどったんだが、一部はどこかへいってしまった。その結果、彼の中に隙間ができた。その空いたところに病が巣くったわけさ。

人が魂の一部を失くしてしまうと、その無防備な空いたところに病があっさり入りこむことがあるんだよ。さまざまな病状が現れる恐れがあるんで、その当人が元気になるためには病気を惹き起こす元を除かなきゃならない。わしの親類のオナルグはそういう病根が体内に巣くってたんだ。わしはあの男の病の霊的な面が見えてくるまで意識のレベルを切り換えただけさ。それからそれを引き抜くのを手伝ってくれるようにとわしの補助霊の1つに頼んだんだ。

補助霊とわしとで病を抜きとるのには成功したんだが、その結果オナルグの魂には空洞が残ったんで、埋めもどす必要があってね、そこでわしはもう一度、失われた魂を見つける手伝いをしてくれる別の霊に呼びかけた。魂がいってしまった場所までわしらはいっしょに旅をしてきたよ」

ウィリアムの声はふっと途切れ、目はどこかはるか遠くを見てでもいるように焦点がぼやけた。また話をつづけはしたが、口調が平板なのは歴然としていた。「そこまでいったのは初めてだが、取り違えようはなかった。それはオナルグのオディオク、つまり当人だけの名前の霊だった。オナルグが夢うつつの間になにか邪悪なものと出会っているうちに、迷い出てしまったわけで、わしはもどってくるようにと口説かなきゃならなかった。魂のその失われていた一部はおびえきっていたが、結局、補助霊の手助けで、わしはうまく説き伏せて、それを連れて帰り、オナルグにもどしてやることができたわけさ」

ウィリアムはにっこりと顔をほころばせた。「オナルグは今はぐんと具合がよくなってるし、病の大元は退散した。もうもどってくるはずはない。オナルグの魂は完全なものになってるし、本人自身の力も回復してるからね」そこで一呼吸置いて、「細君も前より幸せになるだろうよ」と付け足した。

ナイノアは自分も精霊たちをもっと容易に見られるように太鼓を利用することができるだろうかとたずねた。

ウィリアムはうなずいた。「太鼓の音になじんでくるにつれて、ことはだんだんたやすくなる。しまいにはその音を聞くたびに、きまって意識が精霊たちと出会えるあのレベルに切り換わるようになる。太鼓はじつに役に立つ。人によっていろいろちがったやり方をするがね、とにかくウンガゴクはみんな、精霊たちと精霊の住んでる場所を感じとれるように、心の奥の思考や感情を変化させる独自の方法を持ってるんだよ。

それは遊びやただの好奇心でやるもんじゃない。精霊たちの助けを借りるにはしっかりした理由がなきゃいけない。それに値するだけのものでないと、精霊たちは気を悪くするかもしれない。太鼓を叩いて霊の領域に移っておきながら、なにも言うこともやることもないなんてのは断じていけない。霊たちはそれを快くは思わんよ」

ウィリアムは話のしめくくりにこう言った。「あんたはまちがいなくその方面の能力を持っている。霊たちや霊界をかいま見せてももらっている。これからは霊の領域に馴れなきゃいかんな、下界のと天上界のと両方にだ。あんたが虎男と呼んでるあんたの補助霊が案内役になって、あんたを守ってくれるだろう。もっと多くの補助霊に会って、自分のものにしなくちゃ。なにをなしとげる必要があるにしろ、補助霊たちの助けがどうしても欠かせない。今後は幻視を深めていかないとな、交霊体験があんたにとって当たり前のことになるようにさ。そうなれば、太鼓もズィラッの声もいらなくなるだろう。いつでも必要に応じてやすやすと無理なくそれができるようになる」

旅立ちの時

星の位置から判断すると、すでにかれこれ1年たち、ナイノアがハワイ人の集落にもどる潮時がきていた。彼はこの地を去ることを思うと前にも増して悶々とした。霊的な修行が彼にとってものすごく重要なものになり、ほぼ一切の他の関心事に優先するようになっていたからなおさらだった。彼は過去にもどって先祖と結合できるようになりたかった。残された日々をウィリアムと有効に使わなくてはならない。

だがケノジェラクのことはどうしたらいい？　ナイノアは武器を携え、犬たちを連れたケノジェラクが自分たちの支配者に謁見するさまを想像した。どうしたものか？

夜が白々と明けてくる頃、ケノジェラクが夢から覚めて、「ナイノアパク？」とささやいた。

ナイノアは彼女にキスをし、やさしく撫でまわしはじめた。ケノジェラクは笑って彼の手を押しのけ、上半身を起こした。「ナイノアパク、あたしは夢を見たわ、とても大事な夢。あたしたちが水浴びをするあの流れのほとりに1人で座っていたら、水の中から女のひとが出てきたの。それが青くてね――肌も髪も目も青で、おまけにきれいな青い衣が水の渦みたいに体のまわりにふわふわ漂ってて。川女だと名乗って、あたしにとても大事な知らせがあると告げたの。

川女が言うには、あたしはエヌーのためのウンガゴクになる定めで、彼女があたしのドルドク、補助霊になって、薬草のことを教えてくれるんだって。あたしはまだ聖なる者《ザクレイ》ではないけど、草木はそうなので、あたしが知る必要のあることを草木が告げてくれるって言ってたわ。あたしは病気を治すことをおぼえて、エヌーのための女呪い師になるんだって。あたしが子どもの頃から、霊たちはそうきめていたんだって言ってたわ。霊たちはずっとあたしを見守ってて、いよいよあたしが修行をはじめる時がきたってことね。

霊たちはあなたについても予定していることがあるん

だって、川女は言ってたわ。あなたは心霊旅行者《スピリットウォーカー》になりつつあって、ウィリアムがあなたを手助けするために選ばれたわけ。あなたは自分の長《おさ》のもとにもどり、ウィリアムがあなたの訓練をつづけ、あなたの同胞たちに会うために同行するの。ウィリアムはそちらでなにかとても大事なことをして、それがすんだらこちらへもどってくるの。

あなたは自分の民族の歴史の上で大事な役割を果たすことになってて、同胞のための強力なウンガゴクになるだろうって、川女が言ってたわよ。川女はあたしにはなんのことかわからないけど、あなたにはわかるだろうって、こんなことも言ってたわね——あなたははるか遠くにいる人と大事な関わりを、霊界を通じたつながりを持ってて、その人からたくさんの知識を得るだろうって。あなたは同胞たちを助けるんだそうだけど……」ケノジェラクは思い浮かんだことをなんとか表現しようと努めて、言葉が尻切れトンボになった。「川女が言うには、あなたは覆水を盆に返す手助けをするんだそうよ」

ケノジェラクの顔がパッと輝いた。「川女はね、あたしがあなたの子を、娘を身ごもり、その子はいずれエヌーのための強力なウンガゴクになるだろうとも言ってたの。祖母の霊が生まれ変わってくるためにあたしを母親に選んだんだって。あたしのおばあちゃんはエヌーにとって偉大な治療師だったんで、またもどってくることに決めたのね。あなたを父親に選んだってことでもあるわね」ケノジェラクは目をきらめかせてナイノアを見やり、笑いながら彼の胸を指で上から下へ撫でた。「川女の話だと、あたしたちの娘は大きくなったら父親のように心霊旅行者になって、あなたにとって、あなたの同胞やエヌーにとって、大変貴重なものを持つようになるんだって。

その水の精が言うには、あなたは同胞の間で大きな影響力を持つ有力者になるそうよ——広く旅をし、エヌーの妻に会いにちょくちょくもどってくるって。あたしたちは精霊たちに見こまれて、それぞれ同胞のために果たす役割があるから、暮らしは別々になるんだって。子どもはもっと生まれるの」

ケノジェラクはそこで一息ついた。ナイノアは万感胸に迫り、仄明かりの中で彼女を見つめた。ケノジェラクも長々と見つめ返し、それから身を乗り出して彼の耳もとに口を寄せ、「川女がね、あたしは今朝身ごもるだろうって言ってたわ」とささやいた。そしてクックッと笑い、彼の耳の渦巻の中で舌をくねらせてから、彼を仰向けに押し倒した。

　ナイノアは笑って、ケノジェラクをかき抱いた……こうして彼の中で先行きがさだまった。

25 変わり目

最後の朝

このごく短時間の接触ではわたしは直接ナイノアとは交信しなかった。彼の推察どおり、わたしはこういう睦まじい場面に侵入することに多少ためらいをおぼえ、彼の心中の問いかけには応えなかった。だが彼の意識下のクはわたしの知りたがる気持ちを感じとって、記憶をおさらいしはじめた。選別された回想が次々と浮かんでくるのを2人で見守るうちに、ナイノアはなにが起こっているのかたちまち気づいて、自分も「こちら」にいるときにはわたしの記憶から情報を引き出すことができるのではないかと考えた。

それから1週間後の1989年6月半ばのある日、わたしは幼い娘たちとケアラケクア湾にいき、聖壇《ヘイアウ》の下の灰色がかった黒砂に半ば埋まった岩石に囲まれて一部始終をつらつら思い返した。

ここでの最後の朝だったが、わたしたちは毎朝してきたように泳いだり、砂浜に穴を掘ったり、塔や濠のある城を築いたり、木立の中を散歩して池に棲む水の精に詣でたりした。わたしは自分の子どもたちが非日常的次元の現実をいともやすやすと受け入れるのをほほえましく感じた。娘たちは精霊をふだんから「白日夢」の中でひとりでに経験していたので、ごく自然にその存在を信じるようになっていた。精霊なんて空想の産物で、ほんとうは存在しないのだと学校で先生や同級生たちから教わるまでは、信じつづけそうだった。

わたし同様、娘たちはこの土地の精霊たちに影響されていた。

ジルもまたハワイでの4年間に深いところで変化をとげていた。今や彼女には穏やかさ、新たな心の広さ、深まった自覚といったものがあった。妻は以前、伝統的な西洋医学に整体運動と自己意識訓練を組み合わせた物理療法をサンフランシスコ湾岸地区で開業して成功をおさめていた。ハワイの田舎で子育てをするためにその成功と世間の評価を放擲《ほうてき》するという思い切った方向転換をしたのだ。その過程で、一瞬、一瞬を大事に生きることによって充実するすべをおぼえた。ある日、妻は本で読んだ文句を披露して、自分たちはコナでの生活をあるがままに、「なんの言いわけも、自分を売りこもうというもくろみもなしに」暮らしてきたと言った。

娘たちはかなり野性的になっていた。髪は長く、日射しにさらされて白茶け、肌は真っ黒に日焼けしていた。妻もわたしも娘たちに服を着せておくのに手を焼き、靴はまずはいたためしがなかった。東部上流階級に属するわたしの両親（それに祖父母）が見たら手に負えない子どもたちだと思うだろう。明らかにうちの血筋は新たな方向へ舵を切っていた。

わたしが本来の仕事にもどる時がきていた。コナでの教師稼業も学生たちとの交流も充分楽しくはあったが、その職は非常勤であり、わたしは1989年の学年末には本土にもどることをジルともどもしぶしぶながら決断したのだった。わたしたちの「ハワイ・プロジェクト」は完了していた。家は修復ずみだし、土地も開墾し、いよいよ金銭問題がまた現実のものになっていた。

わたしはコナを去ることを思うと気持ちが萎えた。ハワイ島に深い愛着を感じるようになっていて、離れたくはなかったが、ナイノアと同様、わたしもやりかけたことをすますために元の生活にもどらなくてはならなかった。

ケアラケクア湾で家族と過ごしたこの最後の朝、わたしの心にあるメロディが浮かんだ――それまで聞いたことのないものだった。繰り返される短い楽句《フレーズ》としてはじまった。子どもたちから目を離さないようにして、海を見晴らす岩場を歩きまわりながら、切れ切れのメロディを繰り返し口ずさんでいるうちに、とうとう1つにまとまった。言葉が次々と浮かんできて詩の形になり、わたしは歌を授かったのだとはたと気がついた。

ごろごろした丸い石と木々に囲まれた磯辺の平らな岩

の上に座って、わたしの歌をうたい、何度も繰り返して自分のクに刻みこんだ。子どもたちと浜を歩いて、いつもの癖で遺物を探したときも、ハミングしつづけた。例の石斧《せきふ》はついぞ見つからずじまいだった。今や時間切れになっていて、わたしは見つけられなかったことにうずくような無念さを感じた――だが歌が見つかった。それに変容状態の経験も「発見した」し、それらはなんと素晴らしい「発見」だったことか！　ハワイを離れてもナイノアとの接触がつづくことをわたしは念じた。

海岸から家にもどってきたあと、わたしはしんと静まり返った中で独りぽつんとラナイに腰を下ろして、所帯道具の残りを荷造りして一切合財本土に送り返してくれる作業員たちを待っていた。カバイロハッカ鳥の騒がしい鳴き声が静寂を破った。隣家の鶏たちがうちのコーヒーの木々の間を歩きまわって、娘たちから干からびたパンの耳をもらえるのをむなしく待っていた。庭の緑のモザイクの中にかすかに動きが見え、マングースが鶏を狙っているのがわかった。うちのライチーの木に初めて実がなっていたが、今年はわたしの口に入ることはなさそうだった。

わたしははるか水平線を見つめて、ナイノアのことを考えた。神話や伝説にあるように、わたしたちは数奇な経験への招きを受けた。2人とも冒険の旅を引き受け、存在の謎を解く答えを探すためそれぞれ既知の世界をあとにした。内なる戸口を通り抜け、精霊たちと対面し、霊的な手ほどき《イニシエーション》を受けた。ウィリアムの言う心霊旅行者になることで、自分たちの意識が時空を越えて旅ができるとわかって、現実と人間の本質についてのわたしたちの理解は計り知れないほど拡大した。自分たちは肉体の死後も生きつづけるだろうと今やはっきりとわかっていた。輪廻転生の真実なることをわたしたちは知ったのだ。

ケアラケクア湾を見下ろしながら、わたしはナイノアと自分に起ころうとしている変わり目を思った。ほかの人々が勇気を出しておのれ自身の旅へと踏み出せるように、2人とも自分たちの経験を土産として、それぞれ自分の世界にもどらなくてはならないのだった。

わたしは溜め息をつき、最後にもう一度石庭の草むしりをするため立ち上がった。侵入してきている草を――すまないとは思いつつ――引き抜きながら、自分が収集した石を愛情こめて見まわした。わたしはカリフォルニア大学の分校の1つで客員講師に就任することになっていた。それは4年前あとにした世界へ復帰するいい機会だし、うまくすれば、常勤の教職への第一歩になりそうだった。

時間が迫っていた。わたしは海辺のゴミ捨て場へわざわざ車で運ぶかわりに家の床下にしまいこんであったいくつかのダンボール箱を焼却することを思い立った。どこにでも必ずいるゴキブリと蜘蛛を振り落としたあと、風のない日に紙屑を燃やすのに使っていた敷地内のぽつんと離れた場所へ箱を残らず運んだ。

石で囲った大きな穴に火をおこし、立ち木が焦げたり、まわりに火が移ったりしないように炎の高さを加減しながら箱をくべるうちに、あるリズムが生まれ、気分が乗ってきた。あの歌がまた心に浮かび、わたしは小声で繰り返しハミングした。風はまったくなかったが、炎がゆらめいた。

突然、彼女の気《き》を感じた。間違いない。彼女はわたしの前でゆらめいている火柱の中にいた。わたしに注意が向けられているのが感じとれた。脈が速くなり、わたしはなんとか気持ちを落ち着けた。火柱にていねいにお辞儀して、「ペレ」とささやきかけた。こういう悲しい、ごたごたしている時にご光来いただいたことを感謝した。それに応えて、炎が無風状態の中でたちまちゴーゴー音を立てて躍った。

わたしは自分の生活に起こっている変化とそのわけをペレに説明した。自分の彫刻作品を持っていくべきかどうかジレンマに陥っていることを話した。作品はすべて石で——彼女の石で——できていた。それらを力の宿るものとして——わたし自身とペレと、海の精カナロアの共同作品として——世の中へ持ち出す許しを求めた。それらの彫刻した石はその何たるかを感知できる人々に力を授けるだろうと、わたしは言った。それぞれの石が彼女の延長として働くことができ、それを通してハワイの外の人々が彼女自身の力を感じることにならないだろうか、と問いかけた。

わたしはなんらかの反応を黙々と待ち、彼女のひたぶるな関心を強く意識しながら長いこと火に見入っていた。やがてペレの同意がわたしのクを通して伝わってきた。ペレわたしの心中に感謝と安堵の念がこみあげてきた。ペレの石と、島を去って再び世の中へ出ていくわたし自身や家族に祝福を授けたまえと請い願った。それにあとから思いついて、わたしがどこにいようとも——ことにとかく雑念をおこさせる西洋文明を離れて自然の中に出たときに――時々は接触してくれるようにと求めた。

またしても情愛のこもった同意がありありと感じとれた。

やがてペレが去る気配がした。今の今までそこにいたのに、次の瞬間、火勢が急に半減したかと思うと、もうペレはいなくなっていた。わたしは軽い入神状態《トランス》から脱し、嵐が近づいて空が暗くなっているのに気づいた。カネオへ首長の記憶がふと頭に浮かび、わたしは思わず両手を挙げてペレとその土地を古いハワイの言葉で讃えた――。

「エ・ホオマイカイ・ケイア・アクア……」

「エ・ホオマイカイ・ケイア・アイナ」

炎がつかのまゆらめいて、また空へとゴーゴー燃えさかり、やがて大粒の雨が降り出すと同時に消えた。

雨を意に介さず、わたしは玄関近くの石庭にある霊石のところまで歩いた。その石がすっかり好きになっていて、それを残していくことなど考えただけで悲痛な気持ちになるほどだった。

嵐が熱帯特有の激しさでつのるにつれ、雨は耳を聾《ろう》するばかりに騒然と滝のように降った。わたしは衝動的に衣類を残らず脱ぎ捨て、どしゃ降りの雨の中に裸で突っ立って、石を見つめた。それに注意を集中した――すると急にエネルギー感覚が襲ってきて鳥肌が立った。轟然たる雨の中にじっと立ちつくし、呼吸しかつ姿勢を保つ二つながらの努力でガクガク身震いし、あえいだ。まるでそれを察したように、体の自由がきく程度にまでエネルギー感覚が減じた。

わたしは合掌して霊石に頭《こうべ》を垂れ、礼儀正しく名前で呼びかけた。しばらくの間わたしの道連れとしていっしょに世の中に出てみる気はないだろうかときいてみた。わたしの補助霊の1つとして働き、わたしに友情と庇護と力を与え、あわせて立派な我が子孫との接触の便を提供してもらえないかと頼んだ。

石が同意するのを感じた。

旅する石、カポハクキイヘレは遠いアメリカの地への最初の旅に出ることを望んでいた。

わたしは微笑し、しゃがみこんで石に両手をのせた。疑問の余地はなかった。その丸石から力が流れ出し、電流に似てなくもない振動エネルギーでわたしの手や腕をしびれさせた。その物理的な接触の瞬間に、わたし個人の運命が大いなる原型の中の新たな位置にゆるぎなく固定された。わたしは石をしっかりとつかんで、おごそかに誓った――わたしか、あるいは我が子孫の誰かが、いつの日かそれを島へもどすと。

もうすでに動き出していたことを石の霊が追認したとたん、エネルギーがわたしの中にドーンと流れこんできた。その勢いがあまりに強くて、わたしは後ろへ跳ね飛ばされ、濡れた車回しに尻餅をついた。ショックで息が詰まり、雨の中に呆然と座りこんで、手や腕をさすった。そのとき、不意に、歓喜の感情が、輝くばかりの歓喜の大波が湧き上がった。

わたしはなんとか起き上がり、エネルギーがシューッと駆けめぐる音を耳の奥に聞きながら雨に打たれて突っ立った。やがてそろそろと……そろそろと……踊りだした。

初めのうちは手探り状態で、慎重に動いた。だんだん自信がついて踊りが速くなるにつれ、血が熱く滾《たぎ》ってきた。自分でもどうにもならなかった――動いていないと、体に充満し沸き返るエネルギーで気が変になりそうだった。欣喜雀躍してぐんぐん動きが速まり、ついには嵐の騒然たる太鼓のような雨音の中でマサイ族の跳躍よろしく飛び跳ねていた。

熱狂のさなかに、誰かがなにか言っているのがさながらはるか遠くから聞こえたような気がした。わたしはますます高く飛び上がり、肩や足や指先からちっぽけな稲妻が迸《ほとばし》る感じだった。笑い声が聞こえて、ふと目をやると、ジルが家の中から網戸越しにわたしを見守っていた。妻は振り返って誰かに肩越しに話しかけ、今度は言っていることが聞こえた。

「こっちへきて父さんを見てごらん」

網戸の向こうにぼんやり小さな顔が2つ現れた。わたしはいくぶん熱がさめた――家族に気が狂ったと思われたか、と。そのとたん、子どもたちが戸をパッと押し開け、どしゃ降りの暗がりに裸で飛び出してきて、キャッキャッと喜びの声をあげながら雨に打たれてわたしといっしょに踊りだした。親子3人で飛び跳ね、娘たちは天真爛漫に笑いながら足を踏み鳴らし、水をはね散らし、ぴょんぴょん飛びまわった。フラッシュが光り、ジルがこの出来事をフィルムにおさめようとしているのがわかった。

やがてまた網戸がバタンと鳴って、ジルが踊りに加わり、雰囲気に同化するにつれ、深まる暗がりで白い歯と長い脚を閃かせ、練達のダンサーのような優美さで旋回し、飛び跳ねた。彼女も衣類をすべて脱ぎ捨て、ほんのり輝く長身に滝のような水を浴びながら狂女然と踊った。あたりに魔力が漂っていた——我が家の女たちと雨乞い踊りみたいなことをしているわたしの中にはむきだしの野性が滔々と流れた。例の感覚が不意に内なる光をともしたようで、その輝きはエネルギー感覚が急にぱったりやんで、昂揚し疲れ切ったわたしが嵐の暗闇の中に佇むまでつづいた。

こうしてわたしは太平洋の真っ只中の活火山で熱帯性の嵐の真っ最中に霊石の前で、浮かれ騒ぐ3人の女たちと裸で踊ったのだった。

カリフォルニアにしろ、同業の人類学者たちにしろ、こんなわたしたちを迎え入れる用意はあるだろうか？

贈り物

次の晩、アナエホオマル湾のリゾート・ホテルに宿をとり、ジルとわたしは子どもたちを浅瀬で遊ばせておいて黄昏時の浜を散歩した。長く弧を描く白砂の浜とココ椰子の林が魅力でここは年来お気に入りの日帰り旅行先になっていたので、わたしたちはハワイでの最後のひととき英気を養う安息所として、引っ越しのてんやわんやから息抜きする場所としてここを選んだ。赤々と燃える太陽が暗い海原の上に浮かび、そのきらめきが目にまぶしかった。未来をかいま見た思い出の数々がわたしの心をよぎった。

夕日が海面に接したちょうどその瞬間、わたしは渚に畝《うね》をなす珊瑚のかけらや割れた貝殻に視線を落とした。と、そこにあった——小さな黒い楔形《くさびがた》の石が。次の波が打ち寄せてきて、今にもそれを砂に埋めもどしそうになったとき、わたしは手をのばして拾い上げた。古い石斧で、海が果てしなく繰り返し浜に手を加えてきた長年の間に、表面が摩りへって特徴が薄れてはいた。上から見ると、わたしの親指の末端の骨くらいの長さの、幅広の偏平足といった形をしていた。踵にあたる部分の衝面《しょうめん》（原石を打ち欠くため、叩きやすいように平らにした、石の軸線に直角な面）や裏側の打瘤（打ち欠いた石の面にできるふくらみ）の痕跡はいずれも作り手が大きな石核から剥片を打ち欠いたときにできた特徴だった。疑問の余地はなかった——それは人工物で、遠い昔のハワイの工人が木彫品に細かい仕上げの細工をするためにこしらえたものだ。

親指で刃の切れ味をためしてみた。ナイノアなら即座にそれとわかったろうが、島の現在の住民の大半は見ても石器だとはわかるまい。わたしは小さな石器を指で撫でまわして調べつづけながら、製作者と製作年代について思いめぐらした。前々から探していて、島での最後のひとときについに見つけたということはただの偶然とは思えなかった。夕日が水平線の向こうに沈み、ぬくい波がひたひたと足を洗った。石斧に舌を触れてみると、塩《しょ》っぱい味がした。

　これは土地の精霊たちからの贈り物だという気がした。そしてその瞬間、魔力はほんとうにあると確信した。

　秀麗な白浜の後方に長く連なる椰子の林が温かい風に揺れてカラカラ鳴った。はるか遠く、マウナ・ケアとマウナ・ロアの暗い大山塊の間に月が昇ってきていた。わたしは浜の後方に大きく立ちふさがっているホテルを文明の崩壊後も生きのびる人々のために心の中で漁村に置きかえてみた——海面が上昇するまでは村としてもってこいの場所になりそうだった。

　加工した石の剥片を手の中で裏返したとき、古い中国の諺《ことわざ》の一端が心に浮かんだ——。

方向を転じざれば、
蓋しついに向かうところに
ゆきつくべし。

後書

次の学年、わたしは家族ともどもサンディエゴの郊外に住んで、カリフォルニア大学の地元分校で人類学を教えた。この間に、人類の進化、先史考古学、呪術、シャーマニズム、それに宗教の起源に関して1年分の講義ノートを新たに書いた。

ハワイから家財道具が届いたとき、いの一番にわたしは霊石を納めた荷箱を見つけ出して開けてみた。黒ずんだ丸石はかなり乾いているように見え、船倉での長旅のあとでもまだ「生きて」いるだろうかとわたしは危惧した。コナではずっと屋外にあったので、新居の裏庭にそれを置くのがごく自然なような気がした。庭といっても土が日射しで堅く乾いた猫の額ほどのもので、弱っているように見える木が数本と、前の借家人たちがほったらかしにした枯れ芝があるだけだった。コナの我が家の自然のままのジャングルのような地所《クレアナ》とは大違いだった。

わたしたちはひどく干からびていた貧弱なイチジクの木の下に石を置くことにした。それからほどなく、庭全体が生き返ったようになった。芝も勢いをとりもどし、ほったらかしだったヒメノウゼンカズラの植え込みが赤橙色の雲なす花を一気に咲かせ、大きなドラセナの木がパッとはじけるように香ぐわしく花開いた。弱々しく見えたバナナの茂みさえ実がなりだした。

しかしなんと言っても一番様変わりしたのはイチジクだった。その下に石を据えた翌日から、じつに驚異的な速度で実と葉をつけはじめた。冬がきて葉がすっかり落ち、わたしの盆栽のいくつかは霜枯れの憂き目にあった一番寒い時季にさえ、実がなった。石がその木の根方にあった1年半の間、イチジクは絶え間なく実りつづけた。

わたしは読んだり書いたり教えたりで多忙をきわめたせいか、かれこれ1年近く変容状態を経験しなかった。ナイノアとの接触が絶えてしまったかと多少心配になったが、1990年の春には教職の任期が終わった。ハワイで書きためた「フィールド・ノート」をどうしたものか思案した。わたしは一服してお茶にするときはいつもイチジクの木陰の石のそばに座る癖がついていて、ある朝、心中に意識の転換を感じた。その日、コンピューターの前に腰を下ろし、正式にこの報告書の決定稿を書き上げにかかった。

その夜、例の時刻に、またもやエネルギー感覚が生じた。わたしは新たな日記をつけはじめた。

謝辞

わたしの思師や教え子、家族、友人たちが意識するとしないとにかかわらず、本書に多大の貢献をしてくれている。このありがたい人々の中には、ロバート・エイトケン老師、アン・アモラル、ネリタ・アン・アンダースン、フランシスコ・アーセイ、ジーン・ブラックストーン、ガス・バンディとその夫人ジーン、ジャック・ガードナーとその夫人キャロル、マイケル・ハーナー、サンドラ・インガマン、サージ・キング、ティナ・ナップ、キャロリン・リー・プレコート、ドン・トラルとその夫人モリー、ビル・ツジ、クリス・ウェスルマン、ロン・ヤング、マーガ・ザックの諸氏が含まれる。知性学研究所サクラメント支部を通じての一連の幸運な人間関係――ジル・カイケンダール、ボブ・ブラックストーンとその夫人キャロリン、スー・アン・フォスター、それにマリリン・スターとの――があったればこそ、本書の原稿がわたしの著作権代理人キャンディス・ファーマンの関心を惹くところとなった。バンタム・ブックスの編集担当役員レスリー・メレディスと編集者ブライアン・タートにも敬意と感謝を捧げる……。

この人々全員と、ナイノア、ケノジェラクそれにウィリアムに――

エ・ホマイカイ・ケイア・ポエ・マカマカ――ア・メ・ケ・アロハ・プメハナ

（これら友人たち一同に祝福あれ――深甚なる愛情をこめて）

訳者後書

いわゆる超常現象とか心霊現象といった類いのものを、あなたはどう受けとめているだろうか？

受けとめ方は大きく分けて3つになるだろう。あると理屈抜きに信じるか、もしくは、大いにありそうだとおもしろがる肯定組、非科学的であるとして一蹴する否定組、そして——これが一番多そうだが——あるともないとも言い切れず、どうせわからないことを深く考えても仕方がないとする判断停止組。

まず、こうした現象の実例には、人騒がせな眉唾物や、科学的に説明できてしまうものが少なからずあって、とかくいかがわしさがつきまといがちで、それが良識ある人々にアレルギー反応を起こさせる。そうした不純物を厳密に排除して、なおかつ「超常」とか「心霊」といった言葉を冠するしかない現象に絞っても、「合理的」な説明がない以上、その可能性を信じるには一種の飛躍を必要とする。なんの抵抗もなくそういう飛躍のできる幸せな人々もいる一方、科学志向の人間はもともと論理の飛躍を嫌うので、科学的証明のないことを信じるのは、とりもなおさず科学に背を向けることであり、迷信にほかならないとするきらいがある。実は、かれら自身、科学信仰という一種の迷信に陥っているのだが、かれらにとっては科学の限界を肯定するより、科学に反する現象をありえないものとして否定するほうがたやすい。

人間が全知全能でないことは誰もが認識している。科学はそういう人間が開発してきた知識の体系でしかない以上、この世に科学ではカバーしきれないことがあるのはむしろ当然ではないだろうか？

科学の世界でも、これまでの科学理論では説明のつかないことを学問的に解明しようとする新たな試みがないわけではない。たとえば、西洋科学の物質主義、要素還元主義を克服しようとするニュー（・エイジ）・サイエンスの流れをくむ超個心理学（トランス・パーソナル・サイコロジー）では、従来は否定的にとらえられてきた過去世の記憶、肉体からの魂の離脱体験、神話的な幻想といった、個人の自我を超えた意識を積極的に扱おうとしている。本書の著者ハンク・ウェスルマンの体験もあるいはこの研究分野の対象となるものかもしれない。

著者は元来はニュー・エイジ的な言説にむしろ違和感を抱いていた正統派の科学者だった。本書に報告されているような異常な体験をするまでは、超常現象とか心霊現象といったものとは無縁で、格別なんの関心も持っていなかった人なのである。このことは本書をどう受けとめるかという上で重要な前提である。そうした現象を自明のこととする立場から書かれたものだったら、ＥＳＰ（超感覚的知覚）を無条件に肯定する読者向けのマニア本に分類しておけばよい。また、これがフィクションだったら、ＳＦファンに評価をゆだねればすむことだろう。

ところが、これはそのいずれでもない。著者は人類の起源を研究テーマとする人類学者で、１９９４年に、エチオピアの地溝帯で類人猿とヒトとをつなぐいわゆる「ミッシング・リンク」ではないかと目される猿人の化石を発見した発掘調査隊の一員でもある。そういう人が、自らの学者生命を絶たれる危険を覚悟の上で、やむにやまれずノンフィクションとして発表した体験報告なのである。

５０００年先の未来に生きる人間との交霊という12回に及ぶ驚くべき体験と、動員できるかぎりの学問的知識を援用した考察とを交互に提示した本書は、随所にうかがわれる著者の誠実さからしても、あたまから荒唐無稽とか狂人のたわごとと片づけるのを躊躇させるものがある。れっきとした学者の言うことだから信憑性があるというわけではむろんない。だが、判断停止組の中のまったくの無関心層はともかく、「そういうこともあるかもしれない、少なくとも、ないとは言い切れない」という段階で断定を控えている人々、未知の事柄に心を閉ざさず、鵜呑みにはしないが知的好奇心を持っている人々にとって、本書から得るものは少なくないはずである。肯定組へと回心させる飛躍のスプリング・ボードになるかどうかは保証の限りではないが、少なくとも人間の意識というつかみどころのないものが秘めている潜在的な可能性への想像力を拡大させることにはなるのではあるまいか?

著者が体験した(と報告している)のは、時空を超えた一種のタイム・トラベルだが、SFによくあるタイム・マシンやタイム・トンネルによるそれとちがって、あくまで意識の次元のことなので、物理法則をふりかざして反論してみてもはじまらない。それよりはむしろ数奇な冒険談として楽しんだほうがましである。

ただし本書にこめられた「未来からのメッセージ」は決して明るく楽しいものではない。黙示録的とさえ言える不吉なものである。それは、しかし、現在の人類が抱えている課題の延長線上にあるものであって、追われると砂に頭を埋めて隠れたつもりになるという駝鳥伝説のように、迫りつつある危険に目をつむって、課題に正面から取り組もうとしないなら、必然的に予想される結果でもある。

5000年後の石器時代に生きる人類という本書に提示されている未来像は、人為的な地球温暖化による大洪水、自然から遊離した現代人の生き方、地球の生命維持能力に対して人類のみが無制限な権利を有するとでもいうようなとめどない人口爆発といった要因を、冷静に検討する著者の考察に裏づけられて、十分説得力がある。「人の命は地球より重い」という、他の生物からすれば傲慢とも言える決まり文句があるが、早い話、人口が今の勢いで増加しつづけるなら、2000年足らずのうちに人類の総重量が地球の重さと等しくなるという。しかし現実にはそこまでいかない。はるか手前、21世紀の中頃、総人口が100億に達した時点から地球の崩壊がはじまると予測されている。いや、人類によって地球が死の惑星と化すよりも前に、これまで生物進化の歴史上、地球環境の変化に適応できずに絶滅した幾多の種と同じように、ヒトという種が——他の多くの種を巻き添えにして——死滅すると考えるほうが自然かもしれない。46億年の地球の歴史の上で、近々1万年のことでしかない人類文明は、あるいは一過性の現象にすぎないのかもしれない。そうなるか否かは、人類自身の選択にかかっている。

本書の問いかけをそのように受けとめると、全人類の運命に関わるマクロな課題をそっちのけにして、やれ遺伝子工学だインターネットだと囃して、あたかも科学文明の発達には終わりがないかのように手放しで浮かれていていいのか、また、民族だの宗教だのの違いから性懲りもなく戦争を繰り返したりしている場合か、と考えこまざるをえないのではあるまいか？　それとも、どうやら大多数の政治、経済の指導者たちがそうであるように、後は野となれ山となれ式に、先のことなど考えない無責任主義を押し通すのか？　だがいくら見て見ないふりをしようと、危機はたぶん刻一刻近づいている。いや、そんな態度が自ら危機を招き寄せていると言うべきか。それが目の前に迫って否応なしにハンドルを切らざるをえなくなったときには、おそらくもうそれを回避するには遅すぎるだろう。

著者の超常体験を信じる信じないは別として、著者がかいま見た未来からのメッセージの意味するものは、大方の読者にとって無視しがたい警告として心のどこかに残るのではなかろうか。

新聞に以前こんな言葉が載っていた——

「世界には、理性や五感でとらえられない別次元の現実が存在している。科学の進歩で多くのものが見えるようになった代償に大事なものが見えなくなっている」

世界の名だたる高峰を軒並み単独登頂した超人的なイタリア人登山家メスナーの言である。

真野明裕

編集者新註釈（新註）

① 66頁 下段

【「温室効果ガス」……予言している。】▼気温の変化

現在、地球温暖化が進行していると言われているが、今後100年間で世界の平均気温が4℃上昇する可能性があるとされている。ウェスルマン博士の執筆当時（1994年頃）の予測では「5℃ないしそれ以上」となっているが、世界的に見ても気温上昇のトレンドは確実なものとなっている。

「IPCC（Intergovernmental Panel on Climate Change：気候変動に関する政府間パネル）」が2007年（平成19年）に取りまとめた第4次評価報告書によると、世界全体の平均気温が、1906年から2005年までの100年間で0・74℃上昇しており、特に、20世紀後半の北半球の平均気温は、少なくとも過去1300年間で最も高温であった可能性が高いとしている。また、同報告書は、将来の温室効果ガスの排出量について複数のシナリオを提示しているが[注1]、例えば、最も排出量の多い「このまま化石エネルギー源を重視した高い経済成長を実現する社会のシナリオ（A1F1）」では、100年後の世界の気温は4・0℃[注2]上昇すると予測している。一方、最も排出量の少ないシナリオ（B1）でも1・8℃[注3]の上昇が予測されており、いずれのシナリオでも気温の上昇は避けられないとしている。

（「平成19年度国土交通白書　第I部　進行する地球温暖化とわたしたちのくらし～地球温暖化対策に向けた国土交通行政の展開」：
http://www.mlit.go.jp/hakusyo/mlit/hakusho/h20/html/j1111000.html　参照）

[注1]「IPCC第4次評価報告書」（日本語版）

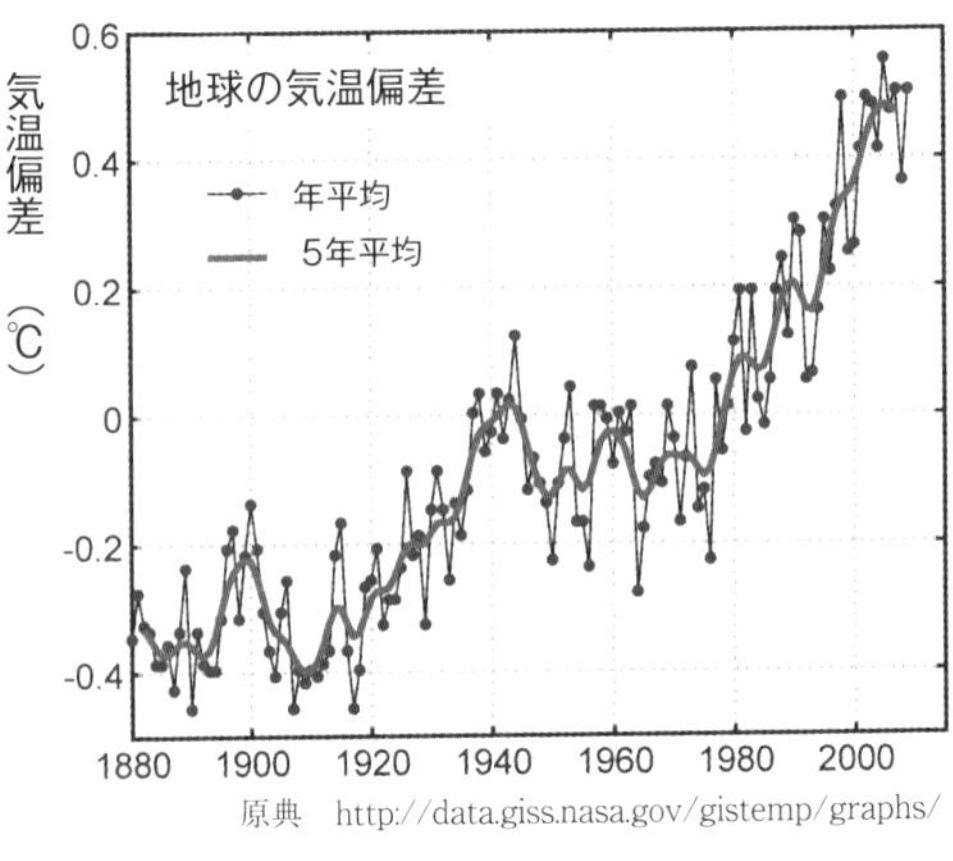

原典　http://data.giss.nasa.gov/gistemp/graphs/

▶地球全体の気温偏差（気温の平均値との差）
地球の気温は年々上昇傾向にあり、特に1980年以降は平均値から大きくアップしてきている。
（図：ウィキペディア「気温」参照）

http://www.data.kishou.go.jp/climate/cpdinfo/ipcc/ar4/ipcc_ar4_wg1_spm_Jpn_rev2.pdf
［注2］可能性の高い予測幅は２・４〜６・４℃
［注3］可能性の高い予測幅は１・１〜２・９℃

②66頁下段

【「温室効果ガス」……予言している。】▼猛暑日の増加

近年、世界中で異常気象の傾向が見られているが、特に夏の気温が著しく高くなる猛暑と呼ばれる現象（1日の最高気温が35℃以上の日が猛暑日とされる）が世界各地で多発している。日本では、２０１０年が観測史上最も暑い夏になった。この年は6月中旬から9月中旬までの長期にわたって安定した高温が続き、多くの地点で平均気温の最高記録や熱帯夜などの最多日数を更新した。

世界的にみると、２０１２年には、アメリカ本土・アラスカ州とハワイ州を除く48州で、7月の平均気温が平年より１・８℃高い観測史上最高の25・３℃となった。さらに、２０１３年はオーストラリアの広範囲、ブラジル東部において、２０１３年1月の平均気温が、統計がある１９１０年以降で最も高くなったほか、中国南部、上海では7月の平均気温が32・０℃（平年差：＋３・４℃）、7月26日と8月6日の最高気温は40・６℃に達した。さらに、アメリカ南西部では記録的な熱波に見舞われ、ラスベガスやデスバレーの6月の気温が50℃前後になるなど観測史上最高の暑さを記録した。

（ウィキペディア「猛暑」、CNN.co.jp「米南西部の猛暑続く、6月のラスベガスは観測史上最高気温」参照）

③67頁上段

【アメリカの政治家たちを……発したりしていた。】▼温暖化への取り組み

ブッシュ政権時（２００１年）には、先進国における温室効果ガス排出量削減の目標値を取り決めた気候変動枠組条約である「京都議定書」から離脱するなど、温暖化問題には消極的であった。しかし、クリントン政権時に副大統領を務めたアル・ゴアによるドキュメンタリー映画『不都合な真実』（２００６年公開）なども話題になり、アメリカ国内でも温暖化問題は次第に大きな関心事となり始める。その後、オバマ大統領は「グリーン・ニューディール政策」を立ち上げ、この問題には国を挙げて積極的に取り組み始めた。

グリーン・ニューディール政策の目標

・省エネルギー技術とすべてのビルを発電所に変えるマイクロジェネレーション（マイクロ発電）技術への政府主導の投資
・温暖化対策の一環として原子力発電所の建設を後押し
・低炭素社会基盤構築を可能にする数千人規模のグリーンジョブの創出
・石油・ガス業界の利益に対してたなぼた利益税（Windfall profits tax）の導入による再生可能エネルギーと省エネルギーに対する財政出動の原資確保
・環境投資と省エネルギーのための金融面でのインセンティブの創出

（ウィキペディア「グリーン・ニューディール」参照）

アメリカの温室効果ガス排出量について

アメリカは温室効果ガスを２００５年比で、２０２０年までに国内排出量を17％削減、２０５０年までに87％削減するという目標を掲げている（２００９年11月25日政府発表）。

（ウィキペディア「ポスト京都議定書」参照）

④135頁上段

【末期エイズ患者は……急増しつつある。】▼エイズ患者数の現状

２０１３年にＵＮＡＩＤＳ（国連合同エイズ計画：http://www.unaids.org/en/）が発表した報告では、世界におけるＨＩＶ陽性者数は約３５３０万人にのぼり、毎年約２３０万人が新たに感染し、年間約１６０万人がエイズ（ＡＩＤＳ：後天性免疫不全症候群）によって死亡しているとされている（API-Net エイズ予防情報ネット：http://api-net.jfap.or.jp/status/world.html、ＮＩＩＤ国立感染症研究所：http://www.nih.go.jp/niid/ja/diseases/alphabet/aids/547-idsc/iasr-topic/3921-tpc403-j.html）。

感染ルートとしては、同性間、異性間の性的接触が依然として現在も大きな原因ではあるが、静脈注射による薬物使用や母子感染なども少ないながら原因の一つとなっている。

また、世界的に見てＨＩＶ陽性者・ＨＩＶ新規感染者が多い地域はアフリカのサハラ以南のエリアで、２０１２年のＨＩＶ陽性者総数は２５００万人。一方、東アジアでは88万人、北アメリカでは１３０万人のＨＩＶ陽性者が確認されている（「国連合同エイズ計画（ＵＮＡＩＤＳ）グローバルファクトシート」：http://api-net.jfap.or.jp/status/pdf/20130924fact.pdf）。

⑤136頁上段

【温暖化する海洋は……見積もられている。】▼海面上昇

温暖化により海水の温度が上昇して膨張したり、氷河や氷床が融解することが原因であると言われており、20世紀には海面が最大20cm上昇したことがわかっている。また、このままでは21世紀中に最大88cmほど上昇するとも予測されている（「ＩＰＣＣ第４次評価報告書」２００７年）。

国際的な政府間機構であるＩＰＣＣが海面上昇に関する調査報告を随時出しているが、実際にはこのデータよりもさらに海面上昇は進んでいる様子。このまま進めば農作物の生産量が減って食糧問題が深刻化するなど、人類の社会・経済に大きな影響を及ぼすことも指摘されている。２０１４年の最新の報告書では、海面上昇に伴う浸食などによって沿岸の土地が失われ、今世紀末までに移住が必要になる人数が数億になると見積もられている。

近年における海面上昇

近年は地球温暖化により、「ＩＰＣＣ（Intergovernmental Panel on Climate Change：気候変動に関する政府間パネル）」の第４次評価報告書に記された値を上回る、３mm／年以上の速度での上昇が観測されている。このため今世紀中にメートル単位の海面上昇が起こる可能性が指摘されている。海面上昇による影響は、特にヴェネツィアなどの海抜が低い都市、オセアニアなどの小さな島国で深刻な問題となっている。仮に海面が１m上昇すると、マーシャル諸島は国土の80％が沈没すると予測されている。東京やオランダ、バングラデシュの一部などのように、海岸沿いに海抜以下の地域（いわゆる海抜ゼロメートル地帯）を有する諸国や都市にとっても重要課題となっている。特にバングラデシュでは１mの海面上昇で国土の18％にあたる２０００㎢、およそ岩手県と青森県を合わせた面積に相当する低地が沈むと言われている。

２１００年までの海面上昇量の予測は、ＩＰＣＣの第３次報告書（２００１）では最低９～88cmの上昇、第４次報告書（２００７年）では、最低18～59cmの上昇としている。しかし、これらのＩＰＣＣのモデルでは西南極やグリーンランドの氷河の流出速度が加速する可能性が考慮に入っていない。近年の観測では実際に大規模な融雪や流出速度の加速が観測されていることから、上昇量がこうした数値を顕著に上回ることが危惧されている。

（ウィキペディア「海面上昇」参照）

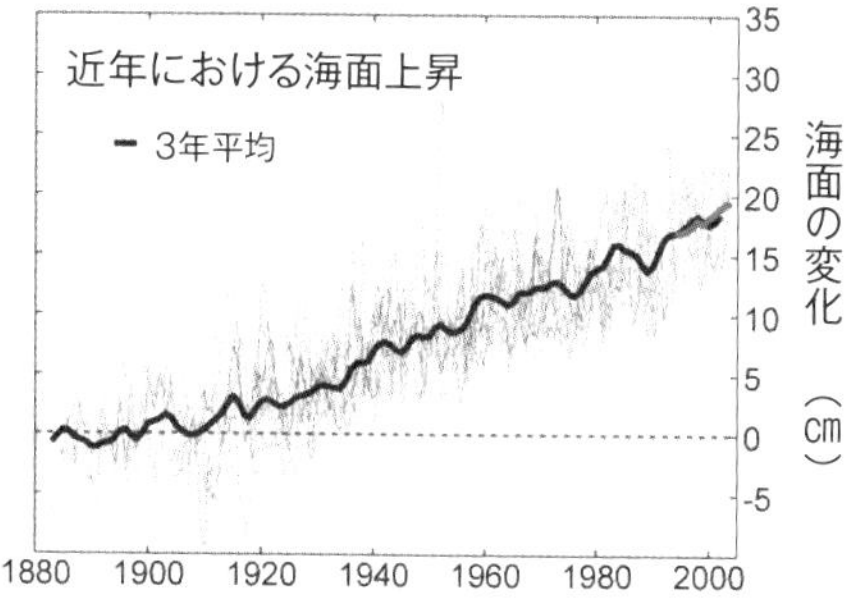

◀地球の海面上昇率の推移
100年間で約20cm上昇しているのがわかる。

⑥189頁下段

【エイズの治療法を発見したり、】▼**エイズ治療法の進歩**

一昔前までは、ＨＩＶに感染（陽性であることを確認）するということは、死の宣告を受けたに等しいと言われるほど不治の病であったエイズも、今では医療の進歩により治療法も進歩している。現在は、体内からＨＩＶを完全に排除することはできないものの、エイズ発症を抑えることができるようになっている。

抗ＨＩＶ薬はさまざまなものが開発され、著しい発展を遂げてきている。基本的に多剤併用療法（Highly Active Anti-Retroviral Therapy：HAART療法）にて治療は行われる。ただ完治・治癒に至ることは現在でも困難であるため、抗ウイルス薬治療は開始すれば一生継続する必要がある。それでも現在では、ＨＩＶ感染と診断されても、適切な治療を受ければ通常の寿命を全うすることが十分可能となっている。

（ウィキペディア「後天性免疫不全症候群」参照）

⑦189頁下段

【核融合の方法を……できないのか、】▼**核融合の研究**

原子炉のように高レベル核廃棄物を出さない理想的な未来のエネルギーとして開発が進んでいる核融合は、現在もまだ21世紀後半の実用化を目指して研究が進められている。

⑧210頁下段

【地球のさまざまな……示してきている。】▼**氷河融解の予測**

19世紀以降、地球上にある氷河の融解、または後退が進行してきている。これらも地球温暖化が原因であるとされている。

低緯度・中緯度の氷河

北極圏から南極圏の間の低緯度・中緯度地域では、高山の山岳氷河や氷冠といった形で氷河が存在している。大規模な氷河を有する地域として、ヒマラヤ山脈、チベット高原、天山山脈、ロッキー山脈、アンデス山脈、サザンアルプス山脈、アルプス山脈、スカンディナヴィア山脈などがある。また、氷冠を有する山として、キリマンジャロ、ケニア山、ジャヤ峰、ウィルヘルム山などがある。これらの氷河は現在いずれも後退していることが観測されている。
世界氷河モニタリングサービス（WGMS）は5年ごとに氷河の状況をまとめた報告書を出している。その報告書によると、1995年から2000年の間にアルプス山脈の氷河において、スイスの110個のうち103個、オーストリアの99個のうち95個、イタリアの69個のすべて、フランスの6個のすべてが後退した。1870年に比べると、Argentière氷河は1150m、モンブラン氷河は1400mもそれぞれ後退した。全長11km・厚さ400mとフランス最大の氷河であるMer de Glaceは130年間で8・3%分に当たる約1000m後退し、1907年以降に厚さは27%分に当たる約150m薄くなった。2004年から2005年の間に、スイスの91個の氷河のうち84個が後退し、7個は特に変化が無かった。

極・高緯度の氷河

南極・北極や高緯度地域では、大陸氷河や海氷といった形で氷河が存在している（海氷は厳密には氷河ではない）。グリーンランド、シベリア、カナダ北部やアラスカ、北極海、南極大陸、南極海などに存在する氷は、地球上の真水の氷の99%を占めるほど量が多い。
南極や北極の氷河については、大規模な崩落や氷山の漂流が報告されており、特にラルセン棚氷の崩落は大規模なものであった。北極についても海氷の縮小が報告されている。しかし、南極の氷床は、将来増加する可能性も減少する可能性もある（2007年のIPCC第4次評価報告書）と予想されているなど、1978年以降の南極の海氷面積には特に変化がないとされている。
海氷が融解すると、沿岸部の氷河を支える力がなくなるため、氷河の流れが速まり、融解も促進されると考えられている。さらに沿岸部の海氷の融解が広範囲に及ぶと、海流によって海氷が動きやすくなり、海氷の融解がさらに促進されるということも考えられている。

（ウィキペディア「氷河融解」参照）

⑨272頁上段 **【55億の全人類】▼人口の推移**
2014年2月現在、世界の人口は72億1500万人とされている。

（worldometers：http://www.worldometers.info/world-population/ 参照）

〈ここで引用中の情報やソースは、本書の内容を理解する上での一つの目安、指針として掲載するものとする〉

編集者後書　〜復刻に寄せて〜

この度、アメリカで1995年、日本では1996年に出版されたハンク・ウェスルマン博士著の『スピリットウォーカー（Spiritwalker）』（原題）が、約20年もの時を経て再び出版される運びになりました。

著者であるハンク・ウェスルマン博士のプロフィールについては、訳者後書にて説明されているのでここでは割愛し、この本が出版されてからのウェスルマン博士のその後について簡単に紹介しておきましょう。

この『スピリットウォーカー（Spiritwalker）』がアメリカでベストセラーになってから、彼の人生は大きく変わることになりました。それまでアカデミズムの世界一辺倒で生きてきた博士は出版をきっかけに、本書で体験したような神秘の世界をさらに探求し、2作目として、その後の体験や自身がシャーマンになるまでの道のりを描いた『メディスンメーカー（Medicinemaker）』と3作目である『ビジョンシーカー（Visionseeker）』を「シャーマンへの道三部作」として書き上げると、世界の最先端で活躍していた人類学者としてのキャリアから離れることになります。

「シャーマニックな体験をして、人間の内面に存在する神秘的かつ深遠な世界を知ってしまうと、わたしの人生は一変してしまいました。これらの体験は、人生を根本から変えてしまうほどの力を持っているのです。そして、これまで築いてきた人類学者としてのキャリアは、あまり重要ではないものになってしまいました」

そう語る博士は、現在はシャーマンとしての立場から誰もが自分と同じような体験ができるようにと、奥様でありメディスン・ウーマンでもあるジルさんと共に、全米をはじめ世界各地でワークショップを開き、シャーマンの技法を指導する日々を送っています。

それにしても、「事実は小説より奇なり」という言葉がありますが、人間がすべての想像力をもって表現できるものがフィクションになり得るのならば、人間の想像力すら超えるようなことは、逆にノンフィクションでしかあり得ないのかもしれません。

この本で描かれているのは、5000年後に生きる自分の子孫であるハワイ人の男性、ナイノアの体に幾度となく入り込み、ナイノアとしてのパーソナリティになりきって未来の変わり果てた地球の姿を一緒に体験していくという、あまりにも奇想天外なストーリーです。けれども、博士はそれを科学者ならではの冷静で論理的な視点と、研究者ならではの緻密な観察能力で、自分が見聞きし、感じてきたことを詳細なレポートとして綴っています。

また、もともと精神世界には興味が無かったどころか嫌悪感さえ覚えていたという博士が、ある日突然自分の人生に神秘体験がもたらされたことについて、その事実をどう受け止めるべきか葛藤する様子もリアルに描かれています。自分なりにこの現象を分析するべく意図的に変容状態に入ろうとするなど、実験のように何度も神秘体験を繰り返しながら、見えない世界への理解を深めていく様子や心の動きの変化は、博士の知的好奇心に加え、何事も否定しない柔軟性に富んだ真摯な姿勢をもよく表していると言えるでしょう。

本書にはまた、創作ではなく実際に体験したとしか思えないノンフィクションならではの片鱗が至る所にちりばめられています。たとえば、５００年後に生き残ったナイノアたちから見たときに、今のわたしたちの文明の時代は、金属と石で作られた〝グレート・エイジ〟と呼ばれる時代に当たること。また、再び原始の世界に戻ったナイノアの時代の概念では、今の時代の飛行機は〝空飛ぶ船《フライングカヌー》〟と呼ばれること。当然ながら今、わたしたちが使用する英語は彼らにとって〝古英語〟とされ、かつてアメリカ人が住んでいた巨大な集落は〝シティ〟であり、ナイノアの属する部族社会の高位の首長クラスには、やはり現在の役員を意味するボードメンバーという英語の〝ザ・ボード〟という言葉がそのまま使われていたりなど。

さらには、かつてハワイ諸島に住んでいた〝イアパナ〟と呼ばれる日系人は、将来的には死滅したとされるものの、ナイノアの精神的なメンターとして登場する猟師のナガイや、所属する社会の宰相がシモダ大首長という名前であるなど、登場人物にはどこか日本人の名字の名残もあったりして、現在のハワイの人間社会の構造がそのまま続いたと思わせるリアリティも付加されています。

さて、この本は一見、時間旅行による冒険物語でありながら、その根底には地球の環境問題や文明社会への警告、人間と自然との共存・調和、また、スピリチュアリティというものをどう捉えるべきかなどのテーマが据えられています。そして、これらは、この本が書かれてから約20年経った今でも、書かれている内容は当時のまま色褪せることなく、わたしたちに強く訴えかけています。逆に、今の時代だからこそ、再び読んでおきたいと思えるテーマでもあったりするのです。

けれども、再版にあたっては、1996年の発売当時と同じものでありながらも、年月が経ったことにより注釈が必要な箇所（例：地球温暖化の現状や海面上昇の状況や世界の人口数などのデータ他、エイズ治療の現状）があるため、それらには巻末に新たなデータをつけることにしました。

著者が本書を執筆した当時の1990年代前半は、まだまだ世の中ではエイズが不治の病として認識されていた時代。1980年代の初頭に初めて症例が報告された後、わずか10年程度で感染者が世界中に100万人にまで広がったことから、HIVは人類を脅かすウイルスの登場として何度か描かれています。けれども、今では医療の進歩によりHIVに感染してもエイズの発症を抑制できるようにもなり、治療次第では死と直結する病でもなくなりました。

その代わり、執筆当時にはなかった新たなウイルスなども登場しています。例えば2002年に中国で発生し、翌年に終息宣言が出されるまで約800人が死亡した新型肺炎であるSARS（重症急性呼吸器症候群）や、2005年に東南アジアから欧州にまで広がった鳥インフルエンザ（H5N1亜型鳥インフルエンザウイルス）、ここ最近では中東で発生した新型MERSコロナウイルスなど、今後も感染症のパンデミック（爆発的に世界中に感染が広がること）の脅威は後を絶ちません。その他、日本だけでも3・11以降は放射能問題、そして、大気汚染による微小粒子状物質であるPM2・5の飛来など、地球環境だけでなく人間の健康をも脅かす新たな問題が次々に襲ってきています。当然ながら、戦争や民族間のいざこざ、核の問題など人為的な破壊は、常に地球のどこかで火種となっています。

また、5000年後の地球を変えるという主な原因の一つである地球温暖化については、執筆当時に予測されたことが現在進行形で進んでいると言えるでしょう。2013年の12月から2014年にかけての冬は北アメリカをはじめ日本も寒波に襲われましたが、これも温暖化が原因で気流の流れが変わったからだとする説もあります。

日本だけを見ても、環境省の専門委員会による最新の報告では、年平均気温がこの100年間に1・15℃の割合で上昇し、今世紀末にはさらに2・5〜3・5℃上昇すると指摘しています（2014年3月産経ニュースより）。近年、日本の夏は年々厳しいものになりつつあり、2007年以降は1日の最高気温が35℃以上の日のことを猛暑日と呼ぶように取り決められました。特に2010年以降は夏になると高温記録が続出し、報道においては猛暑だけでなく〝酷暑〟〝炎暑〟〝極暑〟などと暑さの表現も増える一方です。このままいけば、まさにシナリオ通りに、いやシナリオよりも速い速度で、人口過剰や環境破壊、温暖化や異常気象、海面上昇による陸地の浸水・海没、地震など天変地異、新種ウイルスのパンデミックなどによって地球規模の破局が実際に訪れるかもしれません。

読者の中には、たとえそうなったとしても、それは数百年から数千年後の話だから知ったことではない、と思われる人もいるでしょう。けれども、もしわたしたちの魂が永遠ならば、今より生きるのが困難になった未来の地球に生まれ変わっているかもしれず、また、博士のように血脈として自分の子孫が数千年後まで命を繋いでいる場合もあるでしょう。博士は新たな「前書」にて、「わたしたちが永遠の魂の旅路の中でどのような生き方をしているかが、常に未来に向けて影響していることを重く受け止めるべき」と語っています。今の時代に生きる世界中の人々のすべての選択が、未来に向けて水面の波紋のように広がっていることを考えれば、やはりわたしたちもこれらの問題には無関心ではいられないはずです。

また、この本は、本当のスピリチュアリティとはどういうものであるか、どうあるべきかを改めて問いかけてもいます。現在、日本における〝スピリチュアル〟とは、占い、パワスポ巡り、癒しなどを一つに括るカテゴリーとして扱われ、市場ではライフスタイル、趣味の世界からビジネスまでがマーケティングされ、誰もが気軽にアクセス可能なジャンルになっています。たとえば、セミナーを修了すればヒーラーやチャネラーと名乗り開業することも可能であるため、スピリチュアルカウンセラーやスピリチュアリストなどという肩書を持つ職業の人もよく見かけるようになってきました。けれども、博士は一貫して「シャーマン（ヒーラー）は、決して自らをシャーマン（ヒーラー）と名乗らない」というスタンスを取っています。

　本書の中でも、ナガイがナイノアに「いくら霊知が欲しいと願っても、努力で得られるものではない。精霊たちがその人間をふさわしいと判断したときだけ教えてくれる。霊知を授けるためにその人間を試すし、その試練は常に厳しい。準備ができたら精霊のほうから近づいてくる。それまで待たなければならない」と語っています。

　また、ナイノアのパートナーであるケノジェラクの父ウィリアムなど、エヌー人たちは「霊は精神的な傲慢さを忌み嫌っている。自分は心霊旅行者だと声高に公言するのは、彼らの機嫌を損ねることになる。ウンガゴク（自在に入神状態《トランス》になって神と共に歩める人）の名にふさわしい人はそんなことはしない。そんなことをすれば能力を失ってしまう」「心霊旅行者の仕事は人助けだ」とも語っています。

　つまりこの本の賢者たちが語っているのは、「スピリチュアルの世界の〝本物〟は、自らが名乗りを上げている人ではない」ということなのです。これはそのまま博士自身の生き方にも反映されています。言ってみれば、博士がこのような神秘体験をしたのも、そして、その体験をきっかけにシャーマンとしての人生を歩み、今こうしてメッセージを伝えながら活動を行っているのも、スピリットの側が博士を選んだから、ということなのでしょう。

見えない世界に関わる人間ほど、その人となりや人間性が問われるべきであるということこそ、スピリチュアルビジネスが花盛りの今の時代のわたしたちが、肝に銘じておかねばならない点ではないでしょうか。何故ならば、スピリチュアルとは文字通り〝神聖なもの〟だからです。

博士は、２０１３年前後から始まった新しいサイクルにおいて、わたしたちが本来の自分に目覚め、自身が〝神〟であることを体験する時代が到来したと語っています。そのためにも、シャーマンの技法を通じて一人でも多くの人が自己を超えたトランスパーソナルな神霊と繋がり、叡智とパワー、癒しを得て自分の魂が望む人生を生きて欲しい、と精力的に活動しています。わたしたちは、実際に自分が神聖なるものに触れ、体験できたときに、初めてスピリチュアルを本当に神聖なものとして見なし、畏敬の念を抱き、慎み深く謙虚になれるのかもしれません。


ところで、５０００年後の未来において、わずかに地球に生き残った人々が熱帯雨林化したジャングルの中で狩猟生活をしながらサバイバルをし、部族社会で原始的な生活をしていることについて、そこはかとない虚しさや哀しさを感じた人もいるのではないでしょうか？

何故ならば、今の時代に日々進歩している医療や科学技術は、結果的に無駄なものに終わってしまうように思えるからです。けれども、それもまたわたしたちの〝文明社会目線〟でのエゴなのかもしれません。再び自然と繋がり、ライフフォース（生命の力）と共に生きるというアニミズムの世界に生きるナイノアたちは、少なくともガラスや金属など人工素材でできた世界に囲まれたわたしたちよりも、精神的に豊かな暮らしをしているようにも見えるからです。

余談ですが、宇宙存在であるバシャール*が、５０００年後の未来の地球では文明社会も崩壊し、人口もわずかになっていると書かれたこの本について、実際にそうなっているのかという質問を受けたことがあります。最後に、そのときのバシャールの回答を載せておきましょう。

「その頃は、人々は地球以外の場所に移動し、地球は他の星から訪れる場所になっています」
（『バシャール　スドウゲンキ』ヴォイス刊）

これが本当かどうかは、今の時点では誰も知るよしもなく、信じる信じないもそれぞれの信念や考え方次第です。けれども、今地球上にいる70億以上の魂が、きちんとこの宇宙のどこかで生き続けているということがこのコメントから想像できるだけでも、なんとなく救われる、そんな想いもしています。

西元啓子

＊１９８０年代後半より、日本の精神世界・ニューエイジを信奉する人々の間にブームを起こした存在。オリオン座近くの惑星、エササニ星に住む地球外知的生命体とされている。アメリカ人のチャネラー、ダリル・アンカによってチャネリングされるメッセージは、約30年近くにわたって多くの人々の間で支持されている。

■ 著者
ハンク・ウェスルマン博士
Hank Wesselman, Ph.D.

古人類学者でシャーマニズムの先導者。カリフォルニア大学サンディエゴ校とハワイ大学ヒロ校、アメリカン・リバー・カレッジ、シエラ・カレッジで人類学を教え、1994年にアフリカのエチオピアの地溝帯で類人猿と人を繋ぐ「ミッシング・リンク」と目される猿人の化石を発見した発掘調査隊の一員。著書に『神霊の世界に覚醒して』(道出版)、『ハワイの長老が語り伝える先住民族の聖なる知恵』(道出版)など多数。現在はハワイ島で暮らし、アメリカ各地でシャーマニズムの技法を教えるワークに情熱を注いでいる。

■ 訳者
真野明裕
Akihiro Mano

英米文学翻訳家。1942年生まれ。慶應義塾大学大学院英文学科修士課程修了。主な訳書にジョン・アーヴィング『サイダーハウス・ルール』、スチュアート・ウッズ『警察署長』、ソール・ベロー『埋み火』、ドン・デリーロ『リブラ時の秤』、ジェーン・オースティン『いつか晴れた日に』など。

■ 装幀
藤井由美子
Yumiko Fujii

京都精華短期大学(現・京都精華大学)デザイン科にて絵本を専攻。雑誌『Hanako』のエディトリアルデザイナーを経て藤井デザインスタジオ設立。デザインワークと並行して雑誌イラスト、書籍の装画などで活動中。近年はヒーリングやエネルギーワークも学んでいる。
http://yumikofujii.com/

スピリットウォーカー
時空を超えた未来からのメッセージ

2014年5月9日　第1版第1刷　発行

著　者　ハンク・ウェスルマン
訳　者　真野明裕
装　幀　藤井由美子
編　集　西元啓子
校　閲　伊藤めぐみ
発行者　大森浩司
発行所　株式会社 ヴォイス　出版事業部
〒106-0031　東京都港区西麻布3-24-17 広瀬ビル2F
☎03-5474-5777(代表)
☎03-3408-7473(編集)
FAX 03-5411-1939
http://www.voice-inc.co.jp/

印刷・製本　電算印刷株式会社

ISBN978-4-89976-420-5 C0098 P1850E